Buch-Updates

Registrieren Sie dieses Buch auf unserer Verlagswebsite. Sie erhalten dann Buch-Updates und weitere, exklusive Informationen zum Thema.

Galileo BUCH UPDATE

Und so geht's

- > Einfach **www.galileocomputing.de** aufrufen
- <<< Auf das Logo **Buch-Updates** klicken
- > Unten genannten **Zugangscode** eingeben

Ihr persönlicher Zugang zu den Buch-Updates 103000164276

Thomas Theis

Einstieg in PHP 5 und MySQL 5

Galileo Press

Liebe Leserin, lieber Leser,

ich freue mich, dass Sie sich für ein Galileo Computing-Buch entschieden haben.

Dieses Fachbuch von Thomas Theis liegt mittlerweile in der 4. Auflage vor, und es gehört wohl zu den erfolgreichsten Einsteigertiteln im Bereich PHP und MySQL. Das hat seine guten Gründe:

- Mit diesem Buch können Sie in die Programmierung einsteigen, selbst wenn Sie Anfänger sind und noch keinerlei Programmierkenntnisse besitzen.
- Alle Beispiele sind ausführlich erklärt und können Schritt für Schritt nachvollzogen werden.
- Das Buch deckt alle relevanten Themen ab, damit Sie in die Lage versetzt werden, effizient mit PHP und MySQL zu arbeiten.

Auch die Fachpresse spricht Empfehlungen aus. So war etwa zu lesen:

»Jeder kann dank dieser guten Einführung den Webauftritt selber gestalten. Besonders für die Grundkenntnisse der Datenbankerstellung eine nahezu unverzichtbare Anfängerlektüre.« publisherspartner.com

»Ein sehr gelungenes PHP-Einsteigerbuch, das auch Anfängern schnell Erfolge beschert.« designbooks.net

Dieses Buch wurde mit großer Sorgfalt geschrieben, lektoriert und produziert. Sollten sich dennoch Fehler eingeschlichen haben, so bin ich dankbar für Ihre Rückmeldung. Ihre freundlichen Anregungen sind jederzeit willkommen.

Viel Spaß beim Programmieren wünscht

Ihre Judith Stevens-Lemoine
Lektorat Galileo Computing

judith.stevens@galileo-press.de
www.galileocomputing.de
Galileo Press • Rheinwerkallee 4 • 53227 Bonn

Auf einen Blick

Der Name Galileo Press geht auf den italienischen Mathematiker und Philosophen Galileo Galilei (1564–1642) zurück. Er gilt als Gründungsfigur der neuzeitlichen Wissenschaft und wurde berühmt als Verfechter des modernen, heliozentrischen Weltbilds. Legendär ist sein Ausspruch *Eppur se muove* (Und sie bewegt sich doch). Das Emblem von Galileo Press ist der Jupiter, umkreist von den vier Galileischen Monden. Galilei entdeckte die nach ihm benannten Monde 1610.

Gerne stehen wir Ihnen mit Rat und Tat zur Seite:
judith.stevens@galileo-press.de bei Fragen und Anmerkungen zum Inhalt des Buches
service@galileo-press.de für versandkostenfreie Bestellungen und Reklamationen
stefan.krumbiegel@galileo-press.de für Rezensions- und Schulungsexemplare

Fachgutachten Johannes Plötner, Steffen Wendzel, www.ploetner-it.de
Lektorat Judith Stevens-Lemoine
Korrektorat Friederike Daenecke, Zülpich
Einbandgestaltung Barbara Thoben, Köln
Typografie und Layout Vera Brauner
Herstellung Steffi Ehrentraut
Satz Typographie&Computer, Krefeld
Druck und Bindung Koninklijke Wöhrmann, Zutphen, NL

Dieses Buch wurde gesetzt aus der Linotype Syntax Serif (9/12,75 pt) in FrameMaker.
Gedruckt wurde es auf fein holzhaltigem Naturpapier.

Bibliografische Information der Deutschen Bibliothek
Die Deutsche Bibliothek verzeichnet diese Publikation in der Deutschen Nationalbibliografie; detaillierte bibliografische Daten sind im Internet über http://dnb.ddb.de abrufbar.

ISBN 978-3-89842-854-5

4., aktualisierte Auflage 2006, 2. Nachdruck 2008

Inhalt

In diesem Kapitel wird erläutert, warum Sie PHP erlernen sollten. Die Vorzüge von PHP werden dargestellt, zudem wird der Aufbau des Buches beschrieben.

A Einführung

A.1 Zu diesem Buch

Bestseller

Das Vorgängerbuch zu PHP 4 ist eine leicht verständliche Einführung in die wichtigsten Einsatzgebiete von PHP, dieser populären Sprache zur Entwicklung von dynamischen Internetanwendungen. Zahlreiche Kommentare und Mails zu diesem Bestseller haben gezeigt, dass es als Lehrbuch sehr gut angenommen wurde. Viele Leser fühlten sich erfolgreich an die Hand genommen und in die PHP-Welt eingeführt.

Sowohl die Ausgabe zur Einführung von PHP 5 als auch die dritte Auflage und die hier vorliegende vierte Auflage wurden jeweils vollständig überarbeitet und erweitert:

- Die Beispiele sind zahlreicher, praxisnäher und anschaulicher.
- Einige Gebiete sind neu hinzugekommen.
- Die Erweiterungen von PHP 5.1, besonders im objektorientierten Bereich, werden behandelt.

Seit der ersten Einführung von PHP steigt die Nutzung dieser Sprache auf Websites stetig an. PHP wird auf Millionen Websites weltweit eingesetzt.

Die Software auf der beiliegenden CD kann sehr einfach installiert werden. Mit Hilfe dieser Software können die eigenen PHP-Programme schnell entwickelt und getestet werden. PHP ist in vielen, kostengünstigen Angeboten von Website-Providern enthalten, so dass die erlernten Kenntnisse dort erfolgreich eingesetzt werden können.

PHP lernen

Zum Erlernen von PHP anhand des vorliegenden Buches werden von Ihnen, dem künftigen PHP-Programmierer, lediglich Grundkenntnisse auf Anwenderebene von MS Windows oder Linux verlangt. Sie sollten mit Dateien und Verzeichnissen sowie mit einem Browser arbeiten können.

Machen Sie sich mit dieser erfolgreichen und einfachen Sprache vertraut!

A.2 PHP – eine Beschreibung

dynamische Internetseiten

PHP ist eine Abkürzung für PHP Hypertext Preprocessor. PHP ermöglicht Entwicklern die Erzeugung von dynamischen Internetseiten, mit denen so genannte Web Applications, wie z.B. E-Commerce-Systeme, Chats oder Foren, erstellt werden. Im Unterschied zu statischen Internetseiten kann sich der Inhalt als Folge von Aktionen des Betrachters oder aufgrund neuer Basisinformationen wie zum Beispiel aus Datenbanken ändern.

MySQL

PHP unterstützt insbesondere die einfache Auswertung von Formularen, mit denen ein Benutzer Daten zu einer Website senden kann. Es ermöglicht die Zusammenarbeit mit vielen verschiedenen Datenbanksystemen. Die weitaus meisten PHP-Entwickler setzen das Datenbanksystem MySQL ein. Der Arbeit mit PHP und MySQL ist in diesem Buch ein besonderer Abschnitt gewidmet.

A.3 PHP – Vorzüge

Gründe für die Verwendung von PHP

PHP bietet im Vergleich zu anderen Programmiersprachen einige Vorteile. Als wichtigste Gründe für die Nutzung von PHP sind zu nennen:

- Der Schwerpunkt der Sprache liegt bei der Entwicklung von Internetanwendungen.
- Es ermöglicht die einfache Entwicklung von Programmen.
- Es unterstützt verschiedene Plattformen.
- Es lässt sich leicht in Apache, den weit verbreiteten Webserver, integrieren.
- Es ist erschwinglich und flexibel.

Im Folgenden sollen einige Eigenschaften von PHP näher betrachtet werden: Erlernbarkeit, Einsatzbereich, Preis und Ausführungsort.

A.3.1 Erlernbarkeit

leicht erlernbar

Im Vergleich zu anderen Sprachen ist PHP relativ leicht erlernbar. Dies liegt hauptsächlich daran, dass PHP ausschließlich für die Webserver-Programmierung entwickelt wurde und nur die dafür notwendigen Bestandteile enthält. Mit Hilfe anderer Sprachen können auch herkömmliche Anwendungsprogramme entwickelt werden. Dies bedingt bei diesen Sprachen einen gewissen Overhead, der sich bei der Entwicklung von reinen Webseiten störend auswirkt.

A.3.2 Einsatzbereich

PHP wird von vielen verschiedenen Typen von Webservern einheitlich unterstützt. Andere Sprachen kommen nur auf bestimmten Server-Typen zum Einsatz. Der künftige PHP-Programmierer kann also seine Kenntnisse später auf den unterschiedlichsten Systemen nutzen.

auf vielen Systemen einsetzbar

A.3.3 Preis

PHP kostet nichts, es muss kein Compiler oder Entwicklungssystem gekauft werden. Es kann unter anderem auf dem ebenfalls frei verfügbaren und weit verbreiteten Apache Web Server unter verschiedenen Betriebssystemen eingesetzt werden.

frei verfügbar

A.3.4 Ausführungsort

Eine Internetanwendung kann entweder auf einem Webserver (Server-Programm) oder beim Betrachter der Internetseite (Client-Programm) ausgeführt werden. PHP-Programme sind Server-Programme. Sie haben den Vorteil, dass dem Betrachter lediglich die Ausgabe der Programme zugesandt wird. Das Browser-Programm des Betrachters muss nur den ausgeführten HTML-Code umsetzen können. Es muss keine besonderen Eigenschaften besitzen, die mit der Programmiersprache des Webservers zusammenhängen. Die Seiten können also auch von älteren Browsern dargestellt werden.

Server-Programm

Darüber hinaus haben Server-Programme im Unterschied zu Client-Programmen (z.B. in JavaScript) Zugriff auf Textdateien und Datenbanken. Dies ermöglicht erst die Durchführung häufig vorkommender Vorgänge wie zum Beispiel die Suche nach bestimmten Daten, die Auswahl spezifischer Informationen oder die Übermittlung von Daten an den Server.

Dateien und Datenbanken

Der Betrachter kann keine Rückschlüsse auf den erzeugenden Programmcode oder auf die Quelldaten ziehen. Die Programme können also vom Betrachter nicht kopiert und zu eigenen Zwecken weiterverwendet werden.

Sicherheit

A.4 Aufbau dieses Buchs

Alle Kapitel des Buchs haben den folgenden, lernfreundlichen Aufbau:

- Den bis zum jeweiligen Zeitpunkt vorhandenen Grundlagen und Kenntnissen werden neue Elemente hinzugefügt. Die Theorie wird beschrieben und anhand von vollständigen, anschaulichen und ausführlich kommentierten Beispielen erläutert.

Theorie

Übungen

- Sie haben die Möglichkeit, Übungsaufgaben zum Thema zu lösen. Sie sollen dabei das soeben erworbene Wissen umsetzen und haben damit eine unmittelbare Erfolgskontrolle. Sie können selbst feststellen, ob Sie den betreffenden Abschnitt verstanden haben.
- Die Lösungen zu allen Übungsaufgaben finden sich über ein übersichtliches Menü auf der CD. Sollten Sie eine Übungsaufgabe nicht vollständig gelöst haben, so kann Ihnen die Lösung als Hilfestellung dienen.
- Sofern Sie selbst eine lauffähige Lösung gefunden haben, können Sie sie mit der vorgeschlagenen Lösung vergleichen. Beim Programmieren gilt der Grundsatz: Es gibt beliebig viele richtige Lösungen, nicht nur eine so genannte Musterlösung. Allerdings soll mit dem Aufbau der Beispiel- und Übungsprogramme auch ein übersichtlicher und lesbarer Programmierstil vermittelt werden, der dem strukturierten Erlernen und der professionellen Programmierung dient.

Zur besseren Orientierung helfen Ihnen zwei Icons:

[»]

- Die Übungen sind zusätzlich mit [»] gekennzeichnet.

[+]

- Hilfreiche Informationen zum jeweiligen Thema befinden sich als Hinweise im Text und werden optisch durch ein [+] hervorgehoben.

A.5 Systemvoraussetzungen

Voraussetzungen

PHP läuft unter zahlreichen Betriebssystemen, u.a. MS Windows und Linux. Neben einem Browser zum Betrachten beziehungsweise Benutzen der Seiten werden benötigt:

- ein PHP-fähiger Webserver, zum Beispiel Apache
- PHP selbst
- das Datenbanksystem MySQL
- einige nützliche Tools, wie zum Beispiel ein Texteditor

Buch-CD

Alles Notwendige finden Sie auf der CD zum Buch. Die Installation wird in einem eigenen Abschnitt in Kapitel I, *Anhang*, beschrieben.

In diesem Kapitel werden Sie in die Lage versetzt, erfolgreich Programme in PHP zu schreiben. Sie lernen Variablen und Felder, Operatoren, Kontrollstrukturen und Funktionen kennen. Die Auswertung von Formularen und einige umfangreichere Beispiele runden das Kapitel ab.

B PHP-Programmierkurs

Eine grundsätzliche Bemerkung zu Beginn des Programmierkurses: In diesem Buch sollen nicht nur die Kenntnisse der Sprache PHP vermittelt werden, sondern auch ein übersichtlicher, strukturierter Programmierstil. Nach meiner Erfahrung vereinfacht dies sowohl die Arbeit eines einzelnen Entwicklers als auch die Zusammenarbeit eines Entwickler-Teams. Programmierstil

Es wird nicht jede Einzelheit und Komponente der Sprache PHP und ihrer Möglichkeiten erklärt, sondern es werden für viele denkbare Anwendungsfälle jeweils Lösungen angeboten und der typische Einsatzzweck erläutert, ohne durch die Vielfalt zu verwirren. typischer Einsatzzweck

B.1 Einbettung von PHP in HTML

Grundsätzlich gibt es mehrere Wege, PHP-Programme in HTML-Dateien einzubetten. In den meisten PHP-Programmen wird jedoch die folgende Methode verwendet:

```
<?php
   [PHP-Anweisung]
   [PHP-Anweisung]
   [PHP-Anweisung]
?>
```

Die Markierung `<?php` leitet eine einzelne PHP-Anweisung oder einen Block von PHP-Anweisungen ein. Diese werden bis zur Markierung `?>` bearbeitet, die das Ende des Blocks darstellt. <?php ... ?>

PHP-Blöcke können im gesamten Dokument untergebracht werden. Der Code wird von oben nach unten abgearbeitet, und es kann mehrmals zwischen HTML und PHP gewechselt werden.

HTML-Kurs

Zur Auffrischung bzw. Vertiefung der HTML-Kenntnisse soll an dieser Stelle auf zwei Möglichkeiten verwiesen werden:

- ein Schnellkurs »HTML für PHP« im Anhang des Buches, in dem die notwendigsten HTML-Themen, die zur PHP-Programmierung notwendig sind, erläutert werden
- ein ausführlicher HTML-Kurs auf der CD zum Buch

Das folgende, vollständige Beispiel verdeutlicht die Einbettung von PHP-Code in HTML:

```
<html>
<head>
<title> Titelzeile der Datei </title>
</head>

<body>
Die erste Zeile in HTML <p>
<?php echo "Die zweite Zeile in PHP<p>"; ?>
Die dritte Zeile in HTML <p>
<?php
   echo "Die vierte Zeile in PHP<p>";
   echo "Die fünfte Zeile in PHP<p>";
?>
</body>
</html>
```

Listing B.1 Datei ub01.php

echo

Die PHP-Anweisung `echo` gibt den angegebenen Text auf dem Bildschirm aus. Der Text muss in Anführungsstrichen (= doppelten Anführungsstrichen) oder einfachen Hochkommata geschrieben werden. Falls der Text HTML-Markierungen beinhaltet (hier <p> für einen Absatzumbruch), werden diese ausgeführt.

Die Ausgabe des Programms im Browser sieht wie folgt aus:

Abbildung B.1 Einbettung von PHP in HTML

B.1.1 Kommentare

Kommentare

Mit Hilfe von Kommentaren wird ein Programm lesbarer. Kommentare werden nicht ausgeführt, sondern dienen nur der Information des Entwicklers, besonders bei umfangreichen Programmen. Sollte es sich um eine Gruppe von Entwicklern handeln oder sollte das Programm später von anderen Entwicklern weiter bearbeitet werden, so ist die Notwendigkeit der Kommentierung der eigenen Programmzeilen für die Kollegen noch größer.

[+]

Hinweis: Erfahrungsgemäß gibt es immer wieder Entwickler, die ihre Programme nur minimal kommentieren. Dies stellt sich nach kurzer Zeit als Nachteil für sie selbst und ihre Kollegen heraus.

Man unterscheidet zwischen einzeiligen und mehrzeiligen Kommentaren:

- Ein einzeiliger Kommentar beginnt mit den Zeichen // und endet am Ende der Zeile. Er wird im Allgemeinen zur Kommentierung einzelner Begriffe verwendet. //
- Ein mehrzeiliger Kommentar beginnt mit den Zeichen /* und endet mit den Zeichen */. Er wird üblicherweise zur Erläuterung eines ganzen Programmblocks verwendet. /* ... */

Ein Beispiel:

```
<html>
<body>
<?php
   echo "Das ist der Anfang";     // Kommentar
                                  // bis zum Zeilenende
   /* Ein Kommentar über
      mehrere Zeilen hinweg */
   echo " und hier das Ende des Programms";
?>
</body>
</html>
```

Listing B.2 Datei ub02.php

Die Ausgabe des Programms im Browser sieht so aus:

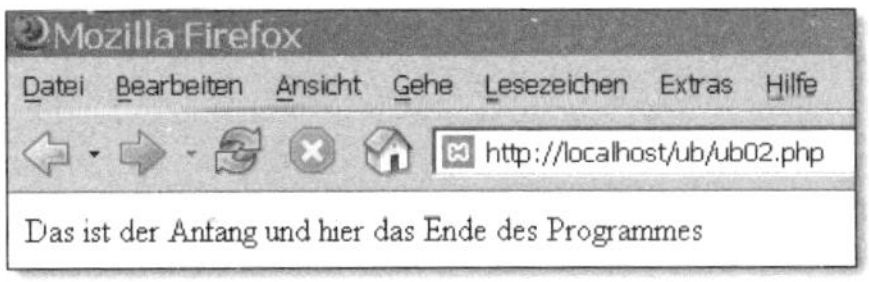

Abbildung B.2 Programm (ohne sichtbare Kommentare)

Übung UB03

[»] Schreiben Sie ein PHP-Programm innerhalb einer Webseite (Datei `ub03.php`) mit Kommentarzeilen. Speichern Sie die Datei im Hauptverzeichnis Ihres Webservers, und testen Sie das Programm, indem Sie einen Browser aufrufen und die passende Adresse eingeben:

- Nach der in diesem Buch empfohlenen Installation von XAMPP muss der Apache Web Server über das XAMPP Control Panel gestartet werden. Das Hauptverzeichnis des Webservers findet sich unter `C:\Programme\xampp\htdocs`.
- Als Adresse zum Aufruf des oben angegebenen Programms ist `http://localhost/ub03.php` einzugeben.

Die Ausgabe des Programms im Browser sollte wie folgt aussehen:

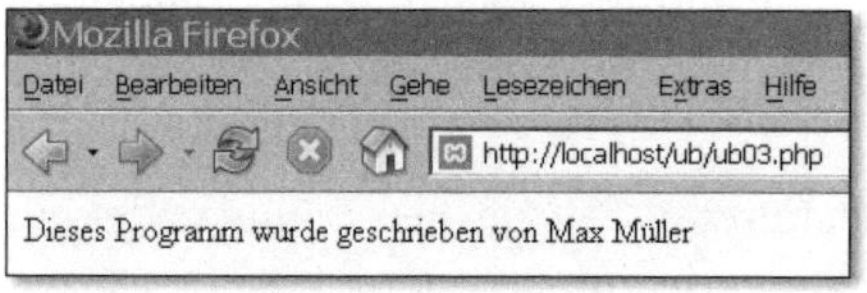

Abbildung B.3 Ergebnis Übung UB03

B.2 Variablen, Datentypen und Operatoren

Variable

Innerhalb eines Programms können Informationen zur späteren Verwendung in Variablen gespeichert werden. Diese Variablen unterscheiden sich in ihren Datentypen. PHP unterstützt Datentypen für:

- ganze Zahlen
- Zahlen mit Nachkommastellen
- Zeichenketten (Strings)
- Felder (ein- und mehrdimensionale Felder von Variablen)
- Objekte

Datentyp

Der Datentyp für eine Variable wird nicht vom Programmierer festgelegt, sondern richtet sich nach dem Zusammenhang, in dem die Variable genutzt wird. Eine Variable kann ihren Datentyp innerhalb eines Programms wechseln. Im Unterschied zu vielen anderen Programmiersprachen findet in PHP keine Variablendeklaration statt. Dies bedeutet, dass eine Variable bei ihrem ersten Erscheinen sofort benutzt werden kann und dem Programm nicht vorher bekannt gemacht werden muss.

Zunächst geht es um die so genannten »einfachen Datentypen« (Zahlen und Zeichenketten), mit denen viele Aufgaben im Zusammenhang mit der Programmierung bereits erledigt werden können. Später kommen dann die Felder und Objekte hinzu.

B.2.1 Namen

Für die Namen von Variablen (und später auch Funktionen) gelten einige Regeln: Variablennamen

- Sie müssen mit einem Dollarzeichen beginnen. $
- Sie dürfen keine Leerzeichen enthalten.
- Sie dürfen nur aus Buchstaben und Ziffern bestehen, und dabei muss das erste Zeichen ein Buchstabe sein; es sind Groß- und Kleinbuchstaben erlaubt. Es wird zwischen Groß- und Kleinschreibung unterschieden (`$HokusPokus` ist nicht das Gleiche wie `$hokuspokus`).
- Sie dürfen keine deutschen Umlaute oder scharfes ß enthalten.
- Sie dürfen als einziges Sonderzeichen den Unterstrich »_« enthalten.
- Sie dürfen nicht mit einem reservierten Wort identisch sein, also zum Beispiel mit einem Befehl aus der Sprache PHP.

Man sollte selbsterklärende Namen vergeben. Das hat den Vorteil, dass sich jeder, der sich später mit dem Programm befasst, sofort zurechtfindet. Einige Beispiele: `$Startmeldung`, `$Temperaturwert`, `$XKoordinate`, `$Ywert`

B.2.2 Variablen für Zahlen

Betrachten wir einmal das folgende Programm, in dem der Preis für eine Tankfüllung Benzin berechnet wird:

```
<html>
<body>
<?php
   $liter = 14;
   $preis = 1.35;
   $zahlung = $liter * $preis;
   echo $zahlung;
?>
</body>
</html>
```

Listing B.3 Datei ub04.php

Die Aufgabe dieses Programms ist die Multiplikation von zwei Zahlen und die Ausgabe des Rechenergebnisses. Dies wird wie folgt durchgeführt:

Zahlenvariable

- Die Variable `$liter` wird eingeführt, und es wird ihr der Wert `14` zugewiesen, wodurch `$liter` zu einer Variablen für eine ganze Zahl wird.
- Die Variable `$preis` wird eingeführt, und es wird ihr der Wert `1.35` zugewiesen, also wird `$preis` zu einer Variablen für eine Zahl mit Nachkommastellen (dabei muss ein Punkt als Dezimaltrennzeichen verwendet werden).
- Die Variable `$zahlung` wird eingeführt, `$liter` und `$preis` werden multipliziert, und das Ergebnis wird `$zahlung` zugewiesen. Damit wurde `$zahlung` ebenfalls zu einer Variablen für eine Zahl mit Nachkommastellen.
- Der Wert von `$zahlung`, also `18.9`, wird mit der Anweisung `echo` ausgegeben. Es können also mit `echo` nicht nur Texte, sondern auch Variablen sowie HTML-Code ausgegeben werden. Dies wird in Abschnitt B.2.4, *Variablen und Operatoren für Zeichenketten*, erläutert.

Die Ausgabe des Programms im Browser sieht so aus:

Abbildung B.4 Ergebnis einer einfachen Berechnung

[+]

Hinweis: Eine Zahl mit Nachkommastellen kann auch als so genannte Exponentialzahl ausgedrückt werden. Im oben angegebenen Programm hätte man eine der folgenden Schreibweisen verwenden können, dies hätte zum gleichen Ergebnis geführt:

Schreibweise	Berechnung	Ergebnis
$preis = 0.135e1;	0.135 * 101 = 0.135 * 10	1.35
$preis = 135e-2;	135 * 10-2 = 135 * 0.01	1.35

B.2.3 Rechenoperatoren für Zahlen

Rechenoperatoren + - * / %

Bei Zahlen können die folgenden Rechenoperatoren (= arithmetischen Operatoren) verwendet werden:

Operator	Bedeutung
+	Addition
–	Subtraktion
*	Multiplikation
/	Division
%	Modulo; Rest bei einer ganzzahligen Division, zum Beispiel ergibt 7 % 3 den Wert 1, denn 7 durch 3 ergibt 2 Rest 1.

Zu erwähnen sind auch die kombinierten Zuweisungsoperatoren += und -=. Mit ihrer Hilfe kann eine Addition bzw. eine Subtraktion zusammen mit einer Zuweisung erfolgen. Zwei Beispiele: `$x = 5; $x += 3;` (anschließend hat `$x` den Wert 8) und `$x = 5; $x -= 3;` (anschließend hat `$x` den Wert 2).

Ein weiteres Beispiel mit einer etwas umfangreicheren Berechnung:

```
<html>
<body>
<?php
   $liter1 = 16;
   $liter2 = 23;
   $liter3 = 34;
   $preis = 1.35;
   $gesamtzahlung = ($liter1 + $liter2 + $liter3) * $preis;
   echo $gesamtzahlung;
?>
</body>
</html>
```

Listing B.4 Datei ub05.php

Priorität der Operatoren

Es ist zu beachten, dass (wie in der Mathematik üblich) Multiplikation und Division eine höhere Priorität als Addition und Subtraktion haben, also zuerst ausgeführt werden. Außerdem findet bei Berechnungsausdrücken die Bearbeitung von links nach rechts statt. Mit dem Setzen von Klammern kann der Entwickler allerdings die Reihenfolge beeinflussen. Ausdrücke in Klammern werden zuerst vollständig ausgerechnet, das Ergebnis fließt später in die restliche Berechnung ein.

Zum vorliegenden Programm: Die Variablen `$liter1`, `$liter2`, `$liter3` und `$preis` werden eingeführt und mit Werten belegt. Die Variable `$gesamtzahlung` wird wie folgt errechnet:

- Die drei Literzahlen werden addiert (ergibt 73).
- Die Gesamt-Literzahl wird mit dem Preis multipliziert (ergibt 98.55).

Die Ausgabe des Programms im Browser sieht so aus:

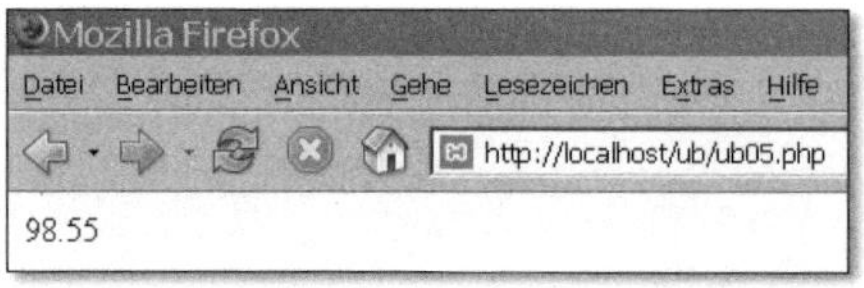

Abbildung B.5 Ergebnis einer umfangreicheren Berechnung

Der Ausdruck `$gesamtzahlung = $liter1 + $liter2 + $liter3 * $preis`, also ohne Klammern, führt nicht zum richtigen Ergebnis, da in diesem Fall:

- die Multiplikation zuerst ausgeführt wird (es ergibt sich der Preis für `34` Liter) und
- anschließend zu diesem Preis die beiden anderen Literzahlen addiert werden.

Übung UB06

[»] Berechnen Sie in einem PHP-Programm (Datei `ub06.php`) den Brutto-Preis eines Einkaufs. Es wurden drei Artikel eingekauft. Die Netto-Preise der einzelnen Artikel betragen: `22.50 Euro`, `12.30 Euro` und `5.20 Euro`. Der Brutto-Preis berechnet sich bekanntlich aus dem Netto-Preis zuzüglich 16 Prozent Umsatzsteuer. Es muss also der Faktor `1.16` in die Berechnung einbezogen werden. Speichern Sie die Datei im Hauptverzeichnis Ihres Webservers, und testen Sie das Programm, indem Sie einen Browser aufrufen und die Adresse `http://localhost/ub06.php` eingeben.

Die Ausgabe des Programms im Browser sollte wie folgt aussehen:

Abbildung B.6 Ergebnis Übung UB06

B.2.4 Variablen und Operatoren für Zeichenketten

Strings

Zeichenketten (Strings) müssen in doppelte Hochkommata (`"  "`) oder in einfache Hochkommata (`'  '`) eingeschlossen werden.

Hochkomma, Punkt

Das Zeichen `.` (Punkt) dient zur Verkettung mehrerer Zeichenketten miteinander beziehungsweise mehrerer Zahlen und Zeichenketten. Dies wird zum Beispiel für eine kommentierte Ergebnisausgabe genutzt. Der Operator .= (Punkt gleich) kann zur Vergrößerung einer Zeichenkette eingesetzt werden. Falls die Zeichenketten HTML-Code enthalten, so gelangt dieser HTML-Code zur Ausführung. Ein Beispielprogramm:

```
<html>
<body>
<?php
   $liter = 14;
   $preis = 1.35;
   $zahlung = $liter * $preis;

   $einheit1 = "Liter";
   $einheit2 = 'Euro';

   $gesamt = "Tankfüllung: " . $liter . " " . $einheit1;
   $gesamt .= " kosten " . $zahlung . " "
           . $einheit2 . "<p>";
   echo $gesamt;

   echo "Tankfüllung: $liter $einheit1 kosten
         $zahlung $einheit2<p>";
   echo 'Tankfüllung: $liter $einheit1 kosten
         $zahlung $einheit2<p>';
?>
</body>
</html>
```

Listing B.5 Datei ub07.php

Zur Erläuterung:

- Im ersten Teil des Programms findet die Berechnung des Preises statt.
- Den Variablen `$einheit1` und `$einheit2` werden Zeichenketten zugewiesen, in doppelten Hochkommata beziehungsweise in einfachen Hochkommata.
- Der Variablen `$gesamt` wird eine Zeichenkette zugewiesen, die sich aus einzelnen Zeichenketten, Zahlenvariablen, Zeichenkettenvariablen und HTML-Code zusammensetzt (Operator .).
- Die Zeichenkette `$gesamt` wird verlängert (Operator .=).
- Die Zeichenkette `$gesamt` wird ausgegeben.
- Der gleiche Ausgabetext soll auf zwei weitere Arten ausgegeben werden. Der Wert einer einzelnen Variablen wird auch dann ausgegeben, falls die Variable innerhalb einer Zeichenkette untergebracht wurde. Diese Form wird häufig verwendet. Es ist allerdings darauf zu achten, dass die Zeichenkette zwischen doppelte Hochkommata gesetzt wurde.

- Falls die Variable innerhalb einer Zeichenkette mit einfachen Hochkommata steht, wird nur der Name der Variablen, aber nicht der Wert der Variablen im Text ausgegeben (siehe Ausgabe). Das ist normalerweise nicht erwünscht.

Ein Tipp zum besseren Verständnis: Verfolgen Sie jeden einzelnen Schritt des Programms, und notieren Sie den aktuellen Wert jeder Variablen, sobald sich dieser ändert.

[+] Hinweis: Beim Schreiben eines Programms im Editor sollte innerhalb einer Zeichenkette, also innerhalb von einfachen oder doppelten Hochkommata, kein Zeilenumbruch erfolgen. In diesem Buch ist dies aber aus drucktechnischen Gründen an einigen Stellen notwendig, einige Zeichenketten sind einfach zu lang. Sie erkennen zusammengehörige, lange Zeichenketten leicht an dem geringeren Abstand zwischen den einzelnen Zeilen und an der Einrückung ab der zweiten Zeile. An diesen Stellen wurde kein Absatzumbruch, sondern ein manueller Zeilenwechsel durchgeführt. Falls Sie die betreffende Programmstelle übernehmen, sollten Sie diese Zeilen unbedingt in einer einzigen Zeile schreiben.

Die Ausgabe des Programms im Browser sieht so aus:

Abbildung B.7 Arbeiten mit Zeichenketten

Übung UB08

[»] Schreiben Sie das Programm aus der vorherigen Übung `UB06` um (Datei `ub08.php`). Das Zwischenergebnis und das Endergebnis sollen errechnet werden. Speichern Sie die Datei im Hauptverzeichnis Ihres Webservers, und testen Sie das Programm, indem Sie einen Browser aufrufen und die Adresse `http://localhost/ub08.php` eingeben.

Die Ausgabe des Programms im Browser sollte aussehen wie in Abbildung B.8.

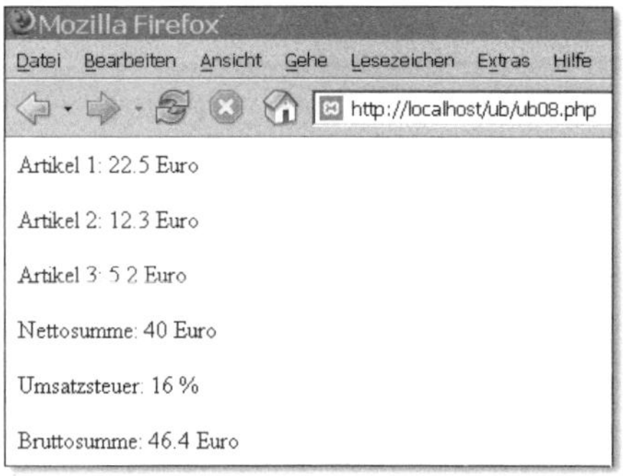

Abbildung B.8 Ergebnis Übung UB08

B.3 Einfache Formularauswertung

Formulare auswerten

In den bisher gezeigten Beispielen hatte der Benutzer eines Programms noch keine Möglichkeit, eigene Eingaben vorzunehmen. Er konnte das Programm nur aufrufen und das Ergebnis betrachten.

Eine besondere Stärke und ein typischer Einsatzzweck von PHP ist jedoch die Auswertung von Benutzereingaben aus Formularen. Durch eine solche Auswertung wird die dynamische Informationsübermittlung zwischen Benutzer und Webserver erst ermöglicht.

Dem Betrachter wird zunächst ein Formular vorgelegt, in dem er eigene Einträge vornehmen kann beziehungsweise bei dem er unter vorgefertigten Einträgen auswählen kann. Er füllt das Formular aus, sendet es ab und erhält nach der Auswertung eine Antwort vom Webserver.

B.3.1 Eingabeformular

Text-Eingabefeld

In diesem Abschnitt soll eine Informationsübermittlung mit Hilfe von einzeiligen Text-Eingabefeldern ermöglicht werden. Formulare können noch aus einer Reihe weiterer Elemente bestehen. Diese werden ausführlich in Kapitel C, *Daten senden und auswerten*, besprochen.

Der HTML-Programmcode des Formulars:

```
<html>
<body>
Bitte tragen Sie Ihren Vornamen und Ihren Nachnamen ein.<br>
Senden Sie anschließend das Formular ab.<p>

<form action = "ub09.php" method = "post">
    <input name = "vor"> Vorname<p>
```

```
    <input name = "nach"> Nachname<p>
    <input type = "submit">
    <input type = "reset">
</form>

</body>
</html>
```

Listing B.6 Datei ub09.htm

form, action, method

Innerhalb des HTML-Dokuments befindet sich ein form-Container. Die Markierung <form> beinhaltet:

- das Attribut action, das auf die Datei mit dem PHP-Auswertungsprogramm (hier: u09.php) verweist, und
- das Attribut method, das auf die Übermittlungsmethode zum Webserver (hier: post) verweist.

Der form-Container beinhaltet die verschiedenen Formularelemente. Dabei handelt es sich um:

- zwei einzeilige Text-Eingabefelder mit den Namen vor beziehungsweise nach für die Eintragung von Vornamen beziehungsweise Nachnamen,

submit, reset

- eine Schaltfläche zum Absenden (engl.: submit). Bei Betätigung werden die eingetragenen Daten an den Server gesendet und es wird das genannte PHP-Auswertungsprogramm angefordert,
- eine Schaltfläche zum Zurücksetzen (engl.: reset) des Formulars. Bei Betätigung wird das Formular wieder in den Anfangszustand versetzt, wie es zum Beispiel bei einer Fehleingabe notwendig werden kann.

Die Ausgabe des Formulars im Browser, mit eingegebenen Beispieldaten, sieht so aus:

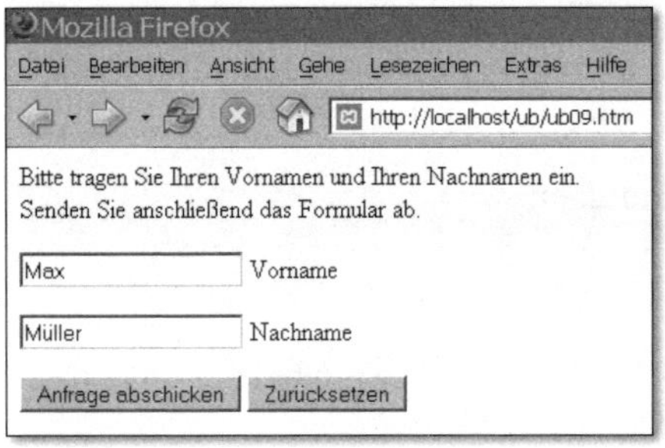

Abbildung B.9 Eingabeformular mit Beispieldaten

Die Auswertung der Eingabedaten wird im folgenden Abschnitt vorgestellt.

Übung UB10, Teil 1

[«]

Erweitern Sie das Beispiel dahingehend, dass eine ganze Adresse eingegeben werden kann (Datei ub10.htm). Es soll zusätzlich vier weitere Eingabefelder für die Angaben zu Straße, Hausnummer, Postleitzahl und Ort innerhalb des Formulars geben.

Das Formular sollte das folgende Aussehen haben (mit Beispieldaten):

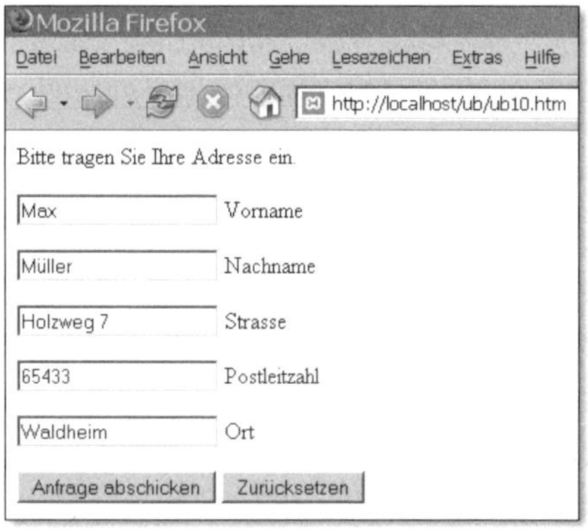

Abbildung B.10 Erweitertes Eingabeformular mit Beispieldaten

B.3.2 Auswertung mit $_POST

$_POST

Das antwortende PHP-Programm sieht wie folgt aus:

```
<html>
<body>
<?php
  echo "Guten Tag, " . $_POST["vor"] . " " . $_POST["nach"];
?>
</body>
</html>
```

Listing B.7 Datei ub09.php

Falls der Benutzer das oben angegebene Beispiel eingegeben hat, antwortet der Server wie folgt:

Abbildung B.11 Auswertung des einfachen Eingabeformulars

Es gibt in PHP einige vordefinierte Variablen, unter anderem das assoziative Feld `$_POST`. Aus den Namen der Eingabefelder werden automatisch Elemente dieses Feldes, falls die Übermittlungsmethode `post` verwendet wurde. Diese Elemente können angesprochen werden, indem man ihren Namen in Anführungszeichen und eckigen Klammern hinter dem Namen des Feldes `$_POST` angibt. Die Eintragung im Text-Eingabefeld `vor` wird also zum Wert der Variablen `$_POST["vor"]` im Programm.

Feld-Elemente können allerdings nicht unmittelbar innerhalb einer Zeichenkette ausgegeben werden, wie dies bei einzelnen Variablen der Fall ist. Daher ist die Ausgabezeile mit `echo` etwas umfangreicher. Weitere Einzelheiten zu Feldern und speziell zu assoziativen Feldern folgen in Abschnitt B.6.2, *Assoziative Felder*.

$_GET

Ein Formular kann statt mit der Methode `post` auch mit der Methode `get` versendet werden. Es ist zu beachten, dass das Feld `$_GET` statt des Feldes `$_POST` verwendet werden muss. Die Methode `post` ist im Allgemeinen zu bevorzugen, da sie sicherer und universeller ist.

Übung UB09

[»] Dieses Zusammenspiel von HTML-Datei und PHP-Datei stellt einen wichtigen Schritt dar. Daher zunächst nur eine »einfache« Aufgabe: Geben Sie das angegebene Beispiel mit Hilfe eines Texteditors ein, und speichern Sie es unter den genannten Dateinamen ab (`ub09.htm` und `ub09.php`). Füllen Sie das Formular aus, senden Sie es ab, und kontrollieren Sie die Reaktion des Webservers.

Übung UB10, Teil 2

[»] Erstellen Sie (passend zum Formular aus Übung `UB10`, Teil 1) ein PHP-Programm, das die Daten des Benutzers bestätigt. Falls der Benutzer die oben angegebenen Beispieldaten eingegeben hat, sollte die Ausgabe des Programms im Browser wie folgt aussehen (siehe Abbildung B.12):

Abbildung B.12 Auswertung des erweiterten Eingabeformulars

B.3.3 Umwandlung von Zeichenketten in Zahlen

Ein Text-Eingabefeld eines Formulars nimmt eine Zeichenkette auf, und es wird auch eine Zeichenkette an das PHP-Programm übermittelt. Häufig sollen jedoch Zahlen, zum Beispiel zur Ausführung von Berechnungen, übermittelt werden. Dabei sind für den Entwickler die folgenden Regeln zu beachten.

Umwandlung, Konvertierung

Bei der Umwandlung einer Zeichenkette (Konvertierung) ist der Beginn der Zeichenkette wichtig. Falls die Zeichenkette mit gültigen numerischen Zeichen beginnt, so werden diese numerischen Zeichen genutzt. Anderenfalls ergibt sich der Wert 0. Eine gültige Folge von numerischen Zeichen beinhaltet:

- ein Vorzeichen (optional)
- eine oder mehrere Ziffern
- einen Dezimalpunkt (optional)
- einen Exponenten (optional). Der Exponent ist ein kleines »`e`« oder ein großes »`E`«, gefolgt von einer oder mehreren Ziffern.

Die Zeichenkette wird interpretiert als:

- ganze Zahl, falls sie nur Ziffern beinhaltet
- Zahl mit Nachkommastellen, falls sie neben den Ziffern die Zeichen »`.`« (Punkt), `e` oder `E` beinhaltet

Einige Beispiele:

Zeichenkette	Wert	Datentyp
`"352"`	`352`	`ganze Zahl`
`"352xz"`	`352`	`ganze Zahl`
`"xz352"`	`0`	`Zeichenkette`
`"35.2"`	`35.2`	`Zahl mit Nachkommastellen`
`"35.2xz"`	`35.2`	`Zahl mit Nachkommastellen`
`"xz35.2"`	`0`	`Zeichenkette`

Zeichenkette	Wert	Datentyp
"-352"	-352	ganze Zahl
"35e2"	3500	Zahl mit (möglichen) Nachkommastellen
"35e-2"	0.35	Zahl mit Nachkommastellen

Falls man Zeichenkettenvariablen der Sicherheit halber explizit (also vom Programmentwickler gesteuert) in Zahlen umwandeln möchte, kann man die beiden Funktionen `doubleval()` beziehungsweise `intval()` anwenden. Ein kleines Beispiel für zwei Umwandlungen:

```
$a = "435";
$a = intval($a);
$b = "22.6";
$b = doubleval($b);
```

Nach Bearbeitung dieses Programmteils stehen die Variablen `$a` und `$b` auf jeden Fall als Zahlenvariablen mit dem ganzzahligen Wert `435` beziehungsweise dem Wert `22.6` für weitere Berechnungen zur Verfügung.

In den Einführungsbeispielen dieses Buches werden Eingabefehler des Benutzers nicht immer abgefangen. Die Programme würden sonst unnötig umfangreich und unverständlich. Später wird man in den Programmen Routinen einbauen, die möglichst alle Eingabefehler abfangen, aber es gilt immer der Grundsatz: Kein Programm ist vollständig gegen Eingabefehler gesichert.

Im nachfolgenden Beispiel wird der Benutzer aufgefordert, in einem Formular zwei Zahlen einzugeben und das Formular abzusenden. Ein PHP-Programm berechnet die Summe dieser beiden Zahlen und gibt das Ergebnis bekannt.

Der HTML-Code des Formulars:

```
<html>
<body>
Bitte tragen Sie zwei Zahlen ein und senden Sie das Formular
ab.<p>
<form action = "ub11.php" method = "post">
    Wert 1: <input name = "w1"><p>
    Wert 2: <input name = "w2"><p>
    <input type = "submit">
    <input type = "reset">
</form>
</body>
</html>
```

Listing B.8 Datei ub11.htm

Das PHP-Programm:

```
<html>
<body>
<?php
   $erg = $_POST["w1"] + $_POST["w2"];
   echo "Die Summe von " . $_POST["w1"] . " und "
        . $_POST["w2"] . " ist $erg";
?>
</body>
</html>
```

Listing B.9 Datei ub11.php

Ein Aufruf mit folgenden Eingabewerten:

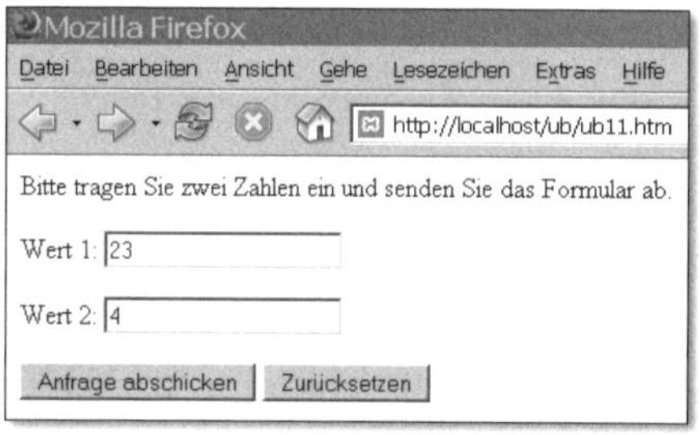

Abbildung B.13 Senden von Zahlen

ergibt die Antwort:

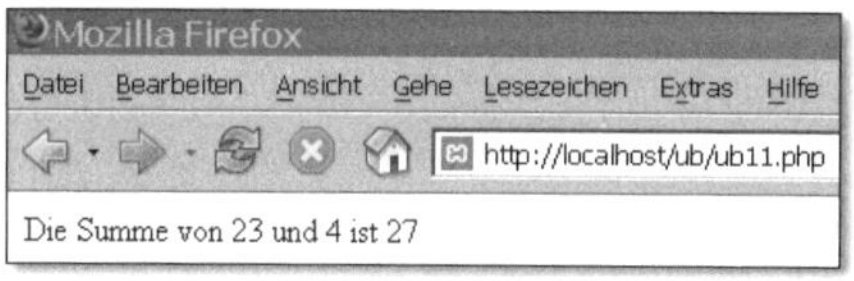

Abbildung B.14 Umwandlung und Berechnung des Ergebnisses

Im Antwort-Programm werden die eingegebenen Zeichenketten nach den oben angegebenen Regeln automatisch in Zahlen umgewandelt.

Übung UB12

Erstellen Sie ein Eingabeformular (Datei `ub12.htm`) und ein dazu passendes PHP-Programm (Datei `ub12.php`), mit dessen Hilfe das Quadrat einer Zahl berechnet werden kann. Die Zahl soll also mit sich selbst multipliziert werden. [«]

Formular und Ergebnis sollten wie folgt aussehen:

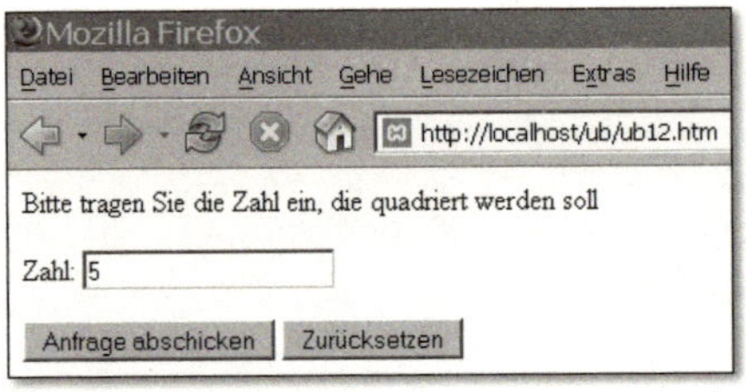

Abbildung B.15 Eingabe Übung 12

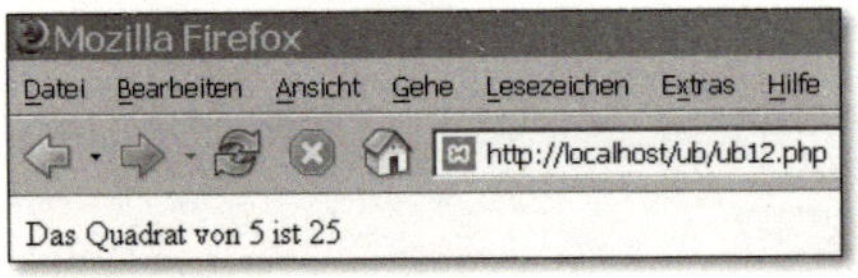

Abbildung B.16 Ergebnis Übung 12

B.4 Verzweigungen

Bisher wurden die Dateien mit dem HTML-Code und dem PHP-Code rein sequenziell abgearbeitet, das heißt, eine Anweisung nach der anderen wurde durchgeführt. Tatsächlich sind aber Programme auch in der Lage, auf unterschiedliche Bedingungen zu reagieren. Einzelne Anweisungen werden nur in bestimmten Situationen ausgeführt.

if, if-else

Die Ausführung dieser Anweisungen wird in solchen Fällen von einer oder mehreren Bedingungen abhängig gemacht (`if`-Anweisung). Je nachdem, ob die Bedingung zutrifft, werden die entsprechenden Anweisungen ausgeführt oder nicht. Darüber hinaus können bei Nichterfüllung der Bedingung alternative Anweisungen bearbeitet werden (`if-else`-Anweisung). Man nennt diese Stellen in Programmen »Verzweigungen« oder auch »bedingte Anweisungen«.

Bedingung, wahr, falsch

Bedingungen werden mit Hilfe von Wahrheitswerten (wahr oder falsch beziehungsweise `true` oder `false`) und Vergleichsoperatoren erstellt. Eine Tabelle der Vergleichsoperatoren schließt sich an.

Operator	Bedeutung	gilt
==	Gleichheit	für Zahlen und Zeichenketten
!=	Ungleichheit	für Zahlen und Zeichenketten
>	größer als	nur für Zahlen
<	kleiner als	nur für Zahlen

Operator	Bedeutung	gilt
`>=`	`größer oder gleich`	`nur für Zahlen`
`<=`	`kleiner oder gleich`	`nur für Zahlen`

Vergleichsoperatoren

Bei der Überprüfung auf Gleichheit ist besonders auf das doppelte Gleichheitszeichen zu achten. Es handelt sich um eine Bedingung und nicht um eine Zuweisung.

B.4.1 if-Anweisung

Ein Beispiel für eine Verzweigung mit der `if`-Anweisung:

```
<html>
<body>
<?php
   $preis = 0.98;
   if ($preis < 1) echo "Der Preis liegt unter 1 Euro";
?>
</body>
</html>
```

Listing B.10 Datei ub13.php

Falls `$preis` kleiner als `1` ist, wird der entsprechende Text in das Dokument geschrieben, anderenfalls geschieht nichts. Die Bedingung (`$preis < 1`) muss in Klammern stehen.

Die Ausgabe sieht wie folgt aus:

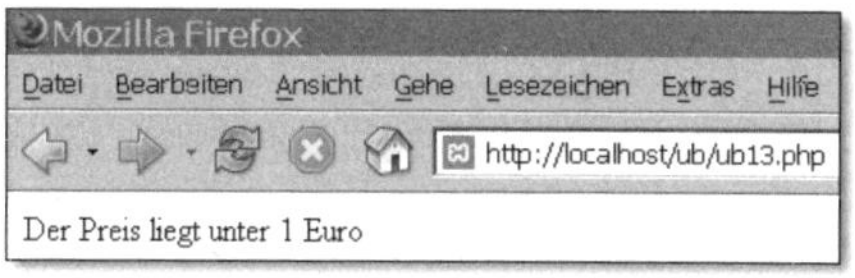

Abbildung B.17 Einfache if-Bedingung

Ein weiteres Beispiel:

```
<html>
<body>
<?php
   $preis = 0.98;
   if ($preis < 1)
   {
      echo "Der Preis liegt unter 1 Euro<br>";
      echo "Das ist günstig";
```

```
   }
?>
</body>
</html>
```

Listing B.11 Datei ub14.php

Anweisungsblock {..}

Falls aufgrund einer Bedingung mehrere Anweisungen ausgeführt werden sollen, so müssen sie innerhalb von geschweiften Klammern stehen. Dies nennt man einen Anweisungsblock. In diesem Programm werden zwei Ausgaben erzeugt, da `$preis` kleiner als 1 ist.

Die Ausgabe sieht wie folgt aus:

Abbildung B.18 Verzweigung mit Anweisungsblock

B.4.2 if-else-Anweisung

Ein Beispiel für eine Verzweigung mit der `if-else`-Anweisung:

```
<html>
<body>
<?php
   $preis = 1.02;

   if ($preis < 1)
   {
      echo "Der Preis liegt unter 1 Euro<br>";
      echo "Das ist günstig";
   }
   else
   {
      echo "Der Preis liegt bei 1 Euro oder darüber<br>";
      echo "Langsam wird es teuer";
   }
?>
</body>
</html>
```

Listing B.12 Datei ub15.php

Falls die Bedingung hinter dem `if` nicht zutrifft, werden die Anweisungen hinter dem `else` ausgeführt. Auch hier gilt, dass bei mehreren Anweisungen geschweifte Klammern benutzt werden müssen.

Die Ausgabe sieht wie folgt aus:

Abbildung B.19 Verzweigung mit else

Passwort

Ein weiteres Beispiel (mit Eingabeformular) verdeutlicht den Vergleich von Zeichenketten bei einer Bedingung. Der Benutzer soll ein Zugangspasswort eintragen (ausnahmsweise in sichtbarer Form). Das PHP-Programm vergleicht die Eingabe mit dem gespeicherten Passwort und reagiert entsprechend.

Der HTML-Code des Formulars sieht wie folgt aus:

```
<html>
<body>
Bitte tragen Sie das Zugangspasswortein<p>
<form action = "ub16.php" method = "post">
    <input name = "pw"><p>
    <input type = "submit">
    <input type = "reset">
</form>
</body>
</html>
```

Listing B.13 Datei ub16.htm

Das Auswertungsprogramm sieht so aus:

```
<html>
<body>
<?php
   if ($_POST["pw"] == "bingo")
      echo "Zugang gestattet";
   else
      echo "Zugang verweigert";
?>
</body>
</html>
```

Listing B.14 Datei ub16.php

Falls der Benutzer Folgendes eingibt:

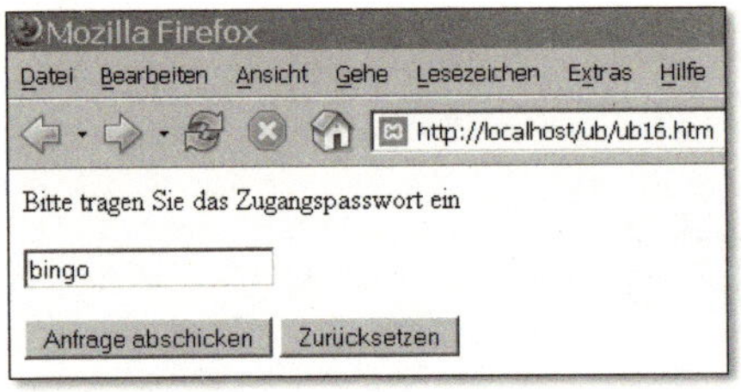

Abbildung B.20 Eingabe Passwort

bekommt er Zugang, anderenfalls nicht:

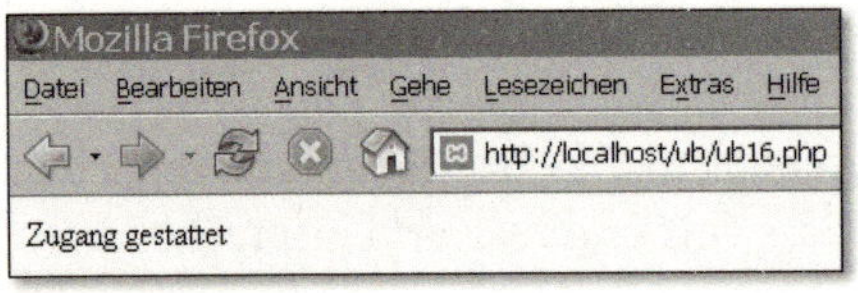

Abbildung B.21 Auswertung der Verzweigung

Übung UB17

[»] Erstellen Sie ein Eingabeformular (Datei `ub17.htm`) und ein dazu passendes PHP-Programm (Datei `ub17.php`). Es soll der Preis für eine Tankfüllung berechnet werden. Es gibt zwei Sorten Benzin: Normal (Preis: `1.35 Euro`) und Super (Preis: `1.40 Euro`).

Der Benutzer gibt im ersten Eingabefeld die getankte Literzahl und im zweiten Eingabefeld entweder ein `N` oder ein `S` ein. Das PHP-Programm ermittelt abhängig von der Sorte und der Menge den zu zahlenden Betrag. Es wird davon ausgegangen, dass der Benutzer keine Fehleingaben macht.

Falls der Benutzer `15` Liter Super tankt:

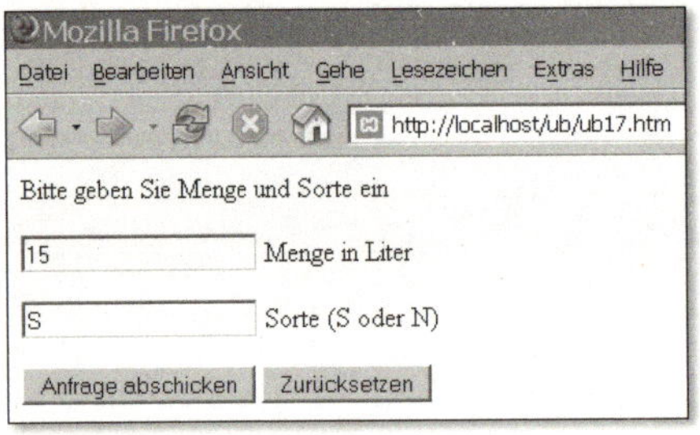

Abbildung B.22 Eingabe Tankvorgang

sollte die Ausgabe des Programms wie folgt aussehen:

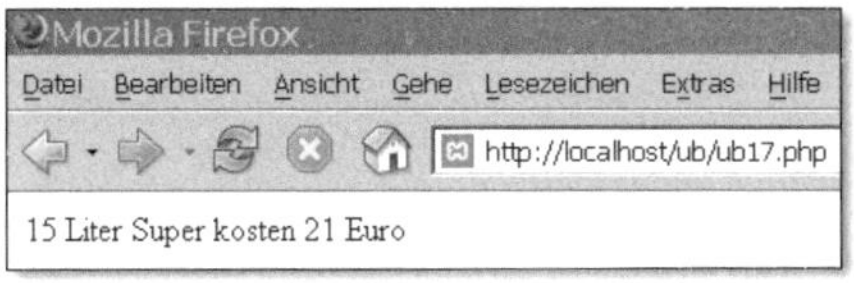

Abbildung B.23 Ergebnis Tankvorgang

Übung UB18

[«] Erweitern Sie die vorherige Übung. Großkunden, die `100` Liter oder mehr tanken, bekommen unabhängig von der Sorte bei dieser Tankstelle `2 Prozent` Rabatt.

Falls der Benutzer `120` Liter Normal tankt:

Abbildung B.24 Eingabe Übung 18

sollte die Ausgabe des Programms wie folgt aussehen:

Abbildung B.25 Ergebnis Übung 18

B.4.3 Logische Operatoren

logische Operatoren

Logische Operatoren dienen zur Verknüpfung von mehreren Bedingungen.

Logisches ODER

logisches oder, ||

Das logische ODER (Zeichen `||`) wird verwendet, falls nur eine von mehreren Bedingungen zutreffen muss. Zur Verdeutlichung wird das Beispiel mit der Passworteingabe (`ub16.htm` und `ub16.php`) erweitert. Es gibt nun zwei

Passwörter, die zum erfolgreichen Zugang führen. Das Eingabeformular bleibt gleich, das Auswertungsprogramm sieht wie folgt aus:

```
<html>
<body>
<?php
   if ($_POST["pw"] == "bingo" || $_POST["pw"] == "kuckuck")
      echo "Zugang gestattet";
   else
      echo "Zugang verweigert";
?>
</body>
</html>
```

Listing B.15 Datei ub19.php

Es gibt zwei Bedingungen, von denen eine zutreffen muss, damit der Zugang gestattet wird. Jede Bedingung muss vollständig formuliert werden. Der Ausdruck `$_POST["pw"] == "bingo" || "kuckuck"` würde zu einer Fehlermeldung führen, da die zweite Bedingung unvollständig ist.

Logisches UND

logisches UND, &&

Das logische UND (Zeichen `&&`) wird verwendet, falls alle Bedingungen zutreffen müssen. Dies wird wiederum an einem erweiterten Beispiel der Passworteingabe verdeutlicht. Der Benutzer muss Namen und Passwort eingeben. Der Zugang wird nur gestattet, falls beide richtig sind, es sich also um einen berechtigten und bekannten Benutzer handelt. Zunächst das geänderte Eingabeformular:

```
<html>
<body>
Bitte tragen Sie Name und Zugangs-Passwort ein<p>
<form action = "ub20.php" method = "post">
    <input name = "bname"> Name<p>
    <input name = "pw"> Passwort<p>
    <input type = "submit">
    <input type = "reset">
</form>
</body>
</html>
```

Listing B.16 Datei ub20.htm

Das Auswertungsprogramm sieht wie folgt aus:

```
<html>
<body>
<?php
   if ($_POST["bname"] == "Maier"
       && $_POST["pw"] == "kuckuck")
      echo "Zugang gestattet";
   else
      echo "Zugang verweigert";
?>
</body>
</html>
```

Listing B.17 Datei ub20.php

Gibt der Benutzer zwar den Namen `Maier`, aber ein falsches Passwort ein, so wird der Zugang verweigert, da beides stimmen muss. Das Gleiche trifft zu, falls er den Namen `Meier` (mit e) und das Passwort `kuckuck` eingibt, da in diesem Falle nur die zweite Bedingung zutrifft – siehe Formular und Ausgabe:

Abbildung B.26 Eingabe von Name und Passwort

Abbildung B.27 Richtiges Passwort, falscher Name

Logisches NICHT

logisches NICHT, !

Mit Hilfe des Operators NICHT (Zeichen !) kann man den Wahrheitswert von Bedingungen umkehren. Dies kann bei komplexeren logischen Verknüpfungen helfen.

Übung UB20

[»] Testen Sie die Beispiele `UB19` und `UB20` mit verschiedenen Passwörtern beziehungsweise Namens- und Passwort-Kombinationen.

B.4.4 Rangordnung der Operatoren

Rangordnung der Operatoren

Ausdrücke mit mehreren Operatoren werden von links nach rechts aufgelöst unter Beachtung der Rangordnung. Nachfolgend eine Tabelle mit der Rangordnung der bisher verwendeten Operatoren. Es wird mit der höchsten Stelle der Rangordnung begonnen.

Operator	Bedeutung
`()`	Klammern
`! -`	logisches NICHT, negatives Vorzeichen
`* / %`	Multiplikation, Division, Modulo
`+ -`	Addition, Subtraktion
`< <= > >=`	kleiner, kleiner oder gleich, größer, größer oder gleich
`== !=`	gleich, ungleich
`&&`	logisches UND
`||`	logisches ODER
`=`	Zuweisung

Klammern stehen an der höchsten Stelle der Rangordnung. Mit ihrer Hilfe kann man die Rangfolge bei den Operatoren beeinflussen und Ausdrücke so bewerten, wie man es wünscht. Zusätzlich kann man Klammern verwenden, falls man sich bei der Rangfolge momentan nicht sicher ist.

Übung UB21

[»] Erweitern Sie das Beispielprogramm aus dem vorherigen Abschnitt. Nur die beiden Benutzer `Marten` (Passwort `Hamburg`) und `Schmitz` (Passwort `Berlin`) sollen Zugang haben (Dateien `ub21.htm` und `ub21.php`).

B.4.5 Mehrfache Verzweigung

mehrfache Verzweigung

Verzweigungen mit `if` und `else` lassen sich auch verschachteln, so dass eine mehrfache Verzweigung (für mehr als zwei Fälle) möglich wird. Ein Beispiel:

```
<html>
<body>
<?php
   $preis = 1.12;
```

```
   if ($preis < 1)
   {
      echo "Der Preis liegt unter 1 Euro<br>";
      echo "Das ist günstig";
   }
   else
   {
      if ($preis <= 1.2)
      {
         echo "Der Preis liegt zwischen 1 Euro und
               1.20 Euro<br>";
         echo "Langsam wird es teuer";
      }
      else
      {
         echo "Der Preis liegt über 1.20 Euro<br>";
         echo "Das ist viel zu teuer";
      }
   }
?>
</body>
</html>
```

Listing B.18 Datei ub22.php

Falls `$preis` kleiner als `1` ist, trifft die erste Bedingung zu. Die restlichen Bedingungen müssen dann nicht mehr geprüft werden. Falls nicht, kann `$preis` nur noch größer oder gleich `1` sein. Es wird die nächste Bedingung (`$preis <= 1.2`) geprüft. Falls diese auch nicht zutrifft, kann `$preis` nur noch größer als `1.2` sein.

Die Ausgabe sieht wie folgt aus:

Abbildung B.28 Ergebnis mehrfacher Verzweigung

Übung UB23

Erweitern Sie das Programm aus Übung `UB17`. Es soll der Preis für eine Tankfüllung berechnet werden, ohne Rabatt für Großkunden. Es gibt drei Sorten Benzin: Normal (Preis: `1.35 Euro`), Super (Preis: `1.40 Euro`) und Diesel (Preis: `1.10 Euro`). [«]

Der Benutzer gibt im ersten Eingabefeld die getankte Literzahl und im zweiten Eingabefeld entweder ein `N`, ein `S` oder ein `D` ein. Das PHP-Programm ermittelt in Abhängigkeit von der Sorte und der Menge den zu zahlenden Betrag. Es wird davon ausgegangen, dass der Benutzer keine Fehleingaben macht.

Falls der Benutzer `35` Liter Diesel tankt:

Abbildung B.29 Eingabe Übung UB23

sollte die Ausgabe wie folgt aussehen:

Abbildung B.30 Ergebnis Übung UB23

B.4.6 switch-case-Anweisung

switch-case

Die `switch-case`-Anweisung bietet für einen bestimmten Typ von mehrfachen Verzweigungen eine andere Schreibweise. Sie kann eingesetzt werden, falls die gleiche Variable auf mehrere, feste Werte geprüft werden soll. Diese Form der mehrfachen Verzweigung ist besonders bei vielen verschiedenen Fällen übersichtlicher als eine geschachtelte Verzweigung.

Ein Beispiel bietet die Übungsaufgabe `UB23` (siehe oben). Das Eingabeformular aus Datei `ub23.htm` kann übernommen werden (in `ub24.htm`). Das Auswertungsprogramm mit `switch-case` sieht wie folgt aus:

```
<html>
<body>
<?php
   switch($_POST["sorte"])
   {
      case "N":
         $zahlung = $_POST["liter"] * 1.05;
```

```
        echo $_POST["liter"]
            . " L Normal kosten $zahlung Euro";
        break;
    case "S":
        $zahlung = $_POST["liter"] * 1.15;
        echo $_POST["liter"]
            . " L Super kosten $zahlung Euro";
        break;
    case "D":
        $zahlung = $_POST["liter"] * 0.9;
        echo $_POST["liter"]
            . " L Diesel kosten $zahlung Euro";
        break;
    default:
        echo "Als Sorte nur N, S oder D eingeben!";
  }
?>
</body>
</html>
```

Listing B.19 Datei ub24.php

break, default

Es wird ein so genannter switch-Block erzeugt. Innerhalb dieses switch-Blocks wird der Wert von $_POST["sorte"] untersucht. Die vorhandenen Fälle (engl.: case) werden der Reihe nach verglichen. Sobald einer der Fälle zutrifft, werden alle weiteren Anweisungen bearbeitet, bis man auf die Anweisung break trifft. Die Anweisungen nach dem break werden nicht mehr ausgeführt.

Optional kann die Anweisung default benutzt werden. Diese ist dann nützlich, falls keiner der genannten Fälle zutraf. Dies wäre im oben angegebenen Programm der Fall, falls der Benutzer als Sorte weder N noch S noch D eingibt.

Falls der Benutzer die Eingaben 15 und P macht:

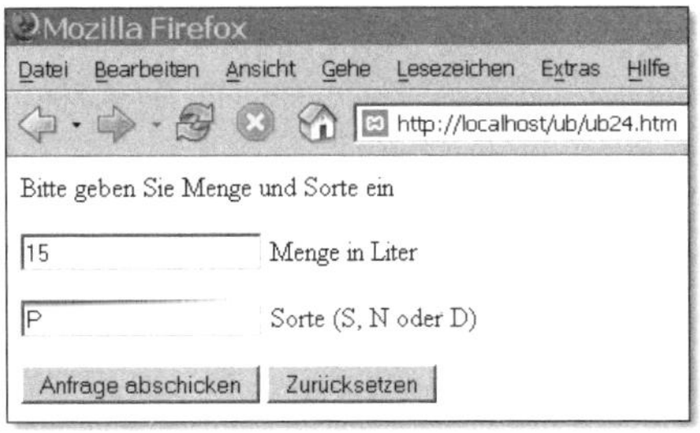

Abbildung B.31 Eingabe für switch-case

so ergibt sich die Ausgabe:

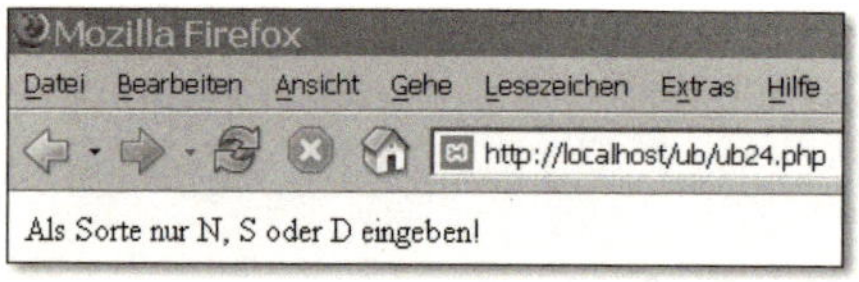

Abbildung B.32 Default-Fall

B.4.7 HTML in Verzweigungsblöcken

HTML und PHP gemischt

Falls innerhalb einer einfachen oder mehrfachen Verzweigung jeweils nur reiner HTML-Code ohne PHP-Variablen ausgegeben werden muss, so ist eine gemischte Schreibweise mit PHP und HTML recht nützlich. Ein Beispiel:

```
<html>
<body>
<?php
$preis = 1.12;
if ($preis < 1):
?>

Der Preis liegt unter 1 Euro<br>
Das ist günstig

<?php else: ?>

Der Preis liegt bei 1 Euro oder darüber<br>
Langsam wird es teuer

<?php endif; ?>
</body>
</html>
```

Listing B.20 Datei ub25.php

Der Ablauf der Verzweigung wird auf mehrere PHP-Blöcke verteilt. Dazwischen kann der HTML-Code ohne `echo`, Anführungsstriche, Semikolon usw. notiert werden.

- Nach der Bedingung `if ($preis < 1)` wird ein Doppelpunkt notiert. Dies bedeutet, dass die Verzweigung noch »offen« ist. Der anschließende HTML-Code bis zum nächsten Teil der Verzweigung wird nur ausgeführt, falls die Bedingung zutrifft.

- Es folgt die `else`-Anweisung, ebenfalls mit einem Doppelpunkt. Für den darauf folgenden HTML-Code gilt das Gleiche. Die Verzweigung ist nach wie vor »offen«.
- Sie wird erst durch die Anweisung `endif` abgeschlossen.

Diese gemischte Schreibweise aus PHP und HTML kann auch für andere Formen der Verzweigung und andere Kontrollstrukturen angewendet werden.

B.5 Schleifen

Schleife, Wiederholung

Falls sich innerhalb eines Programms einzelne Anweisungen oder Blöcke von Anweisungen wiederholen, werden Schleifen verwendet. In PHP gibt es u.a. die `for`-Schleife und die `while`-Schleife. Welche Variante bei der Lösung des vorliegenden Problems die richtige ist, kann man leicht entscheiden:

- Man verwendet die `for`-Schleife, falls die Anzahl der Wiederholungen dem Programmierer bekannt ist oder sie sich eindeutig im Verlauf des Programms vor der Schleife ergibt (Zählschleife).
- Man verwendet die `while`-Schleife, falls die Anzahl der Wiederholungen dem Programmierer nicht bekannt ist und sie sich nicht eindeutig im Verlauf des Programms vor der Schleife ergibt. Die Wiederholung oder der Abbruch der Schleife ergeben sich erst zur Laufzeit des Programms (bedingungsgesteuerte Schleife).

B.5.1 for-Schleife

for

Die `for`-Schleife wird dazu benutzt, eine feste Anzahl an Wiederholungen zu erzeugen. Entweder ist die Anzahl vorher bekannt oder Start und Ende der Wiederholung sind bekannt beziehungsweise können errechnet werden. Ein Beispiel:

```
<html>
<body>
<?php
   for ($i=1; $i<=5; $i++)
   {
      echo "Zeile $i <p>";
   }
?>
```

```
</body>
</html>
```

Listing B.21 Datei ub26.php

Mit Hilfe des Programms werden fünf Zeilen in das Dokument geschrieben, jeweils mit dem Inhalt `Zeile: <Nummer>`. Die Ausgabe sieht wie folgt aus:

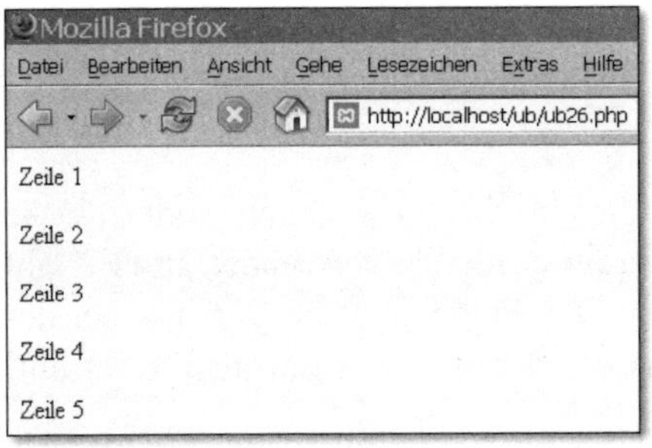

Abbildung B.33 Schleife

Die `for`-Schleife besteht aus Kopf und Rumpf. Der Kopf der `for`-Schleife besteht aus drei Teilen, die durch Semikola voneinander getrennt sind:

- Startwert
- Bedingung zur Wiederholung
- Veränderung der Schleifenvariablen

In diesem Beispiel wird die Variable `$i` als so genannte »Schleifenvariable« verwendet, das heißt, mit Hilfe von `$i` wird die Schleife gesteuert. `$i` bekommt zunächst den Wert `1`. Es wird geprüft, ob die Bedingung zur Wiederholung erfüllt ist. Ist dies der Fall, wird mit dem Anfangswert der Rumpf der Schleife durchlaufen, es ergibt sich also die Ausgabe: `Zeile 1`. Anschließend wird die Variable durch die Veränderung der Schleifenvariablen erhöht (auf `2`).

Es wird geprüft, ob die Bedingung zur Wiederholung noch erfüllt ist. Ist dies der Fall, wird der Rumpf der Schleife mit dem Wert `$i` (Ausgabe: `Zeile 2`) durchlaufen usw. Nach dem `fünften` Durchlauf wird `$i` auf `6` erhöht. Damit trifft die Bedingung zur Wiederholung nicht mehr zu, das Programm beendet die Schleife und läuft dahinter weiter. Im vorliegenden Programm ist dann das Ende erreicht.

++, -- Anmerkung: `$i++` ist eine Kurzform der Zuweisung `$i=$i+1`. Häufig verwendet wird auch `$i--`, dies ist eine Kurzform der Zuweisung `$i=$i-1`, also eine Verminderung von `$i` um `1`.

Auch bei Schleifen gilt: Falls sich die Schleife auf mehrere Anweisungen bezieht, müssen diese in geschweifte Klammern gesetzt werden. Streng genommen wäre dies also beim oben genannten Beispiel nicht notwendig gewesen, aber es schadet auch nicht.

B.5.2 Beispiele für for-Schleifen

Einige Beispiele für Schleifensteuerungen:

Kopf der for-Schleife	$i bekommt nacheinander die Werte
`for ($i=10; $i<=15; $i++)`	10, 11, 12, 13, 14, 15
`for ($i=10; $i<15; $i++)`	10, 11, 12, 13, 14
`for ($i=10; $i>=5; $i--)`	10, 9, 8, 7, 6, 5
`for ($i=10; $i>5; $i--)`	10, 9, 8, 7, 6
`for ($i=3; $i<=22; $i=$i+3)`	3, 6, 9, 12, 15, 18, 21
`for ($i=32; $i>12; $i=$i-4)`	32, 28, 24, 20, 16
`for ($i=12; $i<13; $i=$i+0.2)`	12.0, 12.2, 12.4, 12.6, 12.8
`$a=6, $b=16, $c=2;` `for ($i=$a; $i<$b; $i=$i+$c)`	6, 8, 10, 12, 14

Man sollte immer darauf achten, dass nicht aus Versehen eine Endlosschleife erzeugt wird. Dies könnte man zum Beispiel mit dem folgenden Schleifenkopf erreichen: `for ($i=3; $i>2; $i=$i+3)`. Die Bedingung `$i>2` ist für alle Zahlen, die erzeugt werden, erfüllt. Demnach wird diese Schleife niemals beendet, und das Programm »hängt sich auf«.

Übung UB27

Schreiben Sie ein Programm (Datei `ub27.php`), in dem mit Hilfe von mehreren `for`-Schleifen die nachfolgend angegebenen Zeilen ausgegeben werden. Ein Tipp: Für die letzte Zahlenreihe wird zusätzlich eine `if`-Bedingung benötigt. [«]

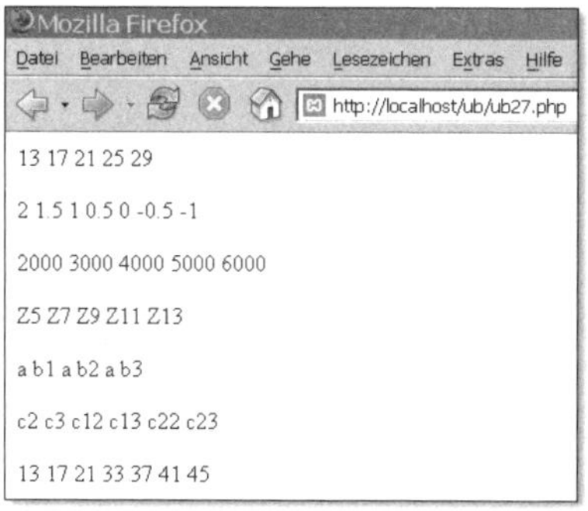

Abbildung B.34 Übung UB27

B.5.3 Geschachtelte for-Schleifen

geschachtelte Schleifen

Schleifen können geschachtelt werden. Dabei befindet sich eine Schleife innerhalb einer anderen Schleife (Schachtelung). Dadurch wird später die Bearbeitung einer zweidimensionalen Struktur wie zum Beispiel einer Tabelle (siehe HTML) oder eines zweidimensionalen Feldes (siehe ein- und mehrdimensionale Felder) möglich. Ein Beispiel:

```
<html>
<body>
<?php
   for ($z=1; $z<=5; $z=$z+1)
   {
      for ($s=1; $s<=3; $s=$s+1)
      {
         echo "Ze$z/Sp$s ";
      }
      echo "<p>";
   }
?>
</body>
</html>
```

Listing B.22 Datei ub28.php

Die erste (äußere) Schleife wird fünfmal durchlaufen. Innerhalb dieser Schleife steht wiederum eine (innere) Schleife, die bei jedem Durchlauf der äußeren Schleife dreimal durchlaufen wird. Anschließend wird ein Umbruch erzeugt. Es gibt insgesamt 5 mal 3 = 15 Wiederholungen. Die Programmausgabe sieht wie folgt aus:

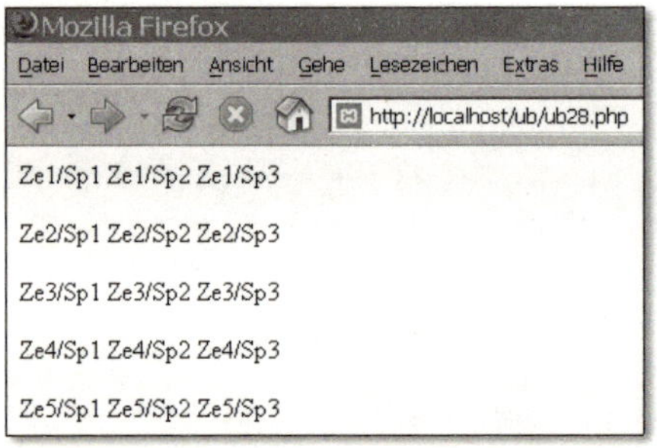

Abbildung B.35 Geschachtelte Schleife

Übung UB29

[«]

Schreiben Sie ein Programm (Datei `ub29.php`), in dem mit Hilfe von zwei geschachtelten `for`-Schleifen das kleine Einmaleins ausgegeben wird. Die Ausgabe soll wie folgt aussehen:

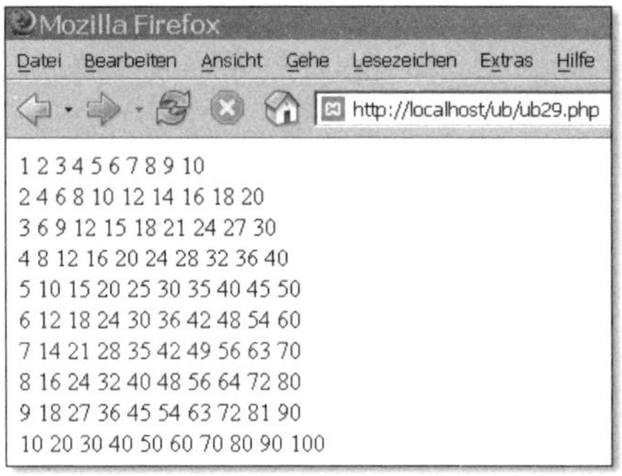

Abbildung B.36 »Kleines Einmaleins«

B.5.4 Schleifen und Tabellen

Schleife mit HTML-Tabelle

Schleifen werden häufig im Zusammenhang mit HTML-Tabellen eingesetzt. Das erweiterte Beispiel aus Datei `ub26.php` kann innerhalb einer Tabellenstruktur zum Beispiel wie folgt angegeben werden:

```
<html>
<body>
<table border>
<?php
   for ($i=8; $i<=15; $i++)
   {
      echo "<tr><td>Zeile</td><td align='right'>
            $i</td></tr>";
   }
?>
</table>
</body>
</html>
```

Listing B.23 Datei ub30.php

Tabellenbeginn und -ende werden hier im HTML-Bereich angegeben. Die veränderlichen Bestandteile (Anzahl der Zeilen und Inhalt der zweiten Spalte) werden im PHP-Bereich angegeben. Bei jedem Durchlauf der Schleife wird eine Tabellenzeile mit jeweils zwei Zellen ausgegeben.

[+] Hinweis: Die Ausrichtung der Zellen (`align='right'`) muss innerhalb der Zeichenkette (die zwischen doppelten Hochkommata steht) in einfachen Hochkommata angegeben werden, da ansonsten für PHP die Zeichenkette zu früh beendet wird.

Die Ausgabe sieht wie folgt aus:

Abbildung B.37 Schleife und Tabelle

Das erweiterte Beispiel aus Datei `ub28.php` mit einer geschachtelten Schleife innerhalb einer Tabellenstruktur:

```
<html>
<body>
<table border>
<?php
   for ($z=8; $z<=15; $z=$z+1)
   {
      echo "<tr>";
      for ($s=1; $s<=5; $s=$s+1)
      {
         echo "<td align='right'>$z/$s</td>";
      }
      echo "</tr>";
   }
?>
</table>
</body>
</html>
```

Listing B.24 Datei ub31.php

Tabellenbeginn und -ende werden hier wiederum im HTML-Bereich angegeben. Die äußere Schleife sorgt für die Erzeugung der Tabellenzeilen, die innere Schleife für die Erzeugung und Füllung der Zellen.

Die Ausgabe sieht wie folgt aus:

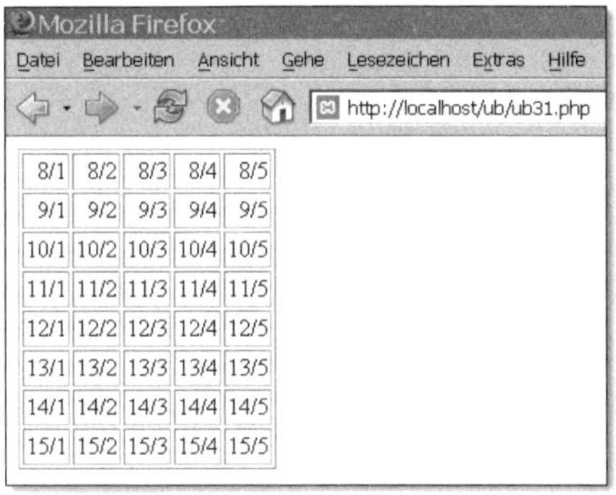

8/1	8/2	8/3	8/4	8/5
9/1	9/2	9/3	9/4	9/5
10/1	10/2	10/3	10/4	10/5
11/1	11/2	11/3	11/4	11/5
12/1	12/2	12/3	12/4	12/5
13/1	13/2	13/3	13/4	13/5
14/1	14/2	14/3	14/4	14/5
15/1	15/2	15/3	15/4	15/5

Abbildung B.38 Geschachtelte Schleife und Tabelle

Übung UB32

Erweitern Sie das Programm aus Übung `UB29`. Betten Sie das kleine Einmaleins in eine Tabelle ein (`ub32.php`). Die Ausgabe soll wie folgt aussehen: [«]

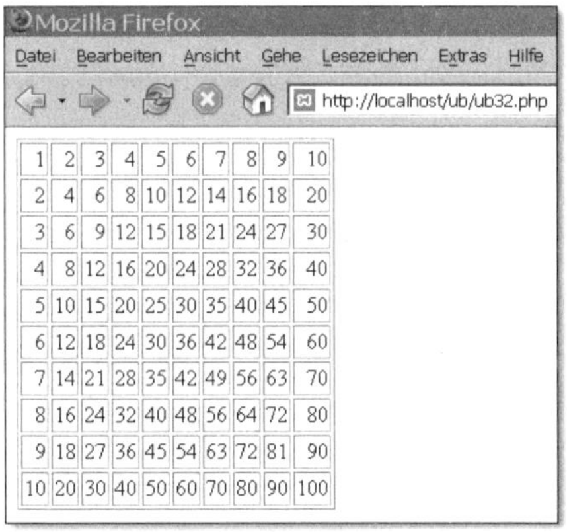

1	2	3	4	5	6	7	8	9	10
2	4	6	8	10	12	14	16	18	20
3	6	9	12	15	18	21	24	27	30
4	8	12	16	20	24	28	32	36	40
5	10	15	20	25	30	35	40	45	50
6	12	18	24	30	36	42	48	54	60
7	14	21	28	35	42	49	56	63	70
8	16	24	32	40	48	56	64	72	80
9	18	27	36	45	54	63	72	81	90
10	20	30	40	50	60	70	80	90	100

Abbildung B.39 »Kleines Einmaleins« in Tabelle

B.5.5 while-Schleife

Die `while`-Schleife wird dazu benutzt, eine unbestimmte Anzahl an Wiederholungen zu erzeugen. Das Ende der Wiederholungen wird bei einem der Schleifendurchläufe erreicht, es kann nicht vorher errechnet werden. `while`-Schleifen werden häufig bei Datenbankabfragen eingesetzt (siehe Abschnitt D.2, *PHP und MySQL*). while

Im nachfolgenden Beispiel wird gewürfelt. Die gewürfelten Zahlen werden addiert. Dies wird wiederholt, solange die Summe der gewürfelten Zahlen kleiner als 30 ist.

Zufallsgenerator

Zum Erzeugen der »zufälligen« Würfelergebnisse wird der Zufallsgenerator von PHP verwendet. Er muss zunächst initialisiert werden, damit er »tatsächlich zufällige« Ergebnisse produziert. Innerhalb der Schleife wird jeweils ein Würfelergebnis erzeugt. Die dazu notwendigen Funktionen srand() und rand() werden in Abschnitt F.5, *Mathematische Funktionen*, noch näher erläutert.

Die Anzahl der Würfe ist sowohl dem Entwickler als auch dem Benutzer unbekannt, daher kann keine for-Schleife verwendet werden. Das Programm sieht wie folgt aus:

```
<html>
<body>
<?php
   /* Initialisierung */
   srand((double)microtime()*1000000);
   $summe = 0;

   while ($summe < 30)
   {
      $zufallszahl = rand(1,6);        // Würfel
      $summe = $summe + $zufallszahl;
      echo "Zahl $zufallszahl, Summe $summe<br>";
   }

?>
</body>
</html>
```

Listing B.25 Datei ub33.php

Die Bedingung zur Wiederholung muss in Klammern stehen. Bei der ersten Prüfung der Bedingung hat $summe noch den Wert 0, deshalb darf die Schleife durchlaufen werden. Innerhalb der Schleife wird die gewürfelte Zufallszahl zur Variablen $summe addiert. Die gewürfelte Zahl und die aktuelle Zwischensumme werden ausgegeben.

Es wird wiederum daraufhin überprüft, ob die Summe noch kleiner als 30 ist. Ist dies der Fall, so wird die Schleife erneut durchlaufen. Anderenfalls wird mit der Anweisung hinter dem Schleifenende fortgefahren. Falls dort keine Anweisung mehr steht, ist das Programm zu Ende. Es wird also so lange (engl.: while) eine Zahl addiert, bis die Bedingung für die Wiederholung nicht mehr gilt.

Die Seite hat zum Beispiel folgendes Aussehen – natürlich abhängig von den zufällig ermittelten Werten:

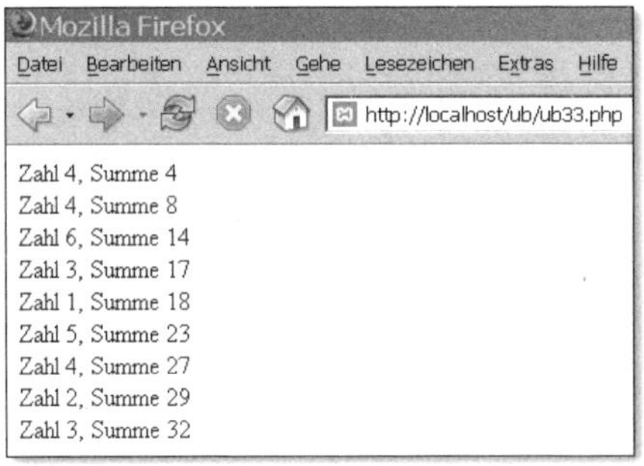

Abbildung B.40 while-Schleife

Übung UB34

[«]

Erstellen Sie ein kleines Computerspiel. Zwei Spieler würfeln gegeneinander (Zufallsgenerator), und die Würfe jedes Spielers werden addiert. Sobald einer der beiden Spieler oder beide Spieler in einer Spielrunde die Zahl `30` erreicht oder überschritten haben, ist das Spiel zu Ende (Datei `ub34.php`). Der Name des Gewinners soll anschließend ausgegeben werden. Die Ausgabe könnte wie folgt aussehen:

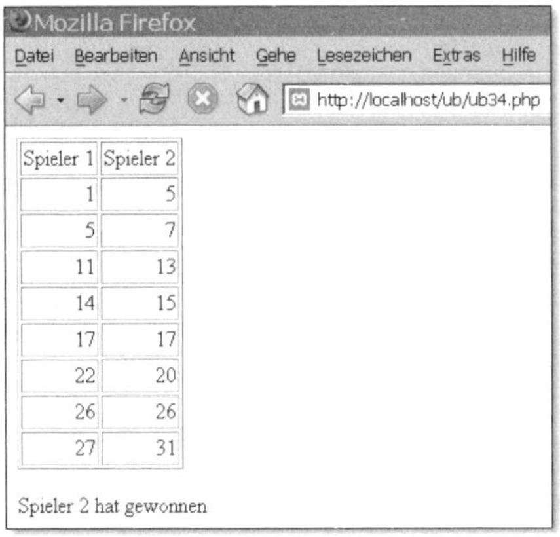

Abbildung B.41 Spiel

B.5.6 Schleifenabbruch mit break

break

Mit Hilfe der Anweisung `break`, die bereits aus der `switch-case`-Verzweigung bekannt ist, kann eine Schleife vorzeitig beendet werden. Damit wird eine zusätzliche Möglichkeit für eine Schleifensteuerung geschaffen, die ein Programm unter Umständen besser lesbar machen kann.

[+] Hinweis: Eine `break`-Anweisung, die nicht in einem switch-Block steht, aber innerhalb einer Schleife, wird immer gemeinsam mit einer Bedingung auftreten, da der vorzeitige Abbruch einer Schleife nur in einem »Sonderfall« erfolgen sollte.

Im folgenden Beispiel wird wiederum gewürfelt, solange die Summe kleiner als 30 ist. Es soll allerdings maximal neun Mal gewürfelt (Sonderfall) und dann abgebrochen werden.

```
<html>
<body>
<?php
   srand((double)microtime()*1000000);
   $summe = 0;
   $zaehler = 0;

   while ($summe < 30)
   {
      $zufallszahl = rand(1,6);
      $summe = $summe + $zufallszahl;
      $zaehler = $zaehler + 1;
      echo "Nr. $zaehler, Zahl $zufallszahl,";
      echo " Summe $summe<br>";
      if ($zaehler >= 9) break;        // Sonderfall
   }
?>
</body>
</html>
```

Listing B.26 Datei ub35.php

Es wird ein zusätzlicher Zähler verwendet (Variable `$zaehler`). Diese Variable wird zunächst auf `0` gesetzt. Innerhalb der Schleife wird ihr Wert immer um `1` erhöht. Sie zählt also die Anzahl der Schleifendurchläufe. Falls dabei die Zahl `9` erreicht beziehungsweise überschritten wird, bricht die Schleife unmittelbar ab. Dies geschieht auch dann, wenn die Summe noch kleiner als `30` ist.

Die Seite hat zum Beispiel folgendes Aussehen (siehe Abbildung B.42), das natürlich von den zufällig ermittelten Werten abhängt:

Abbildung B.42 Beispiel zu break

Hinweis: Der Vergleich `if ($zaehler == 9)` hätte auch zu einem Abbruch geführt, allerdings nur bei einer Erhöhung um `1`. Falls man zum Beispiel den Zähler immer um `2` erhöhen würde, könnte der Wert `9` nicht genau erreicht werden. Die Schleife würde über die vorgesehene Abbruchstelle hinausgehen. Daher arbeitet man an diesen Stellen normalerweise mit Bereichsangaben (>= oder <=). **[+]**

B.5.7 Weitere Schleifenanweisungen

Im Zusammenhang mit Schleifen existieren in der Sprache PHP noch die folgenden Anweisungen. Sie sind als Alternativen zu sehen und bieten in bestimmten Fällen Vorteile.

do-while

Die `do-while`-Schleife verhält sich wie eine `while`-Schleife, zusätzlich aber gilt: Die Schleife wird mindestens einmal durchlaufen, da die Bedingung für die Wiederholung erst am Ende geprüft wird. Die Syntax lautet: do-while

```
do
{
[Anweisungen]
}
while(Bedingung);
```

foreach

Die `foreach`-Schleife wird im Zusammenhang mit assoziativen Feldern verwendet. Sie ermöglicht die Bearbeitung aller Elemente eines solchen Feldes mit einer Schleife (siehe Abschnitt B.6, *Felder*). foreach

Die Syntax lautet:

```
foreach([Feld-Ausdruck])
{
[Anweisungen]
}
```

continue

continue

Die Anweisung `continue` wird verwendet, um aufgrund einer Bedingung den Rest einer Schleife zu überspringen und unmittelbar mit dem nächsten Schleifendurchlauf fortzusetzen.

B.6 Felder

Um eine größere Menge von zusammengehörigen Daten zu speichern, kann man entweder viele einzelne Variablen (jeweils mit einem eigenen Namen) oder ein Feld von Variablen mit einem einheitlichen Namen nutzen. Felder sind dabei zu bevorzugen, da sie eine schnellere und komfortablere Verarbeitung bieten. PHP unterstützt zwei Typen von Feldern:

numerisch indizierte Felder

- numerisch indizierte Felder: Die einzelnen Variablen in einem numerisch indizierten Feld werden über eine laufende Nummer innerhalb des Feldes angesprochen.

assoziative Felder

- assoziative Felder (auch Hash-Tabelle genannt): Die einzelnen Variablen in einem assoziativen Feld werden über eine eindeutige Bezeichnung innerhalb des Feldes angesprochen.

Die genannten Feldtypen werden in diesem Abschnitt angesprochen. Ein ausführlicher Abschnitt über Felder findet sich in Kapitel F, *Weitere Themen*.

Felder können eine oder mehrere Dimensionen haben:

Feldmodell

- Ein eindimensionales Feld kann man sich einfach als eine Liste vorstellen oder als einen mathematischen Vektor. Dies könnte zum Beispiel eine Preisliste oder die Namensliste von Mitgliedern einer Gruppe sein.
- Ein zweidimensionales Feld kann man sich einfach als eine Tabelle vorstellen oder als eine mathematische Matrix. Dies könnte zum Beispiel der Inhalt einer Datenbanktabelle mit verschiedenen Feldern und Datensätzen sein. Zweidimensionale Felder gibt es in drei Varianten: rein numerisch indiziert, rein assoziativ oder gemischt (numerisch indiziert/assoziativ).
- Es können auch Felder mit mehr als zwei Dimensionen zum Einsatz kommen. Eine geeignete Modellvorstellung wird mit wachsender Dimensionszahl allerdings immer schwerer.

B.6.1 Numerisch indizierte Felder

Nehmen wir an, es wäre eine Woche lang jeden Tag an einem bestimmten Ort eine Temperatur gemessen worden. Es stehen somit sieben Temperaturwerte zur weiteren Betrachtung und Untersuchung zur Verfügung. Diese Werte werden zunächst in einem numerisch indizierten Feld gespeichert und ausgegeben:

```
<html>
<body>
<?php
   $tp = array(17.5, 19.2, 21.8, 21.6, 17.5);
   $tp[5] = 20.2;
   $tp[6] = 16.6;
   for($i=0; $i<=6; $i = $i+1)
   {
      echo "$tp[$i] <br>";
   }
?>
</body>
</html>
```

Listing B.27 Datei ub36.php

In diesem Programm werden zwei häufig eingesetzte Techniken zur Erzeugung beziehungsweise Vergrößerung von Feldern gezeigt:

- Mit Hilfe der Funktion `array()` wird die Variable `$tp` zu einem Feld (engl.: `array`) mit fünf Elementen. Diese Elemente sind automatisch durchnummeriert worden, beginnend bei `0`. array()
- Felder können auch einfach durch die Zuweisung einzelner Elemente erzeugt oder vergrößert werden. Dies ist hier mit den beiden Zuweisungen `$tp[5] = 20.2;` und `$tp[6] = 16.6;` geschehen. Dabei ist die bisherige Nummerierung zu beachten, sonst könnten vorhandene Elemente überschrieben werden.
- Ein einzelnes Feld-Element wird angesprochen, indem man nach dem Namen des Feldes in eckigen Klammern die laufende Nummer des Elements angibt. Diese wird auch Index genannt. Feldindex

Insgesamt hat das Feld nun sieben Elemente und die folgende Struktur:

Name des Elements	Nummer (= Index) des Elements	Wert des Elements
`$tp[0]`	0	17.5
`$tp[1]`	1	19.2
`$tp[2]`	2	21.8
`$tp[3]`	3	21.6

Name des Elements	Nummer (= Index) des Elements	Wert des Elements
`$tp[4]`	4	17.5
`$tp[5]`	5	20.2
`$tp[6]`	6	16.6

Diese Elemente werden anschließend mit Hilfe einer `for`-Schleife untereinander ausgegeben. Dabei nimmt die Schleifenvariable `$i` nacheinander die verwendeten Indexwerte an (`0` bis `6`).

Die Ausgabe sieht wie folgt aus:

Abbildung B.43 Numerisch indiziertes Feld

Übung UB37

[»] Es sollen Vorname und Alter von sechs verschiedenen Personen in zwei Feldern gespeichert werden. Das erste Feld soll die Vornamen enthalten, das zweite Feld die zugehörigen Altersangaben. Die Elemente der beiden Felder sollen paarweise in der folgenden Form als Tabelle auf dem Bildschirm ausgegeben werden (Datei `ub37.php`):

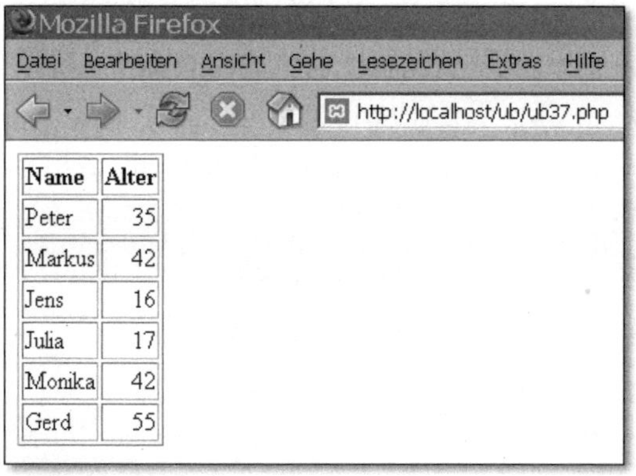

Abbildung B.44 Ergebnis Übung UB37

B.6.2 Assoziative Felder

Die Temperaturwerte aus dem vorherigen Abschnitt sollen nun in einem assoziativen Feld angeordnet werden. Die Elemente eines solchen Feldes werden nicht über eine laufende Nummer, sondern über eine Schlüsselbezeichnung (Key) identifiziert. Dadurch wird es möglich, den Feld-Elementen eindeutige Begriffe zuzuordnen und die Suche nach bestimmten Feld-Elementen zu vereinfachen.

Zunächst sollen die Werte wiederum gespeichert und ausgegeben werden:

```
<html>
<body>
<?php
   $tp = array("Montag"=>17.5, "Dienstag"=>19.2,
               "Mittwoch"=>21.8);
   $tp["Donnerstag"] = 21.6;
   $tp["Freitag"] = 17.5;
   $tp["Samstag"] = 20.2;
   $tp["Sonntag"] = 16.6;

   // Ein bestimmtes Element
   echo $tp["Montag"] . "<p>";

   // Tabellenkopf
   echo "<table border>";
   echo "<tr><td><b>Wochentag</b></td>";
   echo "<td><b>Temperatur</b></td></tr>";

   // Alle Keys und Values aus dem Feld
   foreach($tp as $name=>$wert)
   {
      echo "<tr><td>$name</td><td align='right'>
           $wert</td></tr>";
   }
   echo "</table>";

   // Nur alle Values aus dem Feld, zum Summieren
   $summe = 0;
   foreach($tp as $wert)
   {
      $summe = $summe + $wert;
   }
   echo "<br>Summe: $summe";
?>
</body>
</html>
```

Listing B.28 Datei ub38.php

Die Verwendung von assoziativen Feldern erscheint zunächst etwas unübersichtlich. Nachdem man sich aber mit der Vorgehensweise vertraut gemacht hat, können assoziative Felder je nach Problemstellung einige Vorteile mit sich bringen.

Auch hier werden gleich zwei Techniken zur Erzeugung eines Feldes gezeigt:

Key, Value

- Mit Hilfe der Funktion `array()` wird die Variable `$tp` zu einem Feld mit drei Elementen. Diese Elemente haben eindeutige Schlüsselbezeichnungen (Keys) und zugehörige Werte (Values). Diese Paare werden einander mit dem Operator `=>` zugeordnet. Der Key muss dabei zwischen doppelte Hochkommata geschrieben werden.
- Felder können auch einfach durch die Zuweisung einzelner Elemente erzeugt oder vergrößert werden. Dies ist hier mit den Zuweisungen in der Form `$tp["Samstag"] = 20.2;` usw. geschehen.

Insgesamt hat das Feld nun sieben Elemente und die folgende Struktur:

Name des Elements	Schlüsselbezeichnung (Key) des Elements	Wert (Value) des Elements
$tp["Montag"]	Montag	17.5
$tp["Dienstag"]	Dienstag	19.2
$tp["Mittwoch"]	Mittwoch	21.8
$tp["Donnerstag"]	Donnerstag	21.6
$tp["Freitag"]	Freitag	17.5
$tp["Samstag"]	Samstag	20.2
$tp["Sonntag"]	Sonntag	16.6

Eine Möglichkeit, ein Element eines assoziativen Feldes auszugeben, ist:

```
echo $tp["Montag"] . "<p>";
```

[+] Hinweis: Da der Name des Keys zwischen doppelte Hochkommata geschrieben werden muss, ist die Ausgabe innerhalb einer Zeichenkette nicht möglich. Eine der folgenden Vorgehensweisen hätte also nicht zum Erfolg geführt:

- Es werden überall doppelte Hochkommata gesetzt. Dadurch wird die Zeichenkette zu früh beendet. Beispiel: `echo "$tp["Montag"]<p>";`
- Es werden statt doppelter Hochkommata bei den Keys einfache Hochkommata gesetzt. Dies ist ein Fehler bei der Benutzung des assoziativen Feldes und führt dazu, dass der Index nicht erkannt wird. Beispiel: `echo "$tp['Montag']<p>";`

- Es werden bei der echo-Anweisung einfache Hochkommata gesetzt. Dies ist erlaubt, liefert aber nur den Namen des Feld-Elements, nicht jedoch seinen Wert. Beispiel: `echo '$tp["Montag"]<p>';`

foreach, as

Die `foreach`-Schleife bietet eine Möglichkeit, alle Elemente eines assoziativen Feldes auszugeben:

- In der ersten Schleife sorgt die Anweisung `foreach($tp as $name =>$wert)` dafür, dass bei jedem Schleifendurchlauf jeweils ein einzelnes Key-Value-Paar in den Variablen `$name` und `$wert` bereitgestellt wird. Beide Variablen werden ausgegeben.
- In der zweiten Schleife sorgt die Anweisung `foreach($tp as $wert)` dafür, dass bei jedem Schleifendurchlauf jeweils nur der Value jedes Elements in der Variablen `$wert` bereitgestellt wird. Dieser Wert wird zum Summieren aller Feld-Elemente genutzt.

Die Ausgabe sieht wie folgt aus:

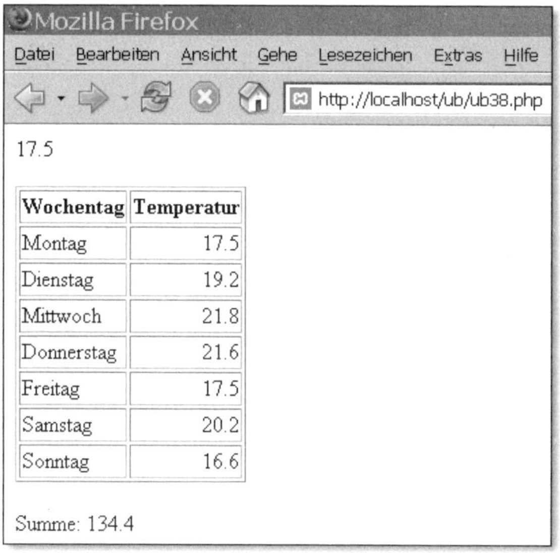

Abbildung B.45 Assoziatives Feld

[+]

Hinweis: Falls man einem bestimmten Key bei der Erzeugung des Feldes oder später einen neuen Wert zuordnet, so wird nicht etwa ein neues Element hinzugefügt, sondern der erste Wert wird überschrieben. Die folgende Anweisung erzeugt also nur die beiden Feld-Elemente mit den Keys `Montag` und `Dienstag` und den Values `19.2` und `21.8`:

```
$tp = array("Montag"=>17.5, "Dienstag"=>19.2,
      "Montag"=>21.8);
```

Übung UB39

[»] Es sollen Vorname und Alter von sechs verschiedenen Personen untersucht werden. Diese sechs Angaben werden in einem assoziativen Feld gespeichert. Die Vornamen sollen die Keys, die Altersangaben die Values darstellen. Key und Value der Elemente des Feldes sollen paarweise in der folgenden Form als Tabelle auf dem Bildschirm ausgegeben werden (Datei `ub39.php`):

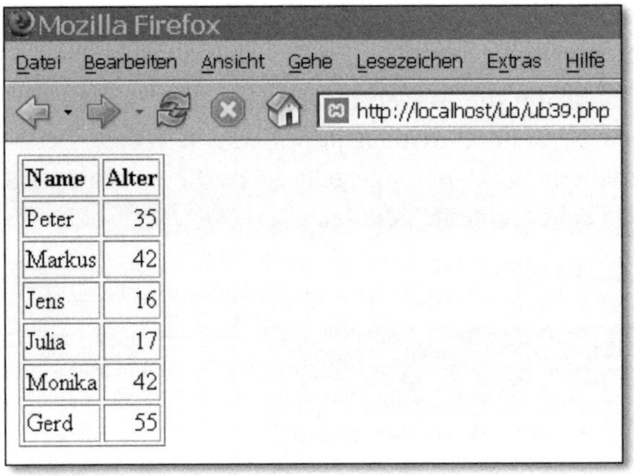

Abbildung B.46 Ergebnis Übung UB39

B.7 Funktionen

Es gibt in PHP zahlreiche vordefinierte Funktionen, die vom Entwickler eingesetzt werden können. Diese werden in einem eigenen Kapitel beschrieben. Darüber hinaus hat der Entwickler die Möglichkeit, eigene Funktionen zu schreiben, so genannte benutzerdefinierte Funktionen. Diese bringen folgende Vorteile:

- Gleiche oder ähnliche Vorgänge müssen nur einmal beschrieben werden und können beliebig oft ausgeführt werden.
- Programme werden modularisiert, das heißt, sie werden in kleinere Bestandteile zerlegt, die übersichtlicher sind und einfacher gewartet werden können.

Modularisierung

Eine besondere Variante von Funktionen, die so genannten rekursiven Funktionen, werden in einem anschaulichen Beispiel in Abschnitt F.2.11, *Informationen über Verzeichnisbaum*, erläutert.

B.7.1 Ein erstes Beispiel

Ein Beispiel für eine einfache, benutzerdefinierte Funktion:

```
<html>
<head>
<?php
   function trennstrich()
   {
      echo "<br>";
      for ($i=1; $i<=40; $i=$i+1)
         echo "-";
      echo "<br>";
   }
?>
</head>
<body>
<?php
   trennstrich();
   echo "Dies ist ein Programm,";
   trennstrich();
   echo "in dem mehrmals";
   trennstrich();
   echo "eine Funktion verwendet wird,";
   trennstrich();
   echo "die zu Beginn definiert wurde";
   trennstrich();
?>
</body>
</html>
```

Listing B.29 Datei ub40.php

Eigene Funktionen werden mit Hilfe von `function ... () { ... }` definiert. Der Name der Funktion folgt nach dem Schlüsselwort `function`, und in runden Klammern folgen die Parameter, falls welche vorhanden sind. Anschließend folgt in geschweiften Klammern der eigentliche Funktionsrumpf. Meist erfolgt die Definition einer Funktion im Kopf eines HTML-Dokuments, wie hier bei der Funktion `trennstrich()`. function ()

Die Aufgabe der Funktion `trennstrich()` ist die Darstellung eines Zeilenumbruchs, von `40` Bindestrichen und wiederum eines Zeilenumbruchs. Jedes Mal, wenn sie vom eigentlichen Programm im Rumpf des Dokuments aufgerufen wird (mit `trennstrich()`), führt sie die genannte Aufgabe aus.

Die Seite hat das folgende Aussehen:

Abbildung B.47 Funktion trennstrich()

Übung UB41

[»] Erstellen Sie eine Funktion `vermerk()`, die einen Entwicklervermerk erzeugt: Jedes Mal, wenn die Funktion aufgerufen wird, erscheint Ihr Name in einer Tabellenzelle mit Rahmen, wie im Folgenden dargestellt. Testen Sie Ihre Funktion mit einem geeigneten Programm, in dem die Funktion mehrmals aufgerufen wird (Datei `ub41.php`). Die Ausgabe könnte wie folgt aussehen:

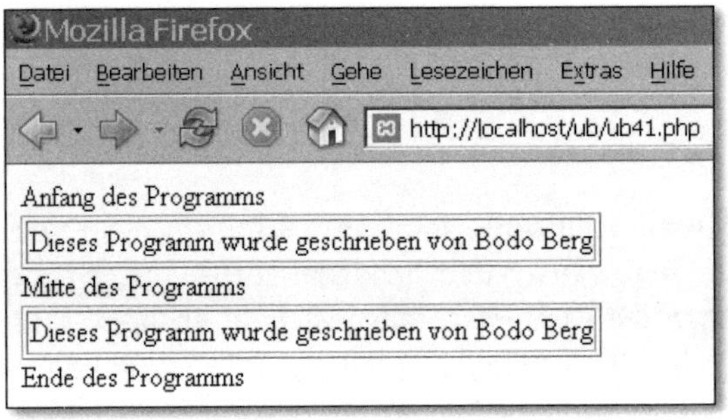

Abbildung B.48 Ergebnis Übung UB41

B.7.2 Definition, Aufruf und Funktionstypen

Falls der Entwickler bestimmte nützliche Funktionen geschrieben hat, die er in mehreren Programmen verwenden möchte, so können diese Funktionen auch in externen Dateien untergebracht werden. Diese externen Dateien können mit den Anweisungen `require` beziehungsweise `include` in die jeweiligen Programme eingebunden werden.

Der Aufruf einer eigenen oder einer vordefinierten Funktion erfolgt

Aufruf

- entweder aus dem Rumpf des Dokuments heraus (im oben angegebenen Beispiel mit `trennstrich()`) oder
- aus anderen Funktionen heraus.

Dabei ist der Ort der Funktionsdefinition wichtig. Man kann nur Funktionen aufrufen, die dem Programm bekannt sind. Sie müssen also

Definition

- entweder zu den vordefinierten Funktionen gehören oder
- im Dokument definiert worden sein (wie im oben angegebenen Beispiel) oder
- aus eigenen, externen Dateien stammen, die mit `require` beziehungsweise `include` bereits eingebunden worden sind.

require, include

Man unterscheidet zwischen folgenden Funktionstypen:

- Funktionen ohne Parameter: Diese Funktionen führen bei jedem Aufruf immer genau die gleiche Aufgabe aus (wie im oben angegebenen Beispiel).
- Funktionen mit einem oder mehreren Parametern: Diese Funktionen führen bei jedem Aufruf in Abhängigkeit von den Parametern ähnliche Aufgaben aus.
- Funktionen mit Rückgabewerten: Diese Funktionen führen gleiche oder ähnliche Aufgaben aus und liefern ein Ergebnis an die aufrufende Stelle zurück.

Für den Namen einer Funktion gelten die gleichen Regeln wie für den Namen einer Variablen. Der einzige Unterschied besteht darin, dass Namen von Funktionen nicht mit dem Zeichen `$` (Dollar) beginnen dürfen. Die Regeln wurden bereits in Abschnitt B.2.1, *Namen*, erwähnt.

B.7.3 Funktionen mit einem Parameter

Parameter

Eine Funktion mit einem Parameter führt bei jedem Aufruf in Abhängigkeit vom Parameterwert ähnliche Aufgaben aus. Das vorherige Beispiel wurde etwas erweitert. Die Funktion erzeugt nun unterschiedlich lange Trennstriche, wie nachfolgend zu erkennen ist:

```
<html>
<head>
<?php
   function trennstrich($anzahl)
   {
      echo "<br>";
      for ($i=1; $i<=$anzahl; $i=$i+1)
```

```
            echo "-";
        echo "<br>";
    }
?>
</head>
<body>
<?php
    trennstrich(30);
    echo "In diesem Programm,";
    trennstrich(40);
    echo "sind die Trennstriche";
    $x = 20;
    trennstrich($x);
    echo "unterschiedlich lang";
    trennstrich($x * 3);
?>
</body>
</html>
```

Listing B.30 Datei ub42.php

Die Funktion `trennstrich()` wird insgesamt vier Mal aufgerufen, jedes Mal mit einem anderen Wert in den Klammern hinter dem Funktionsnamen. Dies ist der Parameter; er kann eine Zahl, eine Variable oder das Ergebnis einer Berechnung sein.

Er wird an die Funktion übergeben. Dort wird dieser Wert in der Variablen `$anzahl` gespeichert. Der Wert von `$anzahl` steuert die Ausführung der `for`-Schleife mit dem Ergebnis, dass die Trennstriche unterschiedlich lang sind. Es wird also bei jedem Aufruf fast die gleiche Aktion durchgeführt, beeinflusst durch den Wert des Parameters.

Die Ausgabe sieht wie folgt aus:

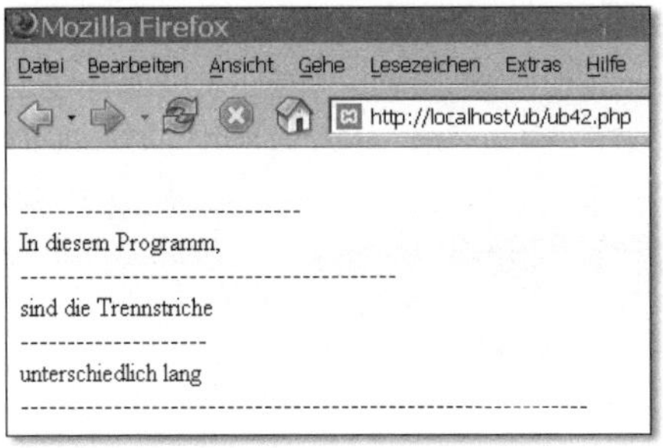

Abbildung B.49 Ergebnis Funktion trennstrich() mit Parameter

Übung UB43

Erweitern Sie die Funktion `vermerk()` aus Übung `UB41`. Sie soll von verschiedenen Entwicklern genutzt werden können. Der Name des Entwicklers wird als Parameter an die Funktion übergeben. Jedes Mal, wenn die Funktion aufgerufen wird, erscheint der betreffende Name in einer Tabellenzelle mit Rahmen und fester Größe, wie nachfolgend dargestellt. Testen Sie Ihre Funktion mit einem geeigneten Programm, in dem die Funktion mehrmals mit verschiedenen Namen aufgerufen wird (Datei `ub43.php`). [«]

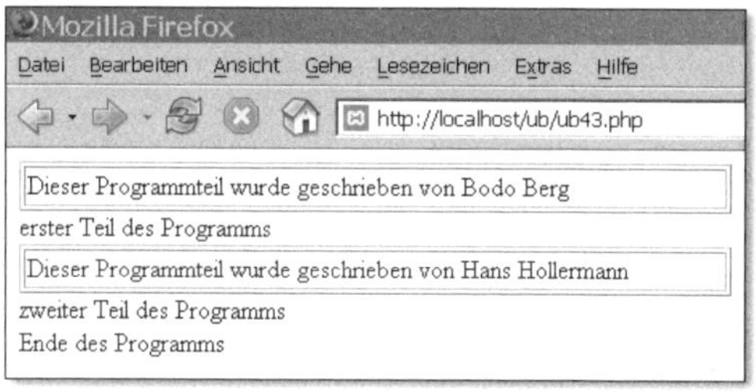

Abbildung B.50 Ergebnis Übung UB43

Übung UB44

Erstellen Sie eine Funktion `quadrat()`, die das Quadrat einer Zahl berechnet und ausgibt. Die betreffende Zahl wird als Parameter an die Funktion übergeben. Testen Sie Ihre Funktion mit einem geeigneten Programm, in dem die Funktion mehrmals mit verschiedenen Zahlen aufgerufen wird (Datei `ub44.php`). Nachfolgend ein Beispiel: [«]

Abbildung B.51 Ergebnis Übung UB44

B.7.4 Funktionen mit mehreren Parametern

Falls einer Funktion mehrere Parameter übergeben werden, sind die Anzahl und die Reihenfolge der Parameter wichtig. Der erste Wert wird an den ersten Parameter, der zweite Wert an den zweiten Parameter übergeben usw. Ein Beispiel für eine eigene Funktion mit mehreren Parametern: mehrere Parameter

```
<html>
<head>
```

```
<?php
   function flexloop($von, $bis, $schritt)
   {
      echo "<br>Es folgt eine Schleife von $von";
      echo " bis $bis mit der Schrittweite $schritt<br>";

      for ($i = $von; $i <= $bis; $i = $i + $schritt)
      {
         echo "$i ";
      }
   }
?>
</head>
<body>
<?php
   echo "<p>Nummer 1";
   flexloop(5,27,3);

   echo "<p>Nummer 2";
   flexloop(-10,10,4);

   echo "<p>Nummer 3";
   $x = 100;
   $y = 200;
   $z = 10;
   flexloop($x,$y,$z);

   echo "<p>Nummer 4";
   flexloop($x,$y,($y-$x)/8);
?>
</body>
</html>
```

Listing B.31 Datei ub45.php

Beim Aufruf der Funktion `flexloop()` müssen jeweils drei Parameter übergeben werden, und zwar durch Kommata voneinander getrennt. Diese werden in der vorliegenden Reihenfolge den Variablen `$von`, `$bis` und `$schritt` zugeordnet. Diese Variablen werden zur Steuerung der `for`-Schleife in der Funktion verwendet. Es wird also bei jedem Aufruf eine ähnliche Aktion durchgeführt, beeinflusst durch den Wert der Parameter. Die Ausgabe sieht folgendermaßen aus:

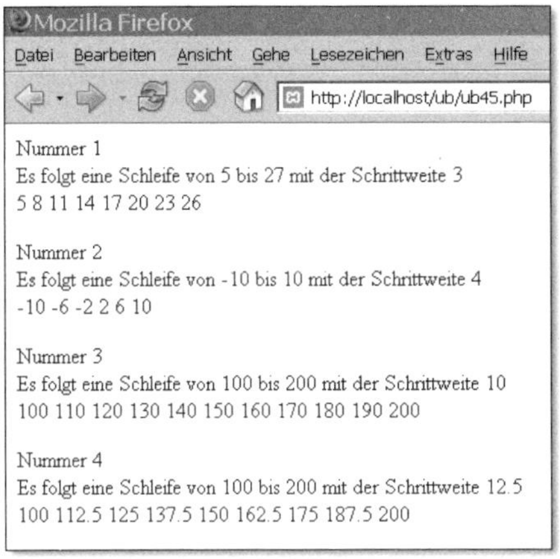

Abbildung B.52 Funktion mit mehreren Parametern

Übung UB46

[«] Schreiben Sie ein Programm (Datei `ub46.php`), in dem eine Funktion `mittel()` definiert und benutzt wird, die den arithmetischen Mittelwert von drei Zahlen berechnet und ausgibt. Die drei Zahlen werden der Funktion als Parameter übergeben. Testen Sie die Funktion mit mehreren verschiedenen Aufrufen innerhalb des Programms.

[+] Hinweis: Der arithmetische Mittelwert von drei Zahlen wird berechnet, indem man die Summe der drei Zahlen durch drei teilt. Die Ausgabe könnte wie folgt aussehen:

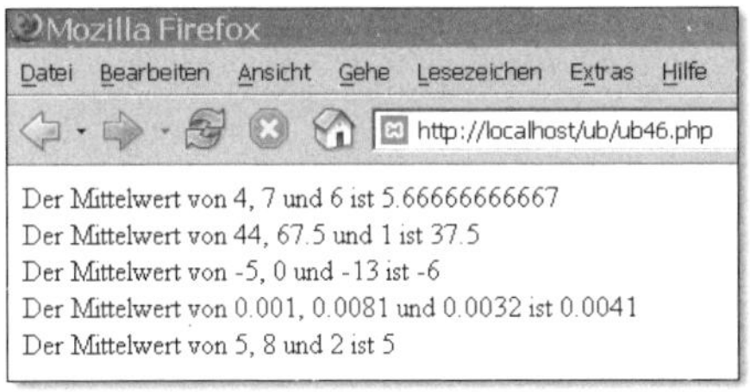

Abbildung B.53 Ergebnis Übung UB46

Übung UB47

[«] Erweitern Sie die Funktion `vermerk()` aus Übung `UB43`. Sie soll von verschiedenen Entwicklern genutzt werden können. Vorname, Nachname und Abteilung werden als Parameter an die Funktion übergeben. Jedes Mal, wenn die Funktion aufgerufen wird, erscheint eine Ausgabezeile mit diesen Informationen und der E-Mail-Adresse. Die E-Mail-Adresse setzt sich wie folgt zusammen: `vorname.nachname@abteilung.phpdevel.de`.

Testen Sie Ihre Funktion mit einem geeigneten Programm, in dem die Funktion mehrmals mit verschiedenen Informationen aufgerufen wird (Datei `ub47.php`). Eine mögliche Ausgabe sieht so aus:

Abbildung B.54 Ergebnis Übung UB47

B.7.5 Rückgabewert einer Funktion

Rückgabewert

Funktionen mit Rückgabewert dienen dazu, ein Ergebnis zu ermitteln und dieses an die aufrufende Stelle zurückzuliefern. Der zurückgelieferte Wert muss entweder in einer Variablen gespeichert oder direkt ausgegeben werden, anderenfalls geht er verloren. Ein Beispiel für eine Funktion mit Rückgabewert:

```
<html>
<head>
<?php
   function add($z1, $z2)
   {
      $summe = $z1 + $z2;
      return $summe;
   }
?>
</head>
<body>
<?php
   $c = add(3,4);        // aufrufende Stelle
   echo "Summe: $c<br>";

   $x = 5;
   $c= add($x,12);       // aufrufende Stelle
   echo "Summe: $c<br>";

   // aufrufende Stelle innerhalb der Ausgabe
   echo "Summe: " . add(13,2) . "<br>";
```

```
    // Ausgabe in Zeichenkette, falsch!
    echo "Summe: add(13,2)<br>";
?>
</body>
</html>
```

Listing B.32 Datei ub48.php

Die Funktion `add()` hat die beiden Parameter `$z1` und `$z2`. Innerhalb der Funktion werden diese beiden Parameter addiert und in der Variablen `$summe` gespeichert.

return

Mit Hilfe der Anweisung `return` wird dieser Wert an die aufrufende Stelle zurückgeliefert und kann dort weiterverarbeitet werden. In den ersten beiden Fällen wird der Wert in der Variablen `$c` gespeichert, im dritten Fall wird er ohne Zwischenspeicherung direkt ausgegeben.

Die Ausgabe sieht wie folgt aus:

Abbildung B.55 Funktion mit Rückgabewert

[+]

Hier drei wichtige Hinweise:

1. Eine solche direkte Ausgabe eines Funktionsergebnisses darf nicht innerhalb einer Zeichenkette stehen. Die letzte Zeile der Ausgabe zeigt, dass dann nur der Name der Funktion und ihre Parameter genannt werden, aber die Funktion nicht aufgerufen wird.
2. Mit Hilfe der Anweisung `return` kann eine Funktion auch vorzeitig verlassen werden. Dies ist unabhängig davon, ob sie einen Wert zurückliefert oder nicht.
3. Mit Hilfe der Anweisung `return` kann nicht nur eine Einzelvariable, sondern auch ein Feld aus einer Funktion zurückgeliefert werden. Ein Beispiel: Der Aufruf `$x = feldfunc();` sorgt dafür, dass `$x` zu einem Feld mit mehreren Elementen wird. Dies setzt voraus, dass in der Funktion `feldfunc()` eine Anweisung wie zum Beispiel `return $p` existiert und `$p` ein (numerisch indiziertes oder assoziatives) Feld mit mehreren Elementen ist.

Übung UB49

[»] Schreiben Sie ein Programm (Datei `ub49.php`), in dem eine Funktion `bigger()` definiert und aufgerufen wird. Diese Funktion ermittelt die größere von zwei übergebenen Zahlen und liefert diese Zahl zurück. Testen Sie die Funktion mit mehreren verschiedenen Aufrufen innerhalb des Programms, und geben Sie das Ergebnis zur Kontrolle aus.

Ein Aufruf der Funktion könnte lauten:

```
$c = bigger(3,4);
```

Die Ausgabe des Programms wäre in diesem Fall:

```
Maximum: 4
```

B.7.6 Kopie und Referenz

Bei der Übergabe von Parametern an eine Funktion muss man sich noch die Frage stellen: Was passiert, falls ich in der Funktion einen der Parameter verändere?

PHP bietet hier mehrere Möglichkeiten an:

call-by-value

- Übergabe der Parameter als Kopie (call-by-value): Eine Veränderung der Kopien hat keine Rückwirkung auf das Original. Diese Methode wird angewendet, falls man der Funktion nur Werte übergeben möchte. Sie wurde bei den bisherigen Programmen für Funktionen angewendet.

call-by-reference

- Übergabe der Parameter als Referenz auf das Original (call-by-reference): Eine Veränderung hat Rückwirkung auf das Original. Diese Methode wird angewendet, wenn mehr als ein Wert aus einer Funktion zurückgeliefert werden soll. Über einen Rückgabewert (siehe Abschnitt B.7.5, *Rückgabewert einer Funktion*) könnte nur ein einziger Wert zurückgeliefert werden.
- Übergabe von Referenzen auf die Original-Parameter (ebenfalls: call-by-reference): Eine Veränderung hat Rückwirkung auf das Original. Möchte man die Änderungsmöglichkeiten der zweiten Methode mit der Sicherheit der ersten Methode verbinden, so kann man diese Vorgehensweise anwenden. Dabei kann der Entwickler von Fall zu Fall entscheiden, ob er beim Aufruf einer Funktion den Wert oder eine Referenz übergibt.

Alle drei Methoden sollen zum Vergleich an einem Beispiel dargestellt werden. Der Funktion `rtauschen()` beziehungsweise `vtauschen()` werden zwei Parameter übergeben. Innerhalb der Funktionen sollen die beiden übergebenen Parameter miteinander vertauscht werden. Abhängig von den verschiedenen angewendeten Methoden wird dieses Tauschen Rückwirkungen auf die Original-Variablen im Hauptprogramm haben. Die Werte werden jeweils vor und nach dem Tauschen angezeigt.

```
<html>
<head>
<?php
   function vtauschen($a, $b)
   {
      $temp = $a;
      $a = $b;
      $b = $temp;
   }

   function rtauschen(&$a, &$b)
   {
      $temp = $a;
      $a = $b;
      $b = $temp;
   }
?>
</head>
<body>
<?php
   $x = 12;   $y = 18;
   echo "Methode 1, vorher: $x, $y <br>";
   vtauschen($x,$y);
   echo "Methode 1, nachher: $x, $y <p>";

   $x = 12;   $y = 18;
   echo "Methode 2, vorher: $x, $y <br>";
   rtauschen($x,$y);
   echo "Methode 2, nachher: $x, $y <p>";

   $x = 12;   $y = 18;
   echo "Methode 3, vorher: $x, $y <br>";
   vtauschen(&$x,&$y);
   echo "Methode 3, nachher: $x, $y <p>";
?>
</body>
</html>
```

Listing B.33 Datei ub50.php

Methode 1: Der Wert der Variablen `$x` wird bei Aufruf der Funktion `vtauschen()` an die Variable `$a` übergeben. Der Wert der Variablen `$y` wird an die Variable `$b` übergeben. Innerhalb der Funktion `vtauschen()` werden `$a` und `$b` getauscht. Da aber nur die Kopien getauscht wurden, hat dies auf die Originale `$x` und `$y` keine Auswirkungen.

Referenz &

Methode 2: Den Unterschied sieht man im Funktionskopf `function rtauschen(&$a, &$b)`. Die Variable `$x` wird beim Aufruf der Funktion `rtauschen()` an eine Referenz (Zeichen `&`) übergeben, dies ist `$a`. Die Variable `$y` wird ebenfalls an eine Referenz übergeben, dies ist `$b`. Innerhalb der Funktion werden die Referenzen vertauscht. Dadurch werden auch die Originale `$x` und `$y` vertauscht.

Methode 3: Den Unterschied sieht man beim Aufruf der Funktion `vtauschen(&$x, &$y);`. Beim Aufruf der Funktion `vtauschen()` wird eine Referenz auf die Variable `$x` an die Variable `$a` übergeben. Außerdem wird eine Referenz auf die Variable `$y` beim Aufruf an die Variable `$b` übergeben. Innerhalb der Funktion werden `$a` und `$b` vertauscht. Dadurch werden auch die Originale `$x` und `$y` vertauscht.

Die Ausgabe der Seite, jeweils mit den Werten vor und nach der (erfolgreichen) Vertauschung, sieht so aus:

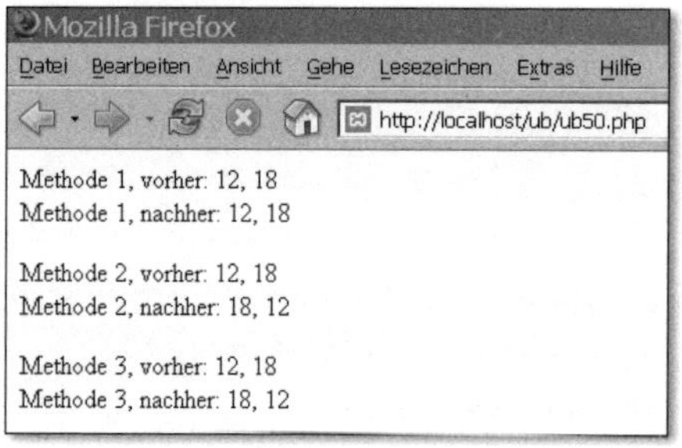

Abbildung B.56 Kopie und Referenz

Felder übergeben

Das folgende Programm zeigt, dass bei Feldern die gleichen Möglichkeiten zur Verfügung stehen. Wird also nur das Original des Feldes an eine Kopie übergeben (Methode 1), so wird durch eine Veränderung der Kopie des Feldes das Original-Feld nicht verändert. Bei einer Übergabe per Referenz (Methode 2 und 3) zeigt sich das gleiche Verhalten wie oben beschrieben.

```
<html>
<head>
<?php
   function vtauschen($f)
   {
      $temp = $f[0];
      $f[0] = $f[1];
      $f[1] = $temp;
   }

   function rtauschen(&$f)
```

```
    {
        $temp = $f[0];
        $f[0] = $f[1];
        $f[1] = $temp;
    }
?>
</head>
<body>
<?php
    $f[0] = 12;   $f[1] = 18;
    echo "Methode 1, vorher: $f[0], $f[1] <br>";
    vtauschen($f);
    echo "Methode 1, nachher: $f[0], $f[1] <p>";

    $f[0] = 12;   $f[1] = 18;
    echo "Methode 2, vorher: $f[0], $f[1] <br>";
    rtauschen($f);
    echo "Methode 2, nachher: $f[0], $f[1] <p>";

    $f[0] = 12;   $f[1] = 18;
    echo "Methode 3, vorher: $f[0], $f[1] <br>";
    vtauschen(&$f);
    echo "Methode 3, nachher: $f[0], $f[1] <p>";
?>
</body>
</html>
```

Listing B.34 Datei ub51.php

Übung UB52

Schreiben Sie ein PHP-Programm (Datei ub52.php) mit einer Funktion rechne(). Dieser Funktion werden zwei Zahlen übergeben. Sie soll zwei Ergebnisse über die Parameterliste zurückliefern: zum einen die Summe der beiden übergebenen Zahlen, zum anderen das Produkt der beiden übergebenen Zahlen. [«]

Alle beteiligten Zahlen sollen im Hauptteil des Programms, also außerhalb der Funktion, ausgegeben werden. Verwenden Sie zur Übergabe die dritte Methode (Übergabe von Verweisen auf die Original-Parameter).

Nach einem Funktionsaufruf mit den Parametern 5 und 7 und der anschließenden Ausgabe erscheint Folgendes:

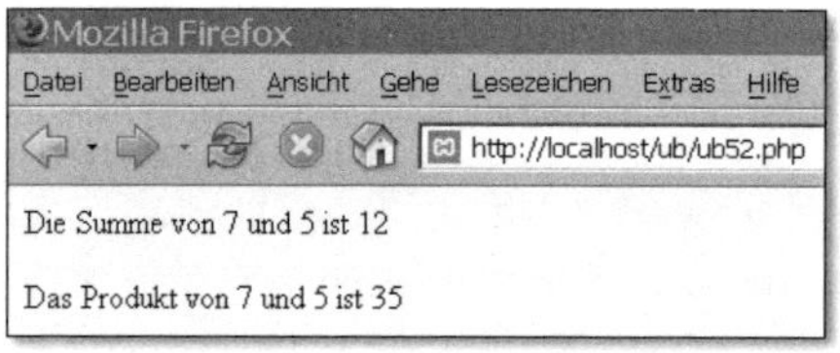

Abbildung B.57 Ergebnis Übung UB52

B.7.7 Gültigkeitsbereich von Variablen

Variablen werden auch nach ihrem Gültigkeitsbereich unterschieden. Dies ist der Bereich, in dem die betreffende Variable mit ihrem Wert bekannt ist. Es gibt:

- lokal — lokale Variablen: Diese werden innerhalb einer Funktion definiert und stehen nur innerhalb dieser Funktion zur Verfügung.
- global — globale Variablen: Diese werden außerhalb von Funktionen definiert und stehen nur außerhalb derselben zur Verfügung. Dies ist ein Unterschied zu vielen anderen Programmiersprachen.
- superglobal — superglobale Variablen: Bei diesen handelt es sich um PHP-Systemvariablen. Sie stehen sowohl innerhalb als auch außerhalb von Funktionen zur Verfügung. Zu ihnen zählt das assoziative Feld `$_POST`, das die Namen und Werte von Formularfeldern zur Verfügung stellt.

Hier einige Regeln im Zusammenhang mit dem Gültigkeitsbereich von Variablen:

- Die Benutzung lokaler Variablen bietet den Vorteil, dass Variablen nicht so leicht aus Versehen an weit voneinander entfernten Stellen verändert werden können.
- Ein Parameter, der als Kopie an eine Funktion übergeben wird, ist dort lokal.
- Lokale Variablen gleichen Namens in unterschiedlichen Funktionen oder globale Variablen gleichen Namens haben nichts miteinander zu tun.
- Falls man eine globale Variable innerhalb einer Funktion benutzen möchte, so muss sie dort entweder mit dem Schlüsselwort `global` bekannt gemacht oder als Parameter übergeben werden.

[+] Hinweis: Die Variablen der Funktionen eines Programms sollten immer »so lokal wie möglich« sein:

- Zum einen wird die Modularisierung des Programms verbessert, das heißt die Zerlegung eines Programms in übersichtliche Programmteile mit klar definierten Schnittstellen zwischen den Teilen.
- Zum anderen wird die Wiederverwendbarkeit der Funktionen für andere Programme erleichtert.

Ein Beispiel mit lokalen und globalen Variablen und dem Schlüsselwort `global`:

Schlüsselwort global

```
<html>
<head>
<?php
   function summiere()
   {
      echo "Variable z: $z<p>";
      global $x;
      $y = 35;
      $z = $x + $y;
      echo "Variable z: $z<p>";
   }
?>
</head>
<body>
<?php
      $x = 6;
      $y = 52;
      $z = $x + $y;
      summiere();
      echo "Variable z: $z<p>";
?>
</body>
</html>
```

Listing B.35 Datei ub53.php

In diesem Programm existieren insgesamt fünf unterschiedliche Variablen:

- Die beiden Variablen `$y` und `$z` in der Funktion `summiere()` sind nur dort lokal bekannt.
- Zum Zeitpunkt des ersten Ausgabebefehls in der Funktion existiert `$z` noch nicht. Daher kann für `$z` kein Wert ausgegeben werden.
- Anschließend bekommen `$y` und `$z` innerhalb der Funktionen einen Wert. `$z` kann nun ausgegeben werden.
- Nach Verlassen der Funktion `summiere()` sind beide Werte nicht mehr verfügbar.

- Im Hauptprogramm gibt es insgesamt drei Variablen: $x, $y und $z. Das Schlüsselwort global sorgt dafür, dass $x auch in der Funktion summiere() mit seinem Wert bekannt ist.
- $y und $z sind nur außerhalb von Funktionen bekannt. Sie haben hier auch andere Werte als zum Beispiel in der Funktion summiere().

Die Ausgabe des Programms sieht wie folgt aus:

```
Notice: Undefined variable: z in ...\ub\ub53.php on line 6
Variable z:
Variable z: 41
Variable z: 58
```

B.7.8 Variable Parameterlisten

Der Einsatz von Funktionen mit variablen Parameterlisten erhöht die Flexibilität von Funktionen, allerdings auch den Programmieraufwand.

variable Parameter-Anzahl

Bisher musste die Anzahl der Parameter bei einem Funktionsaufruf genau der Anzahl der Parameter entsprechen, die bei der Definition der Funktion vorgegeben wurden. Mit Hilfe der folgenden Funktionen ist dies nicht mehr zwingend notwendig:

func_num_args()

- Die Funktion func_num_args() liefert die Anzahl der übergebenen Parameter.

func_get_arg()

- Die Funktion func_get_arg() liefert einen bestimmten Parameter aus der Parameterliste.

func_get_args()

- Die Funktion func_get_args() (mit s am Ende) liefert ein numerisch indiziertes Feld mit allen übergebenen Parametern.

Das nachfolgende Programm verdeutlicht den Einsatz von func_num_args() und func_get_arg().

```
<html>
<body>
<?php
   function addiere()
   {
      $anz = func_num_args();
      echo "Anzahl der Werte: $anz<br>";

      $sum = 0;
      for($i=0; $i<$anz; $i++)
      {
         $sum = $sum + func_get_arg($i);
      }
      echo "Summe der Werte: $sum<p>";
```

```
	}

	addiere(2,3,6);
	addiere(13,26);
	addiere(65,-3,88,31,12.5,7);
?>
</body>
</html>
```

Listing B.36 Datei ub55.php

Die Funktion `addiere()` wird insgesamt dreimal aufgerufen, jedes Mal mit einer anderen Anzahl an Parametern. Mit Hilfe von `func_num_args()` wird diese Anzahl ermittelt. Sie wird zur Steuerung einer `for`-Schleife verwendet. Innerhalb der `for`-Schleife werden alle gelieferten Parameter mit Hilfe von `func_get_arg()` ermittelt und anschließend addiert. Nach Beendigung der Schleife wird die Summe der Werte wie folgt ausgegeben:

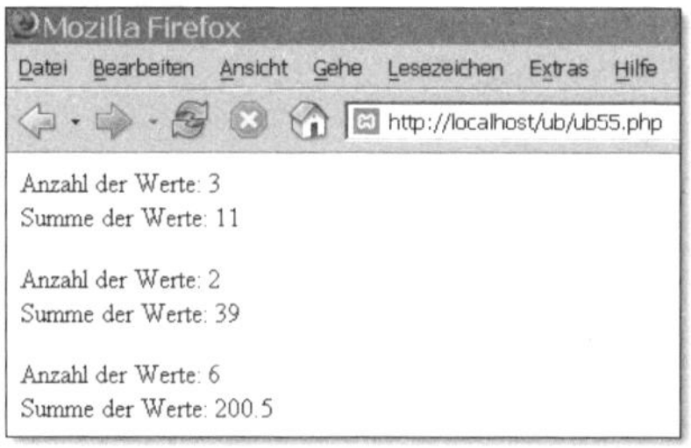

Abbildung B.58 Variable Parameterlisten mit func_get_arg()

Eine alternative Lösung mit der Funktion `func_get_args()` bietet das folgende Programm:

```
<html>
<body>
<?php
	function addiere()
	{
		$param = func_get_args();
		$anz = func_num_args();
		echo "Anzahl der Werte: $anz<br>";

		$sum = 0;
		for($i=0; $i<$anz; $i++)
		{
			$sum = $sum + $param[$i];
		}
		echo "Summe der Werte: $sum<p>";
```

```
    }

    addiere(2,3,6);
    addiere(13,26);
    addiere(65,-3,88,31,12.5,7);
?>
</body>
</html>
```

Listing B.37 Datei ub56.php

Mit Hilfe der Anweisung `$param = func_get_args();` werden alle Parameter im Feld `$param` gespeichert. Die Funktion `func_num_args()` ermittelt wiederum die Anzahl der Parameter. Innerhalb der `for`-Schleife werden alle gelieferten Parameter aus dem Feld `$param` abgerufen und anschließend addiert.

Eine ähnliche Möglichkeit wird durch Parameter mit Voreinstellung (Default-Werte) geboten. Näheres dazu folgt in Abschnitt E.6, *Optionale Parameter*.

B.7.9 include-Anweisung

externe Funktionsbibliotheken

Benutzerdefinierte Funktionen, die von mehreren Programmen benutzt werden sollen, können in externe Dateien ausgelagert werden. Mit Hilfe der `include`-Anweisung wird der Inhalt dieser Dateien in das Programm eingebunden, das sie benötigt. Dabei ist zu beachten, dass der Programmcode in den externen Dateien in gültige PHP-Markierungen eingeschlossen sein muss.

[+]

.inc.pcp

Hinweis: Es ist zu empfehlen, einer solchen Datei die Endung `.inc.php` zu geben. Zum einen ist sie damit als eine Datei erkennbar, die externe Funktionen beinhaltet. Zum anderen wird sie besser vor einem unberechtigten Aufruf geschützt:

- Abhängig von den Einstellungen des Webservers werden Dateien mit bestimmten Endungen einfach auf dem Bildschirm ausgegeben, so dass der Quellcode eingesehen werden kann.
- Dateien mit der Endung PHP werden vom Webserver als PHP-Code angesehen, intern gelesen und ausgeführt, so dass das Problem nicht entsteht.

Im folgenden Beispiel wird zunächst innerhalb der Datei `ub57math.inc.php` eine Funktion `maxi()` definiert. Diese ermittelt aus den beiden übergebenen Parametern das Maximum, speichert es in die Variable `$erg` und liefert diesen Wert mit Hilfe der `return`-Anweisung zurück. Die return-Anweisung steht im vorliegenden Fall innerhalb des if-Blocks beziehungsweise innerhalb des else-Blocks.

```
<?php
   function maxi($x, $y)
   {
      if ($x > $y)
      {
         $erg = $x;
         return $erg;
      }
      else
      {
         $erg = $y;
         return $erg;
      }
   }
?>
```

Listing B.38 Datei ub57math.inc.php

Die Funktion wird vom nachfolgenden Programm aufgerufen. Dort wird zunächst die Datei ub57math.inc.php mit Hilfe der include-Anweisung eingebunden. Damit sind alle Funktionen aus der Datei ub57math.inc.php im aktuellen Programm bekannt und können verwendet werden.

```
<html>
<body>
<?php
   include "ub57math.inc.php";
   $a = 2;
   $b = 6;
   $c = maxi($a, $b);
   echo "Das Maximum von $a und $b ist $c";
?>
</body>
</html>
```

Listing B.39 Datei ub57.php

Die Ausgabe des Programms:

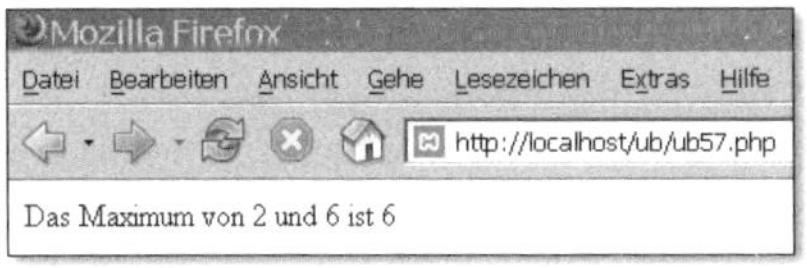

Abbildung B.59 Nutzung einer include-Datei

Übung UB58

[»] Erstellen Sie eine kleine Funktionsbibliothek mit zwei Funktionen (Datei `ub58stat.inc.php`). Beide Funktionen sollen mit variablen Parameterlisten arbeiten.

- Die erste Funktion mit dem Namen `mittelwert()` soll den arithmetischen Mittelwert einer beliebigen Menge von Zahlen berechnen und per Rückgabewert zurückliefern können. Es muss also die Summe dieser Zahlen durch die Anzahl geteilt werden.
- Die zweite Funktion mit dem Namen `maximum()` soll die größte Zahl aus einer beliebigen Menge von Zahlen berechnen und per Rückgabewert zurückliefern können. Dazu ist folgende Vorgehensweise notwendig: Zunächst wird die erste übergebene Zahl einer lokalen Variablen (zum Beispiel `$mx`) der Funktion zugewiesen. Anschließend werden alle anderen übergebenen Zahlen mit `$mx` verglichen. Sollte eine der Zahlen größer als `$mx` sein, so hat man ein neues Maximum gefunden, und dieser Wert wird `$mx` zugewiesen. Am Ende der Funktion wird `$mx` zurückgeliefert.

Testen Sie Ihre Bibliothek durch einige Aufrufe der beiden Funktionen mit unterschiedlichen Mengen an Zahlen (Datei `ub58.php`). Diese Bibliothek können Sie später erweitern und auch für andere Programme nutzen.

B.8 Beispiele

In diesem Abschnitt finden sich einige umfangreichere Beispiele, in denen Sie Ihre Kenntnisse aus dem Programmierkurs anwenden können. Sie beinhalten keine neuen Programmierelemente, sondern dienen zur Darstellung des Zusammenspiels der verschiedenen Elemente.

Zur übersichtlichen und einheitlichen Darstellung von Zahlen (zum Beispiel in einigen Tabellen dieses Abschnitts) wird allerdings zunächst die Formatierung von Zahlen eingeführt.

B.8.1 Formatierung von Zahlen

number_format() Die formatierte Ausgabe von Zahlen wird mit Hilfe der Funktion `number_format()` durchgeführt. Ein Beispiel:

```
<html>
<body>
<?php
   echo "<b>Zahlen-Formatierung:</b><br>";
```

```
    $d = 12.3 * 3098.55397 * 445.2;
    echo "Variable d: $d<br>";
    echo "Mit Tausender-Teilung (englisch),<br> ohne
      Dezimalstellen: " . number_format($d) . "<br>";
    echo "Mit Tausender-Teilung,<br> auf drei Dezimalstellen
      gerundet (englisch): " . number_format($d,3) . "<br>";
    echo "Mit Tausender-Teilung,<br> auf drei Dezimalstellen
      gerundet (deutsch): " . number_format($d,3,",",".") .
"<p>";
?>
</body>
</html>
```

Listing B.40 Datei ub59.php

Die Funktion `number_format()` kann mit einem, zwei oder vier Parametern aufgerufen werden:

- Falls sie mit einem Parameter aufgerufen wird, wird die Zahl mit Kommata als Tausendertrennzeichen ausgegeben, und zwar ohne Nachkommastellen.
- Falls sie mit zwei Parametern aufgerufen wird, wird die Zahl mit Kommata als Tausender-Trennzeichen ausgegeben, und zwar mit der Anzahl an Nachkommastellen, die im zweiten Parameter angegeben ist.
- Falls sie mit vier Parametern aufgerufen wird, wird die Zahl mit dem vierten Parameter als Tausender-Trennzeichen, der gewünschten Anzahl an Nachkommastellen und dem dritten Parameter als Dezimaltrennung ausgegeben.

Die Bildschirmausgabe hat folgendes Aussehen:

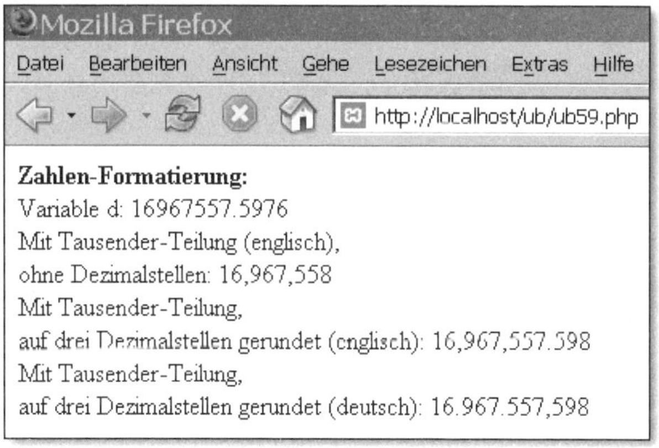

Abbildung B.60 Formatierung von Zahlen

B.8.2 Geldanlage

Der Benutzer besucht die Website einer Bank, die verschiedene Möglichkeiten zur Geldanlage bietet. Eine dieser Möglichkeiten ist die Anlage eines bestimmten Betrages über eine festgelegte Laufzeit. Je länger das Geld angelegt wird, desto höher ist der Zinssatz. Der Benutzer gibt den angelegten Betrag und die Laufzeit ein und bekommt als Antwort eine Tabelle, in der die Entwicklung seiner Geldanlage von Jahr zu Jahr dargestellt wird.

Der Zinssatz in Abhängigkeit von der Laufzeit:

```
<= 3 Jahre   3%
<= 5 Jahre   4%
<=10 Jahre   5%
>10 Jahre   6%
```

Das Eingabeformular:

```
<html>
<body>
<h2>Geldanlage</h2>
Geben Sie bitte die folgenden Werte ein<p>
<form action="ub60.php" method="post">
<input name="grundbetrag"> Grundbetrag (in Euro)<p>
<input name="laufzeit"> Laufzeit (in Jahren)<p>
<input type="submit"><p>
<input type="reset">
</form>
</body>
</html>
```

Listing B.41 Datei ub60.htm

Das Formular sieht wie folgt aus (mit Beispieldaten):

Abbildung B.61 Eingabeformular Geldanlage

Im PHP-Auswertungsprogramm wird zunächst mit einer mehrfachen Verzweigung aus der Laufzeit der Zinssatz bestimmt. Anschließend wird eine Schleife durchlaufen. Pro Jahr der Geldanlage gibt es einen Durchlauf. Bei jedem Durchlauf wird der bis dahin entstandene Gesamtbetrag berechnet, formatiert und ausgegeben. Das Programm dazu sieht so aus:

```
<html>
<body>
<h2>Geldanlage</h2>

<table border>
<tr>
<td align="right"><b>nach Jahr</b></td>
<td align="right"><b>Betrag</b></td>
</tr>

<?php
/* Zinssatz in Abhängigkeit von der Laufzeit */
if ($_POST["laufzeit"] <= 3)
   $zinssatz = 3;
else if ($_POST["laufzeit"] <= 5)
   $zinssatz = 4;
else if ($_POST["laufzeit"] <= 10)
   $zinssatz = 5;
else
   $zinssatz = 6;

/* Anlageberechnung und Ausgabe */
$betrag = $_POST["grundbetrag"];
for($i=1; $i<=$_POST["laufzeit"]; $i=$i+1)
{
      echo "<tr>";
      echo "<td align='right'>$i</td>";
      $betrag = $betrag + $betrag * $zinssatz / 100;
      $ausgabe = number_format($betrag,2,",",".");
      echo "<td align='right'>$ausgabe &euro;</td>";
      echo "</tr>";
}
?>

</table>
</body>
</html>
```

Listing B.42 Datei ub60.php

Die Ausgabe des oben angegebenen Beispiels sieht wie folgt aus:

Abbildung B.62 Ausgabe Geldanlage

B.8.3 Steuertabelle

Es soll eine (stark vereinfachte) Berechnung und Ausgabe von Steuersätzen, Steuerbeträgen und Netto-Einkommen vorgenommen werden. Der Steuersatz wird aus dem Brutto-Einkommen nach folgender Tabelle berechnet:

Brutto-Einkommen	Steuersatz
<= 12000	12 %
<= 20000	15 %
<= 30000	20 %
> 30000	25 %

Der Benutzer hat die Möglichkeit zur Eingabe der folgenden Daten:

- Startwert
  erster Wert, für den die genannten Beträge berechnet werden
- Endwert
  letzter Wert, für den die genannten Beträge berechnet werden
- Intervall
  Abstand der einzelnen Werte voneinander

Das Eingabeformular:

```
<html>
<body>
<h2>Steuertabelle</h2>
Geben Sie bitte die folgenden Werte ein<p>
<form action="ub61.php" method="post">
<input name="start"> Startwert (in &euro;)<p>
<input name="ende"> Endwert (in &euro;)<p>
<input name="intervall"> Intervall (in &euro;)<p>
```

```
<input type="submit"><p>
<input type="reset">
</form>
</body>
</html>
```

Listing B.43 Datei ub61.htm

Das Formular sieht wie folgt aus:

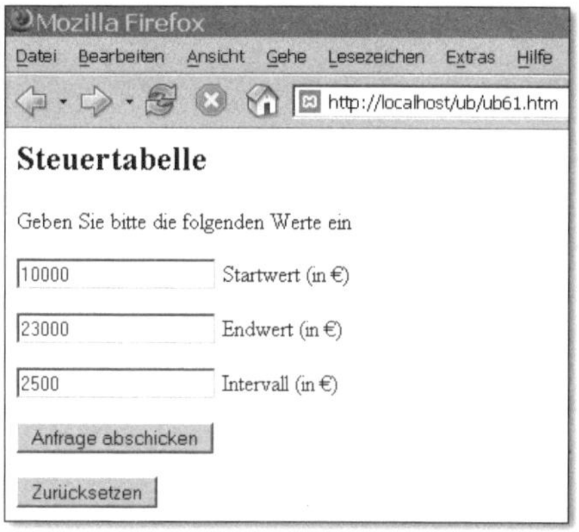

Abbildung B.63 Eingabeformular Steuertabelle

Im PHP-Auswertungsprogramm wird eine Schleife durchlaufen. Pro Brutto-Einkommen gibt es einen Durchlauf. Innerhalb der Schleife wird zunächst mit einer mehrfachen Verzweigung aus dem Brutto-Einkommen der Steuersatz bestimmt. Abhängig vom Steuersatz werden der Steuerbetrag und das Netto-Einkommen berechnet. Alle vier Informationen werden formatiert und ausgegeben. Die Ausgabe bietet eine Tabelle mit vier Spalten:

- Brutto-Einkommen in Euro
- Steuersatz in Prozent
- Steuerbetrag in Euro
- Netto-Einkommen in Euro

Das Programm:

```
<html>
<body>
<h2>Steuertabelle</h2>

<table border>
<tr>
<td align="center"><b>Gehalt</b></td>
```

```
<td align="center"><b>Steuersatz</b></td>
<td align="center"><b>Steuerbetrag</b></td>
<td align="center"><b>Netto</b></td>
</tr>

<?php
for($brutto = $_POST["start"]; $brutto <= $_POST["ende"];
    $brutto = $brutto + $_POST["intervall"])
{
   /* Berechnung des Steuersatzes */
   if($brutto <= 12000)
      $satz = 12;
   else if($brutto <= 20000)
      $satz = 15;
   else if($brutto <= 30000)
      $satz = 20;
   else
      $satz = 25;

   $steuerbetrag = $brutto * $satz / 100;
   $netto = $brutto - $steuerbetrag;
   echo "<tr>";
   echo "<td align='right'>" .
number_format($brutto,2,",",".")
      . " &euro;</td>";
   echo "<td align='right'>" . number_format($satz,1,",",".")
      . " %</td>";
   echo "<td align='right'>"
      . number_format($steuerbetrag,2,",",".")
      . " &euro;</td>";
   echo "<td align='right'>" . number_format($netto,2,",",".")
      . " &euro;</td>";
   echo "</tr>";
}
?>
</table>
</body>
</html>
```

Listing B.44 Datei ub61.php

Die Ausgabe des oben angegebenen Beispiels sehen Sie in Abbildung B.64.

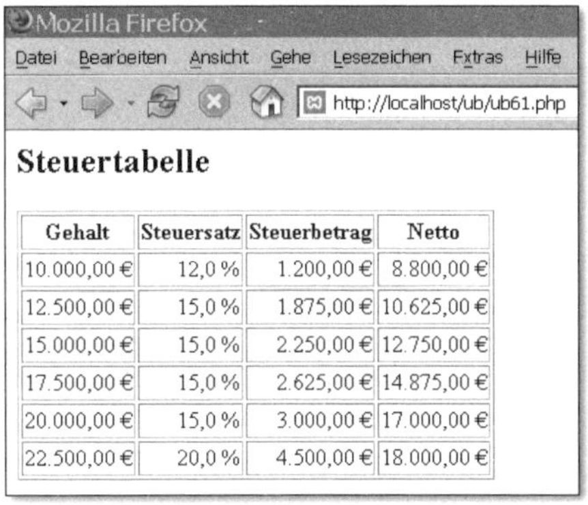

Abbildung B.64 Ausgabe Steuertabelle

B.8.4 Bestimmung des Ostersonntags

Ostersonntag

In diesem Abschnitt soll eine Funktion `ostersonntag()` zur Bestimmung des Termins des Ostersonntags in einem vorgegebenen Jahr entwickelt werden. Auf Basis des Ostersonntags können alle beweglichen Feiertage eines Bundeslandes berechnet werden. Eine Liste der (beweglichen und festen) Feiertage wird häufig im Zusammenhang mit Terminplanungsprogrammen benötigt (siehe das Beispiel in Abschnitt F.4, *Datum und Zeit*).

Die Funktion `ostersonntag()` soll in der Funktionsbibliothek `ub62 datum.inc.php` bereitgestellt werden. Sie soll mit Hilfe eines Formulars (Datei `ub62.htm`) und eines PHP-Programms (Datei `ub62.php`) getestet werden. Im Formular werden vom Benutzer in zwei Eingabefeldern zwei Jahreszahlen angegeben. Das Programm liefert eine Tabelle, in der zu jedem Jahr im angegebenen Jahresbereich der jeweilige Termin des Ostersonntags ausgegeben wird.

Falls der Benutzer zum Beispiel die folgende Eingabe vornimmt:

Abbildung B.65 Eingabe Jahresbereich

wird die folgende Tabelle geliefert:

Abbildung B.66 Ausgabe der Ostersonntage im Bereich

Zur Bestimmung des Ostersonntags:

Ostern ist stets am ersten Sonntag nach dem ersten Vollmond des Frühlings. So hat es das erste Kirchenkonzil im Jahre 325 festgelegt, und dies gilt bis heute. Im Jahre 1800 entwickelte der große deutsche Mathematiker Carl Friedrich Gauß (1777 bis 1855) eine Formel zur Berechnung des Ostersonntags. Sie ist so genau, dass erst im Jahre 8202 ein Fehler auftritt.

Die Formel des Mathematikers: Ostern fällt im Jahre `J` auf den (`e+D+1`)ten Tag nach dem 21. März, wobei gilt:

- `e = (2 * (J mod 4) + 4 * (J mod 7) + 6 * D + (6 + J/100 - J/400 - 2) mod 7) mod 7.`
- Falls `d = 29`, dann ist `D = 28`.
- Falls `d = 28` und `J mod 17 >= 11`, dann ist `D = 27`.
- Falls `d` weder `28` noch `29`: dann ist `D = d`.
- `d = ((15 + J/100 û J/400 û (8 * J/100 + 13) / 25) mod 30 + 19 * (J mod 19)) mod 30.`

Zur Umsetzung in ein Programm muss man Folgendes wissen:

- `mod` entspricht dem Modulo-Operator aus PHP. Dies ist also der Rest einer Division.
- Alle vorkommenden Divisionen (zum Beispiel `J/100`) sind Ganzzahldivisionen, die Stellen hinter dem Komma werden abgeschnitten. Zum

Abschneiden kann man die mathematische Funktion `floor()` benutzen. Der Ausdruck `1952/100` ergibt den Wert `19.52` (mit Nachkommastellen). Der Ausdruck `floor(1952/100)` ergibt den Wert `19` (ohne Nachkommastellen, also Ganzzahldivision).

Die Funktion `ostersonntag()` in der Bibliothek ergibt sich wie folgt:

```
<?php

function ostersonntag($j, $t, $m)
{
   // Berechnung von klein d
   $d = ((15 + floor($j/100) - floor($j/400)
      - floor((8 * floor($j/100) + 13) / 25)) % 30
      + 19 * ($j % 19)) % 30;

   // Berechnung von groß D
   if ($d==29)
      $D = 28;
   else if ($d == 28 && $j%17 >= 11)
      $D = 27;
   else
      $D = $d;

   // Berechnung von klein e
   $e = (2 * ($j%4) + 4 * ($j%7) + 6 * $D
        + (6 + floor($j/100) - floor($j/400) - 2) % 7) % 7;

   // Berechnung von Tag und Monat
   // Rückgabe der Werte per Referenz
   $m = "03";
   $t = 21 + $e + $D + 1;
   if ($t > 31)
   {
      $m = "04";
      $t = $t - 31;
   }
   if($t < 10)
      $t = "0" . $t;
}

?>
```

Listing B.45 Datei ub62datum.inc.php

Das Jahr wird über den Parameter `$j` an die Funktion geliefert. `$t` und `$m` sind zwei Referenzen für die beiden Variablen für Tag und Monat. Diese beiden Werte stehen nach Aufruf der Funktion an der Aufrufstelle zur Verfügung. Innerhalb der Funktion wird das Ergebnis in einzelnen Schritten bestimmt:

- Der Wert von `$d` wird gemäß der oben angegebenen Formel errechnet.
- Der Wert von `$D` ergibt sich mit Hilfe einer mehrfachen Verzweigung aus `$d`.
- Der Wert von `$e` wird gemäß der oben angegebenen Formel errechnet.
- Falls der errechnete Tag nicht mehr im Monat März liegt, müssen Tag und Monat auf den entsprechenden Tag im Monat April umgerechnet werden. Beispiel: Aus dem `36.03.` wird der `05.04.`
- Die Zahlen werden in Text umgewandelt, mit führenden Nullen bei den einstelligen Zahlen.

Das Eingabeformular für den Benutzer:

```
<html>
<body>
<h2>Ostersonntag</h2>
Bitte geben Sie zwei Jahreszahlen ein<br>
und senden Sie das Formular ab:<p>
<form action="ub62.php" method="post">
    <input name="anfang"> Erste Jahreszahl<p>
    <input name="ende"> Zweite Jahreszahl<p>
    <input type="submit">
    <input type="reset">
</form>
</body>
</html>
```

Listing B.46 Datei ub62.htm

Die beiden Jahreszahlen werden in den Feldern `anfang` und `ende` eingegeben.

Das PHP-Programm zur Erzeugung der Tabelle:

```
<html>
<body>
<h2>Ostersonntag</h2>
<?php
   // Einbinden der Funktionsbibliothek
   include "ub62datum.inc.php";

   // Größere Jahreszahl zuerst? Tauschen!
   $anfang = $_POST["anfang"];
```

```
    $ende = $_POST["ende"];
    if ($anfang > $ende)
    {
       $temp = $anfang;
       $anfang = $ende;
       $ende = $temp;
    }
    echo "<table border>";
    echo "<tr><td><b>Jahr</b></td><td><b>Datum</b></td></tr>";

    // Schleife über alle Jahreszahlen
    for ($j=$anfang; $j<=$ende; $j++)
    {
       ostersonntag($j, &$tag, &$monat);
       echo "<tr><td>$j</td><td>$tag.$monat.$j</td></tr>";
    }
    echo "</table>";
?>
</body>
</html>
```

Listing B.47 Datei ub62.php

Die Funktionsbibliothek wird eingebunden, damit steht die Funktion `ostersonntag()` zur Verfügung. Falls der Benutzer die beiden Jahreszahlen in der falschen Reihenfolge eingegeben hat, werden sie getauscht. In einer Schleife wird die Funktion `ostersonntag()` für jeden Wert von `anfang` bis `ende` aufgerufen. In den beiden Variablen `$tag` und `$monat` sind per Referenz nach jedem Aufruf die Werte für Tag und Monat des betreffenden Jahres gespeichert. Diese beiden Werte werden ausgegeben.

In diesem Kapitel wird dargestellt, auf welch vielfältige und komfortable Weise Sie dem Programmbenutzer ermöglichen können, Informationen an den Webserver zu übermitteln. Die Auswertung dieser Informationen wird verdeutlicht. Es wird gezeigt, wie Sie Ihre Programme im Internet veröffentlichen können.

C Daten senden und auswerten

Innerhalb des Programmierkurses wurden bereits einfache Formulare angesprochen. Durch Eingabe von Daten in ein Eingabefeld und das anschließende Absenden des Formulars wurden die Daten an den Webserver übermittelt. HTML-Formulare sind die einzige Möglichkeit, interaktive Websites zu erstellen.

Neben dem dabei verwendeten einzeiligen Text-Eingabefeld gibt es eine Reihe von weiteren Formular-Elementen, die die sichere und fehlerfreie Benutzung beziehungsweise die Übermittlung der Daten stark vereinfachen. Diese lassen sich in drei große Gruppen unterteilen: Text-Elemente, Auswahl-Elemente und Aktions-Elemente.

C.1 Text-Elemente

Zu den Text-Elementen gehören die bereits bekannten, einzeiligen Text-Eingabefelder, die mehrzeiligen Text-Eingabefelder, die Passwort-Eingabefelder und die versteckten Elemente.

Alle Text-Elemente können mit Werten vorbesetzt werden. Dies kann die Benutzung vereinfachen, falls in einem Feld ein bestimmter Wert besonders häufig vorkommt. Beim Zurücksetzen eines Formulars wird dieser Wert wiederum eingesetzt.

C.1.1 Einzeilige Text-Eingabefelder

Ein einzeiliges Text-Eingabefeld (`<input type="text">` oder einfach `<input>`) dient zur Übermittlung kleinerer Textinformationen (zum Bei-

<input type="text">

spiel Name, Adresse) oder einzelner Zahlenwerte. Es kann über die folgenden Eigenschaften verfügen:

- `name`: zur eindeutigen Kennzeichnung bei der Auswertung im PHP-Programm

size

- `size`: zur Darstellung in einer bestimmten Breite innerhalb des Eingabeformulars
- `maxlength`: zur Begrenzung der Menge der eingegebenen Zeichen

value

- `value`: zur Vorbesetzung des Eingabefeldes
- `readonly`: zur Verhinderung der Eingabe; im Zusammenhang mit PHP selten benötigt

Ein Beispiel mit verschiedenen einzeiligen Text-Eingabefeldern:

```
<html>
<body>

<h2>Einzeilige Text-Eingabefelder</h2>
<form action = "uc01.php" method = "post">
    <input name="eins" size="40"> Feld Eins<p>
    <input name="zwei" size="10" maxlength="5"> Feld Zwei<p>
    <input name="drei" value="Inhalt Drei"> Feld Drei<p>
    <input name="vier" value="Inhalt Vier" readonly>
     Feld Vier<p>
    <input type = "submit">
    <input type = "reset">
</form>

</body>
</html>
```

Listing C.1 Datei uc01.htm

Zur Erläuterung:

- Das Feld `Eins` dient zur Eingabe eines längeren Textes, die Größe beträgt `40`.
- Das Feld `Zwei` dient zur Eingabe von maximal fünf Zeichen und wurde daher auch in der Darstellungsgröße auf `10` beschränkt.
- Das Feld `Drei` wurde mit dem Text `Inhalt Drei` vorbelegt. Falls der Benutzer keine Änderungen vornimmt, wird dieser Text als Wert gesendet.
- Das Feld `Vier` wurde mit dem Text `Inhalt Vier` vorbelegt. Der Benutzer kann keine Änderungen vornehmen, dieser Text wird als Wert gesendet.

Das Formular:

Abbildung C.1 Text-Eingabefelder

Das PHP-Auswertungsprogramm:

```
<html>
<body>
<?php
   echo "Eins: " . $_POST["eins"] . "<br>";
   echo "Zwei: " . $_POST["zwei"] . "<br>";
   echo "Drei: " . $_POST["drei"] . "<br>";
   echo "Vier: " . $_POST["vier"] . "<p>";
?>
</body>
</html>
```

Listing C.2 Datei uc01.php

Die Auswertung (ohne eigene Einträge) ergibt:

Abbildung C.2 Auswertung Text-Eingabefelder

C.1.2 Mehrzeilige Text-Eingabefelder

<textarea> Ein mehrzeiliges Text-Eingabefeld (`<textarea> ... </textarea>`) dient zur Übermittlung umfangreicher Textinformationen (zum Beispiel Kommentare, Diskussionsbeiträge). Es sollte über die folgenden Eigenschaften verfügen:

name
- `name`: zur eindeutigen Kennzeichnung bei der Auswertung im PHP-Programm

cols
- `cols`: Zur Festlegung einer bestimmten Breite innerhalb des Eingabeformulars

rows
- `rows`: zur Festlegung einer bestimmten Höhe innerhalb des Eingabeformulars

Es kann mit einem Text vorbelegt werden. Außerdem ist die Eigenschaft `readonly` verfügbar.

Ein Beispiel mit verschiedenen mehrzeiligen Text-Eingabefeldern:

```
<html>
<body>
<h2>Mehrzeilige Text-Eingabefelder</h2>
<form action = "uc02.php" method = "post">
    <textarea name="eins" cols="10" rows="3"></textarea>
     Feld Eins<p>
    <textarea name="zwei" cols="30" rows="5">
     Hier steht schon etwas</textarea> Feld Zwei<p>
    <input type = "submit">
    <input type = "reset">
</form>
</body>
</html>
```

Listing C.3 Datei uc02.htm

Im Unterschied zum `input`-Element handelt es sich bei der Textarea um einen Container mit Anfangs- und Endmarkierung. Daher findet sich der Wert des Formular-Elements (und eine eventuell vorhandene Vorbelegung) zwischen den beiden Markierungen und nicht als Eigenschaft des Elements.

Das Formular:

Abbildung C.3 Textareas

Das PHP-Auswertungsprogramm:

```
<html>
<body>
<?php
   echo "Eins: " . $_POST["eins"] . "<br>";
   echo "Zwei: " . $_POST["zwei"] . "<br>";
?>
</body>
</html>
```

Listing C.4 Datei uc02.php

Die Auswertung (ohne eigene Einträge) ergibt:

Abbildung C.4 Auswertung der Textareas

C.1.3 Passwort-Eingabefeld, verstecktes Element

<input type="password">

Ein Passwort-Eingabefeld (`<input type="password">`) ist ein spezialisiertes, einzeiliges Text-Eingabefeld. Es verfügt zusätzlich über die Eigenschaft, den eingegebenen Text unlesbar darzustellen. Wie der Name schon sagt, dient es meist zur Eingabe und Übertragung eines Passwortes (oder anderer geheim zu haltender Informationen).

Zum Webserver übertragen wird allerdings der vom Benutzer eingegebene Originaltext. Ein Abhören der Leitung würde daher das Passwort offenbaren. Falls diese Möglichkeit erschwert werden soll, kann das Passwort (und auch andere Informationen) verschlüsselt übertragen werden (mehr dazu in Abschnitt F.1.7, *Einfache Verschlüsselung*).

<input type ="hidden">

Ein verstecktes Element (`<input type="hidden">`) erscheint nicht auf dem Bildschirm und kann vom Benutzer nicht bearbeitet werden. Es dient zur versteckten Übertragung zusätzlicher Daten an den Webserver.

Ein Beispiel: Ein Benutzer meldet sich auf einer Website mit seinem Namen an. Dieser Name wird aus dem Anmeldeformular an ein erstes PHP-Programm übertragen. Von diesem PHP-Programm aus soll ein zweites PHP-Programm aufgerufen werden, das ebenfalls den Namen des Benutzers benötigt. Mit Hilfe eines versteckten Elements kann dieser Name vom ersten PHP-Programm zum zweiten PHP-Programm übertragen werden, ohne dass eine weitere Eingabe notwendig ist.

Das vorgestellte Beispiel soll, zusammen mit einer Passworteingabe, umgesetzt werden. Zunächst das Anmeldeformular:

```
<html>
<body>

<h2>Anmeldung</h2>
<form action = "uc03a.php" method = "post">
    <input name="ben" maxlength="10">
     Benutzer-Name (max. 10 Zeichen)<p>
    <input type="password" name="pw" maxlength="6">
     Passwort (max. 6 Zeichen)<p>
    <input type = "submit">
    <input type = "reset">
</form>

</body>
</html>
```

Listing C.5 Datei uc03.htm

Der Benutzername darf maximal `10` Zeichen umfassen und wird mit dem Formular-Element `ben` gesendet. Das Passwort darf maximal `6` Zeichen umfassen und wird mit dem Formular-Element `pw` gesendet.

Das Formular (mit Beispieleintrag):

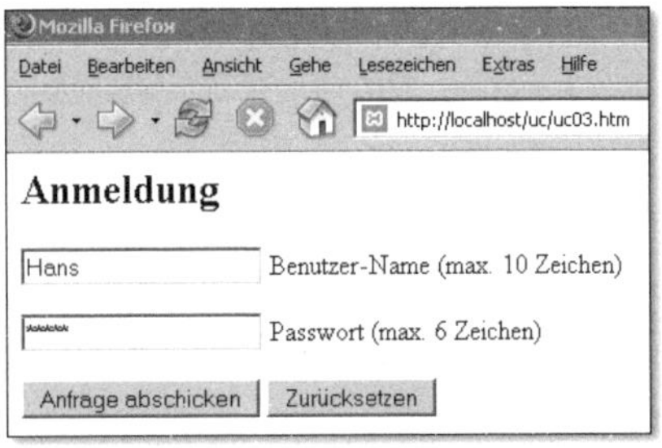

Abbildung C.5 Passworteingabe

Das erste PHP-Programm:

```
<html>
<body>
<h2>Seite 1</h2>
<form action = "uc03b.php" method = "post">
<?php
   echo "Name: " . $_POST["ben"] . "<p>";
   echo "<input type='hidden' name='benzwei'
          value='" . $_POST["ben"] . "'>";
   if($_POST["pw"]=="bingo")
      echo "Zugang erlaubt<p>";
   else
      echo "Zugang eigentlich nicht erlaubt ...<p>";
?>
<input type="submit">
</form>
</body>
</html>
```

Listing C.6 Datei uc03a.php

versteckte Übertragung

Zum einen wird der Name des Benutzers sichtbar auf den Bildschirm geschrieben. Zum anderen wird er als Wert des versteckten Elements eingetragen. Dieses trägt den Namen benzwei und befindet sich innerhalb eines weiteren Formulars. Das übertragene Passwort wird ebenfalls untersucht. Die Ausgabe der Seite 1 ist in Abbildung C.6 auf der nächsten Seite dargestellt.

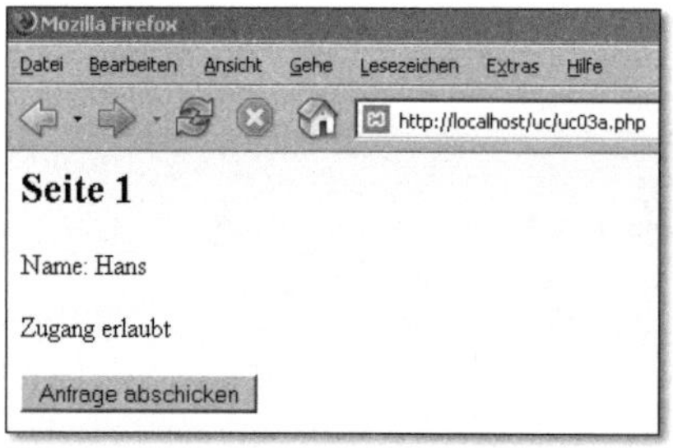

Abbildung C.6 Nach der erfolgreichen Anmeldung

Das Absenden dieses Formulars überträgt den Namen und Wert des versteckten Elements zum nächsten PHP-Programm:

```
<html>
<body>
<h2>Seite 2</h2>
<?php
   echo "Name: " . $_POST["benzwei"] . "<p>";
?>
</body>
</html>
```

Listing C.7 Datei uc03b.php

Hier steht der Benutzername ebenfalls zur Verfügung, ohne dass der Benutzer ihn noch einmal eintragen musste. Die Ausgabe der Seite 2 sieht daher so aus:

Abbildung C.7 Nach der Weitergabe des Benutzernamens

[+] Hinweis: Falls allerdings über den Browser der HTML-Quelltext des ersten PHP-Programms betrachtet wird, so ist das `hidden`-Element lesbar.

Somit ist diese Methode zur Übertragung geheim zu haltender Daten nur sehr bedingt geeignet. Man kann nie sicher sein, ob ein angemeldeter Benutzer nicht zwischendurch seinen Arbeitsplatz verlässt und damit anderen Personen die Möglichkeit eröffnet, den HTML-Quelltext zu betrachten.

C.2 Auswahl-Elemente

Auswahl-Elemente erleichtern dem Benutzer die Bedienung. Dadurch verringern sie gleichzeitig die Möglichkeiten, Fehler bei der Eingabe zu machen. Falls irgend möglich, sind sie den Textfeldern vorzuziehen, da der Mehraufwand im PHP-Programm für das Abfangen der fehlerhaften Eingaben in keinem Verhältnis zum Mehraufwand der HTML-Codierung der Auswahlfelder steht.

Bei den Auswahl-Elementen unterscheidet man:

- einfache Auswahl-Elemente wie Radio-Button-Gruppen oder das einfache Auswahlmenü, bei denen der Benutzer genau einen Eintrag auswählen kann,
- mehrfache Auswahl-Elemente wie Kontrollkästchen oder das mehrfache Auswahlmenü, bei denen der Benutzer mehrere Einträge auswählen kann.

Einfache Auswahl-Elemente sollten vorbelegt werden. Auf diese Weise kann vermieden werden, ein Formular-Element ohne Wert zu übertragen. Dies verringert wiederum den Aufwand im PHP-Programm.

C.2.1 Radio-Button-Gruppe

<input type="radio">

Eine Auswahl kann zum Beispiel über eine Gruppe von Options-Schaltfeldern, auch Radio-Buttons genannt (`<input type="radio">`), getroffen werden:

```
<html>
<body>
Bitte treffen Sie jeweils eine Auswahl<br>
und senden Sie das Formular ab:
<form action = "uc04.php" method = "post">

    <h3>Reiseziel</h3>
    <input type="radio" name="rziel" value="Gomera" checked>
     Wandern auf Gomera<p>
    <input type="radio" name="rziel" value="Lanzarote">
     Sonnen auf Lanzarote <p>
    <input type="radio" name="rziel" value="Fuerteventura">
     Surfen auf Fuerteventura<p>

    <h3>Hotel-Typ</h3>
    <input type="radio" name="htyp" value="Drei" checked>
     Drei-Sterne-Hotel<p>
```

```
    <input type="radio" name="htyp" value="Vier">
     Vier-Sterne-Hotel<p>

    <input type = "submit">
    <input type = "reset">
</form>
</body>
</html>
```

Listing C.8 Datei uc04.htm

Radio-Button-Gruppen

In diesem Formular werden zwei Gruppen von Radio-Buttons dargestellt. Die Elemente einer Gruppe haben den gleichen Namen, dadurch wird die logische Zusammengehörigkeit erstellt. Optisch werden die beiden Gruppen durch Überschriften voneinander getrennt.

checked

Innerhalb der ersten Gruppe kann der Betrachter ein Reiseziel auswählen, innerhalb der zweiten Gruppe einen Hoteltyp. In beiden Gruppen ist ein Element vorbesetzt; dafür sorgt die Eigenschaft `checked`. Nach Absenden des Formulars bekommt der Benutzer eine Antwort vom Webserver mit der Anzahl der Angebote für die von ihm gewählten Kriterien.

Das Formular:

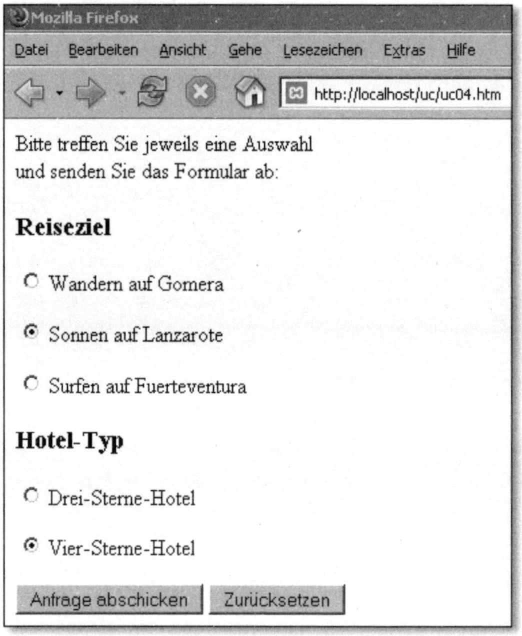

Abbildung C.8 Radio-Buttons

Die Antwort wird durch das folgende Programm geliefert:

```
<html>
<body>
<?php
   echo "Sie möchten also nach " . $_POST["rziel"];
   echo " in ein " . $_POST["htyp"] . "-Sterne-Hotel<p>";
   if ($_POST["rziel"] == "Gomera")
   {
      if ($_POST["htyp"] == "Drei") $ang = 7;
      else $ang = 1;
   }
   else if ($_POST["rziel"] == "Lanzarote")
   {
      if ($_POST["htyp"] == "Drei") $ang = 12;
      else $ang = 2;
   }
   else
   {
      if ($_POST["htyp"] == "Drei") $ang = 5;
      else $ang = 4;
   }
   echo "Dazu haben wir $ang Angebote";
?>
</body>
</html>
```

Listing C.9 Datei uc04.php

Der gemeinsame Name (Eigenschaft `name`) der ersten Optionsgruppe ist `rziel`. Nach Absenden des Formulars steht dadurch die Variable `$_POST["rziel"]` mit dem Wert (`value`) des vom Benutzer ausgewählten Eintrags im PHP-Programm zur Verfügung. Falls er zum Beispiel `Wandern auf Gomera` auswählt, wird `$_POST["rziel"]` der Wert `Gomera` zugewiesen.

Der gemeinsame Name der zweiten Optionsgruppe ist `htyp`. Falls der Benutzer zum Beispiel `Drei-Sterne-Hotel` auswählt, wird `$_POST ["htyp"]` der Wert `Drei` zugewiesen.

Aus den Informationen in den Variablen wird im PHP-Programm mit Hilfe einer geschachtelten Verzweigung die Anzahl der vorliegenden Angebote ermittelt und in der Variablen `$ang` gespeichert. Der Wert dieser Variablen wird dem Betrachter zusammen mit einer Bestätigung seiner Eingabedaten zurückgesandt.

Die Antwort hat das folgende Aussehen:

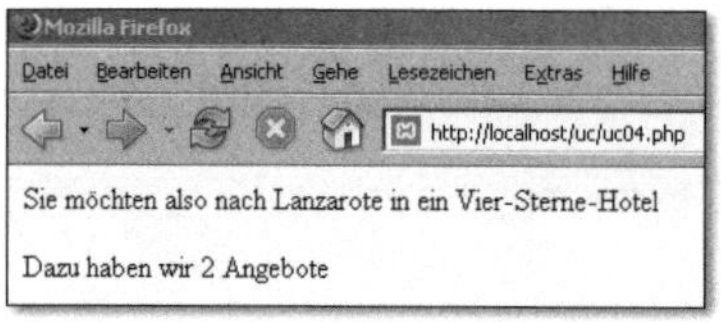

Abbildung C.9 Nach Auswertung der Radio-Buttons

C.2.2 Einfaches Auswahlmenü

Einfache Auswahlmenüs (Select-Menüs) erfüllen den gleichen Zweck wie Gruppen von Radio-Buttons. Besonders bei zahlreichen Auswahlmöglichkeiten zeichnen sie sich durch ihren geringeren Platzbedarf innerhalb des Formulars aus. Zum Vergleich soll das oben genannte Beispiel mit Hilfe von Auswahlmenüs dargestellt werden.

Es kann in beiden Fällen das gleiche PHP-Programm angefordert werden.

```
<html>
<body>
Bitte treffen Sie jeweils eine Auswahl<br>
und senden Sie das Formular ab:<p>
<form action = "uc04.php" method = "post">

    <select name="rziel">
       <option value="Gomera">
               Wandern auf Gomera </option>
       <option value="Lanzarote" selected>
               Sonnen auf Lanzarote </option>
       <option value="Fuerteventura">
               Surfen auf Fuerteventura </option>
    </select> Reiseziel<p>

    <select name="htyp">
       <option value="Drei" selected>
               Drei-Sterne-Hotel </option>
       <option value="Vier">
               Vier-Sterne-Hotel </option>
    </select> Hotel-Typ<p>

    <input type = "submit">
    <input type = "reset">
</form>
</body>
</html>
```

Listing C.10 Datei uc05.htm

Zu den Unterschieden: Im Dokument erscheinen zwei aufklappbare Menüs (<select> </select>), in denen jeweils schon eine Auswahlmöglichkeit voreingestellt ist (Eigenschaft selected). Die Namen der beiden Auswahlmenüs sind rziel und htyp, der Wert (Eigenschaft value) wird über die jeweils vom Benutzer ausgewählte Option eingestellt. Das PHP-Programm (uc04.php) verarbeitet diese Informationen genau so wie bei den Radio-Buttons.

select, selected

Hinweis: Falls im Formular die Eigenschaft value weggelassen wird, wird als Wert der dargestellte Text der ausgewählten Option (zwischen <option> und </option>) übermittelt.

[+] option

Das Formular hat im Startzustand folgendes Aussehen:

Abbildung C.10 Select-Menüs

C.2.3 Kontrollkästchen

Mit Hilfe eines Kontrollkästchens (<input type="checkbox">) kann der Benutzer eine einfache Ja/Nein-Auswahl treffen. Soll ein Kontrollkästchen schon vorbesetzt sein, so wird die Eigenschaft checked hinzugefügt. Falls mehrere Kontrollkästchen gemeinschaftlich verwendet werden, hat der Benutzer die Möglichkeit, keinen, einen oder mehrere Einträge aus einer zusammengehörigen Gruppe auszuwählen. Ein Beispiel:

<input type="checkbox">

```
<html>
<body>
Wünschen Sie in Ihrem Zimmer:<p>
<form action = "uc06.php" method = "post">

    <input type="checkbox" name="cb"
          value="Bad" checked> Bad<p>
    <input type="checkbox" name="cm"
          value="Meeresblick"> Meeresblick<p>
    <input type="checkbox" name="cz"
          value="Zimmertresor"> Zimmertresor<p>
```

```
    <input type = "submit">
    <input type = "reset">
</form>
</body>
</html>
```

Listing C.11 Datei uc06.htm

In diesem Formular kann der Betrachter zwischen drei voneinander unabhängigen Eigenschaften seines Hotelzimmers auswählen. Nach Absenden des Formulars bekommt er eine Antwort vom Webserver mit einer Bestätigung seiner Auswahl.

Das Formular:

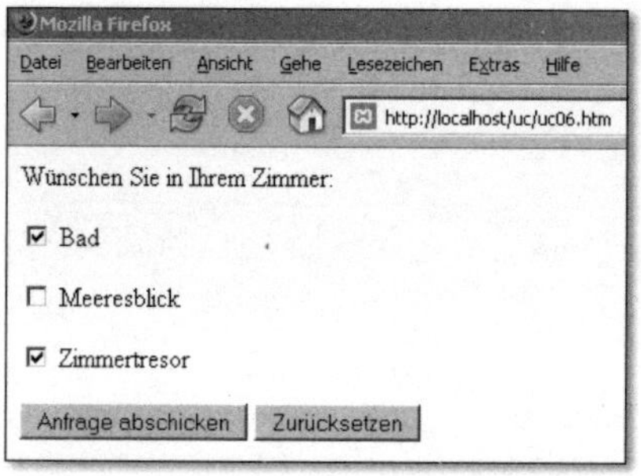

Abbildung C.11 Kontrollkästchen

Die Antwort liefert das folgende Programm:

```
<html>
<body>
<?php
   echo "Danke für Ihre Anfrage, wir reservieren:<p>";
   if (isset($_POST["cb"]))
      echo "Zimmer mit " . $_POST["cb"]
           . ", Aufpreis 10 Euro/Tag<p>";
   if (isset($_POST["cm"]))
      echo "Zimmer mit " . $_POST["cm"]
           . ", Aufpreis 15 Euro/Tag<p>";
   if (isset($_POST["cz"]))
      echo "Zimmer mit " . $_POST["cz"]
           . ", Aufpreis 5 Euro/Tag";
?>
</body>
</html>
```

Listing C.12 Datei uc06.php

Die Namen der drei Kontrollkästchen werden wiederum zu Variablen des PHP-Programms. Sie haben hier eine doppelte Funktion:

- Zum einen wird mit Hilfe der Funktion `isset()` überprüft, ob das jeweilige Kontrollkästchen vom Benutzer ausgewählt wurde. Falls es ausgewählt wurde, existiert die betreffende Variable beziehungsweise das betreffende Element des assoziativen Feldes für das PHP-Programm. Das Ergebnis der Abfrage `if (isset($_POST["checkboxname"]))` ist wahr, und die darauf folgende Anweisung wird ausgeführt.
- Zum anderen beinhaltet die Variable einen Wert (Eigenschaft `value`). Dieser Wert kann im Programm zum Beispiel zur Ausgabe genutzt werden, wie im oben gezeigten Programm geschehen.

Existenz, isset()

Falls alle drei Kontrollkästchen angekreuzt wurden, sieht die Antwort wie folgt aus:

Abbildung C.12 Auswertung der Kontrollkästchen

C.2.4 Mehrfaches Auswahlmenü

select multiple

Mehrfache Auswahlmenüs (`<select multiple> ... </select>`) erfüllen den gleichen Zweck wie Gruppen von Kontrollkästchen. Auch hier gilt: Besonders bei zahlreichen Auswahlmöglichkeiten zeichnen sie sich durch ihren geringeren Platzbedarf innerhalb des Formulars aus. Zum Vergleich soll das oben gezeigte Beispiel mit Hilfe eines mehrfachen Auswahlmenüs dargestellt werden.

```
<html>
<body>
Wünschen Sie in Ihrem Zimmer:<p>
<form action = "uc07.php" method = "post">

  <select multiple name="zusatz[]">
     <option value="Bad, Aufpreis 10 Euro/Tag">
            Bad</option>
     <option value="Meeresblick, Aufpreis 15 Euro/Tag">
            Meeresblick</option>
```

```
        <option value="Zimmertresor, Aufpreis 5 Euro/Tag">
                Zimmertresor</option>
    </select></p>

    <input type = "submit">
    <input type = "reset">
</form>
</body>
</html>
```

Listing C.13 Datei uc07.htm

Formular-Elementfeld

Beim mehrfachen Auswahlmenü kann der Benutzer mit Hilfe der Taste `Strg` (getrennte Einträge) beziehungsweise ⇧ (benachbarte Einträge) seine Wahl treffen. Damit eine Auswertung durch PHP ermöglicht wird, muss das Formular-Element als Feld gekennzeichnet werden (`name="zusatz[ ]"`).

Das Formular:

Abbildung C.13 Select-Menüs für Mehrfachauswahl

Falls der erste und der letzte Menüpunkt gewählt wurden, sieht die Antwort so aus:

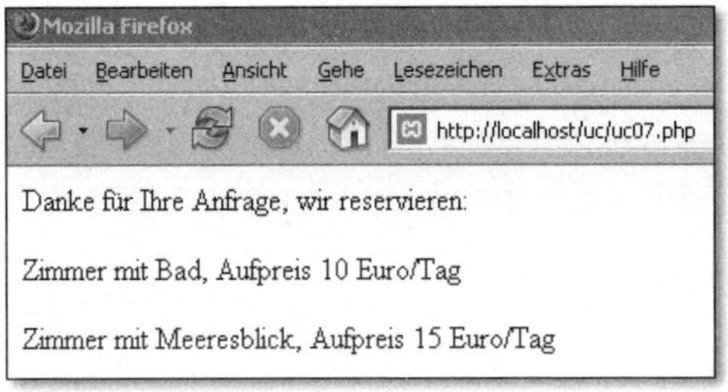

Abbildung C.14 Auswertung des Select-Menüs für Mehrfachauswahl

Die Auswertung durch ein PHP-Programm:

```
<html>
<body>
<?php
   echo "Danke für Ihre Anfrage, wir reservieren:<p>";
   for($i=0; $i<sizeof($_POST["zusatz"]); $i++)
   {
      if (isset($_POST["zusatz"][$i]))
         echo "Zimmer mit " . $_POST["zusatz"][$i] . "<p>";
   }
?>
</body>
</html>
```

Listing C.14 Datei uc07.php

Auch hier wird die Funktion `isset()` verwendet, um die Existenz einer Variablen zu prüfen. Bei `$_POST` handelt es sich bekanntlich um ein assoziatives Feld. Die Daten des Formular-Elements `zusatz` werden außerdem in einem numerisch indizierten Feld geliefert. Daher ist das Feld-Element `$_POST["zusatz"]` wiederum ein Feld.

Jedes Element dieses Feldes ist nur über die Angabe von zwei Indizes erreichbar: Zunächst muss der Name des assoziativen Feld-Elements angegeben werden (`zusatz`), anschließend der Index des numerisch indizierten Feldes (0, 1, 2, ...).

Falls einer oder mehrere Einträge ausgewählt wurden, so existiert für PHP das Feld-Element `$_POST["zusatz"]`. Dessen aktuelle Größe kann mit der Funktion `sizeof()` ermittelt werden. :

- Falls genau ein Eintrag ausgewählt wurde, so existiert für PHP nur das Feld-Element `$_POST["zusatz"][0]`. Es beinhaltet den Wert des ausgewählten Eintrags.
- Falls mehrere Einträge ausgewählt wurden, so existieren für PHP die Feld-Elemente `$_POST["zusatz"][0]`, `$_POST["zusatz"][1]` usw., entsprechend der Anzahl der ausgewählten Einträge. Sie beinhalten der Reihe nach die Werte der ausgewählten Einträge.

C.3 Aktions-Elemente

Zu den Aktions-Elementen gehören die bereits bekannten Buttons zum Absenden und Zurücksetzen und der allgemeine Button.

C.3.1 Absenden und Zurücksetzen

submit-Button

Diese Elemente wurden bereits in den bisherigen Formularen verwendet. Der Button zum Absenden (engl.: `submit`) dient zum Übermitteln von Namen und Werten der Formular-Elemente und zum Aufruf des zugehörigen PHP-Auswertungsprogramms.

reset-Button

Der Button zum Zurücksetzen (engl.: `reset`) dient zum Herstellen des Ursprungszustandes des Formulars, falls zum Beispiel fehlerhafte Einträge gemacht wurden. Falls ein Formular-Element vorbesetzt war, so wird diese Vorbesetzung wieder hergestellt.

Beschriftung: Die Beschriftung beider Buttons unterscheidet sich je nach Browser und Sprache des Benutzers. Alle Browser haben für die verschiedenen Sprachen jeweils Vorbesetzungen für die Beschriftungen. Dies hat den Vorteil, dass sich die Beschriftungen an die Umgebung des Benutzers anpassen.

Button-Beschriftung

Falls Sie jedoch Ihre Buttons abhängig von Ihrem Programm und einheitlich für jeden Benutzer beschriften wollen, können Sie jeweils der Eigenschaft `value` einen Wert zuweisen. Dies könnte zum Beispiel die Beschriftung `Anmeldung`, `Login`, `Daten senden` oder Ähnliches sein, die für den Benutzer stärker verdeutlicht, welche Aktion er nun auslösen kann.

Name: Die Buttons können auch einen Namen bekommen. Diese Technik wird verwendet, falls Sie Formular und PHP-Programm innerhalb einer Datei unterbringen möchten. Näheres dazu finden Sie in Abschnitt C.4.3, *Formular und Programm in einer Datei*.

Formular kontrollieren

JavaScript: Weitere Möglichkeiten ergeben sich durch den Einsatz der Skriptsprache JavaScript zur Prüfung der Formularinhalte. Dabei werden die Daten auf dem Rechner des Benutzers auf Fehler kontrolliert, bevor sie über das Internet versendet werden. Diese Aktion sollte spätestens bei Betätigung des Absende-Buttons ausgelöst werden.

Der Benutzer wird dabei durch möglichst genaue Meldungen auf seine fehlerhaften oder unvollständigen Einträge aufmerksam gemacht. Dadurch wird er beim Ausfüllen unterstützt. Außerdem wird die Übertragung der Daten über das Internet (und damit unnötiger Netzverkehr) verhindert, solange sie für das auswertende PHP-Programm noch nicht vollständig sind.

Ein Beispiel soll den Einsatz von JavaScript verdeutlichen. Im Beispiel werden außerdem beschriftete Buttons zum Absenden und Zurücksetzen verwendet.

```
<html>
<head>
<script type="text/javascript">
function fcheck()
{
   if (document.anm.ben.value.length < 4)
   {
      alert("Der Benutzername muss 4-10 Zeichen haben!");
      return(false);
   }
   else if (document.anm.pw.value.length < 4)
   {
      alert("Das Passwort muss 4-6 Zeichen haben!");
      return(false);
   }
   return true;
}
</script>
</head>

<body>

<h2>Anmeldung</h2>
<form name="anm" action="uc08.php" method="post"
      onSubmit="return fcheck();">
    <input name="ben" maxlength="10">
          Benutzername (4-10 Zeichen)<p>
    <input name="pw" type="password" maxlength="6">
          Passwort (4-6 Zeichen)<p>
    <input type="submit" value="Login">
    <input type="reset" value="Einträge löschen">
</form>

</body>
</html>
```

Listing C.15 Datei uc08.htm

Im Formular sollen ein Benutzername (minimal 4 Zeichen, maximal 10 Zeichen) und ein Passwort (minimal 4 Zeichen, maximal 6 Zeichen) eingetragen werden. Die Maximallänge wird durch die Eigenschaft `maxlength` kontrolliert, die Minimallänge durch eine JavaScript-Funktion.

Event-Handler

Das Formular hat einen Namen (`anm`). Dieser Name wird von der JavaScript-Funktion zur Identifikation benötigt. Außerdem benutzt das Formular einen so genannten Event-Handler (`onSubmit`). Falls der Benutzer das

Ereignis (engl.: *event*) Absenden (engl.: *submit*) auslöst, dann wird zunächst die JavaScript-Funktion `fcheck()` aufgerufen.

Das Formular:

Abbildung C.15 Formular mit Kontrolle der Eingabewerte

document ... value

Die Funktion `fcheck()` wurde im Kopf des Dokuments definiert. Innerhalb der Funktion wird überprüft, ob der vom Benutzer eingetragene Wert (engl.: *value*) des Formular-Elements `ben` (`document.anm.ben`) eine Länge von weniger als `4` Zeichen hat. Falls ja, erscheint eine entsprechende Meldung auf dem Bildschirm. Anschließend gibt die Funktion den Wert `false` (logisch falsch) an die aufrufende Stelle zurück. Die Überprüfung des Passworts geschieht analog. Die beiden möglichen Fehlermeldungen sehen so aus:

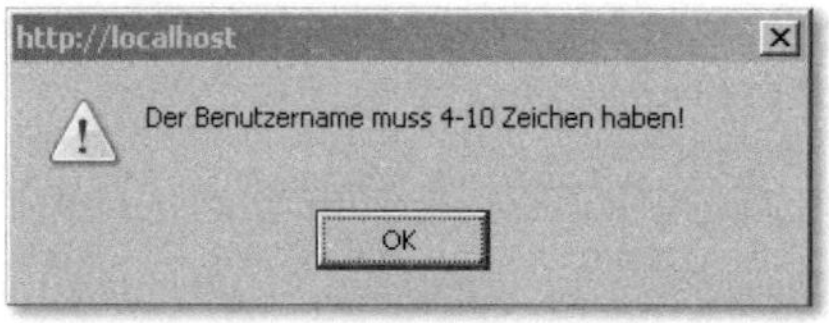

Abbildung C.16 JavaScript-Kontrolle der Länge des Benutzernamens

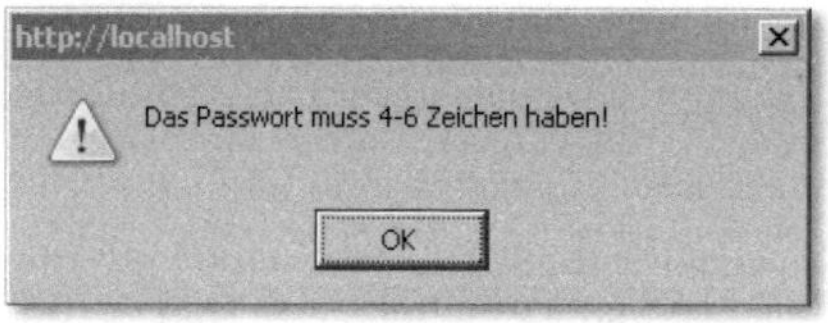

Abbildung C.17 JavaScript-Kontrolle der Länge des Passworts

Falls eine der beiden Überprüfungen den Wert `false` als Wert der Funktion `fcheck()` zurückgeliefert hat, dann sorgt der Ausdruck `return fcheck()` dafür, dass das Formular nicht abgesendet wird. Es werden also keine unvollständigen Daten über das Netz übertragen. Falls die Einträge lang genug waren, wird die Funktion `fcheck()` bis zum Ende bearbeitet und liefert `true` zurück. Dies sorgt dafür, dass das Formular mit seinen Einträgen gesendet wird.

Das PHP-Auswertungsprogramm gibt hier nur zur Kontrolle den eingetragenen Benutzernamen aus:

```
<html>
<body>
<?php
   echo "Name: " . $_POST["ben"];
?>
</body>
</html>
```

Listing C.16 Datei uc08.php

C.3.2 Allgemeiner Button

Allgemeine Buttons (`<input type="button">` oder `<button> ... </button>`) werden im Allgemeinen zum Auslösen von JavaScript-Code verwendet. Im Zusammenhang mit PHP können Sie zum Beispiel die Möglichkeit bieten, das gleiche Formular mit unterschiedlichen Daten abzusenden.

Im nachfolgenden Beispiel können sich Benutzer auf einer Website anmelden. Dabei wird unterschieden zwischen:

- registrierten Benutzern, die ihren Namen nicht mehr angeben müssen, aber ein Passwort. Damit gelangen sie zu einem geschützten Bereich mit speziellen Informationen.
- nicht registrierten Benutzern, die weder Name noch Passwort angeben müssen. Damit gelangen sie nur zu einem allgemein zugänglichen Bereich.

Das Formular:

```
<html>
<head>
<script type="text/javascript">
function login(jsben)
{
   document.anm.ben.value = jsben;
   document.anm.submit();
}

function gast()
{
   document.anm.ben.value = "";
   document.anm.submit();
```

```
}
</script>
</head>

<body>
<h2>Anmeldung</h2>
<form name="anm" action="uc09.php" method="post"
onSubmit="gast();">
<input type="hidden" name="ben">

<table border>
<tr>
   <td><b>Name</b></td>
   <td><b>Passwort</b></td>
   <td><b>Reg. Benutzer</b></td>
</tr>

<tr>
   <td>Peter</td>
   <td><input name="pw1" type="password" size="12"></td>
   <td><input type="button" value="Login"
        onClick="login('Peter');"</td>
</tr>

<tr>
   <td>Julia</td>
   <td><input name="pw2" type="password" size="12"></td>
   <td><input type="button" value="Login"
        onClick="login('Julia');"</td>
</tr>

<tr>
   <td>Dirk</td>
   <td><input name="pw3" type="password" size="12"></td>
   <td><input type="button" value="Login"
        onClick="login('Dirk');"</td>
</tr>

</table><p>

<input type="submit" value="Login als Gast">
<input type="reset">
</form>
</body>
</html>
```

Listing C.17 Datei uc09.htm

submit()

Innerhalb einer Tabelle sind die registrierten Benutzer eingetragen. Jedem steht ein eigenes Eingabefeld für sein Passwort und ein eigener Anmelde-Button zur Verfügung. Der Name muss nicht mehr eingetragen werden. Bei Betätigung des eigenen Anmelde-Buttons wird die JavaScript-Funktion `login()` aufgerufen. An diese Funktion wird der Name des Benutzers übermittelt. Innerhalb der Funktion wird der Name als Wert des versteckten Formular-Elements `ben` zugewiesen (`document.anm.ben.value=...`). Anschließend wird das Formular abgesendet (`document.anm.submit()`).

Unterhalb der Tabelle gibt es einen »normalen« Absende-Button zur Anmeldung als Gast. Bei Betätigung des Absende-Buttons wird die JavaScript-Funktion `gast()` aufgerufen. Innerhalb der Funktion wird der Wert des versteckten Formular-Elements `ben` auf eine leere Zeichenkette gesetzt. Anschließend wird das Formular abgesendet.

Das Formular:

Abbildung C.18 Anmelden über verschiedene Buttons

Das PHP-Auswertungsprogramm:

```
<html>
<body>
<?php
if ($_POST["ben"] == "Peter")
{
   if ($_POST["pw1"] == "Hamburg")
      echo "Spezielle Informationen für Peter<p>und<p>";
   else
      echo "Falsches Passwort für Peter<p>nur<p>";
}
else if ($_POST["ben"] == "Julia")
{
   if ($_POST["pw2"] == "Berlin")
      echo "Spezielle Informationen für Julia<p>und<p>";
```

```
   else
      echo "Falsches Passwort für Julia<p>nur<p>";
}
else if ($_POST["ben"] == "Dirk")
{
   if ($_POST["pw3"] == "Dresden")
      echo "Spezielle Informationen für Dirk<p>und<p>";
   else
      echo "Falsches Passwort für Dirk<p>nur<p>";
}

echo "Allgemeine Informationen für beliebige Benutzer<p>";
?>
</body>
</html>
```

Listing C.18 Datei uc09.php

Falls es sich um einen der drei registrierten Benutzer handelt, so ist der Wert der Variablen `$_POST[»ben«]` mit dem betreffenden Namen belegt. Im entsprechenden Zweig der mehrfachen Verzweigung wird das zugehörige Passwort überprüft. Bei richtigem Passwort stehen dem Benutzer zusätzlich individuelle Informationen zur Verfügung:

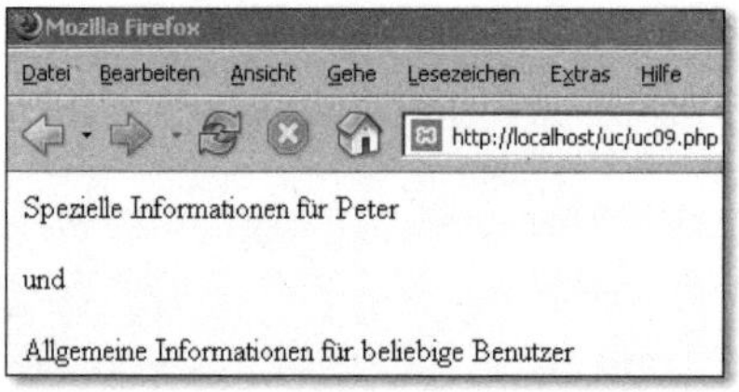

Abbildung C.19 Login als registrierter Benutzer

Falls man sich als Gast angemeldet hat, so ist der Wert der Variablen `$_POST["ben"]` mit einer leeren Zeichenkette belegt. Keiner der Fälle in der Verzweigung trifft zu. Es werden nur die allgemeinen Informationen ausgegeben:

Abbildung C.20 Login als Gast

C.4 Weitere Möglichkeiten

In diesem Abschnitt sollen, über die reinen Formular-Elemente hinaus, weitere Möglichkeiten zum Senden und Empfangen von Daten vorgestellt werden, die in der Praxis eingesetzt werden. Es werden auch einige Einsatzmöglichkeiten für die Skriptsprache JavaScript und die Formatierungen mit Hilfe von Cascading Style Sheets (CSS) gezeigt.

C.4.1 Auswertung in anderem Frame

Frame, target

In vielen Fällen werden zum Aufbau von Websites Frames verwendet. Die besondere Problematik für PHP kann darin bestehen, die eingegebenen Formulardaten in einem der anderen Frames auszuwerten. Dazu wird die Formulareigenschaft `target` verwendet, ähnlich wie bei Hyperlinks, deren Ziel in einem anderen Frame liegt.

Im Unterschied zu den bisherigen Programmen hat man dadurch die Möglichkeit, die eingegebenen Daten und das von PHP ausgewertete Ergebnis gleichzeitig zu sehen.

Im nachfolgenden Beispiel wird ein Frameset mit zwei Frames definiert. Der obere Frame beinhaltet das Eingabeformular mit zwei Eingabefeldern für zwei Zahlen, der untere Frame zunächst eine leere Datei.

Nach dem Eintragen von zwei Zahlen und dem Absenden werden diese Zahlen von einem PHP-Auswertungsprogramm addiert. Das Ergebnis erscheint dann im unteren Frame. Sowohl Eingabe als auch Ausgabe sind sichtbar. Es können unmittelbar weitere Berechnungen ausgeführt werden.

Zunächst die Frame-Steuerdatei:

```
<html>
<frameset rows="*,2*">
<frame src="uc11ein.htm" name="eingabe">
<frame src="uc11aus.htm" name="ausgabe">
</frameset>
</html>
```

Listing C.19 Datei uc11.htm

Der obere Frame erhält den Namen `eingabe`, der untere Frame den Namen `ausgabe`. Dies wird für die Zielangabe des Formulars benötigt.

Das Eingabeformular für den oberen Frame:

```
<html>
<body>
```

```
<form action="uc11aus.php" method="post" target="ausgabe">
<input name="z1"> Zahl 1<p>
<input name="z2"> Zahl 2<p>
<input type="submit" value="Addieren">
</form>

</body>
</html>
```

Listing C.20 Datei uc11ein.htm

Durch die Angabe `target="ausgabe"` wird dafür gesorgt, dass das Ergebnis der Auswertung im unteren Frame erscheint.

Das PHP-Auswertungsprogramm:

```
<html>
<body>
<?php
   $erg = $_POST["z1"] + $_POST["z2"];
   echo "Summe aus Zahl 1 und Zahl 2: $erg";
?>
</body>
</html>
```

Listing C.21 Datei uc11aus.php

Der Frame mit Formular und Antwort:

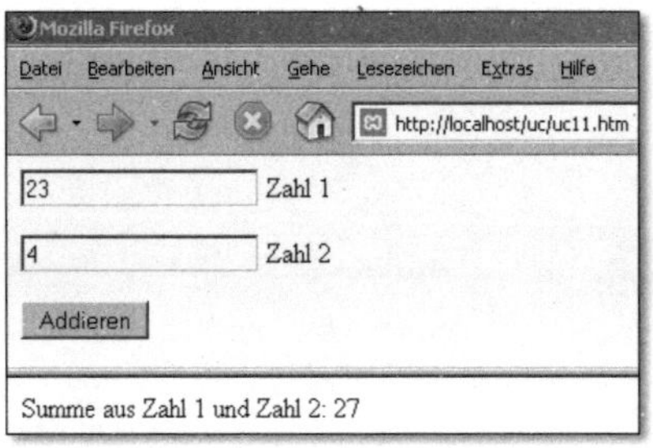

Abbildung C.21 Auswertung in einem anderen Frame

[+] Hinweis: Falls im Formular mit der Eigenschaft `target` auf einen unbekannten Frame verwiesen wird, öffnet sich ein neues Browser-Anwendungsfenster. In diesem Fenster wird das Ergebnis der Auswertung dargestellt. Dies kann je nach Entwurf der Website auch ein erwünschter Effekt sein.

Eine Darstellung der beiden Ausgabefenster, falls bei der Eigenschaft `target` zum Beispiel `aus` statt `ausgabe` steht:

Abbildung C.22 Auswertung in neuem Fenster

C.4.2 Felder von Formular-Elementen

Beim mehrfachen Auswahlmenü wurde bereits mit einem Feld als Name für ein Formular-Element gearbeitet. Dies ermöglichte die Auswertung mehrerer Einträge.

Formular-Elementfeld

Felder können generell zur Auswertung größerer Mengen von Formular-Elementen eingesetzt werden. Dies lohnt sich vor allem, falls sich die Formular-Elemente ähnlich sind und eine ähnliche Auswertung verlangen. Bei der Bearbeitung großer Datenmengen, zum Beispiel innerhalb einer Datenbank, stößt man häufig auf dieses Problem.

Im folgenden Beispiel geht es um das Ausfüllen einer Anwesenheitsliste. Zunächst wird eine Liste der Personen auf dem Bildschirm ausgegeben, die zu einem bestimmten Termin erscheinen sollten. Diese Liste wird hier aus einem Feld erzeugt, in der Realität könnte sie aus einer Datenbank stammen.

In dieser Liste kann angekreuzt werden, wer tatsächlich anwesend war. Anschließend wird dieses Ergebnis zum Webserver zurückgesandt, und die tatsächliche Anwesenheit wird in der Datenbank gespeichert (hier wird sie nur zur Kontrolle ausgegeben).

Zunächst das Eingabeformular:

```
<html>
<body>
<h2>Kontrolle der Anwesenheit</h2>
<form action="uc12b.php" method="post">

<?php
```

```
   /* Ergebnis einer Datenbankabfrage */
   $person = array("287"=>"P. Mertens",
                   "836"=>"A. Schuster",
                   "886"=>"T. Steger",
                   "527"=>"U. Baumann",
                   "952"=>"U. Petersen",
                   "663"=>"S. Maier");

   echo "<table border>";
   echo "<tr><td><b>ID</b></td><td><b>Name</b></td>";
   echo "<td><b>Anwesend</b></td></tr>";

   /* Bearbeitung des ganzen Feldes */
   foreach($person as $id=>$name)
   {
      echo "<tr>";
      echo "<td>$id</td>";
      echo "<td>$name</td>";
      echo "<td><input type='checkbox' name='pe[$id]'></td>";
      echo "</tr>";
   }
   echo "</table>";
?>

<p>
<input type="submit" value="Anwesenheit speichern">
</form>
</body>
</html>
```

Listing C.22 Datei uc12a.php

Es wird eine Tabelle mit den Identifikationsnummern (ID) und den Namen der Personen ausgegeben. Diese kann man mittels einer Datenbankabfrage ermitteln und in einem assoziativen Feld speichern. Im vorliegenden Fall wird das Feld künstlich generiert. Alle Elemente des Feldes werden mit Key (ID der Person) und Value (Name der Person) ausgegeben.

Hinter jedem Namen erscheint ein Kontrollkästchen, in dem angekreuzt werden kann, ob die betreffende Person anwesend war. Die Namen dieser Kontrollkästchen sind Elemente des Feldes `pe`, zum Beispiel `pe[287]`, `pe[836]` usw.

Das Formular sehen Sie in Abbildung C.23.

Abbildung C.23 Formular mit Feld von Formular-Elementen

Das PHP-Auswertungsprogramm:

```
<html>
<body>
<h2>Kontrolle der Anwesenheit</h2>

<?php
   /* Ergebnis einer Datenbankabfrage */
   $person = array("287"=>"P. Mertens",
                   "836"=>"A. Schuster",
                   "886"=>"T. Steger",
                   "527"=>"U. Baumann",
                   "952"=>"U. Petersen",
                   "663"=>"S. Maier");

   echo "<table border>";
   echo "<tr><td><b>ID</b><td><b>Aktion</b></td></tr>";

   /* Bearbeitung des ganzen Feldes */
   foreach($person as $id=>$name)
   {
      if (isset($_POST["pe"][$id]))
         echo "<tr><td>$id<td>wurde gespeichert</td></tr>";
      else
         echo "<tr><td>$id<td> </td></tr>";
   }
   echo "</table>";
?>

</body>
</html>
```

Listing C.23 Datei uc12b.php

Zunächst wird mit der gleichen »Datenbankabfrage« das gleiche Feld generiert. Bei jedem Element des Feldes wird geprüft, ob das zugehörige Element des Feldes $_POST["pe"] existiert, also ob das betreffende Kontrollkästchen angekreuzt wurde. Falls ja, wird diese Information gespeichert (hier nur ausgegeben).

Die Ausgabe:

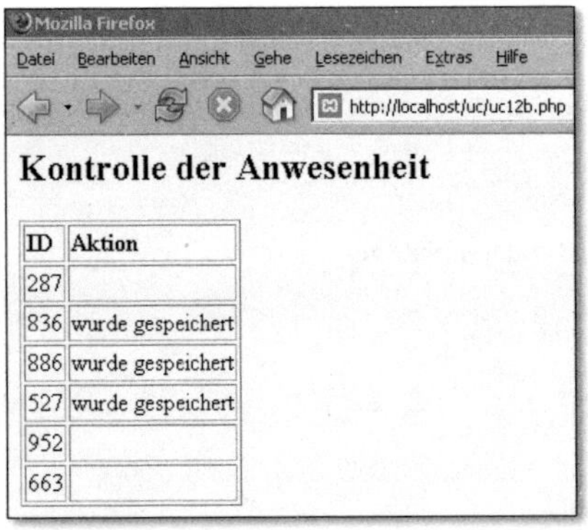

Abbildung C.24 Auswertung eines Feldes von Formular-Elementen

C.4.3 Formular und Programm in einer Datei

Bisher werden das Formular und das PHP-Programm in getrennten Dateien gespeichert. Zunächst wird dem Benutzer das Formular präsentiert. Er füllt es aus, sendet es ab, und es wird ihm durch ein PHP-Programm in einer anderen Datei eine Antwort geliefert.

In vielen Fällen erweist es sich als günstiger, sowohl das Formular als auch das bearbeitende PHP-Programm innerhalb der gleichen Datei unterzubringen. Ein Programm kann sich auf diese Weise selbst Daten zusenden.

alles in einer Datei

Dieses Verfahren kommt zum Beispiel bei einer Eingabemaske für eine Datenbank zum Einsatz. Der Benutzer trägt einen Datensatz ein, sendet ihn an die Datenbank und erhält als Antwort eine Bestätigung des Eintrags und das gleiche Formular zurück. Er kann sofort den nächsten Datensatz eingeben. Falls er mit der Eingabe der Datensätze fertig ist, kann er zu einer anderen Datei wechseln.

Dazu muss nur als Ziel des Formulars der Name der gleichen Datei eingetragen werden. Das Gleiche erreicht man, falls das Attribut `action` ganz weggelassen wird. Im folgenden Beispiel soll diese nützliche Technik demonstriert werden:

```
<html>
<body>
<form action = "uc13.php" method = "post">
<?php
   if (isset($_POST["gesendet"]))
   {
      echo "<font color='#ff0000'> Sie haben"
         . " folgenden Namen eingegeben: "
         . $_POST["vn"] . " " . $_POST["nn"]
         . "</font><br><hr>";
   }
?>
Bitte geben Sie einen Namen ein<br>
und senden Sie das Formular ab:<p>
    <input name = "nn"> Nachname<p>
    <input name = "vn"> Vorname<p>
    <input type = "submit" name = "gesendet">
    <input type = "reset">
</form>
</body>
</html>
```

Listing C.24 Datei uc13.php

isset()

Zu Beginn des Programms wird mit Hilfe der Abfrage `if (isset ($_POST["gesendet"]))` festgestellt, ob es sich um den ersten Aufruf handelt (die Variable `$_POST["gesendet"]` existiert) oder um den Aufruf nach einer Eingabe (die Variable `$_POST["gesendet"]` existiert nicht).

Bei einem Aufruf nach einer Eingabe existiert die Variable, denn mit den Daten aus den Eingabefeldern wurde auch der Name des Absende-Buttons gesendet. Als Folge dieser Namensvergabe existiert ab dem zweiten Aufruf des Programms die Variable `$_POST["gesendet"]`. Daher bekommt der Benutzer die Meldung: `Sie haben folgenden Namen eingegeben ...` als Bestätigung seiner Eingabe.

Anmerkung: Während der Testphase möchten Sie deutlich sehen, wie sich der erste Aufruf und weitere Aufrufe voneinander unterscheiden. Ein Aktualisieren der Datei im Browser führt nicht zu einem neuen ersten Aufruf, sondern zur Wiederholung des letzten Aufrufs. Wechseln Sie daher zu einer anderen Seite und anschließend wieder zurück zur Seite `uc13.php`, dies erzeugt einen neuen ersten Aufruf.

Beim ersten Aufruf ergibt sich die folgende Ausgabe:

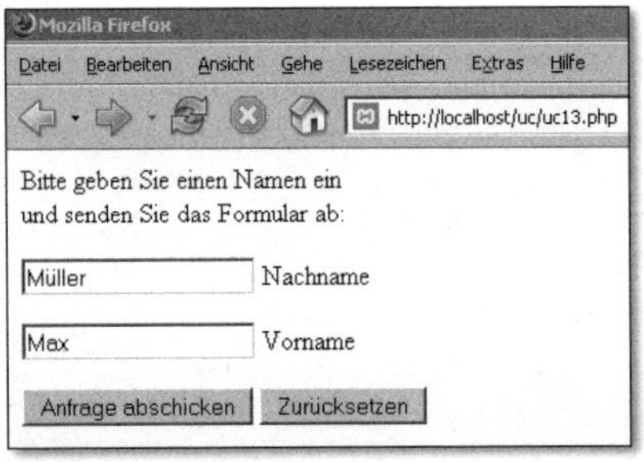

Abbildung C.25 Erster Aufruf

Bei einem weiteren Aufruf ergibt sich die folgende Ausgabe:

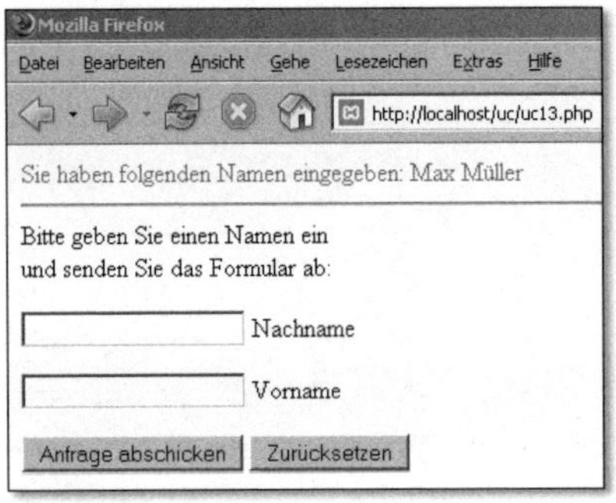

Abbildung C.26 Zweiter Aufruf

C.4.4 Submit über Hyperlink, CSS

Häufig passen die etwas einfach gestalteten Absende-Buttons nicht zum restlichen Aussehen einer professionell aufbereiteten Website. Die Umleitung der Absendefunktion über einen Hyperlink gibt dem Entwickler die Möglichkeit, den Hyperlink-Text in Schriftart, Größe, Farbe usw. individuell zu gestalten. Durch die Formatierung des Textes mit Cascading Style Sheets (CSS) ergeben sich weitere Möglichkeiten.

Nachfolgend ein Beispiel:

```
<html>
<head>
<link rel="stylesheet" type="text/css" href="uc14.css">
</head>
<body>
<form name="zahlen" action="uc14.php" method="post">
<input name="z1"> Zahl 1<p>
```

```
<input name="z2"> Zahl 2<p>
</form>
<a href="javascript:document.zahlen.submit();">Addieren</a>
</body>
</html>
```

Listing C.25 Datei uc14.htm

Im Kopf des Dokuments ist der Verweis zu einer externen CSS-Datei mit Formatierungsangaben notiert. Diese Formatierungsangaben werden auf das gesamte Dokument angewendet.

kein submit-Button

Das Formular besitzt keinen Absende-Button. Stattdessen gibt es im Dokument (nicht notwendigerweise innerhalb des Formulars) einen Hyperlink. Falls dieser betätigt wird, so wird mit Hilfe von JavaScript die Submit-Funktion für das Formular aufgerufen. Dazu ist es notwendig, dem Formular einen Namen zu geben (hier: `zahlen`).

CSS-Definition

Die Definition der Formatvorlagen:

```
body {font-family:Verdana; font-size:10pt;
      color:#636363; background-color:#c3c3c3}
a:link     {color:#636363}
a:visited  {color:#636363}
a:hover    {color:#636363; background-color:#a3a3a3}
```

Listing C.26 Datei uc14.css

Zunächst werden einige Formate für das Dokument insgesamt festgelegt:

- Schriftart: `Verdana`
- Schriftgröße: `10 Punkt`
- Textfarbe: `#636363` (Dunkelgrau)
- Hintergrundfarbe: `#c3c3c3` (Hellgrau)

Die Hyperlinks werden speziell formatiert:

- Farbe für normale Hyperlinks: `#636363` (Dunkelgrau, wie normaler Text)
- Farbe für bereits besuchte Hyperlinks ebenfalls: `#636363`
- Farbe für Hyperlinks, die von der Maus überstrichen werden (Hover-Effekt): `#a3a3a3` (Mittelgrau)

Das formatierte Formular:

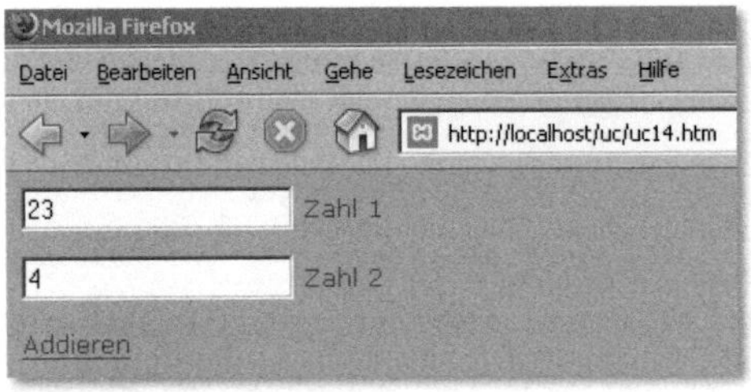

Abbildung C.27 Formular mit CSS und JavaScript

Das PHP-Auswertungsprogramm benutzt die gleiche CSS-Datei, so dass dieser Website ein einheitliches Aussehen verliehen wird. Die Ausgabe erfolgt somit wiederum dunkelgrau auf hellgrau. Auch der Hyperlink »Zurück zum Eingabeformular« entspricht in Verhalten (Hover-Effekt) und Aussehen dem Absende-Hyperlink.

```
<html>

<head>
<link rel="stylesheet" type="text/css" href="uc14.css">
</head>

<body>
<?php
   $erg = $_POST["z1"] + $_POST["z2"];
   echo "Summe aus Zahl 1 und Zahl 2: $erg<p>";
?>

<a href="uc14.htm">Zurück zum Eingabe-Formular</a>
</body>
</html>
```

Listing C.27 Datei uc14.php

Das Ergebnis:

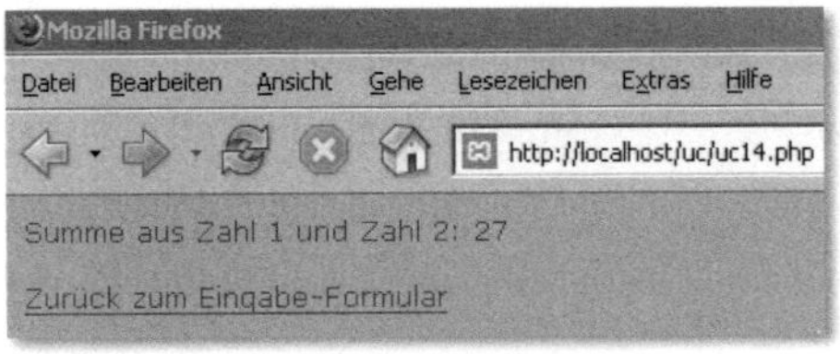

Abbildung C.28 Ergebnis mit CSS

C.4.5 Daten an Formularziel anhängen

Zusätzlich zur Übermittlung von Inhalten aus den Formular-Elementen können weitere Daten an das PHP-Auswertungsprogramm direkt mit dem URL gesendet werden. Sie werden dazu an den URL angehängt in der Form: ? ... & ... &

`dateiname.php?variable1=wert1&variable2=wert2&` usw.

Hinweis: Zu beachten ist dabei, dass diese Daten, unabhängig von der Sendemethode des Formulars, im Feld `$_GET` und nicht im Feld `$_POST` zur Verfügung stehen. Alle Variablen, die mit dem URL gesendet werden, wandelt der Browser in Elemente des Feldes `$_GET` um. [+] $_GET

Ein Beispiel: Ein Benutzer meldet sich auf einer Website mit seinem Namen und seiner Benutzergruppe an. Name und Benutzergruppe werden aus dem Anmeldeformular an ein erstes PHP-Programm übertragen. Von diesem PHP-Programm aus soll ein zweites PHP-Programm aufgerufen werden, das ebenfalls beide Informationen benötigt. Mit Hilfe des URL können diese Informationen vom ersten PHP-Programm zum zweiten PHP-Programm übertragen werden, ohne dass eine weitere Eingabe notwendig ist (ähnlich wie mit einem versteckten Element).

Das Anmeldeformular:

```
<html>
<body>
<h2>Anmeldung</h2>
<form action="uc15a.php" method="post">
    <input name="ben" size="13"> Benutzer-Name<p>
    <select name="gr">
       <option>Einkauf</option>
       <option>Vertrieb</option>
       <option>Marketing</option>
       <option>Management</option>
    </select> Gruppe<p>
    <input type="password" name="pw" size="13"> Passwort<p>
    <input type="submit" value="Login">
</form>
</body>
</html>
```

Listing C.28 Datei uc15.htm

Das Formular:

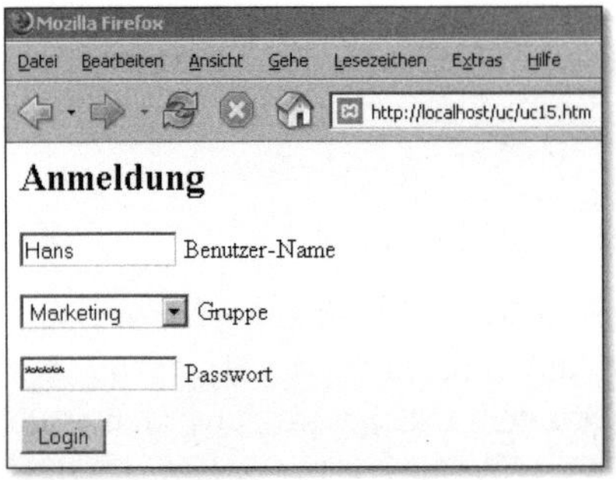

Abbildung C.29 Anmeldeformular

Das erste PHP-Auswertungsprogramm:

```
<html>
<body>
<h2>Seite 1</h2>

<?php
   echo "<form action='uc15b.php?benzwei="
     . $_POST["ben"] . "&grzwei="
     . $_POST["gr"] . "' method='post'>";
   echo "Name: " . $_POST["ben"] . "<p>";
   echo "Gruppe: " . $_POST["gr"] . "<p>";
?>
<input type="submit" value="Weiter">
</form>

</body>
</html>
```

Listing C.29 Datei uc15a.php

Der URL des Formularziels wird im PHP-Programmteil dynamisch aus den Eingabedaten zusammengesetzt. Es werden die Informationen `benzwei` (mit dem Wert des eingegebenen Benutzernamens in `$_POST["ben"]`) und `grzwei` (mit dem Wert der ausgewählten Gruppe in `$_POST["gr"]`) mit Hilfe der Zeichen `?` und `&` angehängt. Weitere Daten könnten mit `&variable=wert` angehängt werden. Diese Daten werden beim Absenden, zusammen mit eventuell vorhandenen weiteren Formularinhalten, an das zweite PHP-Programm übermittelt.

Die erste Ausgabeseite sieht so aus:

Abbildung C.30 Seite 1 der Ausgabe

Das zweite PHP-Auswertungsprogramm:

```
<html>
<body>
<h2>Seite 2</h2>
<?php
   echo "Name: " . $_GET["benzwei"] . "<p>";
   echo "Gruppe: " . $_GET["grzwei"] . "<p>";
?>
</body>
</html>
```

Listing C.30 Datei uc15b.php

Per URL gesendete Daten stehen im Feld `$_GET` (statt `$_POST`) zur Verfügung.

Die zweite Ausgabeseite sieht so aus:

Abbildung C.31 Weitergabe über URL

Zur Verdeutlichung die vollständige Adresszeile:

Abbildung C.32 Vollständige Adresszeile

C.4.6 Daten an Hyperlink-Ziel anhängen

Hyperlink mit Daten

Daten können auch an den URL eines Hyperlink-Ziels angehängt werden. In Verbindung mit den zusätzlichen Gestaltungsmöglichkeiten für Text-Hyperlinks ergeben sich weitere Alternativen.

Das Beispiel aus dem letzten Abschnitt, diesmal mit Hyperlinks:

```
<html>
<head>
<link rel="stylesheet" type="text/css" href="uc14.css">
</head>
<body>

<h2>Anmeldung</h2>
<form name="login" action="uc16a.php" method="post">
    <input name="ben" size="13"> Benutzer-Name<p>
    <select name="gr">
       <option>Einkauf</option>
       <option>Vertrieb</option>
       <option>Marketing</option>
       <option>Management</option>
    </select> Gruppe<p>
    <input type="password" name="pw" size="13"> Passwort<p>
</form>

<a href="javascript:document.login.submit();">Anmelden</a>

</body>
</html>
```

Listing C.31 Datei uc16.htm

Das Formular:

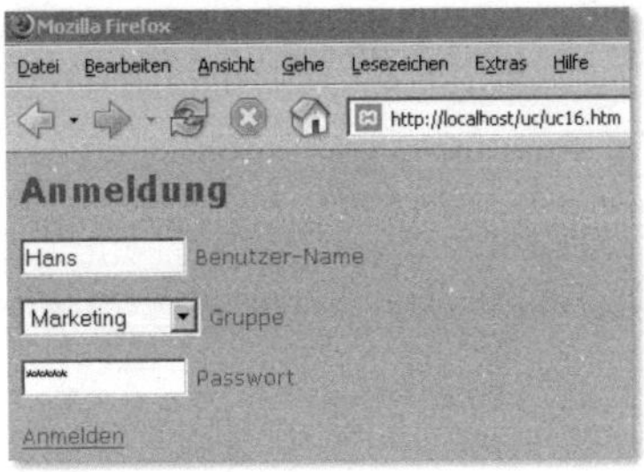

Abbildung C.33 Anmeldeformular

Es wurde die bereits bekannte CSS-Datei zur Formatierung eingebunden. Das Formular besitzt keinen Absende-Button. Stattdessen gibt es im Dokument einen Hyperlink. Falls dieser betätigt wird, so wird mit Hilfe von JavaScript das Formular gesendet. Dazu ist es notwendig, dem Formular einen Namen zu geben (hier: `login`).

Das erste PHP-Auswertungsprogramm:

```
<html>
<head>
<link rel="stylesheet" type="text/css" href="uc14.css">
</head>
<body>
<h2>Seite 1</h2>
<?php
   echo "Name: " . $_POST["ben"] . "<p>";
   echo "Gruppe: " . $_POST["gr"] . "<p>";
   echo "<a href='uc16b.php?benzwei="
    . $_POST["ben"] . "&grzwei="
    . $_POST["gr"] . "'>Weiter</a>";
?>
</body>
</html>
```

Listing C.32 Datei uc16a.php

Der URL des Hyperlink-Ziels wird im PHP-Programmteil dynamisch aus den Eingabedaten zusammengesetzt. Auch hier werden die Informationen `benzwei` und `grzwei` angehängt. Diese Daten werden beim Betätigen des Hyperlinks an das zweite PHP-Programm übermittelt. Die erste Ausgabeseite sieht so aus:

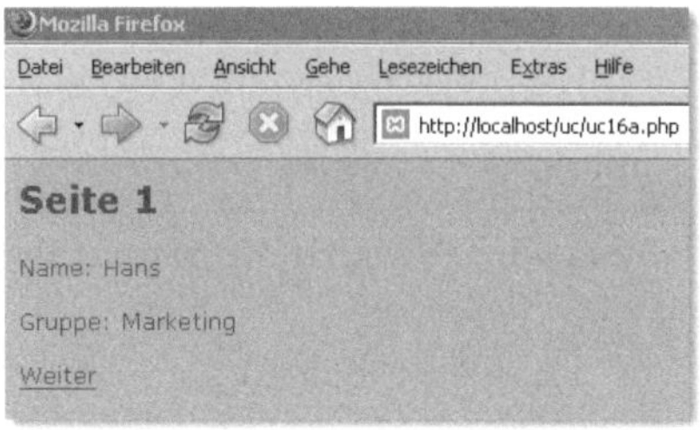

Abbildung C.34 Seite 1 der Ausgabe

Das zweite PHP-Auswertungsprogramm:

```
<html>
<head>
<link rel="stylesheet" type="text/css" href="uc14.css">
</head>
<body>
```

```
<h2>Seite 2</h2>
<?php
   echo "Name: " . $_GET["benzwei"] . "<p>";
   echo "Gruppe: " . $_GET["grzwei"] . "<p>";
?>
</body>
</html>
```

Listing C.33 Datei uc16b.php

Die zweite Ausgabeseite sieht so aus:

Abbildung C.35 Weitergabe über Hyperlink

Zur Verdeutlichung die vollständige Adresszeile:

Abbildung C.36 Vollständige Adresszeile

C.4.7 Dateien auf den Server hochladen

Upload

Beim Hochladen von Dateien (engl.: `upload`) auf den Server sollte unbedingt mit Hilfe eines passenden PHP-Auswertungsprogramms eine Kontrolle stattfinden, ob die geladene Datei dem gewünschten Typ entspricht und eine bestimmte Maximalgröße nicht überschreitet. Diese Kontrolle soll zwar nach dem HTML-Standard bereits vom Formular aus stattfinden können, dies ist in der Praxis allerdings nicht gegeben.

Nachfolgend ein Beispiel:

```
<html>
<body>
<form enctype="multipart/form-data" action="uc19.php"
      method="post">
Datei: <input name="upfile" type="file" size="25">
<p><input type="submit" value="senden">
</form>
```

```
</body>
</html>
```

Listing C.34 Datei uc19.htm

Zur Erläuterung:

- Das Attribut `enctype` der Markierung `form` dient als Codierungsangabe für die Formulardaten. Beim Hochladen von Dateien ist hier die Angabe `multipart/form-data` notwendig. — enctype
- Mit Hilfe von `<input type="file">` erreicht man das Einblenden eines Textfeldes zur Eingabe eines Dateinamens und eines Buttons zum Durchsuchen der eigenen Daten nach der Datei, die hochgeladen werden soll. Der hier angegebene Name `upfile` kann natürlich frei gewählt werden. — <input type="file">

Das Formular, nachdem bereits eine Datei zum Hochladen über den Button ausgewählt wurde:

Abbildung C.37 Datei hochladen

Nach dem Senden wird die Datei zunächst unter einem temporären Namen in einem Server-Verzeichnis abgelegt. Mit Hilfe einiger vorgegebener Variablen kann man sich Informationen über die Datei beschaffen. Damit kann man entscheiden, ob die Datei endgültig an der gewünschten Stelle gespeichert werden soll.

Ein PHP-Auswertungsprogramm mit einigen Kontrollausgaben:

```
<?php
   /* Kontrolldaten */
   echo "Zur Kontrolle:<p>";
   echo "Original-Dateiname: "
         . $_FILES["upfile"]["name"] . "<br>";
   echo "Dateigröße: "
         . $_FILES["upfile"]["size"] . "<br>";
   echo "Dateityp: "
         . $_FILES["upfile"]["type"] . "<br>";

   /* Dateinamen-Erweiterung extrahieren */
   $dname = explode(".",$_FILES["upfile"]["name"]);
```

```
    $dnamesize = count($dname);
    $upfile_ext = $dname[$dnamesize-1];
    echo "Dateinamen-Erweiterung:" . $upfile_ext . "<p>";

    /* Temporärer Dateiname auf dem Server */
    echo "Temporärer Dateiname: "
         . $_FILES["upfile"]["tmp_name"] . "<p>";

    /* Temporäre Datei dauerhaft an gewünschten
       Ort kopieren, falls sie vorhanden ist und die richtige
       Erweiterung besitzt */
    if($_FILES["upfile"]["size"]>0 && $upfile_ext=="gif")
    {
       copy($_FILES["upfile"]["tmp_name"],"uc19.gif");
       echo "Datei wurde kopiert in uc19.gif<p>";
       echo "<img src='uc19.gif'>";
    }
    else
    {
       echo "Kopier-Fehler: Datei nicht vorhanden";
       echo " oder keine GIF-Datei";
    }
?>
```

Listing C.35 Datei uc19.php

Zur Erläuterung:

_name, _size, _type

- Nach dem Senden werden automatisch Elemente für das Feld `$_FILES` erzeugt. Falls man, wie im vorliegenden Beispiel, das Formular-Element `upfile` genannt hat, so liefert:
  - `$_FILES["upfile"]["name"]` den Original-Dateinamen,
  - `$_FILES["upfile"]["size"]` die Dateigröße,
  - `$_FILES["upfile"]["type"]` den Dateityp und
  - `$_FILES["upfile"]["tmp_name"]` den temporären Dateienamen auf dem Server.
- Mit Hilfe der Funktionen `explode()` und `count()` wird außerdem noch die Dateinamen-Erweiterung extrahiert.
- Der temporäre Dateiname wird später zum Kopieren benötigt.
- Im vorliegenden Beispiel wird die Datei nur endgültig an die gewünschte Stelle kopiert (mit der Funktion `copy()`), falls sie mehr als `0` Byte groß ist und die Dateinamen-Erweiterung `gif` hat. An dieser Stelle könnte auch eine Kontrolle bezüglich der maximalen Dateigröße stattfinden.

Die Auswertung (mit Kontrollausgaben):

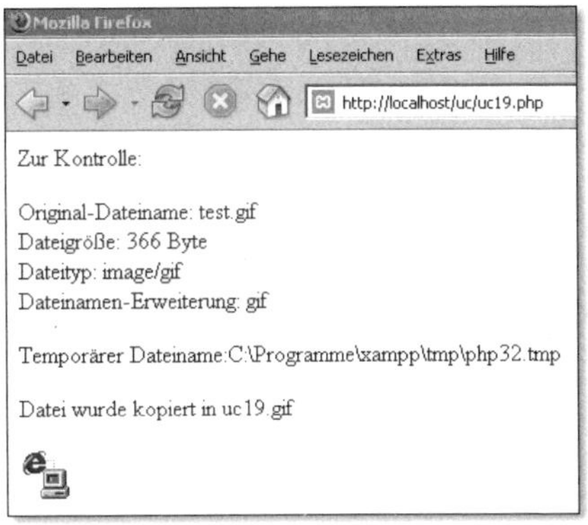

Abbildung C.38 Auswertung nach dem Hochladen

Nach dem Hochladen steht die Datei damit unter dem Namen `uc19.gif` im gleichen Verzeichnis wie die PHP-Datei zur Verfügung und kann zum Beispiel dargestellt werden. Falls die Datei nicht kopiert wird, steht sie nach der Sitzung nicht mehr zur Verfügung.

C.5 Beispiele

C.5.1 Grundrechenarten

Es wird ein Formular erstellt, in dem zwei Zahlen in zwei Eingabefeldern eingetragen werden können. Diese beiden Zahlen können wahlweise addiert, voneinander subtrahiert, miteinander multipliziert oder durcheinander dividiert werden. Mit Hilfe von vier Optionsfeldern kann der Benutzer auswählen, welche dieser vier Grundrechenarten ausgeführt werden soll (Datei `uc17.htm`).

Nach dem Absenden des Formulars wird das Ergebnis von einem PHP-Programm (Datei `uc17.php`) berechnet und ausgegeben. Innerhalb des Programms sollen vier verschiedene Funktionen die vier möglichen Rechenoperationen ausführen. Diese Funktionen werden bei Bedarf vom Hauptprogramm aufgerufen, erhalten als Parameter die beiden Eingabewerte und liefern als Rückgabewert das Ergebnis der Rechenoperation. Dieses Ergebnis wird im Hauptprogramm ausgegeben.

Das Eingabeformular:

```
<html>
<body>
```

```
Bitte geben Sie zwei Werte ein, wählen Sie die<br>
Rechenoperation aus und senden Sie das Formular ab:
<form action = "uc17.php" method = "post">
    <input name="w1"> Wert 1<p>
    <input name="w2"> Wert 2<p>
    <input type="radio" name="oper"
           value="+" checked> Addition<p>
    <input type="radio" name="oper"
           value="-"> Subtraktion<p>
    <input type="radio" name="oper"
           value="*"> Multiplikation<p>
    <input type="radio" name="oper"
           value="/"> Division<p>
    <input type = "submit">
    <input type = "reset">
</form>
</body>
</html>
```

Listing C.36 Datei uc17.htm

Das Formular:

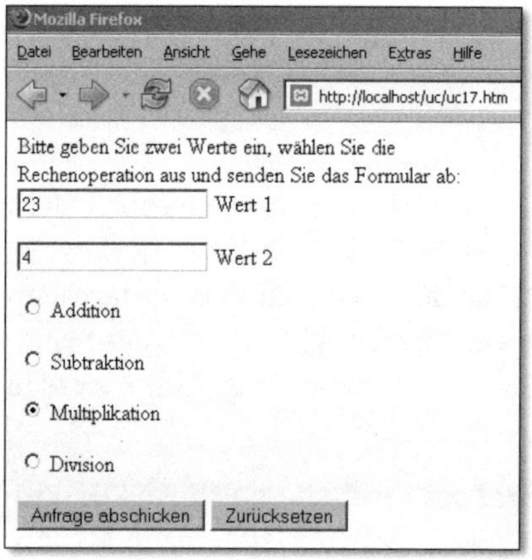

Abbildung C.39 Eingabeformular für Grundrechenarten

Die beiden Werte werden in den beiden Eingabefeldern `w1` und `w2` eingegeben. Die Rechenoperation wird durch die Auswahl in der Radio-Button-Gruppe `$oper` bestimmt.

```
<html>
<head>
<?php
   function add($x, $y)
```

```
    {
       $s = $x + $y;
       return $s;
    }
    function sub($x, $y)
    {
       $s = $x - $y;
       return $s;
    }
    function mult($x, $y)
    {
       $s = $x * $y;
       return $s;
    }
    function divi($x, $y)
    {
       $s = $x / $y;
       return $s;
    }
?>
</head>
<body>
<?php
    if ($_POST["oper"] == "+")
       $erg = add($_POST["w1"],$_POST["w2"]);
    else if ($_POST["oper"] == "-")
       $erg = sub($_POST["w1"],$_POST["w2"]);
    else if ($_POST["oper"] == "*")
       $erg = mult($_POST["w1"],$_POST["w2"]);
    else
       $erg = divi($_POST["w1"],$_POST["w2"]);
    echo $_POST["w1"] . " " . $_POST["oper"]
         . " " . $_POST["w2"] . " = $erg";
?>
</body>
</html>
```

Listing C.37 Datei uc17.php

Zunächst werden die vier Funktionen `add()`, `sub()`, `mult()` und `divi()` für die vier verschiedenen Rechenoperationen definiert. Alle Operationen erwarten zwei Parameter und liefern einen Rückgabewert. Im Hauptprogramm wird abhängig vom übermittelten Operatorzeichen mit Hilfe einer mehrfachen Verzweigung die jeweilige Funktion aufgerufen. Der Rückgabewert wird in `$erg` gespeichert und ausgegeben.

Das Ergebnis des oben angegebenen Beispiels:

Abbildung C.40 Ergebnis der Berechnung

C.5.2 Pizzabestellung

Es wird ein Formular für eine Pizzabestellung erzeugt (Datei `uc18.htm`). Es enthält zwei Eingabefelder für Text, eine Gruppe von zwei Radio-Buttons, ein einfaches Auswahlmenü mit fünf Einträgen und zwei Kontrollkästchen. In den beiden Eingabefeldern kann der Benutzer seinen Namen beziehungsweise seine Adresse eintragen.

- Mit Hilfe der beiden Radio-Buttons hat er die Auswahl zwischen den Anreden `Herr` oder `Frau`.
- Das Menü ermöglicht ihm die Auswahl zwischen fünf verschiedenen Sorten Pizza (mit unterschiedlichen Preisen).
- Die beiden Kontrollkästchen kann der Benutzer ankreuzen, falls er zusätzlich `Thunfisch` beziehungsweise `Extra Käse` auf seiner Pizza haben möchte. Dadurch wird der Preis natürlich entsprechend erhöht.

Bestellformular

Nach Absenden des Formulars wird ihm durch ein PHP-Programm (Datei `uc18.php`) folgende Antwort geliefert:

Das Eingabeformular:

```
<html>
<body>
Bitte geben Sie Ihren Namen und Ihre Adresse ein, treffen Sie
Ihre Auswahl und senden Sie das Formular ab:
<form action = "uc18.php" method = "post">
    <input name="bst"> Name<p>
    <input name="adr"> Adresse<p>
    <input type="radio" name="anr" value="Herr"
           checked> Herr <p>
    <input type="radio" name="anr" value="Frau">
           Frau <p>
    <p>
    <select name="ptyp">
       <option value="Napoli" selected>
               Napoli (5,70 Euro) </option>
       <option value="Italia">
               Italia (6,30 Euro) </option>
```

```
        <option value="Con Tutto">
                Con Tutto (7,10 Euro) </option>
        <option value="4 Stagioni">
                4 Stagioni (6,60 Euro) </option>
        <option value="Mozzarella">
                Mozzarella (7,80 Euro) </option>
    </select><p>
    <input type="checkbox" name="cth" value="Thunfisch">
            Thunfisch (Aufpreis 0,60 Euro)<p>
    <input type="checkbox" name="cek" value="Extra Käse">
            Extra Käse (Aufpreis 1,10 Euro)<p>
    <input type = "submit">
    <input type = "reset">
</form>
</body>
</html>
```

Listing C.38 Datei uc18.htm

Name und Adresse werden in den beiden Feldern `bst` und `adr` eingegeben. Die Anrede wird über die Radio-Button-Gruppe `anr` ausgewählt. Das einfache Auswahlmenü `ptyp` ermöglicht in Verbindung mit den beiden Kontrollkästchen `cth` und `cek` die Wahl der gewünschten Pizza.

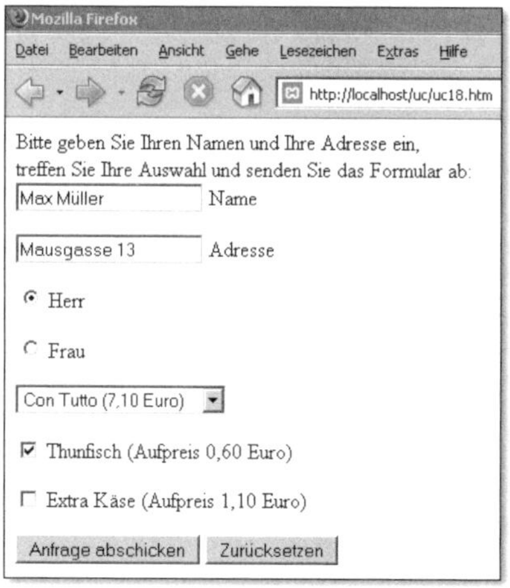

Abbildung C.41 Eingabe der Pizzabestellung

Das PHP-Auswertungsprogramm:

```
<html>
<body>
<?php
```

```
   /* Auswahl der Pizza */
   if ($_POST["ptyp"] == "Napoli")
      $preis = 5.7;
   else if ($_POST["ptyp"] == "Italia")
      $preis = 6.3;
   else if ($_POST["ptyp"] == "Con Tutto")
      $preis = 7.1;
   else if ($_POST["ptyp"] == "4 Stagioni")
      $preis = 6.6;
   else
      $preis = 7.8;

   /* Anrede */
   if ($_POST["anr"] == "Herr")
      echo "Sehr geehrter Herr ".$_POST["bst"]."<p>";
   else
      echo "Sehr geehrte Frau ".$_POST["bst"]."<p>";

   /* Ausgabe */
   echo "vielen Dank für Ihre Bestellung<p>";
   echo "Wir liefern Ihre Pizza " . $_POST["ptyp"];

   /* Zusätze */
   if (isset($_POST["cth"]))
   {
      echo " mit " . $_POST["cth"];
      $preis = $preis + 0.6;
   }
   if (isset($_POST["cek"]))
   {
      echo " mit " . $_POST["cek"];
      $preis = $preis + 1.1;
   }

   echo "<br>in 20 Minuten an die folgende
         Adresse:<p>";
   echo $_POST["adr"] . "<p>";
   echo "Der Preis beträgt $preis Euro<p>";
   echo "Ihr Pizza-Team";
?>
</body>
</html>
```

Listing C.39 Datei uc18.php

Zunächst wird in einer mehrfachen Verzweigung aus dem Typ der Pizza der Grundpreis ermittelt. Es folgt die Ausgabe der Anrede, abhängig von der Auswahl in der Radio-Button-Gruppe. Die gewählte Pizza wird bestätigt. Falls einer der Zusätze gewählt wurde, wird dies ebenfalls bestätigt, außerdem erhöht sich der Preis. Der Gesamtpreis wird zusammen mit den Abschlussinformationen ausgegeben.

Das Ergebnis des oben angegebenen Beispiels:

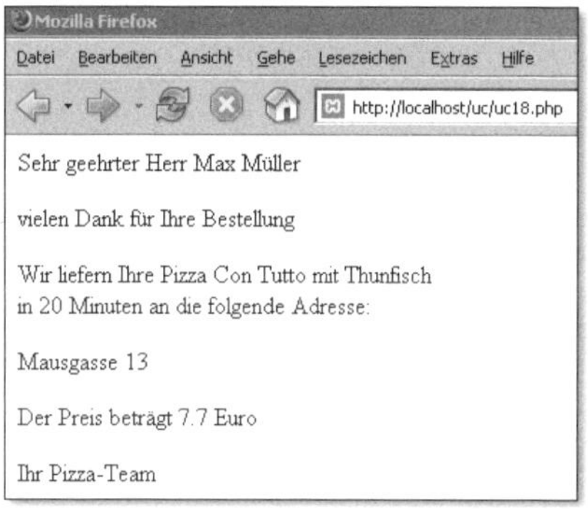

Abbildung C.42 Auswertung der Pizzabestellung

C.6 PHP-Programme publizieren

Bisher haben wir uns mit der Sprache PHP und dem Senden und Auswerten von Daten beschäftigt. Alle Beispiele wurden in den Verzeichnissen des lokal installierten Webservers gespeichert und getestet. Nun möchten Sie Ihre PHP-Programme im Internet zur Benutzung zur Verfügung stellen (publizieren).

Programme ins Internet

Zunächst benötigen Sie eine eigene Website bei einem Provider. Die meisten Provider bieten mehrere Pakete mit unterschiedlichem Leistungsumfang an. Beim Basispaket verfügt man noch nicht über die Möglichkeit, PHP-Programme zu veröffentlichen, dies ist aber bereits bei unwesentlich teureren Paketen möglich. Am besten wählt man direkt ein Paket aus, das auch eine MySQL-Datenbank zur dynamischen Generierung von datenbankbasierten Seiten beinhaltet.

FTP-Server

Nachdem man sich für eines der Pakete entschieden hat, stellt der Provider die Zugangsdaten zu seinem Konfigurationsmenü und zu seinem FTP-Zugang zur Verfügung. Der FTP-Zugang wird benötigt, um die Dateien ins Internet zu laden. Die FTP-Zugangsdaten umfassen: Name des FTP-Servers (`Host Name`), Benutzerkennung (`User ID`) und Passwort.

WS_FTP

Es gibt eine ganze Reihe von Programmen, mit denen man seine Dateien auf diesen FTP-Server laden kann. Dies kann eine Webseite zum Upload sein, die der Provider zur Verfügung stellt, oder auch einer der bekannten Browser. Als Beispiel soll hier das leicht zu bedienende, frei verfügbare Programm WS_FTP Limited Edition (WS_FTP LE) der Firma Ipswitch dienen (Installation und Konfiguration siehe Kapitel I, *Anhang*). Nachfolgend sollen die wichtigsten Elemente und typischen Vorgänge bei der Bedienung dieses Programms erläutert werden.

C.6.1 Verbindung herstellen

Nach dem Start des Programms beziehungsweise nach Betätigung des Buttons `Connect` (links unten) erscheint ein Fenster, in dem die gewünschte FTP-Verbindung gewählt werden kann:

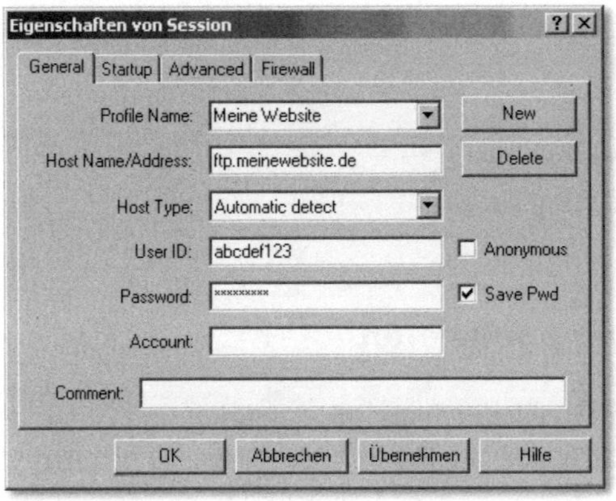

Abbildung C.43 Auswahl der FTP-Verbindung

Connect-Vorgang

Während des Installationsvorgangs wurden bereits die lokalen Verzeichnisinformationen und die Daten des eigenen FTP-Zugangs konfiguriert und gespeichert. Dieser wird ausgewählt, und die Verbindung wird aufgenommen. Anschließend erscheinen im Hauptfenster links die Dateien und Verzeichnisse des eigenen Rechners (`Local System`) und rechts die Dateien und Verzeichnisse der Website im Internet (`Remote Site`).

Abbildung C.44 Nach dem Herstellen der Verbindung

Zur Darstellung in diesem Bild und den folgenden Bildern wird vom Unterverzeichnis `beispiel` ausgegangen. Die Erläuterungen gelten sinngemäß für beliebige Verzeichnisse auf den beiden Sites. Das Unterverzeichnis `beispiel` liegt unterhalb des Basisverzeichnisses des lokalen Webservers beziehungsweise unterhalb des Basisverzeichnisses der Website im Internet. Generell sollten Struktur und Inhalt der Website im Internet eine Kopie eines entsprechenden Verzeichnisses auf dem lokalen Rechner sein, damit man leichter den Überblick behält und die Ordnung wahrt.

C.6.2 Dateien und Verzeichnisse hochladen

Daten hochladen

Zum Hochladen auf die Website im Internet werden die betreffenden Dateien beziehungsweise Verzeichnisse auf dem eigenen Rechner markiert (hier die beiden Dateien `test.htm` und `test.php`). Durch Betätigen des Buttons [→] wird der Vorgang gestartet. Falls ein oder mehrere Verzeichnisse markiert wurden, so werden diese nach einer Rückfrage inklusive aller Dateien und Unterverzeichnisse in diesen Verzeichnissen hochgeladen. Die Verzeichnisstruktur bleibt dabei erhalten.

Anschließend stehen die Dateien im Internet zur Verfügung und können zum Beispiel über die folgende Adresse abgerufen werden:

http://www.meinewebsite.de/beispiel/test.htm.

Abbildung C.45 Markieren der Dateien zum Hochladen

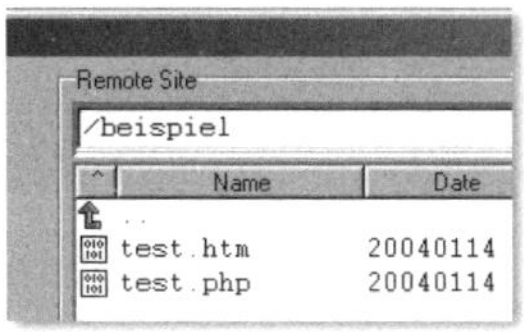

Abbildung C.46 Testdateien nach dem Hochladen im Internet

C.6.3 Arbeiten mit Verzeichnissen

MkDir

Ein Unterverzeichnis auf der Website im Internet kann über den Button MkDir erzeugt werden. Es erscheint ein Fenster, in dem der Name des Unterverzeichnisses eingegeben wird (zum Beispiel unter):

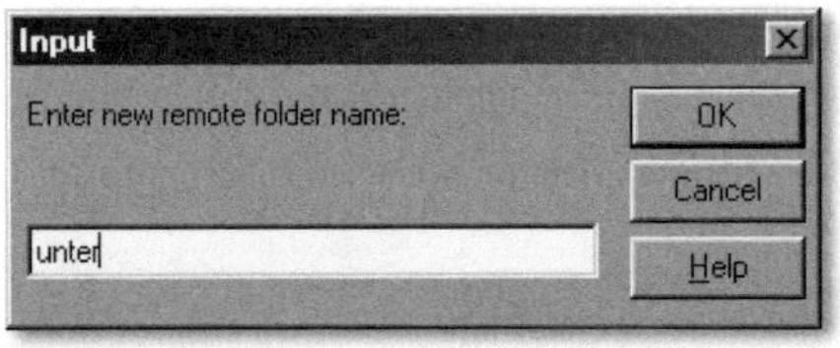

Abbildung C.47 Eingabe zur Erzeugung eines Unterverzeichnisses

Anschließend steht das Unterverzeichnis im Internet zur Verfügung:

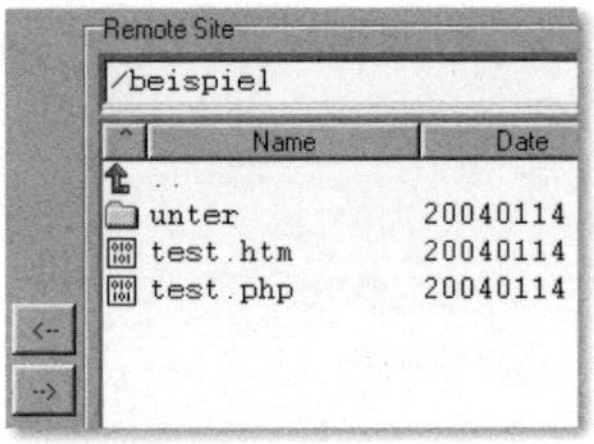

Abbildung C.48 Nach der Erzeugung eines Unterverzeichnisses

Ein Doppelklick auf den Namen des Unterverzeichnisses führt zum Wechsel in dieses Verzeichnis. Parallel sollte man auf dem lokalen Webserver in das gleichnamige Unterverzeichnis wechseln, damit ein Dateitransfer an die richtige Stelle der Verzeichnisstruktur erfolgen kann. Ein Doppelklick auf den grünen Pfeil nach oben führt zum Wechsel ins übergeordnete Verzeichnis.

Rename, Delete

Weitere häufig genutzte Buttons ermöglichen das Umbenennen (Rename) beziehungsweise Löschen (Delete) markierter Dateien und Verzeichnisse. Ein gesamtes Verzeichnis kann erst gelöscht werden, wenn alle zugehörigen Dateien und Unterverzeichnisse gelöscht wurden. Dies erscheint zunächst umständlich, erspart aber in der Praxis viel Ärger aufgrund von Fehlbedienung.

C.6.4 Verschieben von Dateien

Sollte man eine Datei versehentlich ins falsche Verzeichnis hochgeladen haben, so ist es bei größerem Datenumfang sicherlich besser, sie ins passende Verzeichnis zu verschieben, anstatt sie zu löschen und erneut hochzuladen.

Das Verschieben einer Datei in ein anderes Verzeichnis ist nur über das Kontextmenü möglich. Man markiert die Datei (zum Beispiel `test.htm`), aktiviert mit der rechten Maustaste das Kontextmenü und wählt `Move files ...`:

Move Files

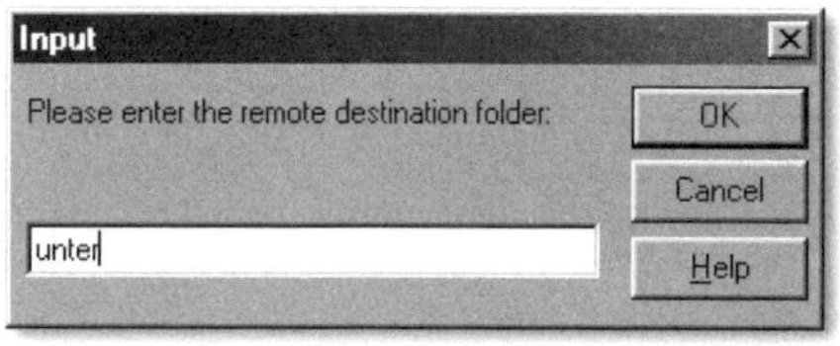

Abbildung C.49 Eingabe zur Zielangabe einer Verschiebung

Hier trägt man den relativen Pfad zum gewünschten Verzeichnis ein (zum Beispiel `unter`). Nach Bestätigung wechselt man in das Zielverzeichnis, in dem die Datei (eventuell erst nach Betätigen des Buttons `Refresh`) sichtbar ist:

Abbildung C.50 Anzeige der Datei nach der Verschiebung

Für eine Verschiebung einer Datei in ein übergeordnetes Verzeichnis muss die Angabe `..` (doppelter Punkt) lauten.

Die Verbindung zum FTP-Server kann über den Button `Close` (links unten, statt `Connect`) geschlossen werden. Anschließend kann man die Verbindung zu einem anderen FTP-Server aufnehmen, wiederum über `Connect`, oder das Programm beenden.

Close

In diesem Kapitel werden die Grundlagen des Aufbaus und der Struktur von Datenbanken anhand des MySQL-Datenbank-Servers beschrieben. Sie lernen die Datenbanksprache SQL, die Benutzeroberfläche PHPMyAdmin und das Zusammenspiel von PHP-Programmen mit MySQL kennen. Sie erfahren, wie Sie Ihre Datenbanken ins Internet stellen können.

D Datenbanken

Datenbank, Tabelle

Eine Datenbank dient zur Speicherung größerer Datenmengen und zur übersichtlichen Darstellung bestimmter Daten aus diesen Datenmengen. Innerhalb einer Datenbank befinden sich verschiedene Tabellen; hier eine einfache Beispieltabelle:

Name	Vorname	Personalnummer	Gehalt	Geburtstag
Maier	Hans	6714	3500,00	15.03.62
Schmitz	Peter	81343	3750,00	12.04.58
Mertens	Julia	2297	3621,50	30.12.59

Datenfeld, Datensatz

Die Begriffe in der ersten Zeile nennt man die Datenfelder der Tabelle. Anschließend folgen die einzelnen Datensätze der Tabelle, in diesem Falle drei.

Datentyp

Natürlich legt niemand für drei Datensätze eine Datenbank mit einer Tabelle an, aber die vorliegende Struktur könnte auch für mehrere tausend Datensätze verwendet werden. Die Datenfelder haben einen bestimmten Datentyp, hier sind dies Text, Zahlen und Datumsangaben.

Beim Erzeugen einer Datenbank geht man wie folgt vor:

- Anlegen der Datenbank
- Anlegen von Tabellen durch Angabe der Struktur
- Eingeben der Datensätze in die Tabellen

Struktur, Daten

Die Struktur einer existierenden Datenbank beziehungsweise einer Tabelle kann auch noch verändert werden, wenn sich bereits Daten darin befinden. Allerdings ist es empfehlenswert, sich vorher gründlich Gedanken über die Struktur einer Datenbank zu machen, da bei einer nachträglichen Veränderung leicht Datenverluste auftreten können.

D.1 MySQL und PHPMyAdmin

MySQL

Im Zusammenhang mit der Programmiersprache PHP wird häufig mit MySQL-Datenbanken gearbeitet. MySQL ist die Open-Source-Datenbank mit der größten Verbreitung. Es handelt sich dabei um einen SQL-basierten Datenbank-Server. Bei der in diesem Buch empfohlenen XAMPP-Installation für Windows ist MySQL enthalten.

SQL

SQL ist die meistverwendete Datenbanksprache der Welt. MySQL bietet SQL-Anweisungen

- zur Erzeugung der Struktur von Datenbanken und Tabellen
- zum Bearbeiten der Datensätze (Erzeugen, Anzeigen, Ändern, Löschen)

PHPMyAdmin

In der PHP-Welt wird zur komfortablen Erzeugung der Struktur von MySQL-Datenbanken und Tabellen häufig die (frei verfügbare) Bedienungsoberfläche PHPMyAdmin verwendet. Diese ist ebenfalls Bestandteil der XAMPP-Installation.

Zum Bearbeiten der Datensätze stellt der PHP-Entwickler dem Benutzer anschließend eine eigene Oberfläche zur Verfügung. Dabei handelt es sich um Webseiten mit PHP-Programmen, in denen SQL-Befehle ausgeführt werden.

Diese Vorgehensweise wird auch in den folgenden Abschnitten berücksichtigt:

- Die wichtigsten Vorgänge zur Erzeugung beziehungsweise Veränderung der Struktur einer Datenbank mit PHPMyAdmin werden beschrieben.
- Die Vorgehensweise zum Erzeugen, Anzeigen, Ändern und Löschen von Datensätzen wird erläutert, um mit dem Handling einer Datenbank vertraut zu werden.
- PHPMyAdmin zeigt bei diesen Vorgängen die jeweils intern ausgeführte SQL-Anweisung an. Darüber hinaus bietet PHPMyAdmin eine Möglichkeit zur direkten Eingabe von SQL-Befehlen. Dadurch kann man sich bereits mit der Sprache vertraut machen.
- Dieses Wissen wird in Abschnitt D.2, *PHP und MySQL*, eingesetzt, um datenbankbasierte Internetseiten mit Hilfe von PHP, MySQL und PHPMyAdmin als Oberfläche für den Benutzer zu erstellen.

D.1.1 PHPMyAdmin

Die gesamte Bedienung von PHPMyAdmin läuft komfortabel über das Browser-Fenster ab. Mit Hilfe von PHPMyAdmin können unter anderem

- Datenbanken angelegt, verwaltet und gelöscht werden
- innerhalb der Datenbanken Tabellen angelegt, verwaltet und gelöscht werden
- innerhalb der Tabellen Felder und Indizes zur eindeutigen Identifizierung angelegt, verwaltet und gelöscht werden

In diesem Abschnitt wird nur ein ausgewählter Teil der Möglichkeiten gezeigt, die PHPMyAdmin bietet. Ähnlich wie in Kapitel B, *PHP-Programmierkurs*, wird nicht jede Einzelheit und Komponente erklärt, sondern es werden für viele denkbare Anwendungsfälle jeweils Lösungen angeboten, ohne dass man von der Vielfalt verwirrt wird.

PHPMyAdmin-Adresse

Nach erfolgter XAMPP-Installation kann der MySQL-Datenbank-Server über das XAMPP Control Panel gestartet werden. Anschließend kann die Startseite von PHPMyAdmin über einen Browser aufgerufen werden. Die einzugebende Adresse ist `http://localhost/phpmyadmin/index.php`. Es gibt auch einen Hyperlink von der XAMPP-Startseite aus.

Es wird die Startansicht von PHPMyAdmin dargestellt. Es wurde vorher auf der rechten Seite das Oberflächendesign »Original« gewählt:

Abbildung D.1 PHPMyAdmin, Startansicht

D.1.2 Beispieldatenbank und -tabelle

Es soll eine Datenbank `firma` mit einer Tabelle `personen` erzeugt werden. Neben den zur Erzeugung notwendigen Schritten werden weitere Möglichkeiten zur Verwaltung erläutert.

Die Datenbank `firma` beinhaltet die Tabelle `personen` mit folgenden Feldern:

Feldname	Datentyp
name	varchar(30)
vorname	varchar(25)
personalnummer	int
gehalt	double
geburtstag	date

In dieser Tabelle sollen die Daten zu einzelnen Personen gespeichert werden können. Name und Vorname sind Felder, in denen Zeichenketten bis zur Länge `30` beziehungsweise `25` gespeichert werden können. Die Personalnummer dient zur eindeutigen Identifizierung der verschiedenen Personen und ist eine ganze Zahl. Das Gehalt ist eine Zahl, die Nachkommastellen haben kann. Für das Feld Geburtstag wird ein Feld vom Typ `date` gewählt.

Bei diesem Beispiel werden einige häufig verwendete Datentypen eingesetzt, die für viele Anwendungen bereits ausreichen. Es werden die Daten aus der oben angegebenen Beispieltabelle verwendet.

D.1.3 Datenbank erzeugen

Zunächst muss die Datenbank `firma` angelegt werden:

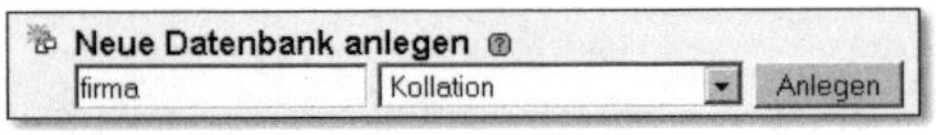

Abbildung D.2 Neue Datenbank firma anlegen

Datenbank erzeugen

Es erscheint die Datenbankstrukturansicht mit einigen Bedienungsmöglichkeiten. Dabei ist `firma` die aktive Datenbank. Zu Beginn ist sie natürlich leer:

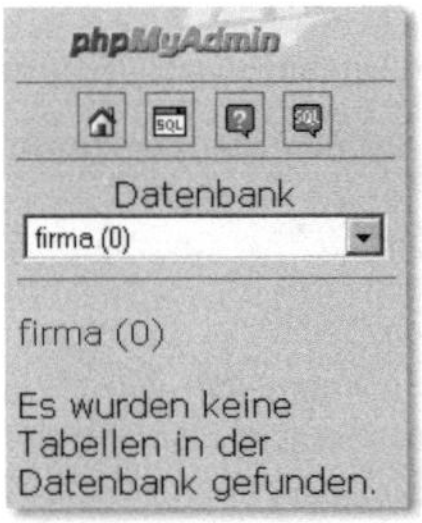

Abbildung D.3 Neue Datenbank firma, Ansicht linke Seite

Abbildung D.4 Neue Datenbank firma, Ansicht rechte Seite

create database

Es erscheint unter anderem die SQL-Anweisung, die zum Erzeugen der Datenbank führt:

```
create database <datenbankname>
```

Bei den Namen von Datenbanken, Tabellen und Feldern sollte man darauf achten, dass keine deutschen Umlaute, scharfes `ß`, Leerzeichen und Sonderzeichen verwendet werden.

Innerhalb von MySQL kann mit einem umfangreichen und detaillierten System zur Zugriffssicherung gearbeitet werden. Verschiedenen Benutzern können spezifische Rechte eingeräumt beziehungsweise verwehrt werden. Zum Erlernen des ersten Umgangs mit Datenbanken und der Datenbankprogrammierung wird hier der Einfachheit halber angenommen, dass die Benutzer sämtliche Zugriffsrechte bei der Benutzung von Datenbanken haben.

D.1.4 Datenbank umbenennen

Unterverzeichnis data

Falls man versehentlich einen falschen Namen für die Datenbank gewählt hat, so kann dieser Name über das Dateisystem geändert werden. Unter Windows befinden sich im Unterverzeichnis `\mysql\data` weitere Unterverzeichnisse. Die Namen der Unterverzeichnisse entsprechen den Namen der einzelnen Datenbanken.

MySQL-Server beenden

Eine Änderung des Verzeichnisnamens ist erst möglich, wenn man den MySQL-Server über das XAMPP Control Panel beendet hat. Man sollte nicht vergessen, den Dienst nach der Änderung dort wieder zu starten.

Die Änderung des Verzeichnisnamens ändert den Namen der Datenbank. Anschließend ist eine Aktualisierung von PHPMyAdmin im Browser notwendig.

[+]

Hinweis: Neben der Datenbank `firma`, die soeben neu angelegt wurde, sind bereits weitere Datenbanken vorhanden. Die Datenbank `mysql` beinhaltet MySQL-eigene Informationen, unter anderem über Benutzerrechte. Sie darf hier nicht verändert werden.

Diese Änderung kann auch durchgeführt werden, falls sich bereits Tabellen und Daten in der Datenbank befinden. PHP-Programme, die eine Verbindung zur betreffenden Datenbank aufnehmen, beinhalten natürlich noch den alten Namen und müssten alle im Nachhinein geändert werden. Daher ist es besser, wenn der Name einer Datenbank möglichst nicht mehr geändert wird.

Abhilfe kann geschaffen werden, indem man die PHP-Programmzeilen zur Verbindungsaufnahme in eine `include`-Datei auslagert. Somit muss der Programmcode nur noch an dieser Stelle geändert werden. Diese Notwendigkeit entsteht, falls ein PHP-MySQL-Projekt auf eine Website hochgeladen wird, deren Provider nur eine Datenbank mit einem festgelegten Namen zur Verfügung stellt.

D.1.5 Datenbank löschen

Eine Datenbank, die nicht mehr benötigt wird, kann entweder über das Dateisystem (Verzeichnis löschen) oder über den Hyperlink `Löschen` auf der rechten Seite der Datenbankstrukturansicht gelöscht werden. Es erscheint eine Rückfrage. Wenn Sie hier auf `OK` klicken, wäre die Datenbank gelöscht.

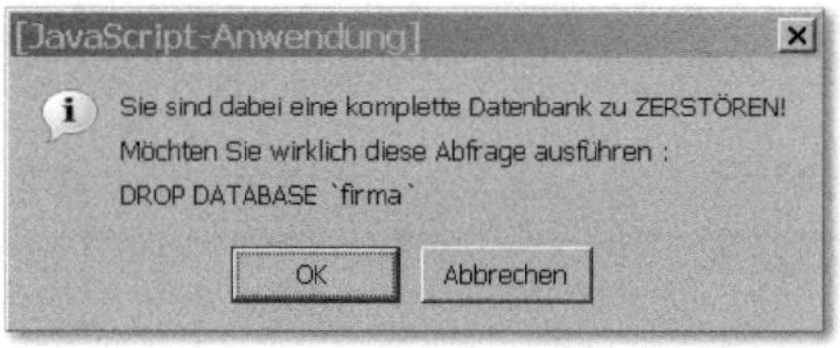

Abbildung D.5 Bestätigung zum Löschen einer Datenbank

drop database

Innerhalb der Rückfrage erscheint die SQL-Anweisung, die intern zum Löschen der Datenbank führt:

```
drop database <datenbankname>
```

D.1.6 Tabelle erzeugen

Nach Anlage der Datenbank hat man die Möglichkeit, eine neue Tabelle zu erzeugen, hier die Tabelle `personen` mit fünf Feldern:

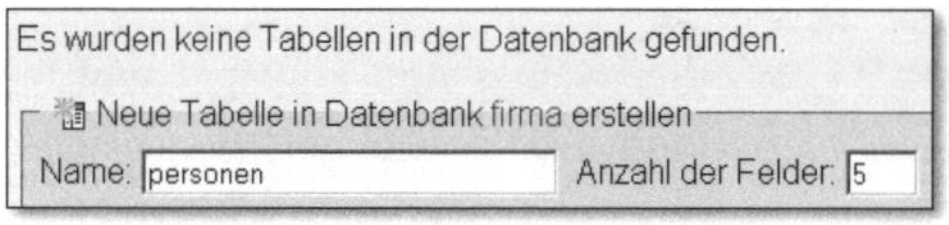

Abbildung D.6 Anlegen einer Tabelle

Tabelle erzeugen

Die Namen und Datentypen der fünf Felder werden eingetragen (das dritte Feld heißt `personalnummer`).

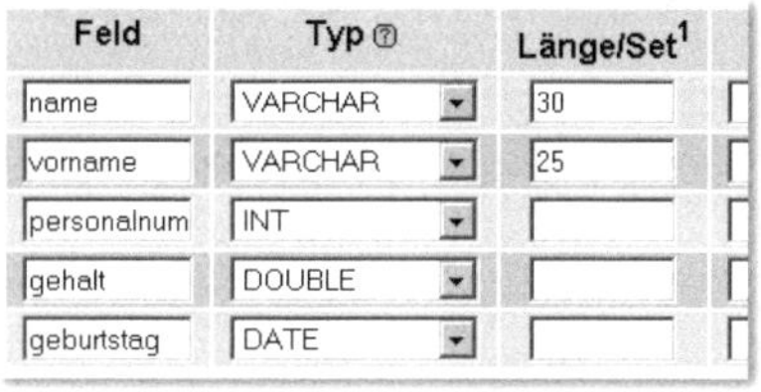

Abbildung D.7 Namen und Eigenschaften der Tabellenfelder

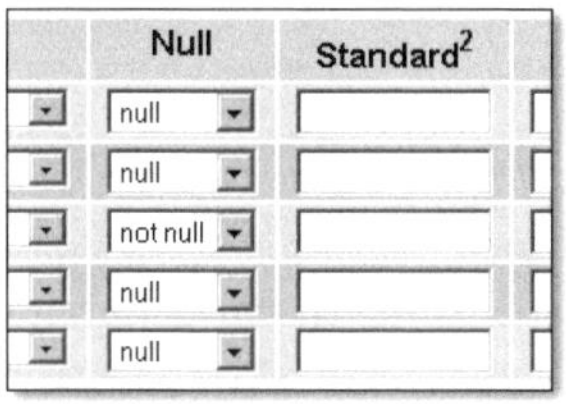

Abbildung D.8 Eigenschaft Null der Tabellenfelder

null, not null

Die Datentypen wurden bereits weiter oben beschrieben. In der Spalte `NULL` wird festgelegt, ob dieses Feld bei der Erzeugung eines Datensatzes eventuell leer bleiben darf. `NULL` bedeutet weder die Zahl `0` noch eine leere Zeichenkette, sondern lediglich `kein Eintrag`. Hier wurde bestimmt, dass außer dem Feld `personalnummer`, das zur eindeutigen Identifizierung dienen soll, alle Felder leer bleiben könnten.

create table

Es erscheint die Tabellenstrukturansicht mit einigen Bedienungsmöglichkeiten. Oberhalb wird eine Erfolgsmeldung mit der intern verwendeten SQL-Anweisung dargestellt:

```
create table <tabellenname>
(
   <feldname1> <feldtyp1> <feldeigenschaften1>,
   <feldname2> <feldtyp2> <feldeigenschaften2>,
   ...
)
```

Abbildung D.9 SQL-Befehl zur Erzeugung der Tabelle

Die Struktur der Tabelle ist erzeugt, wie im unteren Teil der Seite erkennbar ist:

Feld	Typ	Kollation	Attribute	Null
name	varchar(30)	latin1_general_ci		Ja
vorname	varchar(25)	latin1_general_ci		Ja
personalnummer	int(11)			Nein
gehalt	double			Ja
geburtstag	date			Ja

Abbildung D.10 Struktur der Tabelle personen

D.1.7 Tabellenstruktur verändern

Struktur ändern

Sollte man feststellen, dass eine Tabelle mit einer nicht ausreichenden oder falschen Struktur erzeugt wurde, so kann diese Struktur noch geändert werden. Name, Datentyp oder andere Attribute eines Datenfeldes können verändert werden, außerdem kann auch ein Datenfeld ganz gelöscht werden. Dazu dienen die Hyperlinks `Ändern`, `Löschen` usw. neben dem Feldnamen in der Tabellenstrukturansicht.

Es können auch Datenfelder hinzugefügt werden. Dazu dient der Bereich `Neue Felder hinzufügen` unterhalb der Tabellenstrukturansicht. Hier muss angegeben werden, an welcher Stelle das neue Feld eingefügt werden soll.

Änderungen sollten möglichst vor der Eingabe der ersten Daten geschehen, da je nach Art der Änderung ein Datenverlust auftreten kann. Man wird darauf gesondert hingewiesen.

Für das oben angegebene Beispiel sollen einige Änderungen durchgeführt werden. Sie werden anschließend wieder rückgängig gemacht, damit mit der Tabelle `personen` weitergearbeitet werden kann.

Beispiel 1:

Feldnamen ändern

Feldname `gehalt` ändern in Feldname `lohn`:

In der Zeile des Feldes `gehalt` wird der Hyperlink zum Ändern betätigt:

Abbildung D.11 Symbol mit Hyperlink zum Ändern eines Feldes

Es erscheint ein Eingabeformular. Hier wird der Name auf `lohn` geändert:

Feld	Typ	Länge/Set[1]
lohn	DOUBLE	

Abbildung D.12 Änderung des Namens

Nach dem `Speichern` erscheint die intern verwendete SQL-Anweisung:

alter table ... change

```
alter table <tabellenname> change <feldname_alt>
   <feldname_neu> <feldeigenschaften_neu>
```

Tabelle personen wurde geändert.

SQL-Befehl:

ALTER TABLE `personen` CHANGE `gehalt` `lohn` DOUBLE NULL DEFAULT NULL

Abbildung D.13 SQL-Befehl zur Änderung des Namens

und die geänderte Tabellenstrukturansicht:

Feld	Typ	Kollation	Attribute	Null
name	varchar(30)	latin1_general_ci		Ja
vorname	varchar(25)	latin1_general_ci		Ja
personalnummer	int(11)			Nein
lohn	double			Ja
geburtstag	date			Ja

Abbildung D.14 Ansicht nach Änderung des Namens

Beispiel 2:

Feldtyp von `lohn` von `double` auf `int` ändern:

Feldtyp ändern

In der Zeile des Feldes `lohn` wird der Hyperlink `Ändern` betätigt. Es erscheint ein Eingabeformular. Hier wird der Typ auf `int` geändert:

Feld	Typ	Länge/Set[1]
lohn	INT	

Abbildung D.15 Ändern des Datentyps

Nach dem `Speichern` erscheint die intern verwendete SQL-Anweisung:

```
alter table <tabellenname> change <feldname> <feldname>
   <feldeigenschaften_neu>
```

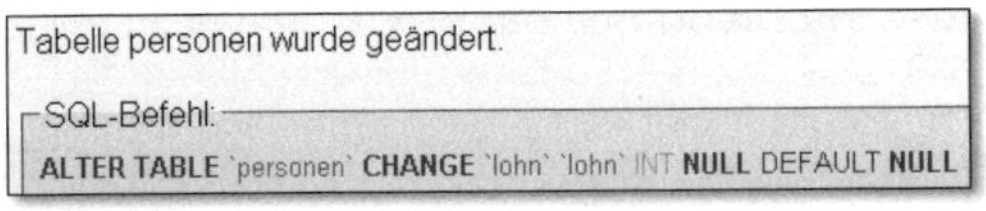

Abbildung D.16 SQL-Befehl zum Ändern des Datentyps

und die geänderte Tabellenstrukturansicht:

Feld	Typ	Kollation	Attribute	Null
name	varchar(30)	latin1_general_ci		Ja
vorname	varchar(25)	latin1_general_ci		Ja
personalnummer	int(11)			Nein
lohn	int(11)			Ja
geburtstag	date			Ja

Abbildung D.17 Ansicht nach Änderung des Datentyps

Beispiel 3:

Feld löschen

Feld `lohn` löschen:

In der Zeile des Feldes `lohn` wird der Hyperlink zum Löschen betätigt:

Abbildung D.18 Symbol mit Hyperlink zum Löschen eines Feldes

Es erscheint eine Rückfrage. Nach ihrer Bestätigung wird das Feld gelöscht:

Abbildung D.19 Bestätigung zur Löschung eines Feldes

alter table ... drop

Nach dem Löschen erscheinen die intern verwendete SQL-Anweisung und die geänderte Tabellenstrukturansicht:

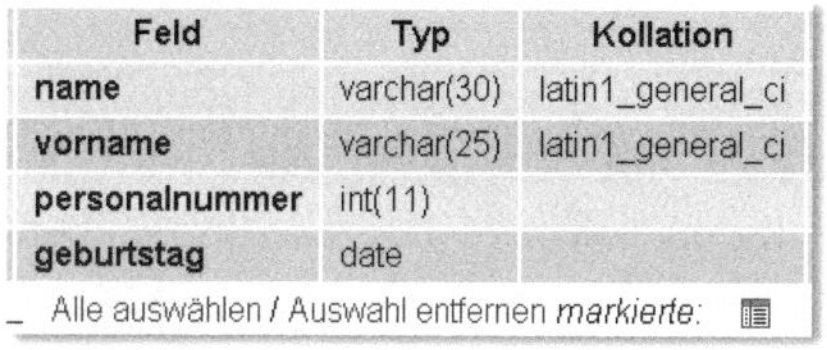

Abbildung D.20 Ansicht nach dem Löschen eines Feldes

Beispiel 4:

Feld erzeugen

Feld `gehalt` neu erzeugen:

Unterhalb der Tabellenstrukturansicht gibt es die Möglichkeit, neue Felder an beliebiger Position hinzuzufügen. Das neue Feld soll an der ursprünglichen Stelle wieder erzeugt werden (nach dem Feld `personalnummer`):

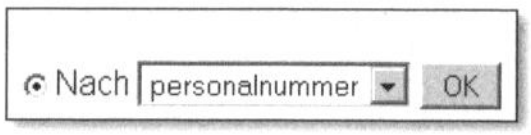

Abbildung D.21 Erzeugen eines neuen Feldes

Es erscheint ein Eingabeformular. Hier werden Name, Typ und Eigenschaften des neuen Feldes eingetragen. Dabei sollte man in der Spalte `Null` wieder den Eintrag `null` auswählen:

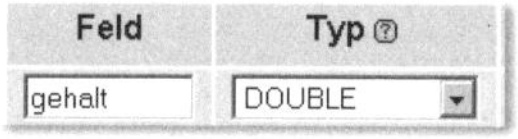

Abbildung D.22 Eigenschaften des neuen Feldes

alter table ... add

Nach dem Speichern erscheint die intern verwendete SQL-Anweisung:

```
alter table <tabellenname> add <feldname> <feldtyp>
   <feldeigenschaften> after <feldname_vorgänger>
```

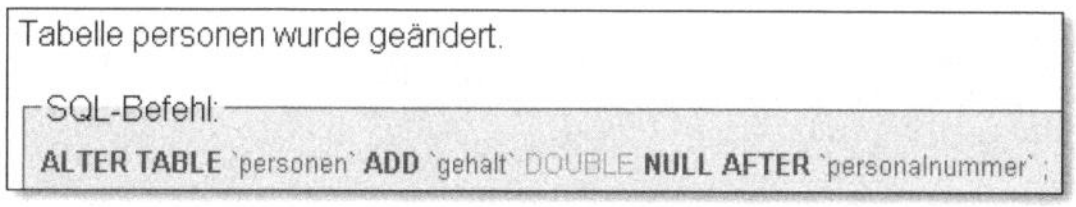

Abbildung D.23 SQL-Befehl zum Erzeugen eines neuen Feldes

und die geänderte (in diesem Falle wieder die ursprüngliche) Tabellenstrukturansicht.

D.1.8 Index erzeugen

Für viele Vorgänge innerhalb von Tabellen ist eine eindeutige Identifizierung der einzelnen Datensätze hilfreich und notwendig. Dies wird mit Hilfe eines so genannten eindeutigen Index (`unique index`) realisiert. Dieser Index kann unmittelbar beim Erzeugen einer neuen Tabelle geschaffen werden.

unique index

Er kann aber auch einer vorhandenen Tabelle, die bereits Daten beinhaltet, hinzugefügt werden. Es empfiehlt sich allerdings, sich bereits vor der Erzeugung der Tabelle zu überlegen, welches Feld eindeutige Daten beinhaltet, und die Tabelle mit eindeutigem Index zu erzeugen. Das nachträgliche Hinzufügen eines Index gelingt nur, falls in diesem Feld noch kein Eintrag mehrfach vorhanden ist.

Im vorliegenden Beispiel soll das Feld `personalnummer` eindeutig sein, das heißt, keine Personalnummer darf doppelt vorhanden sein. Damit die Eindeutigkeit von MySQL kontrolliert wird, wird das Feld `personalnummer` mit einem eindeutigen Index versehen.

Man betätigt dazu in der Tabellenstrukturansicht in der Zeile des Feldes `personalnummer` den Hyperlink mit dem Symbol für `unique`:

Abbildung D.24 Symbol mit Hyperlink zum Erzeugen eines eindeutigen Index

Im folgenden Fenster erscheint eine Erfolgsmeldung mit der intern verwendeten SQL-Anweisung:

```
alter table <tabellenname> add unique (<feldname>)
```

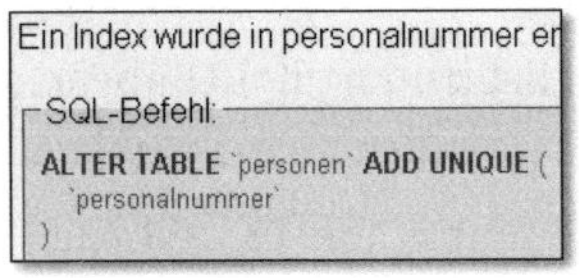

Abbildung D.25 SQL-Befehl zum Erzeugen des eindeutigen Index

Unterhalb der Tabellenstrukturansicht der Datenfelder ist der Index erkennbar:

Abbildung D.26 Anzeige des eindeutigen Index

Anschließend können in diese Tabelle nur noch Einträge aufgenommen werden, die einen Eintrag im Feld `personalnummer` haben. Dieser Eintrag darf nicht bereits in einem anderen Datensatz existieren, da dann die Eindeutigkeit verletzt wäre. Alle Datensätze können anhand des Wertes im Feld `personalnummer` eindeutig voneinander unterschieden werden. Dies ist besonders beim Ändern und Löschen von Datensätzen wichtig.

D.1.9 Index löschen

Sollte man versehentlich das falsche Feld für einen eindeutigen Index gewählt haben, so lässt er sich über den Hyperlink zum Löschen wieder entfernen. Es erscheint eine Rückfrage. Nach ihrer Bestätigung würde der Index gelöscht:

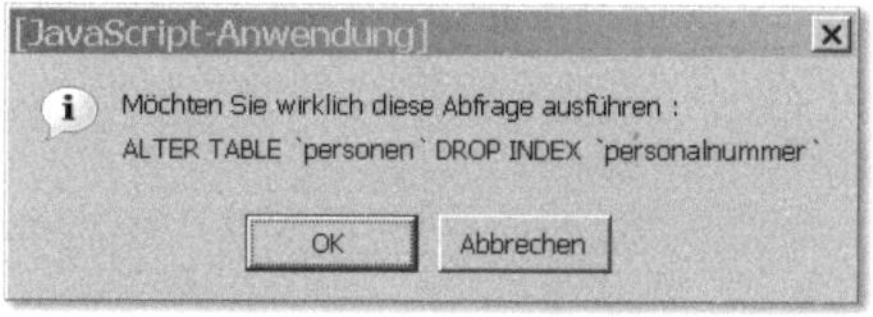

Abbildung D.27 Bestätigung, um den Index zu löschen

alter table ... drop index

Innerhalb der Rückfrage erscheint die SQL-Anweisung, die intern zum Löschen des Index führt:

```
alter table <tabellenname> drop index <indexname>
```

D.1.10 Tabellennamen ändern

Operationen

Oberhalb der Tabellenstrukturansicht findet sich der Hyperlink `Operationen`. Hier werden unter anderem Möglichkeiten zum Umbenennen, Kopieren und Verschieben einer Tabelle zur Verfügung gestellt. Nach dem Eintrag des neuen Tabellennamens...

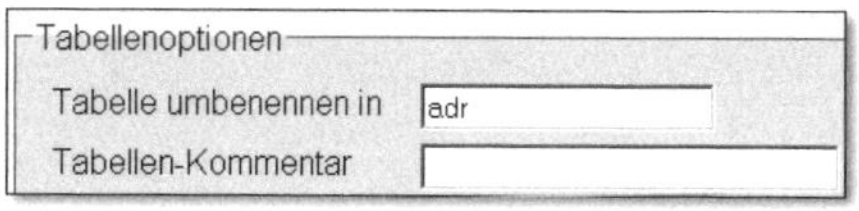

Abbildung D.28 Tabelle umbenennen

alter table … rename

… erscheint eine Erfolgsmeldung:

Abbildung D.29 Nach der Umbenennung der Tabelle

Zur weiteren Bearbeitung des Beispiels sollte die Tabelle auf dem gleichen Wege wieder in `personen` umbenannt werden.

D.1.11 Tabelle optimieren

Beim Löschen von Datensätzen werden die betroffenen Datensätze nur als »gelöscht« markiert, aber nicht physikalisch gelöscht. Die Tabelle und damit die Datenbank wird durch neue Einträge ständig größer. Hier kann eine Optimierung der Tabelle Abhilfe schaffen. Dadurch werden alle Datensätze, die als »gelöscht« markiert sind, auch physikalisch gelöscht. Die Datenbank kann somit spürbar verkleinert werden.

Datensätze physikalisch löschen

Dazu muss man zunächst von der Tabellenstrukturansicht auf eine andere Ansicht wechseln. Im linken PHPMyAdmin-Frame ist der Hyperlink `firma` zu betätigen:

Abbildung D.30 Wechseln zur Datenbankstrukturansicht

optimize table

Es erscheint die Datenbankstrukturansicht mit Informationen über die gesamte Datenbank. Hier wird die Tabelle `personen` markiert. Nach Auswahl des Menüpunktes `Optimiere Tabelle` im Auswahlmenü rechts wird die Aktion unmittelbar ausgeführt, und es erscheint das folgende Fenster mit der intern verwendeten SQL-Anweisung:

```
optimize table <tabellenname>
```

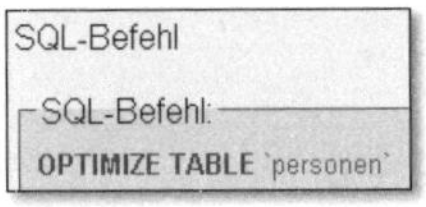

Abbildung D.31 Nach der Optimierung der Tabelle

Dieser Menüpunkt kann für alle Tabellen einer Datenbank gleichzeitig ausgeführt werden, falls vorher alle markiert wurden. Zur Tabellenstrukturansicht der Tabelle `personen` gelangt man wieder über den Hyperlink `personen` im linken PHPMyAdmin-Frame.

D.1.12 Tabelle löschen

Eine Tabelle, die nicht mehr benötigt wird, kann über das Dateisystem gelöscht werden. Im Verzeichnis der betreffenden Datenbank (unter Windows: `c:\mysql\data\firma`) finden sich drei Dateien mit dem Namen der Tabelle. Für die Tabelle `personen` sind dies: `personen.frm`, `personen.myd` und `personen.myi`.

Tabelle löschen

Eine andere Möglichkeit bietet der Hyperlink `Löschen` auf der rechten Seite der Tabellenstrukturansicht. Es erscheint eine Rückfrage. Nach einer Bestätigung würde die Tabelle gelöscht.

drop table

Innerhalb der Rückfrage erscheint die SQL-Anweisung, die intern zum Löschen der Tabelle führt:

```
drop table <tabellenname>
```

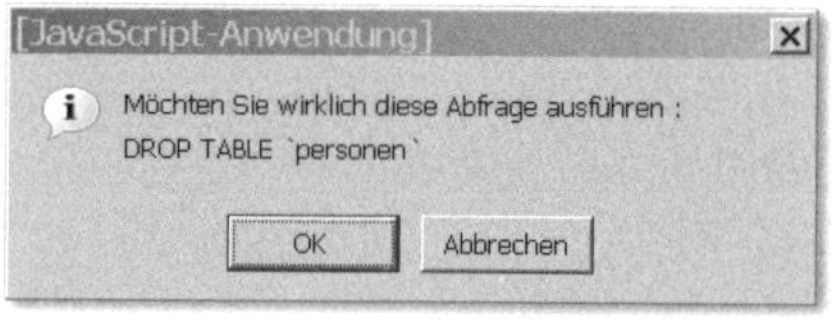

Abbildung D.32 Bestätigung zum Löschen einer Tabelle

D.1.13 Datensätze eintragen

Daten eintragen

Oberhalb der Tabellenstrukturansicht hat man über den Hyperlink `Einfügen` die Möglichkeit, Datensätze einzutragen:

Abbildung D.33 Eingabe eines Datensatzes

Beim Eintragen ist zu beachten:

- bei Zahlen mit Nachkommastellen: Punkt statt Komma,
- bei Datumsangaben gilt das amerikanische Eingabeformat `JJJJ-MM-TT`.

insert into ... values

Nach Betätigung des `OK`-Buttons erscheint das folgende Fenster mit der intern verwendeten SQL-Anweisung:

```
insert into <tabellenname> (<feldname1>, <feldname2>,
   ...) values (<feldinhalt1>, <feldinhalt2>, ...)
```

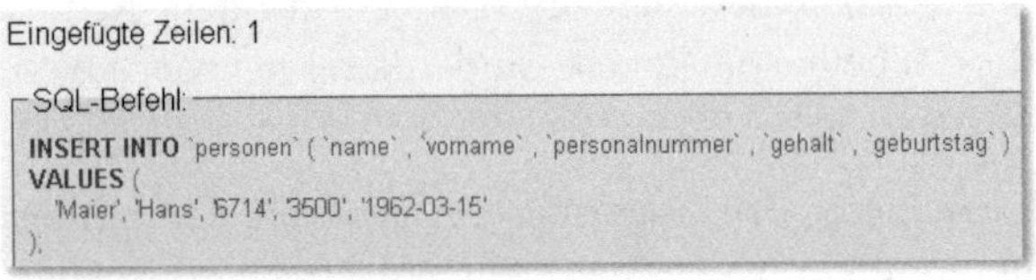

Abbildung D.34 Nach der Eingabe eines Datensatzes

Bei der SQL-Anweisung ist Folgendes zu beachten:

- Die Reihenfolge der Feldinhalte in den Klammern hinter `values` muss der Reihenfolge der Feldnamen entsprechen.
- Zeichenketten und Datumsangaben müssen in einfache Hochkommata (Apostrophe) gesetzt werden. Bei Zahlen ist dies nicht nötig, auch wenn dies von PHPMyAdmin gemacht wird.
- Die Datumsangabe muss im amerikanischen Format erfolgen (`JJJJ-MM-TT`).
- Bei Zahlen mit Nachkommastellen ist ein Punkt statt eines Kommas zu verwenden.

null, not null

- Felder, die die Eigenschaft `not null` haben, müssen besetzt werden. Die anderen Felder können leer bleiben, dies ist aber nicht zu empfehlen.
- Beim Erzeugen neuer Daten wird eine Aktionsabfrage durchgeführt, wie auch beim Ändern oder Löschen von Daten. Beim Ansehen von Daten wird eine Auswahlabfrage ausgeführt.

D.1.14 Datensatzauswahl

Die SQL-Anweisung `select` dient zur Durchführung einer Datenbankabfrage. Es findet eine Auswahl von Datensätzen, die angezeigt werden sollen, statt.

Abfrage

Alle Datensätze der Tabelle `personen` kann man betrachten, indem man den Hyperlink `Anzeigen` oberhalb der Tabellenstrukturansicht betätigt.

Eine weitere Möglichkeit: Man betätigt im linken PHPMyAdmin-Frame den Hyperlink mit der kleinen Grafik, links neben dem Hyperlink `personen`:

Abbildung D.35 Hyperlink mit dem Symbol zur Anzeige von Datensätzen

select ... from

Es erscheint die intern verwendete SQL-Anweisung:

```
select * from <tabellenname>
```

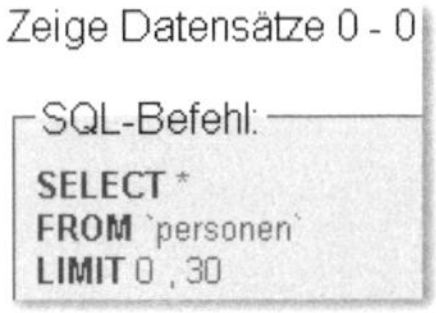

Abbildung D.36 SQL-Befehl zur Anzeige aller Datensätze

Hier wurde ausgewählt: Zeige alle Felder (*) der Tabelle `personen` an, ohne Einschränkung.

limit

Der Zusatz `limit 0,30` dient nur dazu, die Anzeige innerhalb von PHPMyAdmin auf die ersten `30` Datensätze zu begrenzen. Normalerweise wird eine `select`-Anweisung ohne Limitierung durchgeführt, da man alle Datensätze sehen möchte, die der Auswahl entsprechen. Bevor später einige Beispiele zur `select`-Anweisung besprochen werden, sollten die restlichen Datensätze der Beispieltabelle eingegeben werden. Dies geschieht über den Hyperlink `Neue Zeile einfügen`.

Nach dem Eintragen aller drei Datensätze ergibt die Datenansicht:

name	vorname	personalnummer	gehalt	geburtstag
Maier	Hans	6714	3500	1962-03-15
Schmitz	Peter	81343	3750	1958-04-12
Mertens	Julia	2297	3621.5	1959-12-30

Abbildung D.37 Tabelle personen mit drei Datensätzen

Übung UD01

[»] Eine zweite Datenbank mit einer eigenen Tabelle soll erstellt werden. Die Datenbank soll Hardware-Informationen beinhalten und daher den Namen `hardware` haben. Die Tabelle soll Informationen zu Festplatten beinhalten und daher den Namen `fp` haben. Es soll insgesamt fünf Datensätze geben. Das gewünschte Ergebnis wird nachfolgend in PHPMyAdmin dargestellt.

Zunächst der linke Frame:

Abbildung D.38 Ansicht linke Seite

Die Tabellenstrukturansicht:

Feld	Typ	Kollation	Attribute	Null
hersteller	varchar(25)	utf8_general_ci		Ja
typ	varchar(25)	utf8_general_ci		Ja
mb	int(11)			Ja
preis	double			Ja
artnummer	varchar(15)	utf8_general_ci		Nein
prod	date			Ja

Abbildung D.39 Tabellenstruktur

`Hersteller`, `Typ` und `Artikel-Nummer` sind Zeichenketten. Das Feld `mb` gibt die Kapazität der Festplatte an. Das Feld gibt das erste `Produktions-Datum` der betreffenden Festplatte an. Das Feld für die Artikelnummer soll eindeutig sein, und der Index soll wie folgt aussehen:

Indizes:				
Name	**Typ**	**Kardinalität**	**Aktion**	**Feld**
artnummer	UNIQUE	5		artnummer
Index über 1 Spalten anlegen OK				

Abbildung D.40 Index für die Tabelle fp

Die Datenansicht sieht so aus:

hersteller	typ
Quantum	Fireball CX
Quantum	Fireball Plus
Fujitsu	MPE 3136
Seagate	310232A
IBM Corporation	DJNA 372200

Abbildung D.41 Die Tabelle fp, die beiden ersten Felder

mb	preis	artnummer	prod
6400	112	HDA-208	2005-10-01
9100	128	HDA-163	2005-03-15
13600	149	HDA-171	2005-09-01
10200	122	HDA-144	2005-11-15
22000	230	HDA-140	2005-06-15

Abbildung D.42 Die Tabelle fp, die restlichen Felder

Beispiele für Datensatzauswahl

Die Beispiele zur `select`-Anweisung sollen mit Hilfe von PHPMyAdmin gebildet werden. Über den Hyperlink `Suche` der Tabellenstrukturansicht gelangt man zu einem Eingabeformular. Im oberen linken Teil wird ausgewählt, welche Felder man sehen möchte, zum Beispiel nur das Feld `personalnummer`:

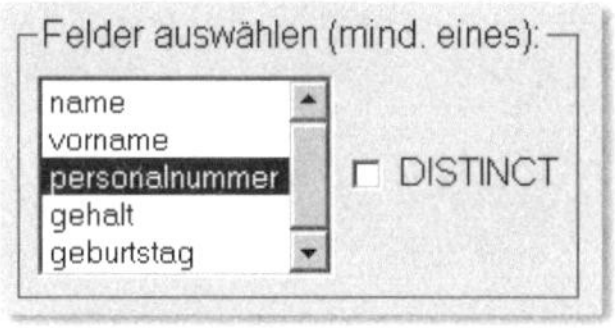

Abbildung D.43 Feldauswahl

Im mittleren Teil wird die Suchbedingung eingetragen:

Feld	Typ	Kollation	Operator
name	varchar(30)	latin1_general_ci	LIKE
vorname	varchar(25)	latin1_general_ci	LIKE
personalnummer	int(11)		=
gehalt	double		=
geburtstag	date		=

Abbildung D.44 Suchbedingung

Im oberen rechten Teil wird ausgewählt, nach welchem Feld sortiert wird und wie die Ausgabe sortiert sein soll:

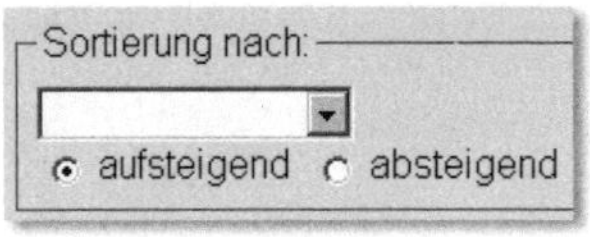

Abbildung D.45 Sortierung

Beispiel 1:

Felder auswählen

Es sollen nur die Inhalte der Felder `name` und `vorname` ausgewählt werden. Dazu werden im oberen Teil die beiden Felder ausgewählt, die restlichen Teile werden nicht bearbeitet:

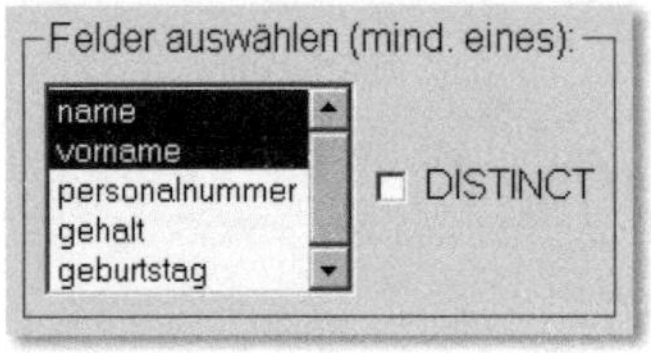

Abbildung D.46 Auswahl der Felder name und vorname

Es erscheint die Information, dass drei Datensätze gefunden wurden, die der Auswahl genügen. Außerdem sieht man die intern verwendete SQL-Anweisung:

```
select <feldname1>, <feldname2> ... from <tabellenname>
```

Abbildung D.47 SQL-Befehl zur Auswahl

Der Zusatz `where 1` hat hier keine Bedeutung und kann weggelassen werden. Das Ergebnis der Abfrage erscheint im unteren Teil der Anzeige:

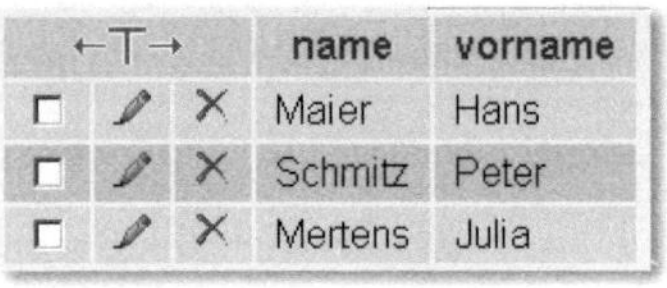

Abbildung D.48 Ergebnis der Auswahl

Beispiel 2:

Es sollen nur die Datensätze ausgewählt werden, bei denen das Gehalt `3000` Euro beträgt. Zunächst die Felder:

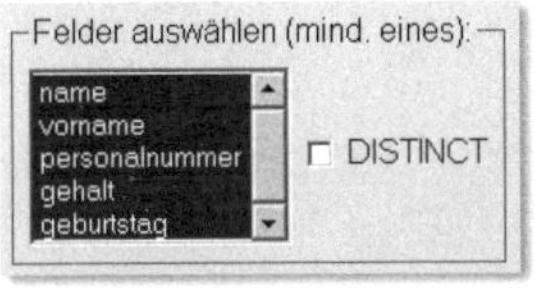

Abbildung D.49 Auswahl aller Felder

Anschließend die Suchkondition:

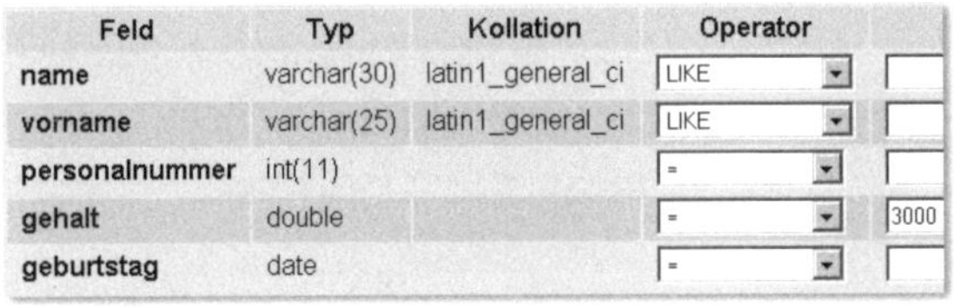

Abbildung D.50 Suchbedingung

select ... from ... where

Es erscheint die Information, dass kein Datensatz gefunden wurde, der der Auswahl genügt. Es gibt also kein Abfrage-Ergebnis. Nur die intern verwendete SQL-Anweisung wird dargestellt:

```
select <alle_feldnamen> from <tabellenname>
   where gehalt = 3000
```

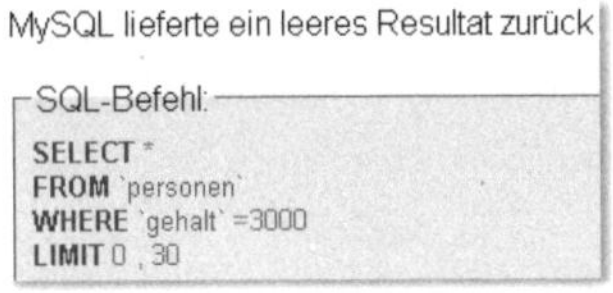

Abbildung D.51 Ergebnis der Auswahl

Der Zusatz `where 1` und der Verknüpfungsoperator `and` haben hier keine Bedeutung und können weggelassen werden. Falls alle Felder ausgewählt werden, kann auch einfach das Sternchen (*) eingetragen werden.

Somit erscheint das gleiche Ergebnis, wenn man (über den Hyperlink `SQL`) die SQL-Anweisung wie folgt einträgt:

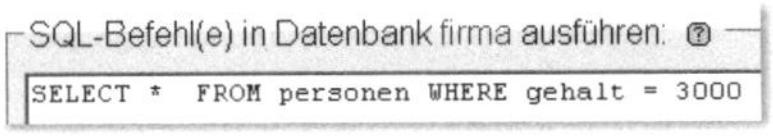

Abbildung D.52 Eingabe in das SQL-Fenster

Beispiel 3:

Es sollen nur die Datensätze ausgewählt werden, bei denen der Name `Schmitz` ist. Es werden wieder alle Felder ausgewählt. Die Suchkondition:

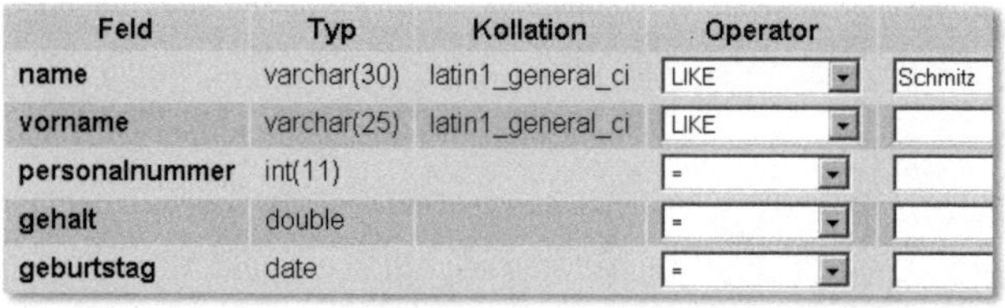

Abbildung D.53 Suchbedingung

Die intern verwendete SQL-Anweisung:

```
select <alle_feldnamen> from <tabellenname>
   where name = 'Schmitz'
```

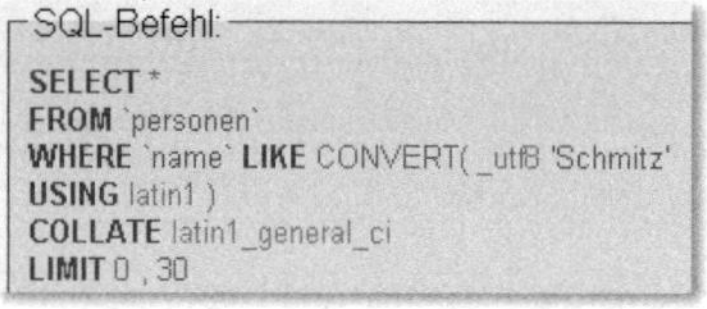

Abbildung D.54 SQL-Abfrage zur Auswahl

Da es sich um ein Feld mit einer Zeichenkette handelt, ist auf die einfachen Hochkommata beim Wert des Feldes zu achten. Das Ergebnis ist ein einzelner Datensatz:

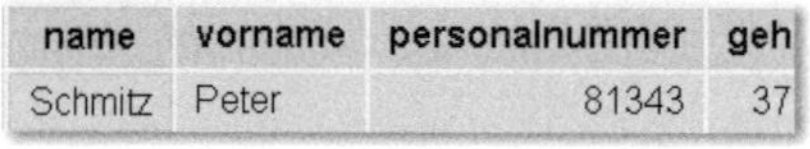

Abbildung D.55 Ergebnis der Auswahl

Man beachte die Einrahmung des Feldes, auf das sich die Suchbedingung bezogen hat (`name`).

D.1.15 Vergleichsoperatoren, logische Operatoren

Vergleichsoperatoren

Bei der Auswahl durch `where` innerhalb der `select`-Anweisung (und später auch in anderen Anweisungen) können, ähnlich wie bei der Programmierung mit PHP, die folgenden Vergleichsoperatoren angewendet werden:

Operator	Bedeutung
=	gleich
<>	ungleich
>	größer als
>=	größer als oder gleich
<	kleiner als
<=	kleiner als oder gleich

logische Operatoren

Es können auch mehrere Auswahlbedingungen logisch miteinander verknüpft werden, und zwar mit Hilfe der folgenden logischen Operatoren:

Operator	Bedeutung
not	Der Wahrheitswert einer Bedingung wird umgekehrt.
and	Alle Bedingungen müssen zutreffen.
or	Eine der Bedingungen muss zutreffen.

Es folgt ein Beispiel für die Anwendung von Vergleichsoperatoren und logischen Operatoren. Die nachfolgende Auswahl ergibt alle Datensätze, bei denen im Feld `gehalt` ein Wert zwischen `3000` und `3500` steht:

```
select * from personen where gehalt >= 3000 and
   gehalt <= 3500
```

Der Eintrag der SQL-Anweisung im Formular `SQL` führt zu:

Abbildung D.56 Auswahl mit and

D.1.16 Vergleichsoperator like

like % _

Der Operator `like` ist sehr nützlich beim Suchen nach Zeichenketten oder Teilen von Zeichenketten. Dabei können auch Platzhalter (Wildcards) eingesetzt werden. Ein `%` (Prozentzeichen) steht für eine beliebige Anzahl von unbekannten Zeichen, und ein _ (Unterstrich) steht für genau ein unbekanntes Zeichen. Die untersuchte Zeichenkette muss dabei nach wie vor in einfache Hochkommata gesetzt werden.

Es folgen einige Beispiele mit Auswahlen aus der Tabelle `fp` in der Datenbank `hardware` (siehe Übungsaufgabe UD01).

Beispiel 1:

Alle Felder und alle Datensätze der Tabelle anzeigen, deren Eintrag im Feld `typ` mit `f` oder `F` beginnt.

Im Formular `Suche` wird Folgendes eingetragen:

Feld	Typ	Kollation	Operator	
hersteller	varchar(25)	utf8_general_ci	LIKE	
typ	varchar(25)	utf8_general_ci	LIKE	f%
mb	int(11)		=	
preis	double		=	
artnummer	varchar(15)	utf8_general_ci	LIKE	
prod	date		=	

Abbildung D.57 Suchbedingung

Alternativ kann im Formular `SQL` die folgende Anweisung eingetragen werden:

```
select * from fp where typ like 'f%'
```

Das Ergebnis ist in beiden Fällen:

hersteller	typ	mb	preis	artnummer	prod
Quantum	Fireball CX	6400	112	HDA-208	2005-10-01
Quantum	Fireball Plus	9100	128	HDA-163	2005-03-15

Abbildung D.58 Ergebnis der Auswahl

Beispiel 2:

Alle Felder und alle Datensätze der Tabelle anzeigen, deren Eintrag im Feld `typ` mit `a` oder `A` endet.

Im Formular `Suche` wird Folgendes eingetragen:

Feld	Typ	Kollation	Operator	
hersteller	varchar(25)	utf8_general_ci	LIKE	
typ	varchar(25)	utf8_general_ci	LIKE	%a
mb	int(11)		=	
preis	double		=	
artnummer	varchar(15)	utf8_general_ci	LIKE	
prod	date		=	

Abbildung D.59 Suchbedingung

Die SQL-Anweisung:

```
select * from fp where typ like '%a'
```

Das Ergebnis:

hersteller	typ	mb	preis	artnummer	prod
Seagate	310232A	10200	122	HDA-144	2005-11-15

Abbildung D.60 Ergebnis der Auswahl

Beispiel 3:

Alle Felder und alle Datensätze der Tabelle anzeigen, deren Eintrag im Feld `typ` ein `a` oder `A` an beliebiger Stelle beinhaltet.

Im Formular `Suche` wird Folgendes eingetragen:

Feld	Typ	Kollation	Operator	
hersteller	varchar(25)	utf8_general_ci	LIKE	
typ	varchar(25)	utf8_general_ci	LIKE	%a%
mb	int(11)		=	
preis	double		=	
artnummer	varchar(15)	utf8_general_ci	LIKE	
prod	date		=	

Abbildung D.61 Suchbedingung

Die SQL-Anweisung:

```
select * from fp where typ like '%a%'
```

Das Ergebnis:

hersteller	typ	mb	preis	artnummer	prod
Quantum	Fireball CX	6400	112	HDA-208	2005-10-01
Quantum	Fireball Plus	9100	128	HDA-163	2005-03-15
Seagate	310232A	10200	122	HDA-144	2005-11-15
IBM Corporation	DJNA 372200	22000	230	HDA-140	2005-06-15

Abbildung D.62 Ergebnis der Auswahl

Beispiel 4:

Alle Felder und alle Datensätze der Tabelle anzeigen, deren Eintrag im Feld `typ` mit `D(beliebiges Zeichen)NA` beginnt. Dies gilt unabhängig von Groß- und Kleinschreibung. Angezeigt werden also zum Beispiel `DJNA...`, `DINA...`, aber nicht `DTTA...`

Im Formular `Suche` wird Folgendes eingetragen:

Feld	Typ	Kollation	Operator	
hersteller	varchar(25)	utf8_general_ci	LIKE	
typ	varchar(25)	utf8_general_ci	LIKE	D_NA%
mb	int(11)		=	
preis	double		=	
artnummer	varchar(15)	utf8_general_ci	LIKE	
prod	date		=	

Abbildung D.63 Suchbedingung

Die SQL-Anweisung:

```
select * from fp where typ like 'D_NA%'
```

Das Ergebnis:

hersteller	typ	mb	preis	artnummer	prod
IBM Corporation	DJNA 372200	22000	230	HDA-140	2005-06-15

Abbildung D.64 Ergebnis der Auswahl

D.1.17 Sortierung

Sortierung

Zusätzlich lässt sich die Reihenfolge der Ausgabe mit Hilfe von `order by` beeinflussen. Die folgende SQL-Anweisung sortiert die Ausgabe der Datensätze der Tabelle `personen` nach Gehalt, beginnend mit dem höchsten Gehalt:

select ... order by

```
select * from personen order by gehalt desc;
```

asc, desc

Der Zusatz `desc` steht für descending (= absteigend). Im Normalfall wird aufsteigend sortiert, der Zusatz `asc` für ascending (= aufsteigend) muss deshalb nicht gesondert erwähnt werden.

Im Formular `Suche` werden für das oben angegebene Beispiel nur das Sortierfeld und die absteigende Sortierung ausgewählt:

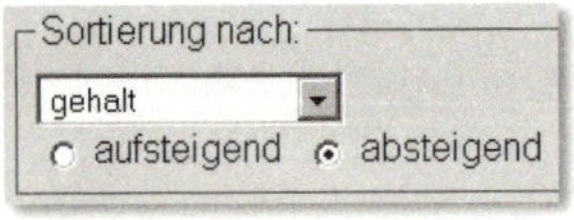

Abbildung D.65 Einstellung der Sortierung

Das Ergebnis:

name	vorname	personalnummer	gehalt ▾	geburtstag
Schmitz	Peter	81343	3750	1958-04-12
Mertens	Julia	2297	3621.5	1959-12-30
Maier	Hans	6714	3500	1962-03-15

Abbildung D.66 Ergebnis der Sortierung

Man beachte das aufwärts zeigende Dreieck neben dem Feldnamen, das die Sortierrichtung anzeigt. Ein Klick auf einen der Feldnamen erzeugt ebenfalls eine einfache Sortierung, wechselweise aufsteigend oder absteigend.

Übung UD02

[«] Führen Sie zu der Hardware-Datenbank, die mit der vorherigen Übung erzeugt wurde, verschiedene Abfragen einzeln durch. Es sollen alle Festplatten angezeigt werden, die folgende Kriterien erfüllen:

- Hersteller ist Quantum, mit allen Angaben
- Kapazität von mehr als 10.000 MB, nur mit den Angaben Hersteller, Typ, MB
- Preis von weniger als 150 Euro, nur mit den Angaben Hersteller, Preis, Artikelnummer, nach Preis aufsteigend sortiert
- Kapazität von mehr als 10.000 MB, kostet weniger als 150 Euro, mit allen Angaben, nach MB absteigend sortiert
- Typbezeichnung beginnt mit »Fire«, mit allen Angaben
- in derTypbezeichnung kommt »CX« vor, mit allen Angaben
- wurde nach dem 1.1.05 erstmalig produziert, mit allen Angaben
- wurde im ersten Halbjahr 2005 erstmalig produziert, mit allen Angaben

D.1.18 Datensätze ändern

Datensätze ändern

Die SQL-Anweisung `update` dient zur Änderung von einem oder mehreren Feldinhalten in einem oder mehreren vorhandenen Datensätzen. Sie ähnelt vom Aufbau her der `select`-Anweisung. Man sollte unbedingt darauf achten, dass die Auswahlkriterien sorgfältig gewählt werden, da ansonsten eventuell nicht nur die gewünschten Datensätze verändert werden.

Einzelne Datensätze können in PHPMyAdmin ähnlich wie Tabelleneigenschaften geändert werden. In der Datenansicht (hier die Tabelle `fp` in der

Datenbank hardware) findet sich links neben dem Datensatz der Hyperlink mit dem Symbol zum Ändern. Er führt zu folgendem Formular:

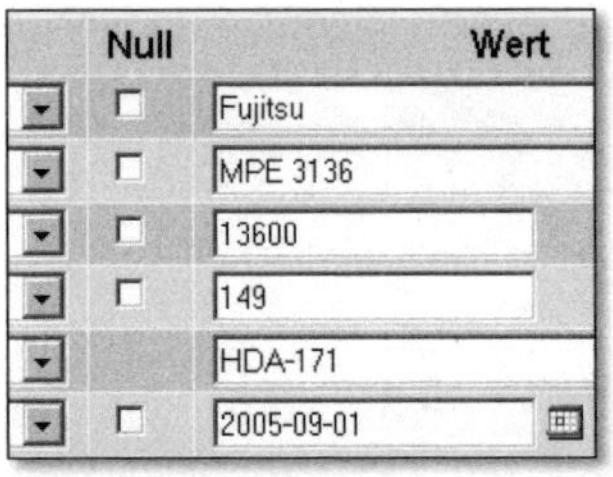

Abbildung D.67 Ändern eines Datensatzes

update ... set

Nach Änderung des Preises auf 140 und Absenden des Formulars erscheint das folgende Fenster mit der intern verwendeten SQL-Anweisung:

```
update <tabellenname> set <feldname> = <wert>
   where <indizierter_feldname> = <eindeutiger_wert>
```

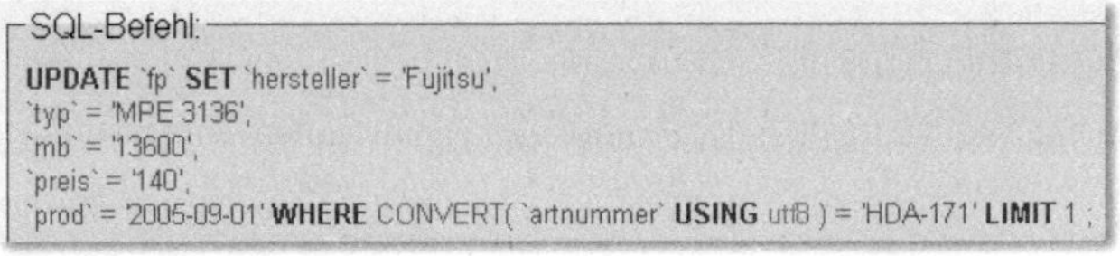

Abbildung D.68 SQL-Befehl zum Ändern eines Datensatzes

Da auf dem Feld artnummer ein eindeutiger Index definiert wurde, wird dieses Feld zur Identifikation des zu ändernden Datensatzes verwendet. Ohne den where-Zusatz hätte die Anweisung update, analog zur Anweisung select, die gesamte Tabelle betroffen, und bei allen Datensätzen wäre der Preis auf 140 gesetzt worden.

Beispiele für Datensatzänderungen

Beispiel 1:

Es soll eine absolute Änderung an einer Gruppe von Datensätzen durchgeführt werden. Bei allen Datensätzen, deren Eintrag im Feld Hersteller IBM Corporation lautet, wird der Preis auf den Wert 150 gesetzt. Die SQL-Anweisung lautet:

```
update fp set preis = 150
       where hersteller = 'IBM Corporation'
```

Nach der Eingabe im Formular SQL erscheint die Information, dass in diesem Falle nur ein Datensatz von der Aktion betroffen war, da nur eine Festplatte der Firma IBM Corporation in der Tabelle steht:

Betroffene Datensätze: 1 (die Abfrage dauerte 0.0020 sek)

SQL-Befehl:

UPDATE fp **SET** preis =150 **WHERE** hersteller = 'IBM Corporation'

Abbildung D.69 SQL-Befehl zum Ändern mehrerer Datensätze

Die Datenansicht zeigt, dass die Änderung durchgeführt wurde:

hersteller	typ	mb	preis	artnummer	prod
Quantum	Fireball CX	6400	112	HDA-208	2005-10-01
Quantum	Fireball Plus	9100	128	HDA-163	2005-03-15
Fujitsu	MPE 3136	13600	140	HDA-171	2005-09-01
Seagate	310232A	10200	122	HDA-144	2005-11-15
IBM Corporation	DJNA 372200	22000	150	HDA-140	2005-06-15

Abbildung D.70 Ergebnis der Änderung

Beispiel 2:

Es soll eine relative Änderung an einer Gruppe von Datensätzen durchgeführt werden. Bei allen Datensätzen, deren Eintrag im Feld Hersteller `Quantum` lautet, soll der Preis um zehn Prozent erhöht werden. Die SQL-Anweisung lautet:

```
update fp set preis = preis * 1.1
   where hersteller = 'Quantum'
```

Nach der Eingabe im Formular `SQL` erscheint die Information, dass zwei Datensätze von der Aktion betroffen waren:

Betroffene Datensätze: 2 (die Abfrage dauerte 0.0217 sek)

SQL-Befehl:

UPDATE fp **SET** preis = preis * **WHERE** hersteller = 'Quantum'

Abbildung D.71 SQL-Befehl zur relativen Änderung von Datensätzen

Die aktualisierte Datenansicht mit den Änderungen:

hersteller	typ	mb	preis	artnummer	prod
Quantum	Fireball CX	6400	123.2	HDA-208	2005-10-01
Quantum	Fireball Plus	9100	140.8	HDA-163	2005-03-15
Fujitsu	MPE 3136	13600	140	HDA-171	2005-09-01
Seagate	310232A	10200	122	HDA-144	2005-11-15
IBM Corporation	DJNA 372200	22000	150	HDA-140	2005-06-15

Abbildung D.72 Ergebnis nach relativer Änderung

Beispiel 3:

Es sollen mehrere Änderungen gleichzeitig durchgeführt werden. Bei allen Datensätzen, deren Eintrag im Feld Hersteller `IBM Corporation` lautet, soll der Preis um **zehn Prozent** heruntergesetzt und der Herstellername auf IBM Corp. geändert werden. Die SQL-Anweisung lautet:

```
update fp set hersteller = 'IBM Corp.',
   preis = preis * 0.9 where
   hersteller = 'IBM Corporation'
```

Nach der Eingabe im Formular `SQL` erscheint die Information, dass ein Datensatz von der Aktion betroffen war:

Abbildung D.73 SQL-Befehl zur mehrfachen Änderung

Die aktualisierte Datenansicht mit den Änderungen:

hersteller	typ	mb	preis	artnummer	prod
Quantum	Fireball CX	6400	123.2	HDA-208	2005-10-01
Quantum	Fireball Plus	9100	140.8	HDA-163	2005-03-15
Fujitsu	MPE 3136	13600	140	HDA-171	2005-09-01
Seagate	310232A	10200	122	HDA-144	2005-11-15
IBM Corp.	DJNA 372200	22000	135	HDA-140	2005-06-15

Abbildung D.74 Ergebnis nach mehrfacher Änderung

D.1.19 Datensätze löschen

Datensätze löschen

Die SQL-Anweisung `delete` dient zum Löschen eines oder mehrerer vorhandener Datensätze. Sie ähnelt vom Aufbau her ebenfalls der `select`-Anweisung und sollte sehr umsichtig eingesetzt werden, da anderenfalls eventuell nicht nur die gewünschten Datensätze gelöscht werden.

Es wird ein zusätzlicher Datensatz mit den Daten »Western Digital«, »WD-102AA«, 8200, 320, »HDA-178« und »2005-12-03« eingefügt. Datensätze können über den Hyperlink mit dem Symbol zum Löschen links neben dem Datensatz gelöscht werden. Es erscheint eine Rückfrage:

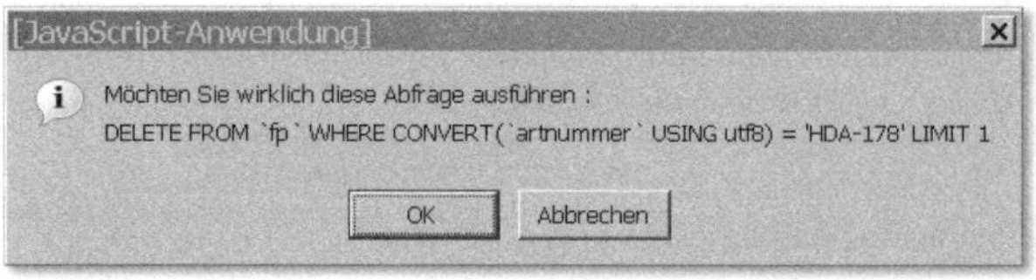

Abbildung D.75 SQL-Befehl zum Löschen eines Datensatzes

Dieser Datensatz wird eindeutig über die Artikelnummer identifiziert. Die intern verwendete SQL-Anweisung lautet:

delete from ... where

```
delete from fp where artnummer = 'HDA-178'
```

Da auf dem Feld `artnummer` ein eindeutiger Index definiert wurde, wird dieses Feld zur Identifikation des zu löschenden Datensatzes verwendet. Ohne den `where`-Zusatz hätte die Anweisung `delete`, analog zu den Anweisungen `select` beziehungsweise `update`, die gesamte Tabelle betroffen und alle Datensätze wären gelöscht worden.

Übung UD03

Führen Sie in der Hardware-Datenbank folgende Änderungen beziehungsweise Löschungen durch:

[«]

- Alle Festplatten des Herstellers Seagate sollen um 25 € teurer werden.
- Der Hersteller Fujitsu hat seine Festplatte MPE 3136 durch die Festplatte MPE 3139 ersetzt, die eine Kapazität von 13.900 MB hat. Führen Sie die notwendige Änderung durch.
- Alle Festplatten des Herstellers Quantum sollen um acht Prozent teurer werden.
- Der Hersteller IBM hat seine Produktion eingestellt. Entfernen Sie die betreffenden Festplatten aus Ihrem Angebot.

D.1.20 Verwendete SQL-Anweisungen

Im vorliegenden Abschnitt wird eine Reihe von SQL-Anweisungen für MySQL-Datenbanken eingesetzt. Zur besseren Übersicht schließt sich eine Liste der verwendeten Anweisungen mit einer kurzen Erläuterung derselben an. Weiter gehende Ausführungen finden Sie im MySQL-Manual.

Funktionsname	Erläuterung
`alter table`	Ändern der Struktur einer Tabelle
`create table`	Erzeugen einer Tabelle
`delete`	Löschen von Datensätzen
`drop database`	Löschen einer Datenbank
`drop table`	Löschen einer Tabelle
`insert`	Erzeugen von neuen Datensätzen
`optimize table`	Optimieren einer Tabelle, Freigabe von nicht mehr genutztem Speicherplatz
`select`	Auswahl von Datensätzen
`update`	Ändern von Datensätzen

D.2 PHP und MySQL

dynamische Schnittstelle

In diesem Abschnitt wird beschrieben, wie die dynamische Schnittstelle zwischen dem Betrachter einer Internetseite und den Inhalten einer MySQL-Datenbank erzeugt wird.

D.2.1 Verbindung aufnehmen, Datensätze anzeigen

Dem Benutzer kann mit Hilfe von PHP-Programmen eine komfortable Schnittstelle zum Erzeugen, Anzeigen, Ändern und Löschen von Datensätzen aus einer MySQL-Datenbank zur Verfügung gestellt werden. Die Erzeugung der Datenbank und der Strukturentwurf werden vorher vom Entwickler mit PHPMyAdmin durchgeführt. Zunächst ein Programm zur Anzeige aller Datensätze aus der Datenbank `firma`, Tabelle `personen`:

```
<html>
<body>

<?php
   /* Verbindung aufnehmen */
   mysql_connect("","root");

   /* Datenbank auswählen */
   mysql_select_db("firma");

   /* SQL-Abfrage ausführen */
   $res = mysql_query("select * from personen");

   /* Anzahl Datensätze ermitteln und ausgeben */
   $num = mysql_num_rows($res);
   echo "$num Datensätze gefunden<br>";

   /* Datensätze aus Ergebnis ermitteln, */
   /* in Array speichern und ausgeben    */
   while ($dsatz = mysql_fetch_assoc($res))
   {
      echo $dsatz["name"] . ", "
         . $dsatz["vorname"] . ", "
         . $dsatz["personalnummer"] . ", "
         . $dsatz["gehalt"] . ", "
         . $dsatz["geburtstag"] . "<br>";
   }
?>

</body>
</html>
```

Listing D.1 Datei ud01.php

Programm und Erläuterung erscheinen zunächst etwas umfangreich. Sie werden allerdings feststellen, dass die meisten Programmschritte typisch für Datenbankprogramme sind. Sie kommen in vielen PHP-Programmen vor, die auf Datenbanken zugreifen.

Zunächst die Ausgabe des Programms:

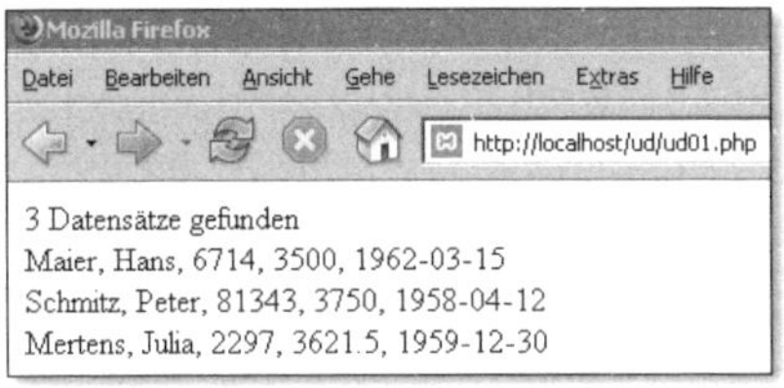

Abbildung D.76 Ausgabe aller Datensätze

Erläuterung des Programms:

- Die Funktion `mysql_connect()` öffnet eine Verbindung zum MySQL-Datenbank-Server. In den Klammern können bis zu drei Parameter stehen: `Hostname`, `Benutzername` und `Kennwort`. In diesem Abschnitt soll der Einfachheit halber nichts an der Standard-Einstellung von XAMPP geändert werden. Der Hostname ist `localhost` (wie der Webserver), und der Standardbenutzer ist `root` ohne Kennwort. **mysql_connect()**
- Die Funktion `mysql_select_db()` wählt die Datenbank aus, mit der gearbeitet werden soll. **mysql_select_db()**
- Die Funktion `mysql_query()` führt eine Abfrage mit der SQL-Anweisung `select` in der aktuellen Datenbank aus. Die Abfrage soll alle Datensätze der betroffenen Tabelle liefern. Der Aufbau der Abfrage entspricht der betreffenden SQL-Anweisung, allerdings sollte kein Semikolon ans Ende gesetzt werden. **mysql_query()**
- Falls die Abfrage erfolgreich war, liefert die Funktion eine Ergebniskennung zurück (hier in der Variablen `$res`). Die Ergebniskennung wird anschließend benötigt, um die einzelnen Komponenten des Ergebnisses zu ermitteln. Sollten mehrere Abfragen erfolgen, so sollte für jedes Ergebnis eine eigene Variable zur Speicherung der Ergebniskennung gewählt werden. **Ergebniskennung**
- Die Funktion `mysql_num_rows()` kann aufgerufen werden, falls man die Anzahl der Datensätze ausgeben möchte, die mit der Abfrage ermittelt wurden. Als Parameter wird die Ergebniskennung (`$res`) übergeben, deren Datensatzanzahl man ermitteln möchte. **mysql_num_rows()**
- Die Funktion `mysql_fetch_assoc()` wird verwendet, um einen Datensatz des Ergebnisses zu ermitteln und in einem assoziativen Feld (hier **mysql_fetch_assoc()**

`$dsatz`) zu speichern. Dabei stellt der Datenbank-Feldname den Schlüssel des Feldes dar. Die Funktion führt außerdem dazu, dass ein so genannter Datensatzzeiger auf den nächsten Datensatz des Ergebnisses gesetzt wird.

- Die Zuweisung des Feldes an `$dsatz` wird gleichzeitig dazu verwendet, eine `while`-Schleife zu steuern. Die Schleife dient dazu, alle Datensätze des Ergebnisses auszugeben. Falls das Ergebnis aus mindestens einem Datensatz besteht, ist die Zuweisung `$dsatz = mysql_fetch_assoc($res)` ein wahrer Ausdruck. Daher wird die `while`-Schleife durchlaufen.
- Beachten Sie: Es handelt sich nicht um einen Vergleich, sondern um eine Zuweisung! Es werden also zwei Anweisungen in einem ausgeführt: zuerst die Zuweisung des Feldes, anschließend die `while`-Anweisung.

Datensatzzeiger

- Der Datensatzzeiger wird durch den wiederholten Funktionsaufruf irgendwann am Ende anlangen. Die Funktion liefert keinen weiteren Datensatz mehr. Damit wird die Zuweisung `$dsatz = mysql_fetch_assoc($res)` ein unwahrer Ausdruck, und die `while`-Schleife wird beendet.
- Innerhalb der Schleife wird jeweils der Inhalt eines Elements des Feldes `$dsatz` ermittelt und ausgegeben. Die Namen der Schlüssel müssen genau denen der Datenbank-Feldnamen entsprechen.

Verbindung schließen

- Die Verbindung zur Datenbank wird nach Ablauf des PHP-Programms automatisch wieder unterbrochen.

Im weiteren Verlauf des Abschnitts werden noch Möglichkeiten zur übersichtlicheren Ausgabe der Daten erläutert wie zum Beispiel in einer HTML-Tabelle.

D.2.2 Datensätze auswählen

Daten auswählen

In einem PHP-Programm können alle Möglichkeiten zur weiteren Auswahl von Datensätzen durch SQL-Anweisungen angewendet werden. Die Einschränkung mit `where`, Vergleichsoperatoren, logische Operatoren, der `like`-Operator, Sortierungen mit `order by` usw. führen zu den bereits bekannten Ergebnissen.

Beispiel 1:

Ein Beispiel mit ausgewählten Feldern, `where`, Vergleichsoperator, logischem Operator und sortierter Ausgabe:

```
<html>
<body>
```

```
<?php
   mysql_connect("","root");
   mysql_select_db("firma");

   $sqlab  = "select name, gehalt from personen";
   $sqlab .= " where gehalt >= 3000 and gehalt <= 3700";
   $sqlab .= " order by gehalt desc";

   $res = mysql_query($sqlab);
   $num = mysql_num_rows($res);
   echo "$num Datensätze gefunden<br>";

   while ($dsatz = mysql_fetch_assoc($res))
   {
      echo $dsatz["name"] . ", "
         . $dsatz["gehalt"] . "<br>";
   }
?>

</body>
</html>
```

Listing D.2 Datei ud02.php

Die Ausgabe des Programms sieht so aus:

Abbildung D.77 Auswahl einzelner Felder und Datensätze

Es werden alle Personen angezeigt, deren Gehalt zwischen `3.000` und `3.700` Euro liegt, sortiert nach niedriger werdendem Gehalt. Die Abfrage besteht aus einer längeren SQL-Anweisung. Aus Gründen der Übersichtlichkeit wurde sie zunächst in mehreren Schritten in einer PHP-Variablen (`$sqlab`) gespeichert. Dabei ist besonders auf die Leerzeichen zwischen den einzelnen Angaben zu achten (hier vor `where` und vor `order by`).

[+] SQL-Anweisung speichern

Hinweis: Ein weiterer Vorteil der Speicherung der SQL-Anweisung in einer Zeichenkette besteht darin, dass man diese Zeichenkette zunächst zu Kontrollzwecken auf dem Bildschirm ausgeben kann (`echo $sqlab;`), bevor man sie später ausführen lässt. SQL-Anweisungen können aufgrund ihrer Länge und der verschiedenen beinhalteten Sonderzeichen, vor allem im

Zusammenhang mit dem Einbau von PHP-Variablen oder PHP-Feldelementen, schnell unübersichtlich werden. Sie stellen sich häufig als die Quelle eines länger gesuchten Fehlers heraus.

Die Funktion `mysql_query()` wird mit der Variablen `$sqlab` als Parameter aufgerufen:

```
$res = mysql_query($sqlab);
```

Innerhalb der Schleife werden nur noch die Inhalte der Felder `name` und `gehalt` aus dem Datensatz extrahiert. Die anderen Felder stehen über die Variable `$res` nicht zur Verfügung, da die SQL-Anweisung sie nicht beinhaltete.

Beispiel 2:

Ein Beispiel mit dem `like`-Operator:

```
<html>
<body>

<?php
   mysql_connect("","root");
   mysql_select_db("firma");

   $sqlab  = "select name, vorname from personen";
   $sqlab .= " where name like 'M%' order by name";

   $res = mysql_query($sqlab);
   $num = mysql_num_rows($res);
   echo "$num Datensätze gefunden<br>";

   while ($dsatz = mysql_fetch_assoc($res))
   {
      echo $dsatz["name"] . ", "
         . $dsatz["vorname"] . "<br>";
   }
?>
</body>
</html>
```

Listing D.3 Datei ud03.php

Es werden alle Personen angezeigt, deren Namen mit dem Buchstaben `M` beginnen. Dabei ist besonders auf die einfachen Hochkommata (bei `name like 'M%'`) zu achten, da es sich beim Namen um eine Zeichenkette handelt.

Die Ausgabe des Programms:

Abbildung D.78 Auswahl mit like und Platzhalter

Übung UD04

Schreiben Sie ein PHP-Programm zur Anzeige aller Datensätze aus der Tabelle `fp` der Datenbank `hardware` (Datei `ud04.php`). [«]

Es soll folgende Ausgabe haben, basierend auf den ursprünglichen Daten:

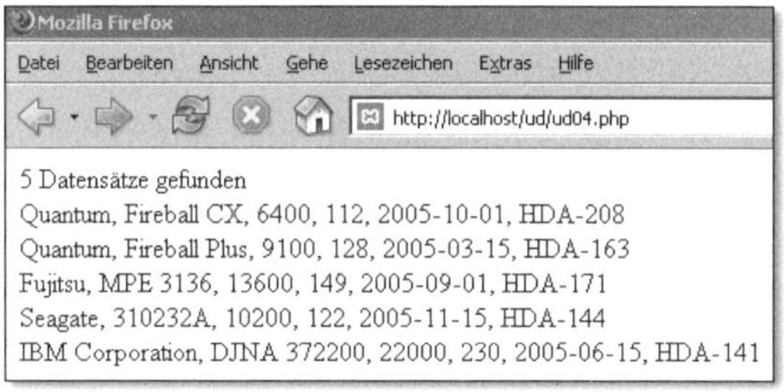

Abbildung D.79 Ergebnis zu Übung UD04

Übung UD05

Zeigen Sie mit einem PHP-Programm aus der oben angegebenen Tabelle nur noch bestimmte Datensätze (Datei `ud05.php`). Es sollen alle Festplatten mit allen Angaben angezeigt werden, die eine Kapazität von mehr als `10.000` MB haben und weniger als `150` Euro kosten, und zwar nach MB absteigend sortiert. [«]

Das Programm soll folgende Ausgabe haben:

Abbildung D.80 Ergebnis zu Übung UD05

Übung UD06

[»] Zeigen Sie mit einem PHP-Programm aus der oben angegebenen Tabelle nur noch bestimmte Informationen an (Datei `ud06.php`). Es sollen alle Festplatten mit den Angaben zu Hersteller, Typ, Artikelnummer und erstem Produktionsdatum angezeigt werden, die im ersten Halbjahr 2005 erstmalig produziert wurden, und zwar sortiert nach Datum.

Das Programm soll folgende Ausgabe haben:

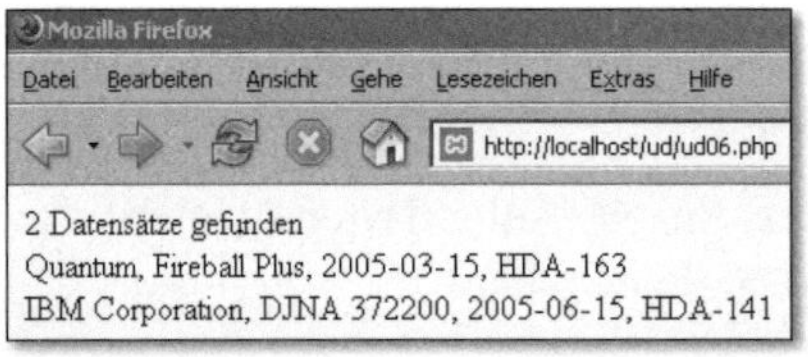

Abbildung D.81 Ergebnis zu Übung UD06

D.2.3 Ausgabe in eine HTML-Tabelle

Tabellenausgabe

Eine Ausgabe wird in Tabellenform wesentlich übersichtlicher. Dazu müssen nur die HTML-Markierungen zur Erzeugung einer Tabelle an geeigneter Stelle in das PHP-Programm integriert werden. Es folgt ein Beispiel zur Anzeige aller Datensätze aus der Datenbank `firma`, Tabelle `personen`, in Tabellenform mit Überschrift:

```
<html>
<body>

<?php
   mysql_connect("","root");
   mysql_select_db("firma");

   $res = mysql_query("select * from personen");
   $num = mysql_num_rows($res);

   // Tabellenbeginn
   echo "<table border>";

   // Überschrift
   echo "<tr> <td>Lfd. Nr.</td> <td>Name</td>";
   echo "<td>Vorname</td> <td>Personalnummer</td>";
   echo "<td>Gehalt</td> <td>Geburtstag</td> </tr>";

   $lf = 1;
   while ($dsatz = mysql_fetch_assoc($res))
   {
```

```
        echo "<tr>";
        echo "<td>$lf</td>";
        echo "<td>" . $dsatz["name"] . "</td>";
        echo "<td>" . $dsatz["vorname"] . "</td>";
        echo "<td>" . $dsatz["personalnummer"] . "</td>";
        echo "<td>" . $dsatz["gehalt"] . "</td>";
        echo "<td>" . $dsatz["geburtstag"] . "</td>";
        echo "</tr>";
        $lf = $lf + 1;
    }

    // Tabellenende
    echo "</table>";
?>

</body>
</html>
```

Listing D.4 Datei ud07.php

table, tr, td

Zunächst wird das Abfrage-Ergebnis ermittelt. Es folgen der Tabellenbeginn (<table border>) und eine Zeile mit einer Überschrift (<tr> bis </tr>). Innerhalb der Schleife wird zusätzlich zu den Feldinhalten eine laufende Nummer ermittelt. Diese wird gemeinsam mit den Feldinhalten Zeile für Zeile ausgegeben. Die Tabelle wird nach der Schleife geschlossen (</table>).

Die Ausgabe sieht wie folgt aus:

Lfd. Nr.	Name	Vorname	Personalnummer	Gehalt	Geburtstag
1	Maier	Hans	6714	3500	1962-03-15
2	Schmitz	Peter	81343	3750	1958-04-12
3	Mertens	Julia	2297	3621.5	1959-12-30

Abbildung D.82 Ausgabe in einer HTML-Tabelle

D.2.4 Auswahl von Daten über ein Suchformular

Suchformular

Ein Benutzer möchte natürlich nicht immer nur die gleichen Daten aus einer Datenbank sehen, sondern selbst eine Auswahl treffen. Dies wird ihm durch die Eingabe von Werten in Formulare ermöglicht.

Hiermit wird eine typische Internet-Datenbankanwendung ermöglicht:

- Der Benutzer gibt eine Anfrage (zum Beispiel eine Suchanfrage) ein, indem er Daten in ein Formular einträgt und diese Daten an den Webserver sendet.
- Beim Webserver werden die Daten von einem PHP-Programm ausgewertet und mit Hilfe einer SQL-Anweisung an den Datenbank-Server gesendet.
- Der Datenbank-Server ermittelt eine Antwort zu der SQL-Anweisung und sendet diese an den Webserver zurück.
- Das PHP-Programm verarbeitet diese Antwort und sendet dem Benutzer eine Antwort auf seine Anfrage.

Für den Benutzer ist nicht sichtbar, welche Programme, Sprachen beziehungsweise Dienste im Hintergrund für ihn tätig sind. Er kann ohne Kenntnisse des Formularaufbaus, des PHP-Programms und der Datenbank seine Anfrage stellen und das Ergebnis lesen.

Beispiel 1:

Im folgenden Beispiel hat der Benutzer die Möglichkeit, zwei Zahlen einzugeben. Diese dienen bei der Abfrage als Untergrenze beziehungsweise Obergrenze für das Feld `gehalt`. Er kann also bei jeder Abfrage selbst festlegen, welcher Gehaltsgruppe die angezeigten Personen angehören sollen. Zunächst das Formular:

```
<html>
<body>
Anzeige der Personen mit einem Gehalt zwischen:
<form action = "ud08.php" method = "post">
    <input name = "ug"> Untergrenze<p>
    und <p>
    <input name = "og"> Obergrenze<p>
    <input type = "submit">
    <input type = "reset">
</form>
</body>
</html>
```

Listing D.5 Datei ud08.htm

Innerhalb des Formulars werden die beiden Werte in den Eingabefeldern `ug` und `og` aufgenommen.

Das Eingabeformular sehen Sie in Abbildung D.83.

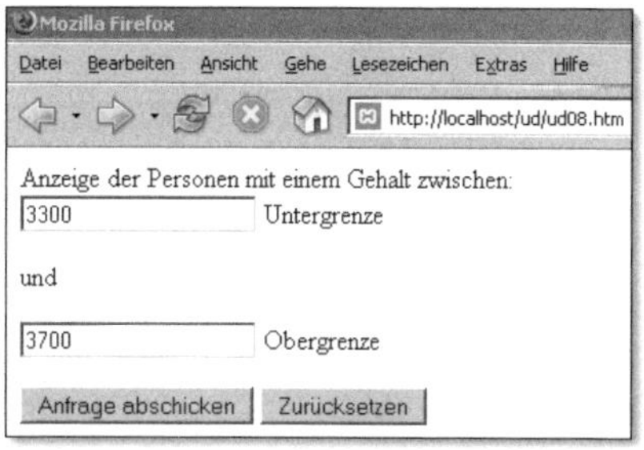

Abbildung D.83 Eingabeformular für den Gehaltsbereich

Die Inhalte der beiden Eingabefelder stehen dem PHP-Programm nach dem Absenden zur Verfügung. Das Programm sieht folgendermaßen aus:

```
<html>
<body>

<?php
   mysql_connect("","root");
   mysql_select_db("firma");

   $sqlab = "select name, gehalt from personen";
   $sqlab .= " where gehalt >= " . $_POST["ug"]
          . " and gehalt <= " . $_POST["og"];
   $sqlab .= " order by gehalt";

   $res = mysql_query($sqlab);
   $num = mysql_num_rows($res);
   if ($num==0) echo "keine passenden Datensätze gefunden";

   while ($dsatz = mysql_fetch_assoc($res))
   {
      echo $dsatz["name"] . ", "
         . $dsatz["gehalt"] . "<br>";
   }
?>

</body>
</html>
```

Listing D.6 Datei ud08.php

Innerhalb der SQL-Anweisung finden sich nach dem `where` die Feldelemente `$_POST["ug"]` und `$_POST["og"]` zur Eingrenzung der ausgegebenen Datenmenge. Diese Feldelemente beinhalten die beiden Eingabewerte des Benutzers.

Die Ausgabe zum oben angegebenen Beispiel sieht so aus:

Abbildung D.84 Ausgabe mit Beispieleingaben

Falls ein Bereich angegeben wurde, in dem sich kein Datensatz befindet, hat die Variable `$num` den Wert `0` und es wird die Meldung `keine passenden Datensätze gefunden` ausgegeben. Dies empfiehlt sich statt eines leeren Ausgabebildschirms, um dem Benutzer zu zeigen, dass seine Anfrage auch bearbeitet wurde.

Beispiel 2:

like % _

Bei der Abfrage von Zeichenkettenfeldern muss besonders auf die einfachen Hochkommata geachtet werden. Der Operator `like` und die Platzhalter `%` und _ können in gewohnter Weise eingesetzt werden. Mit Hilfe des Formulars aus dem folgenden Beispiel kann der Benutzer nach allen Personen suchen lassen, deren Namen mit den eingegebenen Anfangsbuchstaben beginnen. Hier zunächst das Formular:

```
<html>
<body>
Anzeige der Personen mit folgenden Anfangsbuchstaben:
<form action = "ud09.php" method = "post">
    <input name = "anfang"> <p>
    <input type = "submit">
    <input type = "reset">
</form>
</body>
</html>
```

Listing D.7 Datei ud09.htm

Innerhalb des Formulars werden die Anfangsbuchstaben im Eingabefeld `anf` aufgenommen.

Das Eingabeformular ist in Abbildung D.85 dargestellt.

Abbildung D.85 Eingabe eines Beispiels

Das PHP-Programm sieht wie folgt aus:

```
<html>
<body>

<?php
   mysql_connect("","root");
   mysql_select_db("firma");

   $sqlab = "select name, vorname from personen";
   $sqlab .= " where name like '".$_POST["anfang"]."%'";

   $res = mysql_query($sqlab);
   $num = mysql_num_rows($res);
   if ($num==0) echo "keine passenden Datensätze gefunden";

   while ($dsatz = mysql_fetch_assoc($res))
   {
      echo $dsatz["name"] . ", "
         . $dsatz["vorname"] . "<br>";
   }
?>

</body>
</html>
```

Listing D.8 Datei ud09.php

Innerhalb der SQL-Anweisung wird das Feldelement `$_POST["anfang"]` durch den aktuellen Inhalt des Eingabefeldes ersetzt. Das Prozentzeichen steht für beliebig viele folgende Buchstaben.

Es ist besonders auf die einfachen Hochkommata zu achten. Das beginnende einfache Hochkomma steht in der ersten Zeichenkette hinter dem Operator `like`, das endende einfache Hochkomma steht in der zweiten Zeichenkette hinter dem Prozent-Zeichen.

Die Ausgabe zum oben angegebenen Beispiel sieht so aus:

Abbildung D.86 Ausgabe zur Beispieleingabe

Beispiel 3:

Eine Abfrage kann dem Benutzer durch die Verwendung von weiteren Formularelementen (Radio-Button-Gruppen, Kontrollkästchen, Auswahlmenüs usw.) erleichtert werden. Diese wurden bereits vorgestellt.

Mit Hilfe des folgenden Beispiels können Personen aus bestimmten Gehaltsgruppen angezeigt werden. Jede der Gehaltsgruppen ist mit einem Radio-Button verknüpft. Zunächst das Formular:

```
<html>
<body>
Anzeige der Personen aus der gewählten Gehaltsgruppe:
<form action = "ud10.php" method = "post">

    <input type="radio" name="geh" value="1" checked>
      bis 3000 &euro; einschl. <p>
    <input type="radio" name="geh" value="2">
      ab 3000 &euro; ausschl. bis 3500 &euro; einschl. <p>
    <input type="radio" name="geh" value="3">
      ab 3500 &euro; ausschl. bis 5000 &euro; einschl. <p>
    <input type="radio" name="geh" value="4">
      ab 5000 &euro; ausschl.<p>

    <input type="submit">
    <input type="reset">
</form>
</body>
</html>
```

Listing D.9 Datei ud10.htm

Radio-Buttons

Die verwendeten Radio-Buttons haben alle den gleichen Namen (`geh`), dadurch bilden sie eine zusammengehörige Gruppe. Der vom Benutzer ausgewählte Button ist mit einem der Werte `1`, `2`, `3` oder `4` verbunden. Dieser Wert wird dem PHP-Programm beim Absenden übermittelt.

Das Formular mit Auswahl eines Bereichs sieht so aus (siehe Abbildung D.87):

Abbildung D.87 Eingabeformular mit Radio-Buttons

Das PHP-Programm:

```
<html>
<body>

<?php
   mysql_connect("","root");
   mysql_select_db("firma");

   $sqlab = "select name, gehalt from personen where ";

   switch($_POST["geh"])
   {
      case 1:
         $sqlab .= "gehalt <= 3000";
         break;
      case 2:
         $sqlab .= "gehalt > 3000 and gehalt <= 3500";
         break;
      case 3:
         $sqlab .= "gehalt > 3500 and gehalt <= 5000";
         break;
      case 4:
         $sqlab .= "gehalt > 5000";
   }

   $res = mysql_query($sqlab);
   $num = mysql_num_rows($res);
   if ($num==0) echo "keine passenden Datensätze gefunden";

   while ($dsatz = mysql_fetch_assoc($res))
   {
      echo $dsatz["name"] . ", "
         . $dsatz["gehalt"] . "<br>";
   }
?>
```

```
</body>
</html>
```

Listing D.10 Datei ud10.php

switch, case

Das übermittelte Feldelement `$_POST["geh"]` wird mit Hilfe einer `switch-case`-Verzweigung untersucht. Je nach Wert des Feldelements wird eine von mehreren möglichen SQL-Anweisungen gebildet. Diese wird ausgeführt und liefert die gewünschten Daten.

Die Ausgabe zur oben angegebenen Option:

Abbildung D.88 Ausgabe zur Beispieleingabe

Übung UD11

[»]

Zeigen Sie mit einem PHP-Programm aus der Tabelle `fp` der Datenbank `hardware` Festplatten aus bestimmten Preisgruppen an. Die Preisgruppen soll der Benutzer über Radio-Buttons auswählen können (Dateien `ud11.htm` und `ud11.php`). Es gelten die folgenden Preisgruppen:

- bis 100 Euro einschließlich
- ab 100 Euro ausschließlich und bis 135 Euro einschließlich
- ab 135 Euro ausschließlich

Es sollen nur die Angaben zu Hersteller, Typ und Preis geliefert werden. Mit Hilfe eines Kontrollkästchens soll der Benutzer entscheiden können, ob er eine Sortierung der Ausgabe nach Preis wünscht.

Das Formular soll wie folgt aussehen:

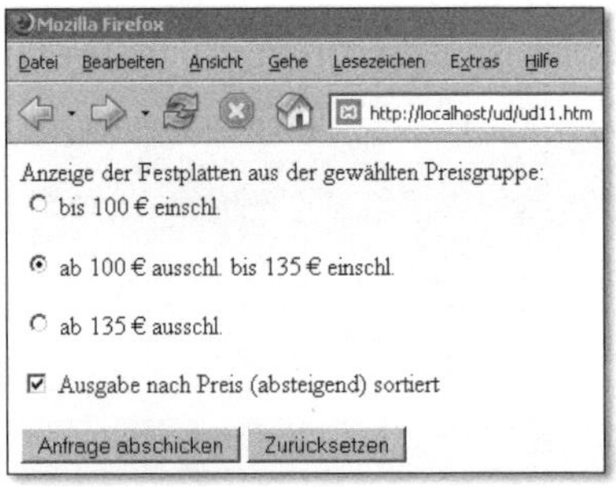

Abbildung D.89 Formular zu Übung UD11

Die Ausgabe zur oben angegebenen Beispieleingabe:

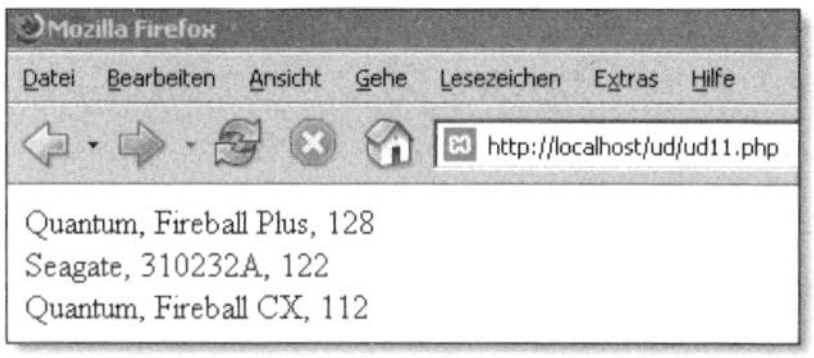

Abbildung D.90 Ergebnis zu Übung UD11

Übung UD12

Zeigen Sie mit einem PHP-Programm aus der oben angegebenen Tabelle nur noch Festplatten eines Herstellers an (Dateien `ud12.htm` und `ud12.php`). Der Benutzer soll den gewünschten Hersteller (`Fujitsu`, `Quantum` oder `Seagate`) über ein Select-Menü auswählen. Die Daten sollen vollständig in Form einer HTML-Tabelle mit einer Überschrift angezeigt werden. [«]

Das Formular soll wie folgt aussehen:

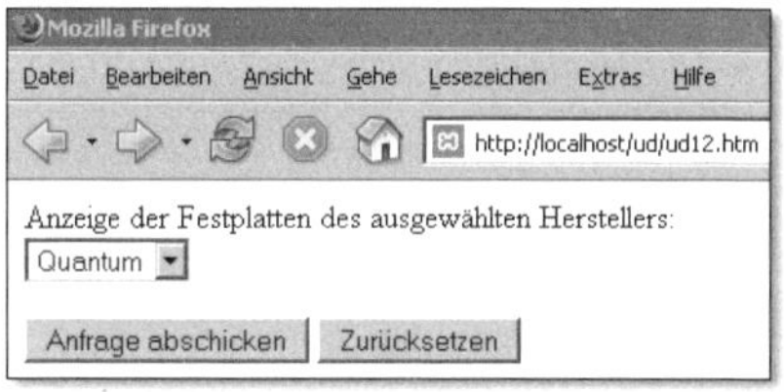

Abbildung D.91 Formular zu Übung UD12

Die Ausgabe zur Beispielauswahl:

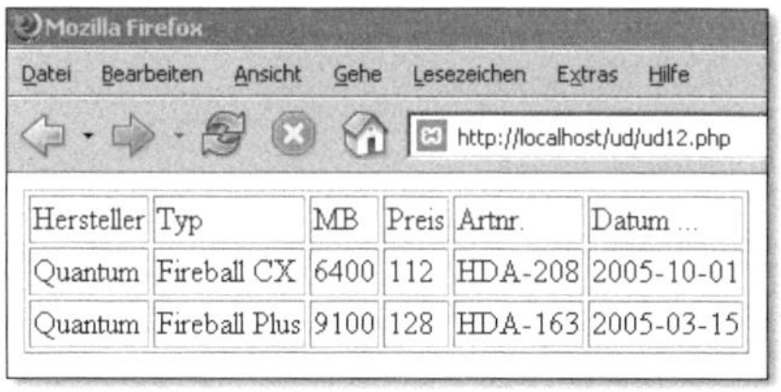

Abbildung D.92 Ergebnis zu Übung UD12

D.2.5 Datensätze erzeugen

Bestimmten Benutzern kann es auch gestattet werden, weitere Datensätze zu erzeugen. Die Berechtigung dazu kann über den Benutzernamen und das Kennwort beim Aufbau der Datenbankverbindung oder über eine zusätzliche Passworteingabe geklärt werden.

Datensätze hinzufügen

Es soll der Einfachheit halber angenommen werden, dass jeder Benutzer Datensätze hinzufügen (und in den nachfolgenden Abschnitten auch ändern und löschen) kann. Es folgt ein Beispiel für eine Eingabeseite, die sich selbst aufruft. Formular und PHP-Programmcode sind also in einer Datei zusammengefasst:

```
<html>

<head>
<?php
   if (isset($_POST["gesendet"]))
   {
      mysql_connect("","root");
      mysql_select_db("firma");

      $sqlab = "insert personen";
      $sqlab .= "(name, vorname, personalnummer,";
      $sqlab .= " gehalt, geburtstag) values ";
      $sqlab .= "('" . $_POST["na"] . "', ";
      $sqlab .= "'" . $_POST["vn"] . "', ";
      $sqlab .= $_POST["pn"] . ", ";
      $sqlab .= $_POST["ge"] . ", ";
      $sqlab .= "'" . $_POST["gt"] . "')";

      mysql_query($sqlab);

      $num = mysql_affected_rows();
      if ($num>0)
      {
         echo "<font color='#00aa00'>";
         echo "Es wurde 1 Datensatz hinzugefügt<p>";
         echo "</font>";
      }
      else
      {
         echo "<font color='#ff0000'>";
         echo "Es ist ein Fehler aufgetreten, ";
         echo "es wurde kein Datensatz hinzugefügt<p>";
         echo "</font>";
      }
   }
?>
</head>
```

```
<body>
Geben Sie einen vollständigen Datensatz ein<br>
und senden Sie das Formular ab:
<form action = "ud13.php" method = "post">
    <input name="na"> Name<p>
    <input name="vn"> Vorname<p>
    <input name="pn"> Personalnummer (eine ganze Zahl)<p>
    <input name="ge"> Gehalt (Nachkommastellen mit Punkt)<p>
    <input name="gt"> Geburtsdatum
                      (in der Form JJJJ-MM-TT)<p>
    <input type="submit" name="gesendet">
    <input type="reset">
</form>

Alle Datensätze <a href="ud07.php">anzeigen</a>
</body>
</html>
```

Listing D.11 Datei ud13.php

Innerhalb des Programms wird zunächst festgestellt, ob es sich um den ersten Aufruf handelt oder um eine weitere Eingabe. Dazu wird dem Absende-Button ein Name gegeben (hier: `gesendet`). Als Folge dieser Namensgebung existiert ab dem zweiten Aufruf des Programms das Feldelement `$_POST["gesendet"]`. Zu Beginn wird mit Hilfe der Abfrage `if (isset($_POST["gesendet"]))` festgestellt, ob es das Feldelement gibt.

Beim ersten Aufruf der Datei trifft dies noch nicht zu. Daher wird das PHP-Programm nicht weiter ausgeführt. Bei einem späteren Aufruf der Datei existiert das Feldelement, daher wird das PHP-Programm weiter ausgeführt.

insert ... into

Die SQL-Anweisung `insert` dient zum Erzeugen von Datensätzen, sie wird (wie die `select`-Anweisung) mit Hilfe von `mysql_query()` gesendet. Die Angaben hinter `values` entsprechen den Namen der Formular-Elemente. Auf die Hochkommata für Zeichenketten oder Datumsangaben muss besonders geachtet werden.

mysql_affected_rows()

Die Funktion `mysql_affected_rows()` kann bei Aktionsabfragen eingesetzt werden. Unter den Begriff Aktionsabfragen fallen alle Abfragen zum Erzeugen (wie hier), Ändern und Löschen von Datensätzen. Die Funktion ermittelt die Anzahl der von der Aktion betroffenen (= *affected*) Datensätze.

In diesem Falle muss nur geprüft werden, ob diese Anzahl größer als `0` war. Ist dies der Fall, so war die Aktion erfolgreich, und der Benutzer wird über den Erfolg informiert. Ein unvollständiger oder falsch eingetragener Datensatz führt dazu, dass er nicht hinzugefügt wird. Falls ein Datensatz mit einer Personalnummer eingegeben wird, die bereits vorhanden ist, führt dies auch zu einem Fehler. Im Fehlerfall wird der Benutzer über den Misserfolg informiert.

Innerhalb des Formulars gibt es fünf Eingabefelder für die Inhalte der fünf Datenbankfelder. Ihre Namen werden im PHP-Programm verwendet. Nach dem Formular folgt ein Hyperlink auf das PHP-Programm, das zur Auflistung aller Datensätze führt. Auf diese Weise kann man sich bei Bedarf schnell über die eingetragenen Werte informieren.

Hier das Formular beim ersten Aufruf und mit einem zu speichernden Datensatz:

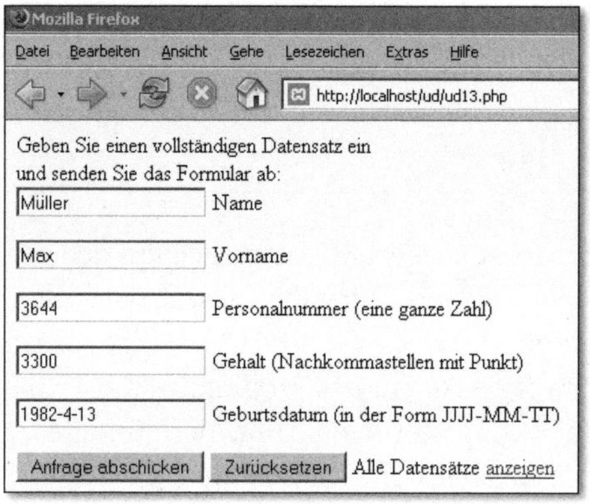

Abbildung D.93 Erster Aufruf

Nach dem Absenden und erfolgreichen Eintragen sieht es so aus:

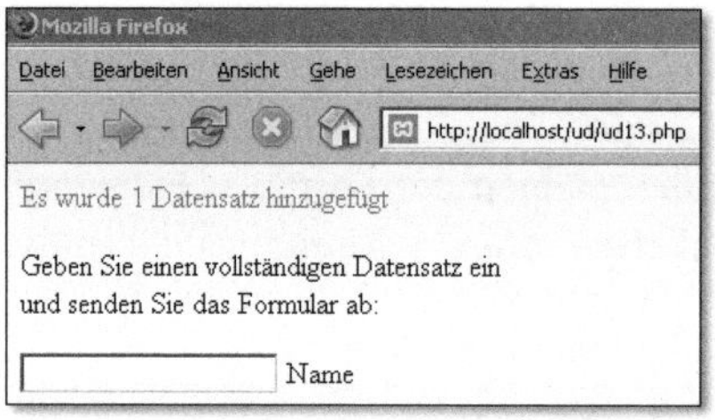

Abbildung D.94 Nach dem Eintragen

Anmerkung: Während der Testphase möchten Sie deutlich sehen, wie sich der erste Aufruf und weitere Aufrufe voneinander unterscheiden. Ein Aktualisieren der Datei im Browser führt nicht zu einem neuen ersten Aufruf, sondern zur Wiederholung des letzten Aufrufs. Wechseln Sie daher zu einer anderen Seite und anschließend wieder zurück zur Seite `ud13.php`, dies erzeugt einen neuen ersten Aufruf.

Übung UD14

[«]

Ermöglichen Sie mit einem PHP-Programm das Hinzufügen von Datensätzen zu der Tabelle `fp` der Datenbank `hardware` (Datei `ud14.php`).

Das Formular soll wie folgt aussehen:

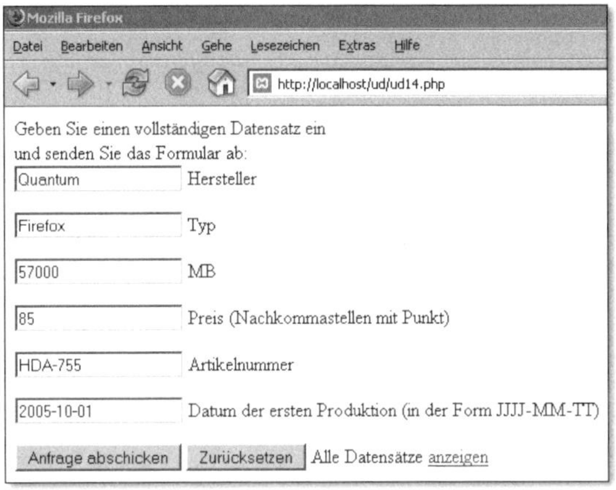

Abbildung D.95 Formular zu Übung UD14

D.2.6 Änderung mehrerer Datensätze

Datensätze ändern

Beim Ändern von Datensätzen sollte man sich genau überlegen, welche Änderungen bei welchen Datensätzen vorgenommen werden sollen. Handelt es sich um eine Änderung bei genau einem Datensatz, der eventuell einen falschen Eintrag hat, oder soll eine ganze Gruppe von Datensätzen durch eine Änderung aktualisiert werden? Beide typischen Vorgänge sollen an Beispielen gezeigt werden.

Nehmen wir an, dass auf Grund eines günstigen Geschäftsverlaufs die Gehälter aller Mitarbeiter um **fünf Prozent** erhöht werden sollen. Die folgende HTML-Datei stellt zwei Möglichkeiten zur Verfügung:

- Die Erhöhung soll durchgeführt werden (Aufruf des PHP-Programms über einen Hyperlink).
- Alle Datensätze sollen zur Kontrolle angezeigt werden.

```
<html>
<body>
Alle Gehälter um 5 % <a href = "ud15.php">erhöhen</a><p>
Alle Datensätze <a href = "ud07.php">anzeigen</a>
```

```
</body>
</html>
```

Listing D.12 Datei ud15.htm

Das Formular:

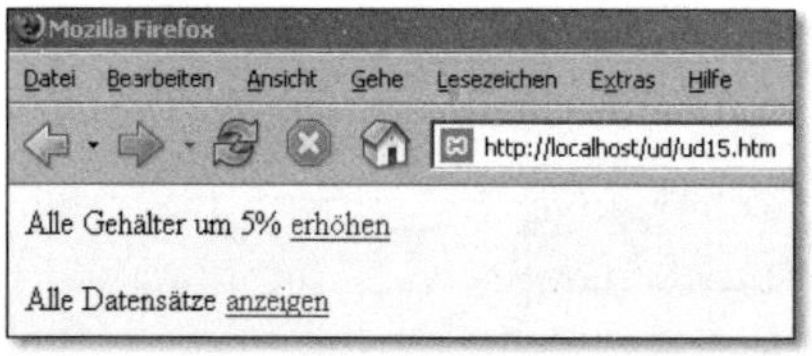

Abbildung D.96 Änderung aller Datensätze

Beim Aufruf des PHP-Programms wird die Änderung jedes Mal (!) durchgeführt:

```
<html>
<body>
<?php
   mysql_connect("","root");
   mysql_select_db("firma");

   $sqlab = "update personen set gehalt = gehalt * 1.05";
   mysql_query($sqlab);

   $num = mysql_affected_rows();
   echo "Es wurden $num Datensätze geändert<p>";
?>
Alle Datensätze <a href="ud07.php">anzeigen</a>
</body>
</html>
```

Listing D.13 Datei ud15.php

update ... set

Der Inhalt des Feldes `gehalt` wird mit Hilfe der SQL-Anweisung `update` bei allen Datensätzen verändert. Es wird der alte Wert genommen und mit dem Faktor `1.05` multipliziert. Das Ergebnis wird als neuer Wert in die Datenbank geschrieben.

D.2.7 Änderung eines bestimmten Datensatzes

Datensatz auswählen und ändern

Zur Veränderung eines einzelnen Datensatzes benötigt man eine Identifizierung des betreffenden Datensatzes. Diese ist mit einem eindeutigen

Index innerhalb einer Tabelle gegeben. Es empfiehlt sich folgende Vorgehensweise für eine komfortable Benutzerführung bei einer Änderung:

- Dem Benutzer werden alle Datensätze angezeigt.
- Er wählt aus, welchen er ändern möchte.
- Dieser Datensatz wird zur Veränderung in einem Formular angezeigt.
- Der Benutzer gibt die Änderungen ein.
- Er lässt sie durchführen.

In der Tabelle `personen` liegt der eindeutige Index auf dem Feld `personalnummer`. Die beschriebene Vorgehensweise wird an einem Beispiel in folgenden Dateien realisiert:

- Datei `ud16a.php` zur Anzeige aller Datensätze und Auswahl
- Datei `ud16b.php` zur Anzeige eines Datensatzes und Eingabe der Änderungen
- Datei `ud16c.php` zur Durchführung der Änderungen

Anzeige und Auswahl

Zunächst die Anzeige aller Datensätze in Tabellenform, mit Radio-Buttons zur Auswahl eines bestimmten Datensatzes:

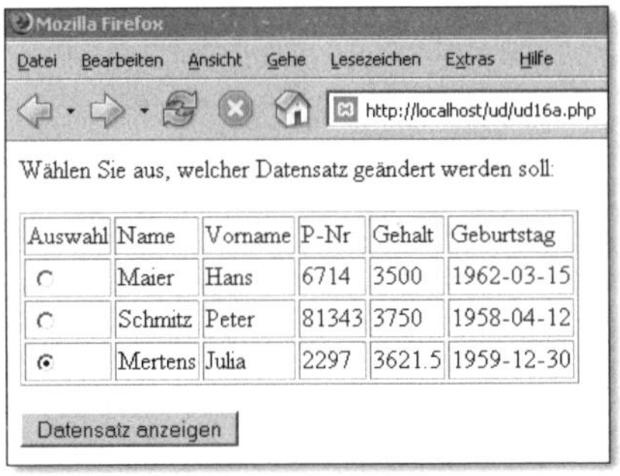

Abbildung D.97 Auswahlformular

Der Programmcode:

```
<html>
<body>

Wählen Sie aus, welcher Datensatz geändert werden soll:<p>
<form action = "ud16b.php" method = "post">

<?php
   mysql_connect("","root");
```

```
    mysql_select_db("firma");

    $res = mysql_query("select * from personen");
    $num = mysql_num_rows($res);

    // Tabellenbeginn
    echo "<table border>";

    // Überschrift
    echo "<tr> <td>Auswahl</td> <td>Name</td>";
    echo "<td>Vorname</td> <td>P-Nr</td>";
    echo "<td>Gehalt</td> <td>Geburtstag</td> </tr>";

    while ($dsatz = mysql_fetch_assoc($res))
    {
       echo "<tr>";
       echo "<td><input type='radio' name='auswahl'";
       echo " value='" . $dsatz["personalnummer"] . "'></td>";
       echo "<td>" . $dsatz["name"] . "</td>";
       echo "<td>" . $dsatz["vorname"] . "</td>";
       echo "<td>" . $dsatz["personalnummer"] . "</td>";
       echo "<td>" . $dsatz["gehalt"] . "</td>";
       echo "<td>" . $dsatz["geburtstag"] . "</td>";
       echo "</tr>";
    }

    // Tabellenende
    echo "</table>";
?>

   <p>
   <input type="submit" value="Datensatz anzeigen">
</form>

</body>
</html>
```

Listing D.14 Datei ud16a.php

Zusätzlich zur bisher bekannten Tabelle gibt es eine Spalte mit Radio-Buttons. Diese Radio-Buttons bilden eine Optionsgruppe, da sie alle den gleichen Namen (`auswahl`) haben. Als Wert der Radio-Buttons wird die jeweilige Personalnummer verwendet. Der Benutzer wählt über den Radio-Button einen Datensatz aus. Die Personalnummer des ausgewählten Datensatzes wird beim Absenden an die Datei `ud16b.php` übermittelt.

Anzeige eines Datensatzes

Der ausgewählte Datensatz wird mit allen Daten innerhalb eines Formulars angezeigt. Es folgt der Programmcode:

```
<html>
<body>
<?php
if (isset($_POST["auswahl"]))
{
   mysql_connect("","root");
   mysql_select_db("firma");

   $sqlab = "select * from personen where";
   $sqlab .= " personalnummer = " . $_POST["auswahl"];
   $res = mysql_query($sqlab);
   $dsatz = mysql_fetch_assoc($res);

   echo "Führen Sie die Änderungen durch,<p>";
   echo "betätigen Sie anschließend den Button<p>";
   echo "<form action = 'ud16c.php' method = 'post'>";

   echo "<input name='nn' value='" . $dsatz["name"]
        . "'> Nachname<p>";
   echo "<input name='vn' value='" . $dsatz["vorname"]
        . "'> Vorname<p>";
   echo "<input name='pn' value='" . $_POST["auswahl"]
        . "'> Personalnummer<p>";
   echo "<input name='ge' value='" . $dsatz["gehalt"]
        . "'> Gehalt<p>";
   echo "<input name='gt' value='"
        . $dsatz["geburtstag"] . "'> Geburtstag<p>";
   echo "<input type='hidden' name='oripn' value='"
        . $_POST["auswahl"] . "'>";

   echo "<input type='submit' ";
   echo "value='Änderungen in Datenbank speichern'><p>";
   echo "<input type='reset'>";
   echo "</form>";
}
else
   echo "Es wurde kein Datensatz ausgewählt<p>";
?>
</body>
</html>
```

Listing D.15 Datei ud16b.php

Falls ein Datensatz ausgewählt wurde, wird die Auswahl des Datensatzes mit Hilfe des übermittelten Feldelements `$_POST["auswahl"]` durchgeführt. Das Ergebnis umfasst genau einen Datensatz. Die aktuellen Inhalte der Felder aus diesem Datensatz werden innerhalb der Eingabefelder des Formulars angezeigt. Dabei ist besonders auf die einfachen Hochkommata zu achten:

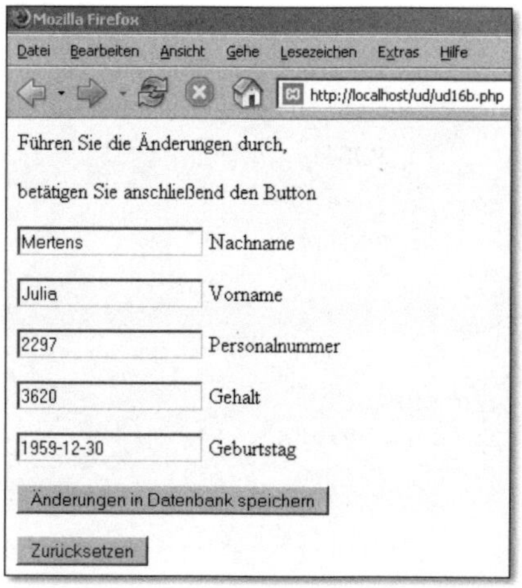

Abbildung D.98 Anzeige des Datensatzes (mit Änderung)

Der Benutzer kann die Inhalte teilweise oder insgesamt ändern, auch die Personalnummer. Beim Absenden werden die geänderten Inhalte der Eingabefelder an die Datei `ud16c.php` übermittelt.

Gleichzeitig wird der Inhalt eines weiteren, versteckten Formularfeldes (`oripn`) mit der Original-Personalnummer übermittelt, die zur eindeutigen Identifizierung benötigt wird. Falls der Benutzer die Personalnummer geändert hat, stünde diese Original-Information anderenfalls nicht mehr zur Verfügung.

Durchführung der Änderung

Nachfolgend wird die Änderung durchgeführt und bestätigt:

Abbildung D.99 Bestätigung der Änderung

Der Programmcode sieht wie folgt aus:

```
<html>
<body>
<?php
   mysql_connect("","root");
   mysql_select_db("firma");

   $sqlab = "update personen set name = '"
      . $_POST["nn"] . "',";
   $sqlab .= " vorname = '" . $_POST["vn"] . "',";
   $sqlab .= " personalnummer = " . $_POST["pn"] . ",";
   $sqlab .= " gehalt = " . $_POST["ge"] . ",";
   $sqlab .= " geburtstag = '" . $_POST["gt"] . "'";
   $sqlab .= " where personalnummer = "
      . $_POST["oripn"];

   mysql_query($sqlab);

   $num = mysql_affected_rows();
   if ($num>0)
      echo "Der Datensatz wurde geändert<p>";
   else
      echo "Der Datensatz wurde nicht geändert<p>";
?>
Zurück zur <a href="ud16a.php">Auswahl</a>
</body>
</html>
```

Listing D.16 Datei ud16c.php

Die SQL-Anweisung `update` führt die Änderung mit den neuen Inhalten durch. Die Identifizierung des zu ändernden Datensatzes erfolgt über die Original-Personalnummer. Falls die Änderung nicht durchgeführt werden konnte (zum Beispiel bei Eingabe einer bereits vorhandenen Personalnummer) wird dies gemeldet. Der Benutzer kann in jedem Fall über den Hyperlink zurück zum Anfang, um weitere Datensätze zu ändern.

update ... set

D.2.8 Datensätze löschen

Beim Löschen von Datensätzen sollte man noch genauer als beim Ändern aufpassen, welche Datensätze betroffen sind. Zum Löschen eines einzelnen Datensatzes benötigt man (wie beim Ändern) eine Identifizierung des betreffenden Datensatzes über den eindeutigen Index.

Datensatz auswählen und löschen

Es empfiehlt sich folgende Vorgehensweise für eine sichere Benutzerführung bei einer Löschung:

- Dem Benutzer werden alle Datensätze angezeigt.
- Er wählt aus, welchen er löschen möchte.
- Er lässt die Löschung durchführen.

Die beschriebene Vorgehensweise wird an einem Beispiel in folgenden Dateien realisiert:

- Datei `ud17a.php` zur Anzeige aller Datensätze und Auswahl
- Datei `ud17b.php` zur Durchführung der Änderungen

Die Datei `ud17a.php` unterscheidet sich nur an drei Stellen von der Datei `ud16a.php`, daher wird sie hier nicht gesondert aufgeführt.

- Im Text oberhalb der Tabelle wird das Wort `geändert` durch `gelöscht` ersetzt.
- Die Aufschrift des Submit-Buttons wird geändert: Datensatz löschen.
- Bei dem aufgerufenen PHP-Programm handelt es sich um die Datei `ud17b.php`.

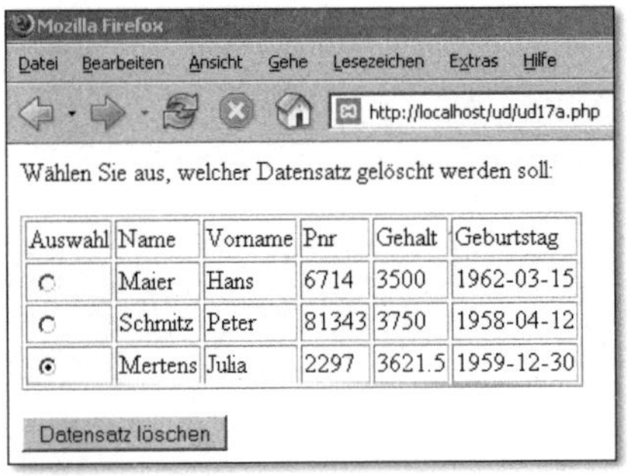

Abbildung D.100 Auswahlformular

Nachfolgend wird die Änderung durchgeführt und bestätigt. Der Programmcode des Löschvorgangs:

```
<html>
<body>

<?php

if (isset($_POST["auswahl"]))
{
   mysql_connect("","root");
   mysql_select_db("firma");

   $sqlab = "delete from personen where";
   $sqlab .= " personalnummer = " . $_POST["auswahl"];
```

```
   mysql_query($sqlab);

   $num = mysql_affected_rows();
   if ($num>0) echo "Der Datensatz wurde gelöscht<p>";
   else        echo "Der Datensatz wurde nicht gelöscht<p>";
}
else
   echo "Es wurde kein Datensatz ausgewählt<p>";

?>

Zurück zur <a href="ud17a.php">Auswahl</a>

</body>
</html>
```

Listing D.17 Datei ud17b.php

Das Feldelement `$_POST["auswahl"]` beinhaltet die Personalnummer des ausgewählten Eintrags. Der (mit `delete`) zu löschende Datensatz kann damit eindeutig identifiziert werden. delete ... from

Abbildung D.101 Bestätigung der Löschung

Falls kein Datensatz ausgewählt wurde, existiert das Feldelement `$_POST["auswahl"]` nicht, und es wird eine entsprechende Meldung angezeigt.

Übung UD18

Ermöglichen Sie (ähnlich wie in `ud16a.php`, `ud16b.php` und `ud16c.php`) mit PHP-Programmen das Ändern von Datensätzen in der Tabelle `fp` der Datenbank `hardware` (Dateien `ud18a.php` bis `ud18c.php`). [«]

Übung UD19

Ermöglichen Sie (ähnlich wie in `ud17a.php` und `ud17b.php`) mit PHP-Programmen das Löschen von Datensätzen in der Tabelle `fp` der Datenbank `hardware` (Dateien `ud19a.php` und `ud19b.php`). [«]

D.2.9 Benutzeroberfläche mit JavaScript und CSS

GUI, JavaScript, CSS

Die in diesem Abschnitt vorgestellten SQL-Anweisungen zum Anzeigen, Erzeugen, Ändern und Löschen von Datensätzen sollen in einem Programm zu einer komfortabel zu bedienenden Benutzeroberfläche für eine Tabelle vereinigt werden. Es werden Hyperlinks mit JavaScript-Code zur Erzeugung dynamischer Abfragen und CSS-Formatierung zur optischen Verbesserung eingesetzt.

Zunächst die Darstellung:

Abbildung D.102 Benutzeroberfläche mit JavaScript und CSS

Die einzelnen Elemente der Darstellung:

- In der ersten Zeile finden sich wie gewohnt die Feldnamen.

neu eintragen

- In der zweiten Zeile stehen fünf leere Eingabefelder zum Eintragen der Daten eines neuen Datensatzes bereit. Nach dem Eintragen kann der Hyperlink `neu eintragen` betätigt werden. Dieser führt zu einer `insert`-Anweisung zum Erzeugen des neuen Datensatzes und zur erneuten Anzeige aller Datensätze.

ändern

- In den darauf folgenden Zeilen stehen die Daten aller Datensätze in Eingabefeldern zum Ändern bereit. Nach dem Ändern der Daten eines bestimmten Datensatzes kann der zugehörige Hyperlink `ändern` betätigt werden. Dieser führt zu einer `update`-Anweisung zum Ändern des Datensatzes und zur erneuten Anzeige aller Datensätze.

löschen

- Falls innerhalb einer Zeile der zugehörige Hyperlink `löschen` betätigt wird, erscheint eine Rückfrage, ob der betreffende Datensatz gelöscht werden soll (siehe Bild unten). Falls diese Rückfrage bestätigt wird, führt dies zu einer `delete`-Anweisung zum Löschen des Datensatzes und zur erneuten Anzeige aller Datensätze.

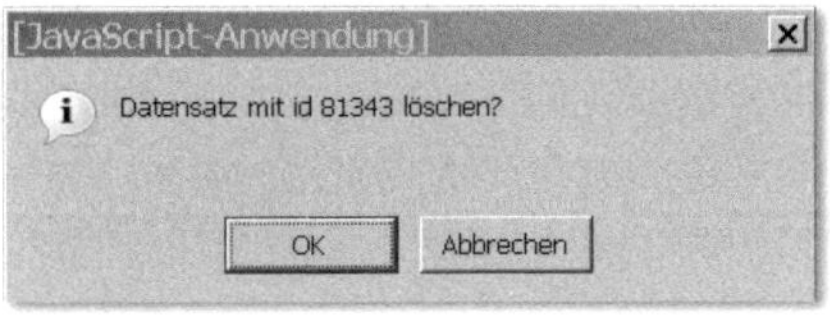

Abbildung D.103 Bestätigung zur Löschung eines Datensatzes

Man kann sich leicht vorstellen, dass dieses Programm (ud20.php) etwas umfangreicher ist. Daher soll es hier in einzelnen Teilen dargestellt und erläutert werden.

CSS-Formatierung

Innerhalb des Dokuments wird eine CSS-Formatierungsdatei benötigt:

```
body,td {font-family:Verdana; font-size:10pt;
         color:#636363; background-color:#c3c3c3}
a:link       {color:#636363}
a:visited    {color:#636363}
a:hover      {color:#636363; background-color:#a3a3a3}
```

Listing D.18 Datei ud20.css

Für den Inhalt des Dokuments und für den Inhalt von Tabellenzellen werden Schriftart, Schriftgröße, Schriftfarbe und Hintergrundfarbe gewählt. Anschließend wird das Verhalten der Hyperlinks eingestellt.

Es folgt Teil 1 des PHP-Programms, der Kopf des Dokuments mit CSS und JavaScript:

```
<html>
<head>
<link rel="stylesheet" type="text/css" href="ud20.css">

<script type="text/javascript">
function send(ak,id)
{
   if(ak==0)
       document.f.ak.value = "in";
   else if(ak==1)
       document.f.ak.value = "up";
   else if(ak==2)
   {
       if (confirm("Datensatz mit id " + id + " löschen?"))
          document.f.ak.value = "de";
       else
          return;
   }
   document.f.id.value = id;
```

```
    document.f.submit();
}
</script>

</head>
```

Listing D.19 Datei ud20.php (Teil 1)

Als Erstes wird die externe CSS-Formatierungsdatei `ud20.css` eingebunden.

JavaScript

Es folgt die JavaScript-Funktion `send()`, die zwei Parameter erwartet und über einen der drei unterschiedlichen Hyperlinks im Dokument aufgerufen wird. Sie dient zum Absenden der Daten, zur Übermittlung der gewünschten Aktion und zur Identifizierung des betroffenen Datensatzes.

Der Parameter `ak` kann einen der drei folgenden Werte annehmen:

- Wert 0: Ein neuer Datensatz soll eingetragen werden.
- Wert 1: Ein Datensatz soll geändert werden.
- Wert 2: Ein Datensatz soll gelöscht werden.

Dieser Wert führt zu einer Zuweisung eines Wertes (`in`, `up` oder `de`) an das versteckte Formularfeld `ak`.

confirm()

Falls ein Datensatz gelöscht werden soll, wird als Rückfrage die vordefinierte JavaScript-Funktion `confirm()` aufgerufen. Falls diese Rückfrage mit `OK` bestätigt wird, liefert die Funktion `confirm()` einen wahren Wert zurück. Falls bei dieser Rückfrage der Button »Abbrechen« betätigt wird, liefert die Funktion `confirm()` einen unwahren Wert zurück, die Funktion `send()` wird abgebrochen und das Formular wird nicht gesendet.

Der Parameter `id` dient zur Identifikation des Datensatzes, falls geändert oder gelöscht werden soll. Sein Wert wird dem versteckten Formularfeld `id` zugewiesen. Anschließend wird das Formular gesendet.

Es folgt Teil 2, das Auslösen einer Aktion:

```
<body>
<?php
   mysql_connect("","root");
   mysql_select_db("firma");

   /* Aktion ausführen */
   if(isset($_POST["ak"]))
   {
      /* neu eintragen */
      if($_POST["ak"]=="in")
```

```
    {
       $sqlab = "insert personen";
       $sqlab .= "(name, vorname, personalnummer,";
       $sqlab .= " gehalt, geburtstag) values ('";
       $sqlab .= $_POST["na"][0] . "', '";
       $sqlab .= $_POST["vo"][0] . "', '";
       $sqlab .= $_POST["pn"][0] . "', '";
       $sqlab .= $_POST["gh"][0] . "', '";
       $sqlab .= $_POST["gb"][0] . "')";
       mysql_query($sqlab);
    }

    /* ändern */
    else if($_POST["ak"]=="up")
    {
       $id = $_POST["id"];
       $sqlab = "update personen set ";
       $sqlab .= "name = '" . $_POST["na"][$id] . "', ";
       $sqlab .= "vorname = '" . $_POST["vo"][$id] . "', ";
       $sqlab .= "personalnummer = '"
                . $_POST["pn"][$id] . "', ";
       $sqlab .= "gehalt = '" . $_POST["gh"][$id] . "', ";
       $sqlab .= "geburtstag = '"
                . $_POST["gb"][$id] . "'";
       $sqlab .= " where personalnummer = $id";
       mysql_query($sqlab);
    }

    /* löschen */
    else if($_POST["ak"]=="de")
    {
       $sqlab = "delete from personen where
                personalnummer = " . $_POST["id"];
       mysql_query($sqlab);
    }
}
```

Listing D.20 Datei ud20.php (Teil 2)

Nach der Aufnahme der Verbindung und der Wahl der Datenbank wird untersucht, ob das Feldelement `$_POST["ak"]` existiert. Dies ist beim ersten Aufruf des Dokuments noch nicht der Fall, daher wird der folgende Block übergangen. Falls das Dokument erneut aufgerufen wurde, weil eine der drei genannten Aktionen ausgelöst wurde, so existiert das Feldelement `$_POST["ak"]` und kann untersucht werden:

neu eintragen

- Falls neu eingetragen werden soll (`if($_POST["ak"]=="in")`), wird die SQL-Anweisung `insert` zusammengesetzt. Dabei werden die Werte der

Formular-Elemente aus der zweiten Zeile (direkt unter der Überschrift) genommen. Diese haben die Namen `na[0]`, `vo[0]` usw., sie werden also als Elemente eines zweidimensionalen Feldes an das PHP-Programm übermittelt.

ändern

- Falls ein Datensatz geändert werden soll (`if($_POST["ak"]=="up")`), wird die SQL-Anweisung `update` zusammengesetzt. Dabei werden die Werte der Formular-Elemente aus der betreffenden Zeile genommen. Bei einem Datensatz, dessen Personalnummer `4711` ist, haben diese Formular-Elemente die Namen `na[4711]`, `vo[4711]` usw., sie sind für PHP ebenso Elemente des zweidimensionalen Feldes. Der Datensatz wird über den Wert des Feldelements `$_POST["id"]` identifiziert, der in dem versteckten Formular-Element übermittelt wurde.

löschen

- Falls ein Datensatz gelöscht werden soll (`if($_POST["ak"]=="de")`), so wird die SQL-Anweisung `delete` zusammengesetzt. Der Datensatz wird ebenso über den Wert des Feldelements `$_POST["id"]` identifiziert.

Es folgt Teil 3, der Beginn der Anzeige:

```
/* Formular-Beginn */
echo "<form name='f' action='ud20.php' method='post'>";
echo "<input name='ak' type='hidden'>";
echo "<input name='id' type='hidden'>";

/* Tabellen-Beginn */
echo "<table border>"
  . "<tr>"
  . "<td>Name</td>"
  . "<td>Vorname</td>"
  . "<td>Pnr</td>"
  . "<td>Gehalt</td>"
  . "<td>Geb.</td>"
  . "<td>Aktion</td>"
  . "</tr>";

/* Neuer Eintrag */
echo "<tr>"
  . "<td><input name='na[0]' size='10'></td>"
  . "<td><input name='vo[0]' size='10'></td>"
  . "<td><input name='pn[0]' size='10'></td>"
  . "<td><input name='gh[0]' size='10'></td>"
  . "<td><input name='gb[0]' size='10'></td>"
  . "<td><a href='javascript:send(0,0);'>"
  . "neu eintragen</a></td>"
  . "</tr>";
```

Listing D.21 Datei ud20.php (Teil 3)

Das Formular ruft sich selbst auf und beinhaltet die beiden versteckten Formular-Elemente ak und id, die von der genannten JavaScript-Funktion ihre Werte erhalten. Es folgt die Tabellenüberschrift.

Die erste Zeile mit den Eingabefeldern für einen neuen Datensatz wird zusammengesetzt. Die Felder erhalten die Namen na[0], vo[0] usw. Die Inhalte werden für die SQL-Anweisung insert benötigt.

Der Hyperlink neu eintragen löst den Aufruf der JavaScript-Funktion send() aus. Der erste Parameter ist 0, dies setzt den Wert des versteckten Formular-Elements ak auf in. Der zweite Parameter ist für diesen Aufruf unwichtig, muss aber besetzt werden, da die Funktion zwei Parameter erwartet.

Es folgt Teil 4, die Ausgabe der Datensätze:

```
   /* Anzeigen */
   $res = mysql_query("select * from personen");

   /* Alle vorhandenen Datensätze */
   while ($dsatz = mysql_fetch_assoc($res))
   {
      $id = $dsatz["personalnummer"];
      echo "\n<tr>"
        . "<td><input name='na[$id]' value='"
        .  $dsatz["name"] . "' size='10'></td>"
        . "<td><input name='vo[$id]' value='"
        .  $dsatz["vorname"] . "' size='10'></td>"
        . "<td><input name='pn[$id]' value='"
        .  $dsatz["personalnummer"] . "' size='10'></td>"
        . "<td><input name='gh[$id]' value='"
        .  $dsatz["gehalt"] . "' size='10'></td>"
        . "<td><input name='gb[$id]' value='"
        .  $dsatz["geburtstag"] . "' size='10'></td>"
        . "<td><a href='javascript:send(1,$id);'>ändern</a>"
        . " <a href='javascript:send(2,$id);'>
             löschen</a></td>"
        . "</tr>";
   }

   echo "</table></form>";
?>
</body>
</html>
```

Listing D.22 Datei ud20.php (Teil 4)

Nach Durchführung der Aktion sollen alle aktuellen, vorhandenen Datensätze angezeigt werden. Dies betrifft auch die neuen beziehungsweise geänderten, ohne die gelöschten Datensätze. Dazu dient die SQL-Anweisung `select`.

Innerhalb der Schleife, bei der jeweils ein Datensatz ausgegeben wird, erhält die Variable `$id` den Wert der Personalnummer des aktuellen Datensatzes. Diese Variable wird zur Indizierung der verschiedenen Felder von Formular-Elementen und für den Aufruf der JavaScript-Funktionen benötigt.

In der darauf folgenden Ausgabe der `input`-Elemente werden bei einem Datensatz, dessen Personalnummer `4711` ist, diese Formular-Elemente `na[4711]`, `vo[4711]` usw. genannt. Sie sind damit für PHP Elemente eines numerisch indizierten Feldes. Die aktuellen Werte jedes Datensatzes werden als Inhalt der `input`-Elemente eingetragen.

Auf jeden Datensatz folgen zwei Hyperlinks. Sie rufen jeweils die JavaScript-Funktion `send()` auf. Der erste Parameter hat den Wert `1` (für `ändern`) beziehungsweise `2` (für `löschen`). Der zweite Parameter hat den Wert der Personalnummer, im obigen Beispiel also `4711`. Jeder Hyperlink `ändern` beziehungsweise `löschen` ist also individuell und dient zur Übermittlung eigener Daten. Beim MS Internet Explorer kann man sich davon leicht überzeugen: Das Hyperlink-Ziel wird beim Überfahren in der Statuszeile des Browsers angezeigt.

D.2.10 Ein Datenbank-Browser

alle Datenbanken und Tabellen

In diesem Abschnitt wird ein Projekt, das aus zwei Programmen besteht, vorgestellt und beschrieben, mit dessen Hilfe die Strukturen und Inhalte aller aktuell vorhandenen Datenbanken unter MySQL übersichtlich dargestellt werden können.

- Zum einen können Sie dieses Programm von der CD kopieren (Dateien `ud21.php` und `ud22.php`) und als Übersichts-Tool während der Bearbeitung und Programmierung der eigenen Datenbanken nutzen.
- Zum anderen werden viele MySQL-Funktionen, und zwar sowohl bekannte als auch bisher unbekannte, hier nicht nur an einem kleinen Beispiel gezeigt, sondern im Zusammenspiel innerhalb eines größeren Projekts.

alle Daten

Innerhalb des ersten Programms werden die Strukturen der Datenbanken ermittelt und ausgegeben. Im zweiten Programm werden bei Bedarf die Inhalte der ausgewählten Tabelle dargestellt.

Struktur aller Datenbanken

Die Ausgabe der Struktur aller Datenbanken ist natürlich umfangreich. Hier wird beispielhaft nur ein Ausschnitt gezeigt, nämlich die Struktur der Datenbank `firma`. Zunächst die linke Hälfte:

Datenbank 9: firma 1 Tabelle		
Tabelle 9 / 1 : personen 5 Felder, 3 Datensätze	ansehen	Feldname:
Feld 9 / 1 / 1 :		name
Feld 9 / 1 / 2 :		vorname
Feld 9 / 1 / 3 :		personalnummer
Feld 9 / 1 / 4 :		gehalt
Feld 9 / 1 / 5 :		geburtstag

Abbildung D.104 Datenbank firma, linke Hälfte der Anzeige

Feldname:	Feldtyp:	Feldlänge:	Feldflags:
name	string	30	
vorname	string	25	
personalnummer	int	11	not_null primary_key
gehalt	real	22	
geburtstag	date	10	binary

Abbildung D.105 Datenbank firma, rechte Hälfte der Anzeige

Die einzelnen Teile des ersten Programms sind zur besseren Übersicht nummeriert und werden anschließend erläutert:

```
<html>
<body>
<?php
   /* 1: Verbindung aufnehmen */
   $con = mysql_connect("","root");

   /* 2: Liste der Datenbanken */
   $dbresult = mysql_list_dbs($con);

   /* 3: Anzahl der Datenbanken, Überschrift */
   $numdbs = mysql_num_rows($dbresult);
   echo "<h3 align='center'>MySQL, Informationen über ";
   echo "Struktur und Inhalt aller $numdbs vorhandenen ";
   echo "Datenbanken</h3>";

   /* 4: Schleife über alle Datenbanken */
   for ($d=0; $d<$numdbs; $d++)
   {
```

```
/* 5: Nummer und Name der Datenbank */
$dp = $d+1;
$dbname = mysql_result($dbresult, $d);

/* 6: Datenbank auswählen */
mysql_select_db($dbname);

/* 7: Liste der Tabellen der akt. Datenbank */
$tabresult = mysql_list_tables($dbname);

/* 8: Anzahl der Tabellen */
$numtabs = mysql_num_rows($tabresult);
if ($numtabs==1) $tabtext = "Tabelle";
else $tabtext = "Tabellen";

/* 9: Tabelle beginnen, Überschrift */
echo "<table border width='100 %'>";
echo "<tr><td colspan='6' bgcolor='#c3c3c3'>";
echo "<b>Datenbank $dp: $dbname</b><br>";
echo "$numtabs $tabtext</td></tr>";

/* 10: Schleife über alle Tabellen */
for ($t=0; $t<$numtabs; $t=$t+1)
{
   /* 11: Nummer und Name der Tabelle */
   $tp = $t+1;
   $tabname = mysql_result($tabresult, $t);

   /* 12: Liste der Felder der akt. Tabelle */
   $fdresult = mysql_list_fields($dbname, $tabname);

   /* 13: Anzahl der Felder */
   $numfds = mysql_num_fields($fdresult);
   if ($numfds==1) $fdtext = "Feld";
   else $fdtext = "Felder";

   /* 14: Anzahl der Datensätze */
   $dataresult = mysql_query(
      "select * from " . $tabname);
   $numdata = mysql_num_rows($dataresult);
   if ($numdata==1) $datatext = "Datensatz";
   else $datatext = "Datensätze";

   /* 15: Anzeigebutton */
   if ($numdata==0) $ft = " ";
   else
   {
```

```
            $ft = "<form action='ud22.php' method='post'>";
            $ft .= "<input type='hidden' name='dbname' ";
            $ft .= "value=$dbname><input type='hidden' ";
            $ft .= "name='tabname' value='$tabname'>";
            $ft .= "<input type='submit' value='ansehen'>";
            $ft .= "</form>";
         }

         /* 16: Tabelle der Felder, Überschrift */
         echo "<tr><td width='25 %' bgcolor='#c3c3c3'>";
         echo "Tabelle $dp / $tp : $tabname<br>$numfds ";
         echo "$fdtext, $numdata $datatext</td>";
         echo "<td width='15 %' align='center' ";
         echo "bgcolor='#c3c3c3'>$ft</td>";
         echo "<td width='12 %' bgcolor='#c3c3c3'>";
         echo "Feldname:</td><td width='12 %' ";
         echo "bgcolor='#c3c3c3'>Feldtyp:</td>";
         echo "<td width='12 %' bgcolor='#c3c3c3'>";
         echo "Feldlänge:</td><td width='24 %' ";
         echo "bgcolor='#c3c3c3'>Feldflags:</td></tr>";

         /* 17: Schleife über alle Felder */
         for ($f=0; $f<$numfds; $f=$f+1)
         {
            /* 18: Feldname, -typ, -länge und -flags */
            $fp = $f+1;
            $fdname  = mysql_field_name ($fdresult, $f);
            $fdtype  = mysql_field_type ($fdresult, $f);
            $fdlen   = mysql_field_len  ($fdresult, $f);
            $fdflags = mysql_field_flags($fdresult, $f);

            if (!$fdflags) $fdflags = " ";

            /* 19: Ausgabe der Feldinformationen */
            echo "<td colspan='2'>Feld $dp / $tp / $fp :";
            echo "</td><td>$fdname</td><td>$fdtype</td>";
            echo "<td>$fdlen</td><td>$fdflags</td></tr>";
         }
      }

      /* 20: Tabelle beenden */
      echo "</table><p>";
   }
?>
</body>
</html>
```

Listing D.23 Datei ud21.php

1. Die Verbindung zur Datenbank wird aufgenommen, Ergebnis ist eine Verbindungskennung.
2. mysql_list_dbs() Mit Hilfe der Funktion `mysql_list_dbs()` wird eine Liste der verfügbaren Datenbanken auf dem Server in `$dbresult` gespeichert.
3. Mit Hilfe der Funktion `mysql_num_rows()` wird die Anzahl der verfügbaren Datenbanken auf dem Server in `$numdbs` gespeichert. Es wird eine Überschrift mit dieser Anzahl ausgegeben.
4. Innerhalb einer `for`-Schleife wird jede einzelne Datenbank bearbeitet.
5. Eine laufende Nummer für die Datenbank wird ermittelt. Mit Hilfe der Funktion `mysql_result()` wird bei jedem Schleifendurchlauf der Name der aktuellen Datenbank in `$dbname` gespeichert.
6. Es wird mit der Funktion `mysql_select_db()` die aktuelle Datenbank ausgewählt.
7. mysql_list_tables() Mit Hilfe der Funktion `mysql_list_tables()` wird eine Liste der Tabellen, die sich innerhalb der aktuellen Datenbank befinden, in `$tabresult` gespeichert.
8. Mit Hilfe der Funktion `mysql_num_rows()` wird die Anzahl der Tabellen, die sich innerhalb der aktuellen Datenbank befinden, in `$numtabs` gespeichert.
9. Die Ausgabe der Struktur der aktuellen Datenbank in Form einer HTML-Tabelle wird begonnen. Es werden der Name der Datenbank und die Anzahl der Tabellen ausgegeben.
10. Innerhalb einer `for`-Schleife wird jede einzelne Tabelle der aktuellen Datenbank bearbeitet.
11. Eine laufende Nummer für die Tabelle wird ermittelt. Mit Hilfe der Funktion `mysql_result()` wird bei jedem Schleifendurchlauf der Name der aktuellen Tabelle in `$tabname` gespeichert.
12. mysql_list_fields() Mit Hilfe der Funktion `mysql_list_fields()` wird eine Liste der Felder, die sich innerhalb der aktuellen Tabelle befinden, in `$fdresult` gespeichert.
13. mysql_num_fields() Mit Hilfe der Funktion `mysql_num_fields()` wird die Anzahl der Felder, die sich innerhalb der aktuellen Tabelle befinden, in `$numfds` gespeichert.
14. Mit Hilfe der Funktionen `mysql_query()` und `mysql_num_rows()` wird die Anzahl der Datensötze, die sich innerhalb der aktuellen Tabelle befinden, in `$numdata` gespeichert.
15. Falls es Datensätze innerhalb der Tabelle gibt, soll ein Button dargestellt werden. Zur Anzeige aller Datensätze kann dieser Button betätigt werden, es wird dann das zweite Programm des Projekts aufgerufen. Beim

Aufruf werden der Name der Datenbank und der Name der Tabelle als versteckte Formular-Elemente an das ausführende Programm übermittelt.

16. Die Ausgabe der Struktur der aktuellen Tabelle wird begonnen. In einer Kopfzeile werden ausgegeben: Nummer und Name der Tabelle, Anzahl der Felder, Anzahl der Datensätze, eventuell der Anzeige-Button für die Datensätze und die vier Feldeigenschaften.
17. Innerhalb einer `for`-Schleife wird jedes einzelne Feld der aktuellen Tabelle bearbeitet.
18. Eine laufende Nummer für das Feld wird ermittelt. Mit Hilfe der vier Funktionen `mysql_field_name()`, `mysql_field_type()`, `mysql_field_len()` und `mysql_field_flags()` werden bei jedem Schleifendurchlauf die Werte der vier Feldeigenschaften in `$fdname`, `$fdtype`, `$fdlen` und `$fdflags` gespeichert.

mysql_field_name(), mysql_field_type(), mysql_field_len(), mysql_field_flags()

19. Es werden die laufende Nummer des Feldes und die gesammelten Feldeigenschaften ausgegeben.
20. Nach Beendigung der beiden inneren Schleifen wird die HTML-Tabelle zur Ausgabe einer Datenbank beendet.

Inhalt aller Datenbanken:

Falls man im oben angegebenen Programm den Button `anzeigen` für die Datenbank `firma` betätigt, ergibt sich das folgende Bild:

Abbildung D.106 Anzeige der Inhalte

Das zweite Programm zur Darstellung der Inhalte der ausgewählten Tabelle beinhaltet keine neu hinzugekommenen Funktionen:

```
<html>
<body>
<?php
   /* Verbindung aufnehmen */
```

```
$con = mysql_connect("","root");

/* Datenbank auswählen */
mysql_select_db($_POST["dbname"]);

/* Datensätze ermitteln */
$dataresult = mysql_query(
               "select * from " . $_POST["tabname"]);

/* Anzahl der Datensätze ermitteln */
$numdata = mysql_num_rows($dataresult);

/* Überschrift ausgeben */
echo "<h3>Datenbank " . $_POST["dbname"] . "</h3>";
echo "<h4>Tabelle " . $_POST["tabname"] . "</h4>";
echo "$numdata Datensätze:<p>";

/* Felder ermitteln */
$fdresult = mysql_list_fields(
             $_POST["dbname"], $_POST["tabname"]);

/* Anzahl der Felder ermitteln */
$numfds = mysql_num_fields($fdresult);

/* Tabelle beginnen, alle Feldnamen ausgeben */
echo "<table width='100 %' border><tr>";
for ($f=0; $f<$numfds; $f++)
{
   $fdname[$f] = mysql_field_name ($fdresult, $f);
   echo "<td bgcolor='#c3c3c3'>$fdname[$f]</td>";
}

echo "</tr>";

/* Schleife über alle Datensätze */
for ($i=0; $i<$numdata; $i++)
{
   echo "<tr>";

   /* Schleife über alle Felder */
   for ($f=0; $f<$numfds; $f++)
   {
      /* Feldinhalt ermitteln, ausgeben*/
      $data = mysql_result($dataresult, $i, $fdname[$f]);
      if ($data=="") $data = " ";
      echo "<td>$data</td>";
   }
   echo "</tr>";
```

```
   }

   echo "</table>";
?>
</body>
</html>
```

Listing D.24 Datei ud22.php

Beim Aufruf wurden der Name der Datenbank (`$dbname`) und der Name der Tabelle (`$tabname`) als versteckte Formular-Elemente (`hidden`) an dieses Programm übermittelt. Es werden alle Datensätze aus allen Feldern der Tabelle ausgewählt, die Ergebniskennung ist `$dataresult`.

Die Anzahl der Felder wird mit Hilfe der Funktion `mysql_num_fields()` in `$fdresult` gespeichert. Jedem Feld soll die gleiche Ausgabebreite in der HTML-Tabelle gegeben werden. Der Wert für die Breite wird ermittelt und in `$avwidth` gespeichert.

Während der Ausgabe sollte darauf geachtet werden, dass leere Einträge aus der Datenbank in der HTML-Tabelle mit einem expliziten Leerzeichen (` `) abgebildet werden.

D.3 MySQL-Datenbanken publizieren

Datenbanken ins Internet

In Abschnitt C.6, *PHP-Programme publizieren*, wurde bereits beschrieben, wie man seine PHP-Programme im Internet zur Benutzung bereitstellt. Sollen diese Programme auf Informationen aus MySQL-Datenbanken zugreifen, so müssen diese Informationen ebenfalls auf der Website bereitgestellt werden. Voraussetzung ist natürlich, dass man beim Provider ein Paket ausgewählt hat, das auch eine MySQL-Datenbank zur dynamischen Generierung von datenbankbasierten Seiten beinhaltet.

Provider, Zugangsinformationen

Auf diese Datenbank hat nur der Entwickler Zugriff. Sie liegt auf einem Datenbank-Server bereit. Der Provider stellt dem Entwickler neben den Zugangsdaten zum Konfigurationsmenü der Website und für den FTP-Zugang die Zugangsinformationen zur Datenbank zur Verfügung. Diese umfassen den Namen des Datenbank-Servers (`Host Name`), die Benutzerkennung (`User ID`) und das Passwort.

Häufig besteht nicht die Möglichkeit, eigene Datenbanken auf dem Datenbank-Server anzulegen. Es wird nur eine einzelne Datenbank mit einem festgelegten Namen bereitgestellt, in der eigene Tabellen erzeugt werden können. Der Name dieser Datenbank wird ebenfalls vom Provider übermittelt.

Es gibt zwei Möglichkeiten, Struktur und Daten von Tabellen auf einen Datenbank-Server im Internet zu transferieren:

PHPMyAdmin im Internet

- Man installiert und benutzt PHPMyAdmin auf der Website im Internet. Dies sollte in jedem Fall in einem passwortgeschützten Verzeichnis auf der Website geschehen, damit PHPMyAdmin nur von befugten Personen ausgeführt werden kann. Außerdem muss PHPMyAdmin mit den Datenbank-Zugangsdaten passend konfiguriert werden.

Programme zum Erstellen der Tabellen

- Man erstellt eigene PHP-Programme, die sich der SQL-Anweisungen `create table` und `insert` bedienen, und führt diese Programme auf der Website im Internet aus. Dies sollte aus den gleichen Gründen in einem geschützten Verzeichnis erfolgen. Die Programme sollten per Programmcode gesichert werden, damit Tabellen nicht versehentlich überschrieben werden können. Falls keine Möglichkeit zum Verzeichnisschutz existiert, sollten die Programme unmittelbar nach der Benutzung wieder gelöscht werden.

Beide Alternativen sollen nachfolgend am Beispiel der Tabelle `personen` aus der Datenbank `firma` beschrieben werden.

Verzeichnisschutz

Die Erzeugung eines Verzeichnisschutzes wird über das Konfigurationsmenü des Providers ermöglicht. Man wird selten den direkten Zugang zur Konfigurationsdatei des Webservers im Internet haben.

Die Aufnahme der Verbindung zu einer MySQL-Datenbank im Internet setzt außerdem bestimmte Modifikationen in den zugehörigen PHP-Programmen voraus. Diese sollen zunächst erläutert werden.

D.3.1 Verbindung aufnehmen

Die Funktion `mysql_connect()` stellt die Verbindung zu einem Datenbank-Server her. Bisher wurde diese Verbindung ohne die Parameter für Datenbank-Server (`Host Name`), Benutzerkennung (`User ID`) und Passwort vorgenommen, da der Datenbank-Server über `localhost` erreichbar war und keine Einschränkung der Benutzerrechte vorgenommen wurde.

Bei einer Datenbank, die auf dem Datenbank-Server eines Providers im Internet liegt, ist dies natürlich anders. Der Datenbank-Server ist nur einer von vielen bei dem Provider, jeder DB-Server hat seinen eigenen Namen. Jeder Kunde, dem eine Datenbank bei diesem Provider zur Verfügung steht, hat einen eigenen Benutzernamen und ein Passwort.

mysql_connect()

Der Aufruf der Funktion zur Verbindungsaufnahme lautet dann zum Beispiel:

```
mysql_connect("dbxyz.meinprovider.de","meinname",
              "meinpasswort")
```

Der Name der Datenbank ist meist auch vorbestimmt und kann nicht frei gewählt werden. Die Anweisung zur Auswahl einer Datenbank lautet dann zum Beispiel:

```
mysql_select_db("db987654")
```

Damit nun nicht alle PHP-Programme, die auf die Datenbank zugreifen, für den Einsatz im Internet geändert werden müssen, empfiehlt sich folgende Vorgehensweise:

- Die beiden Anweisungen zur Verbindungsaufnahme und zur Auswahl einer Datenbank werden in eine `include`-Datei ausgelagert, zum Beispiel in `connect.inc.php`.
- Es werden zwei Versionen der Datei erstellt, eine für den Einsatz während der Entwicklung, die andere für den Einsatz im Internet. Am besten legt man die letztgenannte in ein geschütztes Verzeichnis. Dadurch sind die Kundendaten und Passwörter zusätzlich abgesichert.
- In den PHP-Programmen wird die `include`-Datei zu Beginn, das heißt vor dem ersten Datenbankzugriff, eingebunden.

Ein Beispiel für ein Programm, das sowohl lokal als auch im Internet die Felder `name` und `vorname` für alle Datensätze der Tabelle `personen` ausliest:

```
<html>
<body>
<?php
   include "ud23connect.inc.php";
   $res = mysql_query("select * from personen");
   while ($dsatz = mysql_fetch_assoc($res))
   {
      echo $dsatz["name"] . ", "
         . $dsatz["vorname"] . "<br>";
   }
?>
</body>
</html>
```

Listing D.25 Datei ud23.php

Die `include`-Datei auf dem lokalen Rechner:

```
<?php
   mysql_connect("","root");
```

```
    mysql_select_db("firma");
?>
```

Listing D.26 Datei ud23connect.inc.php (lokal)

Ein Beispiel für die `include`-Datei auf dem Server im Internet:

```
<?php
mysql_connect("dbxyz.meinprovider.de", "meinname",
              "meinpasswort");
mysql_select_db("db987654");
?>
```

Listing D.27 Datei ud23connect.inc.php (im Internet)

Es ist lediglich zu beachten, dass die Tabelle `personen` im Internet in der Datenbank `db987654` liegt und lokal in der Datenbank `firma`. Man könnte es sich sogar noch leichter machen, indem man die lokale Datenbank in `db987654` umbenennt.

D.3.2 Export einer Tabelle

Dump erzeugen

Bei beiden Alternativen zum Kopieren einer Tabelle auf einen Datenbank-Server im Internet muss zunächst die betreffende Tabelle aus PHPMyAdmin heraus exportiert werden. Oberhalb der Tabellenstrukturansicht gelangt man über den Hyperlink `Exportieren` zu der Seite, auf der man einen so genannten Dump, das heißt eine Exportversion der Tabelle, erzeugen kann.

Gemäß der Grundeinstellung werden das Format SQL, die Struktur und die Daten ausgewählt:

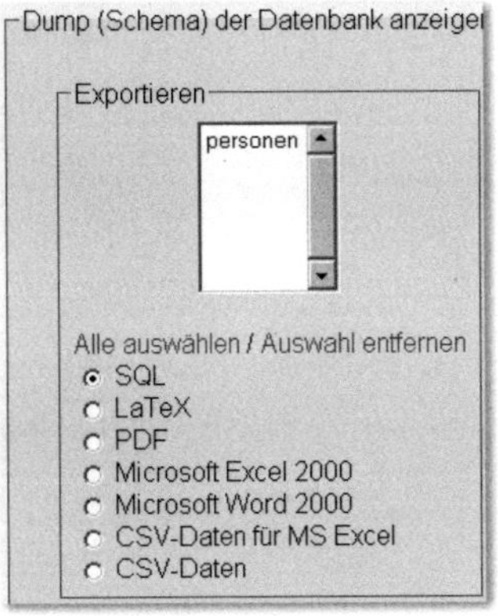

Abbildung D.107 SQL-Dump

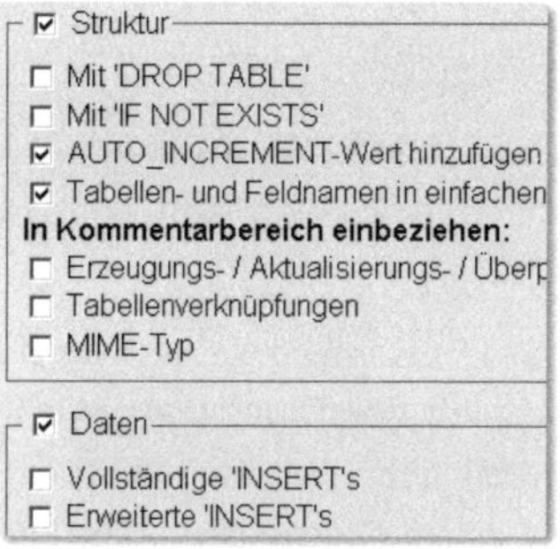

Abbildung D.108 Inhalt des Dumps: Struktur und Daten

Es erscheint das Ergebnis. Im oberen Teil stehen einige Kommentare, der untere Teil beinhaltet die wichtigen Anweisungen:

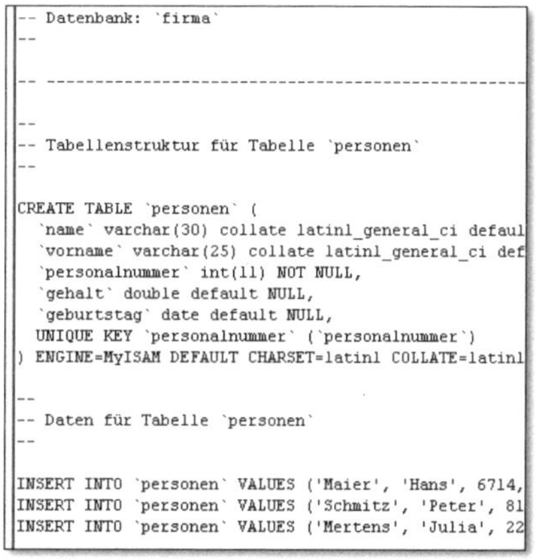

```
-- Datenbank: `firma`
--

-- --------------------------------------------------------

--
-- Tabellenstruktur für Tabelle `personen`
--

CREATE TABLE `personen` (
  `name` varchar(30) collate latin1_general_ci defaul
  `vorname` varchar(25) collate latin1_general_ci def
  `personalnummer` int(11) NOT NULL,
  `gehalt` double default NULL,
  `geburtstag` date default NULL,
  UNIQUE KEY `personalnummer` (`personalnummer`)
) ENGINE=MyISAM DEFAULT CHARSET=latin1 COLLATE=latin1

--
-- Daten für Tabelle `personen`
--

INSERT INTO `personen` VALUES ('Maier', 'Hans', 6714,
INSERT INTO `personen` VALUES ('Schmitz', 'Peter', 81
INSERT INTO `personen` VALUES ('Mertens', 'Julia', 22
```

Abbildung D.109 Ergebnis des Dumps

Dabei handelt es sich um die SQL-Anweisungen

- zum Erzeugen der Struktur der Tabelle und
- zum Erzeugen der Datensätze der Tabelle.

Diese Anweisungen können

- in die Zwischenablage kopiert werden, um sie unmittelbar mit PHPMy-Admin zu benutzen, oder
- in eine Datei kopiert, verändert beziehungsweise angepasst und gespeichert werden, um ein eigenes PHP-Programm zu erstellen.

D.3.3 PHPMyAdmin im Internet

Die Installation von PHPMyAdmin sollte, wie bereits erwähnt, in einem zuvor über ein Passwort geschützten Verzeichnis auf der Website geschehen, damit das Programm nur von befugten Personen ausgeführt werden kann.

config.inc.php Zur Konfiguration der Zugangsdaten muss die Datei `config.inc.php` im Installationsverzeichnis editiert werden. Innerhalb der Datei können die Zugangsdaten zu mehreren Datenbank-Servern im zweidimensionalen Feld `$cfgServers` gespeichert werden (mehr zu zweidimensionalen Feldern in Kapitel F, *Weitere Themen*).

Man legt am besten eine Kopie der Datei `config.inc.php` an. In dieser Kopie werden einige Elemente des genannten Feldes verändert. Zunächst die entsprechenden Elemente im Original-Zustand:

```
/**
 * Server(s) configuration
 */
$i = 0;
// The $cfg['Servers'] array starts wit
// $cfg['Servers'][0]. You can disable
// to ''. If you want more than one se
// (including $i incrementation) serve
// full server array, just define valu
$i++;
$cfg['Servers'][$i]['host']            =
$cfg['Servers'][$i]['port']            =
$cfg['Servers'][$i]['socket']          =
$cfg['Servers'][$i]['connect_type']    =
$cfg['Servers'][$i]['extension']       =
$cfg['Servers'][$i]['compress']        =

$cfg['Servers'][$i]['controluser']     =

$cfg['Servers'][$i]['controlpass']     =




$cfg['Servers'][$i]['auth_type']       =
$cfg['Servers'][$i]['user']            =
$cfg['Servers'][$i]['password']        =

$cfg['Servers'][$i]['only_db']         =
```

Abbildung D.110 Server-Konfigurationsdaten in config.inc.php

Die Veränderungen:

- `$cfgServers[1]["host"]` wird der Name des vom Provider genannten Datenbank-Servers zugewiesen.
- `$cfgServers[1]["user"]` wird die Benutzerkennung zugewiesen.
- `$cfgServers[1]["password"]` wird das Passwort zugewiesen.
- `$cfgServers[1]["only_db"]` wird der Name der Datenbank zugewiesen.

Alle Dateien des PHPMyAdmin-Verzeichnisses (außer der Datei `config.inc.php`) werden per FTP-Programm in das geschützte Verzeichnis auf der Website übertragen. Anschließend wird die veränderte Kopie der Datei `config.inc.php` übertragen und auf der Website wieder umbenannt. Diese Vorgehensweise hat den Vorteil, dass man auf dem lokalen Webserver nichts überschreibt.

Sobald PHPMyAdmin installiert ist, kann der Export einer Tabelle leicht durchgeführt werden:

- Man erzeugt auf dem lokalen Webserver einen Dump der gewünschten Tabelle (siehe den vorherigen Abschnitt).
- Den unteren Teil mit den SQL-Anweisungen kopiert man in die Zwischenablage.
- Anschließend ruft man im PHPMyAdmin auf der Website im Internet die Datenbankstrukturansicht auf und betätigt den Hyperlink SQL.
- Im Eingabefenster fügt man den Inhalt der Zwischenablage ein und lässt die Befehle ausführen. Damit ist die Tabelle erstellt.

[+]
drop table

Hinweis: Man kann den Dump zur Sicherheit ohne `DROP TABLE` erzeugen lassen. Dies hat den Vorteil, dass eine bereits existierende Tabelle nicht versehentlich überschrieben werden kann, sondern dass in diesem Falle eine Fehlermeldung erfolgt:

Dump kopieren

Es ist auch leicht möglich, Veränderungen an Struktur und Daten vorzunehmen, bevor sie übernommen werden sollen. Ein Beispiel: Es kann vorkommen, dass die Tabelle im Internet einen anderen Namen haben soll als auf dem lokalen Server. Dazu erzeugt man den Dump, kopiert ihn über die Zwischenablage in das Textfenster eines Editors, ändert dort den Namen der Tabelle per »Suchen und Ersetzen«, kopiert den Dump wiederum über die Zwischenablage in das SQL-Fenster von PHPMyAdmin und lässt den Befehl ausführen.

D.3.4 Ein eigenes PHP-Programm schreiben

create table, insert

Die im Folgenden beschriebene Methode dient dazu, zu einem beliebigen Zeitpunkt sowohl während der Entwicklung auf der lokalen Website als auch auf der Website im Internet die Struktur und gegebenenfalls die Basisdaten einer Tabelle zu erzeugen:

Das Erstellen eines eigenen PHP-Programms beinhaltet

- den Export einer Tabelle, wie weiter oben beschrieben,
- das Speichern der Anweisungen in einer PHP-Datei und
- das Einbetten der SQL-Anweisungen in MySQL-Funktionen.

Das Folgende sind die SQL-Anweisungen des Beispiels aus Abschnitt D.3.2, *Export einer Tabelle*, als PHP-Programm umgeschrieben:

```
<html>
<body>

<?php
   include "ud23connect.inc.php";

   $sqlab = "drop table if exists " . $_GET["tname"];
   echo "$sqlab<p>";
   mysql_query($sqlab);

   $sqlab = "create table " . $_GET["tname"]
    . "(name varchar(30),"
    . " vorname varchar(25),"
    . " personalnummer int(11),"
    . " gehalt double,"
    . " geburtstag date,"
    . " unique key personalnummer (personalnummer)"
    . " )";
   echo "$sqlab<p>";
   mysql_query($sqlab);

   $sqlab = "insert ". $_GET["tname"] . " values"
    . " ('Maier', 'Hans', 6714, '3500', '1962-03-15');";
   echo "$sqlab<br>";
   mysql_query($sqlab);

   $sqlab = "insert ". $_GET["tname"] . " values"
    . " ('Schmitz', 'Peter', 81343, '3750', '1958-04-12');";
   echo "$sqlab<br>";
   mysql_query($sqlab);

   $sqlab = "insert ". $_GET["tname"] . " values"
    . " ('Mertens', 'Juli', 2297, '3621.5', '1959-12-30');";
   echo "$sqlab<br>";
   mysql_query($sqlab);
?>
</body>
</html>
```

Listing D.28 Datei ud24.php

Das PHP-Programm setzt die richtige `connect`-Datei voraus, wie es in Abschnitt D.3.1, *Verbindung aufnehmen*, beschrieben wird. Auf dem lokalen Webserver sollte diese Datei folgenden Inhalt haben:

```
<?php
   mysql_connect();
   mysql_select_db("firma");
?>
```

Das obige Programm ist per Programmcode gesichert. Falls nur der Name des PHP-Programms aufgerufen wird (http://localhost/ud/ ud24.php), führt keiner der Aufrufe der Funktion mysql_query() zum Erfolg, da die Variable $tname unbekannt ist. Die Tabelle wird weder gelöscht noch neu erzeugt.

Daten an URL anhängen

Falls dagegen weitere Informationen über den URL gesendet werden, hier http://localhost/ud/ud24.php?tname=personen, wird der Variablen $tname der Wert personen zugewiesen. Die Tabelle personen wird gelöscht und neu erzeugt:

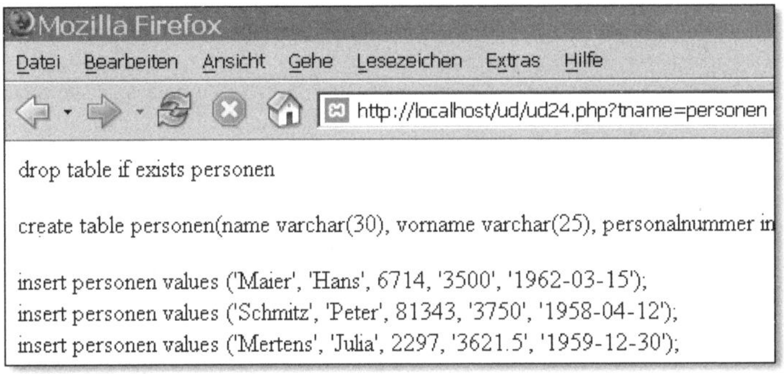

Abbildung D.111 Erzeugen von Tabelle und Datensätzen

Zur Kontrolle werden alle SQL-Anweisungen ausgegeben. Bei der genannten Methode hat man den Vorteil, der Tabelle leicht einen anderen Namen geben zu können. Falls keine Möglichkeit zum Verzeichnisschutz existiert, sollte dennoch auch dieses Programm unmittelbar nach der Benutzung auf der Website im Internet wieder gelöscht werden.

Wesentliche Neuerungen von PHP 4 zu PHP 5 ergeben sich im Bereich der objektorientierten Programmierung (OOP). Dieses Kapitel ist besonders für den fortgeschrittenen Programmierer geeignet. Ein Einsteiger kann es zunächst übergehen. Den Abschluss dieses Kapitels bildet ein umfangreicheres Beispiel für die Anwendung der Objektorientierung.

E Objektorientierung in PHP 5

E.1 Was ist objektorientierte Programmierung?

OOP

Die objektorientierte Programmierung (OOP) bietet zusätzliche Möglichkeiten zum verbesserten Aufbau und zur vereinfachten Wartung und Erweiterung von Programmen. Mit Hilfe der Objektorientierung wird versucht, die Objekte aus der realen Welt und ihre Interaktion miteinander »originalgetreu« abzubilden.

Klassen und Objekte

Man erschafft so genannte Klassen, in denen die Eigenschaften von Objekten und die Funktionen, die auf diese Objekte angewendet werden können (so genannte Methoden), festgelegt werden. Man hat nun die Möglichkeit, viele verschiedene Objekte dieser Klassen zu erzeugen, den Eigenschaften unterschiedliche Werte zuzuweisen und die Methoden anzuwenden. Die Definitionen aus der Klasse und die zugewiesenen Werte begleiten diese Objekte über ihren gesamten »Lebensweg« hinweg während der Dauer des Programms. Objekte werden auch Instanzen (einer Klasse) genannt.

Ein Beispiel: Es wird die Klasse `Fahrzeug` erschaffen, in der Eigenschaften und Methoden von verschiedenen Fahrzeugen bestimmt werden können. Ein Fahrzeug hat unter anderem die Eigenschaften `Bezeichnung`, `Geschwindigkeit` und `Fahrtrichtung`. Außerdem kann man ein Fahrzeug beschleunigen und lenken. Innerhalb eines Programms können viele unterschiedliche Fahrzeuge erschaffen und eingesetzt werden.

Vererbung

Klassen können ihre Eigenschaften und Methoden außerdem vererben. Sie dienen in diesem Zusammenhang als **Basisklasse**, ihre Erben nennt man **abgeleitete Klassen**. Dadurch kann die Definition von ähnlichen Objekten, die über eine Reihe von gemeinsamen Eigenschaften und Methoden verfügen, vereinfacht werden.

Ein Beispiel: Es werden die Klassen `PKW` und `LKW` erschaffen. Beide Klassen sind von der Basisklasse `Fahrzeug` abgeleitet und erben alle Eigenschaften und Methoden. Zusätzlich verfügen sie über eigene Eigenschaften und Methoden, die bei der jeweiligen Klasse besonders wichtig sind. Ein PKW hat zum Beispiel eine bestimmte Anzahl an Insassen, und man kann einsteigen und aussteigen. Ein LKW hat zum Beispiel eine Ladung, und man kann ihn beladen beziehungsweise entladen.

[+] Hinweis: Die in diesem Abschnitt dargestellten Programme sind ein Kompromiss, denn die Vorteile der objektorientierten Programmierung sind erst bei größeren Programmierprojekten erkennbar. Bei einem kleineren Problem fragt man sich vielleicht, warum man für dieses geringfügige Ergebnis ein solch aufwendiges beziehungsweise umständliches Programm schreiben soll. Anhand der hier vorliegenden Programme kann man sich allerdings die Prinzipien der objektorientierten Programmierung erschließen, ohne den Überblick zu verlieren.

E.2 Änderungen in PHP5

Zend Engine

PHP 4 basiert auf der Zend Engine 1, PHP 5 auf der Zend Engine 2. Das Objektmodell, das heißt die interne Behandlung von Objekten, hat sich bei der Zend Engine 2 grundsätzlich geändert. Es ist sehr stark von dem Objektmodell in Java beeinflusst. Durch die Änderung ergeben sich eine höhere Sicherheit, zusätzliche Möglichkeiten und eine bessere Performance der PHP-Programme. Bei der Übergabe eines Objekts wird es nicht mehr vollständig kopiert, sondern es wird nur noch ein Handle zur Identifizierung des Objekts übergeben.

Anhand der folgenden Beispiele werden die Vorzüge der OOP und die Besonderheiten in PHP 5 erläutert.

E.3 Klassen und Objekte

Eigenschaften und Methoden

Als Beispiel wird die Klasse `Fahrzeug` definiert. Zunächst verfügt ein Objekt dieser Klasse nur über die Eigenschaft `geschwindigkeit` und die Methoden `beschleunigen()` und `ausgabe()`. Die Methode `ausgabe()` soll dazu dienen, den Anwender über den aktuellen Zustand des jeweiligen Fahrzeugs zu informieren.

Zunächst die Klassendefinition:

```
/* Definition der Klasse Fahrzeug */
class Fahrzeug
{
   private $geschwindigkeit = 0;  /* Eigenschaft */

   function beschleunigen($wert)  /* Methode */
   {
             $this->geschwindigkeit += $wert;
   }

         function ausgabe()             /* Methode */
{
      echo "Geschwindigkeit: "
. "$this->geschwindigkeit<br>";
   }
}
```

Listing E.1 Datei ue01.php (Klassendefinition)

Zur Erläuterung:

- Die Definition der Klasse wird eingeleitet vom Schlüsselwort `class`, gefolgt vom Namen der Klasse. Anschließend folgt die eigentliche Definition. **class**
- Die `private` (Erläuterung siehe Abschnitt E.3.1, *Private, protected und public*) Eigenschaft `geschwindigkeit` wird definiert und auf den Wert `0` gesetzt. Eigenschaften können auf diese Weise nur mit konstanten Werten initialisiert werden. Zur Initialisierung sollten Konstruktoren (siehe Abschnitt E.4, *Konstruktor*) verwendet werden.
- Die Methoden sind Funktionen, die nur innerhalb der Klasse gelten. Sie werden mit Hilfe des Schlüsselworts `function` definiert. Methoden können wie Funktionen Parameter haben. **function**
- Methoden werden für ein bestimmtes Objekt aufgerufen (siehe unten im Hauptprogramm). Innerhalb der Methode ist daher bekannt, um welches Objekt es sich handelt. »Dieses Objekt«, also das »aktuelle Objekt« wird über `$this->` angesprochen. Dabei wird dem Namen der Eigenschaft kein weiteres `$` (Dollarzeichen) vorangestellt! **$this->**
- Die Methode `beschleunigen()` hat einen Parameter: den Wert für die Änderung der Geschwindigkeit. Innerhalb der Methode wird dieser Wert genutzt, um die Eigenschaft des Objekts zu ändern.
- Die Methode `ausgabe()` hat keinen Parameter. Sie dient zur Ausgabe der Geschwindigkeit des Objekts.

Bisher beinhaltete das Programm nur eine Klassendefinition, es führte noch nichts aus. Das vollständige Programm folgt noch.

E.3.1 private, protected und public

In PHP 5 wird das Prinzip der Kapselung eingeführt, das auch aus anderen OOP-Sprachen bekannt ist. Man kann die Sichtbarkeit von Eigenschaften und Methoden über die Schlüsselwörter `public`, `protected` und `private` festlegen.

private

- `private`: Private Eigenschaften und Methoden sind nur innerhalb der Klassendefinition erreichbar. Dies wird häufig auf Eigenschaften, seltener auf Methoden angewandt. Bei einem Zugriff auf eine private Eigenschaft oder Methode außerhalb der eigenen Klassendefinition tritt ein Fehler auf. Man nennt private Eigenschaften oder Methoden auch gekapselt.

protected

- `protected`: Protected Eigenschaften und Methoden sind nur innerhalb der Klasse erreichbar, innerhalb der sie erzeugt wurden, und in davon abgeleiteten Klassen (siehe Abschnitt E.8, *Vererbung*). Man spricht auch von einem eingeschränkten Zugriff.

public

- `public`: Diese Eigenschaften und Methoden sind von überall her erreichbar. Man spricht auch von einem öffentlichen Zugriff.

Vorteil des Kapselungsprinzips: Gekapselte oder eingeschränkt erreichbare Eigenschaften können nicht »versehentlich« an beliebiger Stelle durch den Benutzer der Klasse verändert werden, sondern nur durch Aktionen, die der Klassen-Entwickler definiert und damit »erlaubt« hat.

Analog kann man dies auf Methoden anwenden. Bestimmte Methoden sollen nur intern beziehungsweise innerhalb der Klassenhierarchie genutzt werden und nicht »versehentlich« vom Benutzer der Klasse. Daher können auch sie als `private` oder `protected` gekennzeichnet werden.

[+] Hinweis: Eigenschaften, die mit dem Schlüsselwort `var` (aus PHP 4) deklariert werden, und Methoden, die ohne Schlüsselwort definiert werden, sind automatisch `public`.

E.3.2 Anwendung der Klasse

Im folgenden Hauptprogramm wird die oben genannte Klasse angewendet. Es wird auch ein (nicht erlaubter) Zugriff auf eine private Eigenschaft dargestellt.

```
<html>
<body>
```

```
<?php
/* Definition der Klasse Fahrzeug */
class Fahrzeug
{
   ( . . . Definition siehe oben  . . . )
}

/* Objekte der Klasse Fahrzeug erzeugen */
$vespa = new Fahrzeug();
$scania = new Fahrzeug();

/* Objekt betrachten beziehungsweise verändern */
$vespa->ausgabe();
$vespa->beschleunigen(20);
$vespa->ausgabe();

/* Objekt betrachten */
$scania->ausgabe();

/* Private Eigenschaft, nicht erreichbar */
echo "Private Eigenschaft: . $scania->geschwindigkeit";
?>
</body>
</html>
```

Listing E.2 Datei ue01.php (Hauptprogramm)

Zur Erläuterung:

new

- Im Hauptprogramm werden zunächst (mit Hilfe des Schlüsselwortes `new`) zwei Objekte der Klasse `Fahrzeug` erzeugt, hier mit den Namen `vespa` und `scania`.
- Methoden werden für ein bestimmtes Objekt aufgerufen. Man sagt auch: Eine Methode wird auf ein Objekt angewendet. Eine Methode (oder auch eine Eigenschaft) wird über `Objektname->` angesprochen.
- Die Geschwindigkeit des Objekts `vespa` wird ausgegeben, einmal vor und einmal nach der Beschleunigung. Die Geschwindigkeit des Objekts `scania` wird nur einmal ausgegeben. Zu Beginn, also nach ihrer Erzeugung, haben die Objekte die Geschwindigkeit `0`, wie in der Definition angegeben.
- Es wird versucht, auf die private Eigenschaft `geschwindigkeit` des Objekts `scania` direkt zuzugreifen, und zwar außerhalb der Klassendefinition. Dies ist nicht erlaubt.

Die Ausgabe des Programms:

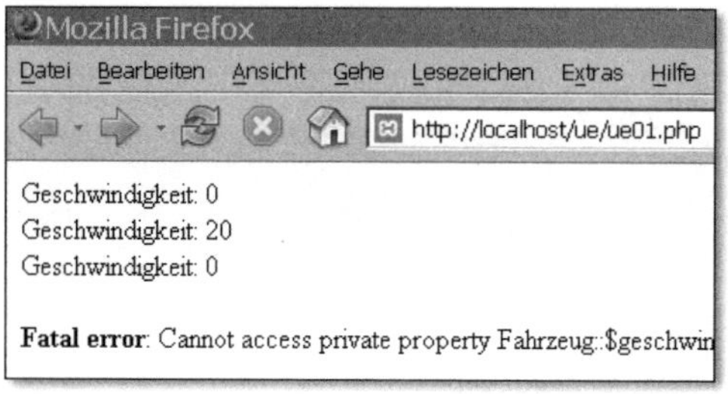

Abbildung E.1 Erstes Programm mit der Klasse fahrzeug

[+] Hinweis: Theoretisch kann man Eigenschaften von Objekten auch erst im Hauptprogramm erzeugen. Es wäre also möglich, im Hauptprogramm des oben gezeigten Programms die Anweisung `$vespa->leistung = 15;` zu notieren. Damit würde das Objekt `$vespa` der Klasse `Fahrzeug` über eine weitere Eigenschaft verfügen. Dies ist allerdings aus zwei Gründen nicht zu empfehlen:

- Es widerspricht dem Gedanken der objektorientierten Programmierung, da die Eigenschaften von Objekten einer Klasse Ergebnis eines Entwurfs sind und zum Zeitpunkt der Definition der Klasse festgelegt sein sollten.
- Ein anderes Objekt der gleichen Klasse verfügt nicht über diese Eigenschaft. Somit ähneln sich die Objekte nicht mehr.

E.4 Konstruktor

__construct()

Es gibt eine besondere Methode, die im Zusammenhang mit einer Klasse definiert werden kann: die Konstruktor-Methode. Sie wird genutzt, um einem Objekt zu Beginn seiner »Lebensdauer« Anfangswerte zuzuweisen. In PHP 5 wird für den Konstruktor der festgelegte Name `__construct()` genutzt (mit zwei Unterstrichen vor dem Wort »construct«).

Die Klasse `Fahrzeug` wird nachfolgend verändert:

- Ein Fahrzeug bekommt neben der Eigenschaft `geschwindigkeit` die Eigenschaft `bezeichnung`.
- Die Klasse beinhaltet eine Konstruktor-Methode zur Festlegung von Anfangswerten für die Eigenschaften `bezeichnung` und `geschwindigkeit`.

Das Programm:

```
<html>
<body>
<?php
/* Definition der Klasse Fahrzeug */
class Fahrzeug
{
   private $geschwindigkeit;
      private $bezeichnung;

public function __construct($bez, $ge)
   {
      $this->bezeichnung = $bez;
      $this->geschwindigkeit = $ge;
   }

   function beschleunigen($wert)
   {
      $this->geschwindigkeit += $wert;
   }

            function ausgabe()
{
echo $this->bezeichnung;
      echo " $this->geschwindigkeit km/h<br>";
   }
}

/* Objekte der Klasse Fahrzeug erzeugen */
$vespa = new Fahrzeug("Vespa Piaggio",25);
$scania = new Fahrzeug("Scania TS 360",62);

/* Objekte betrachten */
$vespa->ausgabe();
$scania->ausgabe();

/* Objekt verändern */
$vespa->beschleunigen(20);
$vespa->ausgabe();
?>
</body>
</html>
```

Listing E.3 Datei ue02.php

Zur Erläuterung:

- Der Methodenname `__construct()` bezeichnet die Konstruktor-Methode für die jeweilige Klasse. Es werden im vorliegenden Fall der Klasse `Fahrzeug` zwei Parameter übergeben. Diese beiden Parameter werden genutzt, um die beiden Eigenschaften mit Anfangswerten zu versorgen.
- Die Methode `ausgabe()` dient zur Ausgabe beider Eigenschaften.
- Es werden zwei Objekte erzeugt. Dabei werden die Anfangswerte an den Konstruktor übergeben, hier die Werte »Vespa Piaggio« und 25 für das Objekt `vespa` und »Scania TS 360« und 62 für das Objekt `scania`.
- Anschließend werden die Eigenschaften der Objekte verändert beziehungsweise ausgegeben.

Die Ausgabe des Programms sieht so aus:

Abbildung E.2 Klasse mit Konstruktor

Konstruktoren werden häufig eingesetzt. Sie ermöglichen eine bewusstere Erzeugung von Objekten. Im Unterschied zu vielen anderen OOP-Sprachen kann in PHP eine Konstruktor-Methode auch explizit aufgerufen werden. Im obigen Programm wäre also eine nachträgliche »Neu-Initialisierung« des Objekts `$vespa` in folgender Form möglich: `$vespa->__construct("Vespa Formosa", 35);`. Der Nutzen einer solchen Vorgehensweise erschließt sich besonders im Zusammenhang mit der Vererbung (siehe dort).

[+] Hinweis: Die Methode `__construct()` ersetzt in PHP 5 den alten Konstruktor von PHP 4 . Dieser hat den Namen der Klasse (hier also: `Fahrzeug()`). Aus Gründen der Abwärtskompatibilität gilt: Sollten beide Konstruktoren parallel existieren, so wird vom Programm nur die Methode `__construct()` benutzt. Sollte nur ein Konstruktor nach der alten Methode (= Name der Klasse) existieren, so wird dieser benutzt.

E.5 Destruktor

In PHP 5 kann der Entwickler einen so genannten Destruktor definieren. Falls der Entwickler keinen eigenen Destruktor definiert, so wird ein Standard-Destruktor aufgerufen.

Beim Destruktor handelt es sich sozusagen um das Gegenstück zum Konstruktor. Es ist eine Methode, die automatisch aufgerufen wird, wenn die Existenz eines Objekts endet.

- Falls ein Objekt im Hauptprogramm erzeugt wurde, stellt das Ende des Hauptprogramms den Zeitpunkt des Destruktoraufrufs dar.
- Falls ein Objekt innerhalb einer Funktion erzeugt wurde, wird der Destruktor am Ende der Funktion aufgerufen.

__destruct()

Die Destruktor-Methode hat den festgelegten Namen `__destruct()` (mit zwei Unterstrichen vor dem Wort »destruct«). Der Sinn eines Destruktors liegt im »Aufräumen«. Es können Aktionen angestoßen, Ressourcen freigegeben oder Informationen, die mit dem speziellen Objekt zusammenhängen, festgehalten werden.

Ein Programm mit einer Klasse, die über einen Konstruktor und einen Destruktor verfügt:

```
<html>
<body>
<?php
class Fahrzeug
{
   private $geschwindigkeit;

   public function __construct($ge)
   {
      $this->geschwindigkeit = $ge;
   }

   public function beschleunigen($wert)
   {
      $this->geschwindigkeit += $wert;
   }

   public function ausgabe()
   {
      echo "Geschwindigkeit: "
         . $this->geschwindigkeit . "<br>";
   }

   public function __destruct()
```

```
    {
        echo "Destruktor<br>";
    }
}

$vespa = new Fahrzeug(20);
$vespa->ausgabe();
$vespa->beschleunigen(30);
$vespa->ausgabe();
?>
</body>
</html>
```

Listing E.4 Datei ue03.php

Die Ausgabe des Programms sieht wie folgt aus:

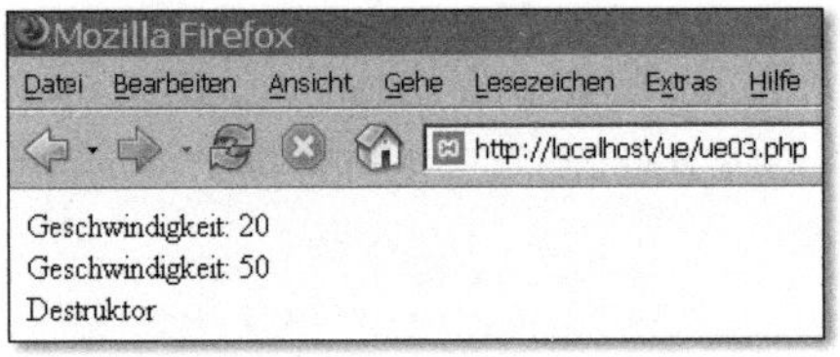

Abbildung E.3 Klasse mit Destruktor

Zur Erläuterung: Es wurde eine eigene Destruktor-Methode definiert. Diese macht im vorliegenden Fall nur eine Ausgabe vom Typ: »Hallo, hier bin ich.« Sie wird am Ende des Hauptprogramms aufgerufen.

[+] Hinweis: Ein Destruktor kann auch explizit aufgerufen werden (hier zum Beispiel mit: `$vespa->__destruct();`). Dies führt dazu, dass der Speicherplatz des Objekts während des Programmlaufs wieder freigegeben wird und anderweitig genutzt werden kann.

E.6 Optionale Parameter

Sowohl Funktionen als auch Methoden können optionale Parameter beinhalten. Man erweitert die Möglichkeiten von Methoden und somit auch der Konstruktor-Methode, falls man optionale Parameter verwendet.

Default-Werte

Optionale Parameter sollten immer am Ende der Parameterreihe stehen. Falls bei einem Methodenaufruf optionale Parameter weggelassen werden, kann dies nur von rechts nach links innerhalb der Parameterreihe geschehen. Es ist nicht möglich, Parameter am Anfang der Reihe wegzulassen und gleichzeitig Parameter am Ende der Reihe anzugeben.

Es bleibt dem Programmierer der Klassendefinition überlassen, ob und in welchem Umfang er alternative Aufrufmöglichkeiten für seine Methoden zur Verfügung stellten möchte. Im folgenden Beispiel werden bei der Konstruktor-Methode optionale Parameter angewendet. Damit können Objekte dieser Klasse auf verschiedene Art und Weise erzeugt werden.

Hinweis: Optionale Parameter eröffnen die einzige Möglichkeit, eine Funktion beziehungsweise Methode auf verschiedene Arten aufzurufen. Die Möglichkeit des Überladens von Methoden, wie aus anderen objektorientierten Sprachen bekannt, gibt es in PHP nicht. [+]

Das Programm:

```
<html>
<body>
<?php
/* Definition der Klasse Fahrzeug */
class Fahrzeug
{
   private $geschwindigkeit;
   private $bezeichnung;

   /* Konstruktor mit optionalen Parametern */
      function __construct($bez = "xxx", $ge = 0)
{
         $this->bezeichnung = $bez;
$this->geschwindigkeit = $ge;
   }

   function beschleunigen($wert)
   {
      $this->geschwindigkeit += $wert;
   }

   function ausgabe()
   {
      echo "Name: $this->bezeichnung, ";
      echo " Geschwindigkeit: " .
             "$this->geschwindigkeit km/h<br>";
}
}

/* Objekte der Klasse Fahrzeug erzeugen */
$vespa = new Fahrzeug("Vespa Piaggio");
$scania = new Fahrzeug("",62);
$jeep = new Fahrzeug("Jeep Cherokee",45);
$hyundai = new Fahrzeug();

/* Objekte betrachten */
$vespa->ausgabe();
```

```
$scania->ausgabe();
$jeep->ausgabe();
$hyundai->ausgabe();
?>
</body>
</html>
```

Listing E.5 Datei ue04.php

Zur Erläuterung:

- Die beiden Parameter der Konstruktor-Methode der Klasse Fahrzeug sind optional, da bei der Definition jeweils bereits ein fester Wert zugewiesen wurde. Für den Parameter `$bez` wird die Zeichenkette »xxx« als Vorgabewert angegeben, für den Parameter `$ge` der Wert 0.
- Somit können bei der Erzeugung von Fahrzeugen kein, ein oder zwei Parameter angegeben werden, wie die Beispiele zeigen.
- Bei der Erzeugung des Objekts `$vespa` wird nur eine Zeichenkette übergeben. Diese wird als erster Parameter der Eigenschaft `bezeichnung` zugewiesen. Der zweite Parameter wird nicht geliefert, daher wird der Vorgabewert 0 übernommen.
- Bei der Erzeugung des Objekts `$scania` werden beide Parameter übergeben, obwohl nur der Wert 62 für die Eigenschaft `geschwindigkeit` zugewiesen werden soll. Falls nur ein Parameter (die Zahl 62) übergeben worden wäre, so wäre dieser (als erster Parameter) der Eigenschaft `bezeichnung` zugewiesen worden. Daher musste als erster Parameter eigens eine leere Zeichenkette übergeben werden. Die Zahl 62 wurde somit zum zweiten Parameter.
- Bei der Erzeugung des Objekts `$jeep` werden beide Parameter mit sinnvollen Werten übergeben.
- Bei der Erzeugung des Objekts `$hyundai` wird kein Parameter übergeben. Beide Eigenschaften werden daher auf die Vorgabewerte (Zeichenkette »xxx« beziehungsweise 0) gesetzt.

Die Ausgabe des Programms sieht so aus:

Abbildung E.4 Konstruktor mit optionalen Parametern

E.7 Handles und Kopien

PHP 5 bietet mehrere Möglichkeiten, auf ein Objekt zuzugreifen. Es bietet auch mehrere Möglichkeiten, ein Objekt zu kopieren. Sowohl eine zweite Zugriffsmöglichkeit auf ein Objekt als auch das Kopieren eines Objekts kann sich während der OOP-Entwicklung als sehr nützlich erweisen.

[+] Hinweis: In diesem Zusammenhang hat sich das Verhalten im Vergleich zu PHP 4 grundsätzlich geändert!

Objekt-Handle

Eine einfache Zuweisung eines Objekts zu einer Variablen erzeugt nur ein zweites Handle auf das gleiche Objekt; es wird kein zweites Objekt erzeugt. Eine Änderung des Objekts über das Original-Handle kann auch bei Benutzung des zweiten Handles festgestellt werden. Eine Änderung über das zweite Handle kann umgekehrt auch bei Benutzung des Original-Handles festgestellt werden.

Das Gleiche gilt bei Übergabe eines Objekts an eine Funktion. Eine Änderung innerhalb der Funktion wirkt sich auf das Original-Objekt aus.

Kopie

Ein Entwickler kann aber auch eine Kopie, das heißt ein zweites Objekt anlegen. Dieses hat zunächst die Eigenschaften und Eigenschaftswerte des Original-Objekts. Es existieren anschließend zwei individuelle Objekte. Die Kopie kann ohne Auswirkungen auf das Original verändert werden und umgekehrt.

__clone()

Dieser Kopiervorgang wird auch Klonen genannt. Dazu wird das Schlüsselwort `clone` benutzt.

- Falls in der Klasse des Objekts eine Methode `__clone()` existiert, so wird diese benutzt (benutzerdefiniertes Klonen). Diese Methode kann nicht direkt aufgerufen werden.
- Falls in der Klasse des Objekts keine Methode dieses Namens existiert, so wird eine PHP-Standardmethode aufgerufen und die Eigenschaftswerte werden vollständig übernommen (vordefiniertes Klonen).

In den drei folgenden Programmen sollen diese Zusammenhänge verdeutlicht werden.

E.7.1 Vordefiniertes Klonen

Zunächst ein Programm, in dem ein Objekt, ein Handle auf das gleiche Objekt und ein Klon erzeugt werden:

```
<html>
<body>
<?php
```

```
class Fahrzeug
{
   private $geschwindigkeit = 0;
   private $farbe = "rot";

   public function beschleunigen($wert)
   {
      $this->geschwindigkeit += $wert;
   }

   public function lackieren($wert)
   {
      $this->farbe = $wert;
   }

   public function ausgabe()
   {
      echo "Geschwindigkeit: "
         . $this->geschwindigkeit . ", ";
      echo "Farbe: "
         . $this->farbe . "<br>";
   }
}

/* Original-Objekt */
echo "Vor Veränderung:<br>";
$vespa = new Fahrzeug();
$vespa->beschleunigen(20);
$vespa->ausgabe();

/* Neues Handle zu Original-Objekt */
$honda = $vespa;
$honda->ausgabe();

/* Zweites Objekt, durch Standard-Klonen */
$yamaha = clone $vespa;
$yamaha->ausgabe();
echo "<p>";

/* Original verändern */
echo "Nach Veränderung:<br>";
$vespa->beschleunigen(35);
$vespa->lackieren("gelb");
$vespa->ausgabe();

/* Benutzung des anderen Handles: Änderung */
$honda->ausgabe();
```

```
/* Klon: Keine Änderung */
$yamaha->ausgabe();
?>
</body>
</html>
```

Listing E.6 Datei ue05.php

Zur Erläuterung:

- Zunächst wird das Objekt `$vespa` erzeugt und eine Eigenschaft wird verändert. Der Name `$vespa` ist eigentlich nur ein Handle für das Objekt, das im Speicher abgelegt ist.
- Das zweite Handle `$honda` auf das gleiche Objekt wird erzeugt. Damit kann man sowohl über `$vespa` als auch über `$honda` auf das gleiche Objekt zugreifen.
- Das Objekt `$yamaha` wird als Kopie des Objekts `$vespa` angelegt. Dabei wird die Standard-Klonmethode aufgerufen, da in der Klasse des Objekts `$vespa` keine Methode mit diesem Namen existiert. Das Objekt `$yamaha` hat zunächst die gleichen Eigenschaftswerte wie das Objekt `$vespa`.
- Das Original-Objekt wird verändert. Diese Änderung ist sichtbar, egal ob man über das erste Handle (`$vespa`) oder über das zweite Handle (`$yamaha`) zugreift. Das Objekt `$yamaha` ist unabhängig und verändert sich nicht.

Die Ausgabe:

Abbildung E.5 Zweites Handle und geklontes Objekt

E.7.2 Benutzerdefiniertes Klonen

Die Klassendefinition wird um eine eigene Methode `__clone()` erweitert. Ansonsten bleibt das Programm unverändert. Nachfolgend die Klassen-Methode `__clone()`:

```
class Fahrzeug
{
   ...
   public function __clone()
   {
      $this->geschwindigkeit += 10;
      $this->farbe = "grün";
   }
   ...
}
```

Listing E.7 Datei ue06.php (nur Veränderung in der Klassendefinition)

Zur Erläuterung:

$that->

Beim Klonen eines Objekts der Klasse `Fahrzeug` wird die dargestellte Methode `__clone()` aufgerufen. Die Eigenschaft `geschwindigkeit` bekommt einen neuen Wert, der auf dem Wert des Original-Objekts basiert. Die Eigenschaft `farbe` bekommt einen neuen Wert.

Falls die zweite Anweisung gar nicht vorhanden wäre, würde die Eigenschaft `$farbe` für das geklonte Objekt inklusive des alten Werts übernommen werden. Es ergeben sich somit drei Möglichkeiten für die Eigenschaftswerte eines geklonten Objekts:

- Ein Eigenschaftswert wird vom Original-Objekt übernommen.
- Ein Eigenschaftswert basiert auf dem entsprechenden Wert des Original-Objekts.
- Eine Eigenschaft wird mit einem völlig neuen Wert belegt.

Die Ausgabe:

Abbildung E.6 Anwendung von __clone()

E.7.3 Übergabe eines Objekts an eine Funktion

Das Verhalten bei der Übergabe eines Objekts an eine Funktion soll im folgenden Beispiel gezeigt werden. Es wird eine zusätzliche Funktion `test()` außerhalb der Klasse `Fahrzeug` definiert. Innerhalb dieser Funktion wird das Objekt verändert. Diese Veränderung hat Auswirkungen auf das Original, denn auch `$v` ist nur ein zweites Handle für `$vespa`.

```
<html>
<body>
<?php
class Fahrzeug
{
   private $geschwindigkeit = 0;

   public function beschleunigen($wert)
   {
      $this->geschwindigkeit += $wert;
   }

   public function ausgabe()
   {
      echo "Geschwindigkeit: "
         . $this->geschwindigkeit . "<br>";
   }
}

function test($v)
{
   $v->beschleunigen(15);
}

$vespa = new Fahrzeug;
$vespa->beschleunigen(20);
$vespa->ausgabe();
test($vespa);
$vespa->ausgabe();

?>
</body>
</html>
```

Listing E.8 Datei ue07.php

E.8 Vererbung

Klassenhierarchie

Eine Klasse kann ihre Eigenschaften und Methoden an eine andere Klasse vererben. Dieser Mechanismus wird häufig angewandt, um bereits vorhandene Definitionen übernehmen zu können. Man erzeugt dadurch eine Hierarchie von Klassen, die die Darstellung von Objekten ermöglicht, die teilweise übereinstimmende, teilweise unterschiedliche Merkmale aufweisen.

Im folgenden Beispiel wird eine Klasse `PKW` definiert, mit deren Hilfe die Eigenschaften und Methoden von Personenkraftwagen dargestellt werden sollen. Bei der Erzeugung bedient man sich der existierenden Klasse `Fahrzeug`, in der ein Teil der gewünschten Eigenschaften und Methoden bereits vorhanden sind. Bei der Klasse `PKW` kommen noch einige Merkmale hinzu. Diese Klasse ist spezialisiert, im Gegensatz zu der allgemeinen Klasse `Fahrzeug`.

Basisklasse, abgeleitete Klasse

Von der Klasse `PKW` aus gesehen ist die Klasse `Fahrzeug` eine Basisklasse. Von der Klasse `Fahrzeug` aus gesehen ist die Klasse `PKW` eine abgeleitete Klasse.

```
/* Definition der Klasse Fahrzeug */
class Fahrzeug
{
   private $geschwindigkeit = 0;

   function beschleunigen($wert)
   {
      $this >geschwindigkeit += $wert;
   }

   function ausgabe()
   {
      echo "Geschwindigkeit:
            $this->geschwindigkeit<br>";
   }
}

/* Definition der abgeleiteten Klasse PKW */
class PKW extends Fahrzeug
{
   private $insassen = 0;

   function einsteigen($anzahl)
   {
      $this->insassen += $anzahl;
         }
```

```
function aussteigen($anzahl)
{
            $this->insassen -= $anzahl;
}

function ausgabe()  /* überschriebene Methode */
   {
      echo "Insassen: $this->insassen ";
      parent::ausgabe();  /* geerbte Methode */
   }
}
```

Listing E.9 Datei ue08.php (Basisklasse Fahrzeug und abgeleitete Klasse PKW)

Zur Erläuterung:

- Die abgeleitete Klasse `PKW` erbt von der Klasse `Fahrzeug` und beinhaltet insgesamt fünf Methoden und zwei Eigenschaften:
  - die von der Klasse Fahrzeug geerbten Methoden `ausgabe()` und `beschleunigen()`,
  - die eigenen Methoden `einsteigen()` und `aussteigen()`,
  - die eigene Ausgabe-Methode `ausgabe()`, die unter anderem die geerbte Methode `ausgabe()` der Basisklasse aufruft,
  - die von der Klasse Fahrzeug geerbte Eigenschaft `geschwindigkeit` und
  - die eigene Eigenschaft `insassen`. Sie wird zu Beginn auf 0 gesetzt.
- Falls eine Klasse von einer anderen Klasse abgeleitet wird, so folgen nach dem Schlüsselwort `class` und dem Namen der abgeleiteten Klasse das Schlüsselwort `extends` (erweitert) und der Name der Basisklasse. Die abgeleitete Klasse erweitert somit die Eigenschaften und Methoden der Basisklasse. **extends**
- Eigenschaften und Methoden werden zunächst in der Klasse des Objekts gesucht. Sollten sie dort nicht vorhanden sein, so wird die Suche in der zugehörigen Basisklasse fortgesetzt.
- Eine Methode einer Basisklasse kann in einer abgeleiteten Klasse mit einer gleichnamigen Methode überschrieben werden. Wird eine solche Methode für ein Objekt einer abgeleiteten Klasse aufgerufen, so wird nur der Programmcode der »neuen« Methode verarbeitet, nicht der Programmcode der gleichnamigen Methode der Basisklasse.
- Falls dieser Programmcode trotzdem zusätzlich genutzt werden soll, so hilft der Operator `::` (doppelter Doppelpunkt). Der Aufruf `parent::ausgabe()` innerhalb der Methode `ausgabe()` der Klasse `PKW` führt **parent::**

dazu, dass für das aktuelle Objekt die gleichnamige Methode der Basisklasse aufgerufen wird. Eine solche »Verkettung« von Aufrufen ist in einer Klassenhierarchie durchaus sinnvoll und erwünscht.

- Man könnte die Basisklasse hier auch mit `Fahrzeug::ausgabe()` aufrufen. Der Vorteil von `parent` liegt allerdings darin, dass bei einer späteren Veränderung der Klassenhierarchie der Programmcode nicht geändert werden muss.

Im Hauptprogramm wird ein Objekt der Klasse `PKW` erzeugt und mehrmals verändert. Der jeweilige Zustand des Objekts wird ausgegeben:

```
/* Objekt der abgeleiteten Klasse Fahrzeug */
$fiat = new PKW();
$fiat->ausgabe();

$fiat->einsteigen(3);
$fiat->beschleunigen(30);
$fiat->ausgabe();

$fiat->beschleunigen(-30);
$fiat->ausgabe();

$fiat->aussteigen(1);
$fiat->ausgabe();
```

Listing E.10 Datei ue08.php (Hauptprogramm)

Zur Erläuterung:

- Es wird das Objekt `fiat` erzeugt.
- Es werden die Methoden `einsteigen()` und `aussteigen()` aufgerufen. Diese werden unmittelbar in der Klasse `PKW` gefunden und verändern die Eigenschaft `insassen`.
- Es wird die Methode `beschleunigen()` aufgerufen. Diese wird nicht unmittelbar in der Klasse `PKW` gefunden, daher wird in der Basisklasse weitergesucht. Dort wird sie gefunden und dient zur Veränderung der Eigenschaft `geschwindigkeit`.
- Es werden mehrmals die Eigenschaften des Objekts ausgegeben. Die Eigenschaft `insassen` wird durch die eigene Methode `ausgabe()` ausgegeben, die Eigenschaft `geschwindigkeit` durch die geerbte Methode `ausgabe()`.

Die Ausgabe des Programms sehen Sie in Abbildung E.7.

Abbildung E.7 Eigenschaften eines Objekts einer abgeleiteten Klasse

E.8.1 Konstruktoren bei Vererbung

Auch Objekte von abgeleiteten Klassen sollten nur mit Hilfe eines Konstruktors erzeugt werden. Im folgenden Programm wird daher die Definition der Klasse `PKW` verändert. Voraussetzung zur sinnvollen Initialisierung ist ein passender Konstruktor der Basisklasse. Daher sollte auch hier ein Konstruktor eingesetzt werden.

parent::__construct()

Der Konstruktor der abgeleiteten Klasse sollte den Konstruktor der Basisklasse explizit aufrufen, damit dieser seinen Anteil an Initialisierungsdaten bekommt. Bei einer späteren Veränderung der Klassenhierarchie stellt der explizite Aufruf des Konstruktors kein Problem dar, da dieser mit `parent::__construct()` vorgenommen wird.

Die Veränderungen im Programm:

```
class Fahrzeug
{
private $geschwindigkeit;

public function __construct($ge)
{
$this->geschwindigkeit = $ge;
}
....

class PKW extends Fahrzeug
{
   private $insassen;

   public function __construct($ge, $anz)
   {
            $this->insassen = $anz;
parent::__construct($ge);
   }
   ....
```

Listing E.11 Datei ue09.php (nur Veränderungen)

Zur Erläuterung:

- Hauptprogramm und Ausgabe des Programms bleiben gleich.
- Die abgeleitete Klasse PKW beinhaltet einen Konstruktor, der insgesamt zwei Parameter erwartet. Einer der Parameter wird unmittelbar der Eigenschaft insassen zugewiesen. Der andere Parameter wird an den Konstruktor der Basisklasse Fahrzeug weitergeleitet, indem dieser explizit aufgerufen wird.
- Bei der Erschaffung eines Objekts der abgeleiteten Klasse PKW müssen also beide Startwerte für die Eigenschaften angegeben werden.

E.9 Dereferenzierung von Objekten

Objekte können als Parameter an Funktionen übergeben werden, sie können auch als Rückgabewert einer Funktion oder Klassen-Methode dienen. Auf das zurückgegebene Objekt kann unmittelbar eine Methode angewendet werden, wie das folgende Beispiel zeigt:

```
<html>
<body>
<?php
class bruch
{
   private $zaehler;
   private $nenner;

   public function __construct($z,$n)
   {
      $this->zaehler = $z;
      $this->nenner = $n;
   }

   public function aus()
   {
      return $this->zaehler . "/" . $this->nenner;
   }

   public function mult($a)
   {
      $erg = new bruch(0,0);
      $erg->zaehler = $this->zaehler * $a->zaehler;
      $erg->nenner = $this->nenner * $a->nenner;
      return $erg;
   }
```

```
}

$x = new bruch(3,7);
$y = new bruch(4,5);

echo $x->aus() . " * " . $y->aus()
   . " = " . $x->mult($y)->aus();

?>
</body>
</html>
```

Listing E.12 Datei ue10.php

Es behandelt die Klasse `bruch`. Ein Objekt der Klasse `bruch` (ein mathematischer Bruch) hat zwei Eigenschaften: Zähler und Nenner. Mit Hilfe eines Konstruktors wird jeder Bruch bei der Erzeugung mit Werten versorgt.

Zusätzlich wird noch eine Methode `mult()` zur Multiplikation von zwei Brüchen definiert. Dabei wird der Bruch, für den die Methode aufgerufen wird (im Programm `$x`), mit dem Bruch multipliziert, der als Parameter übermittelt wird (im Programm `$y`). Ergebnis ist wiederum ein Bruch, der als Rückgabewert dient (im Programm `$erg`). Auf diesen Bruch wird unmittelbar die Methode `aus()` angewendet: `$x->mult($y)->aus()`

Die Ausgabe sieht wie folgt aus:

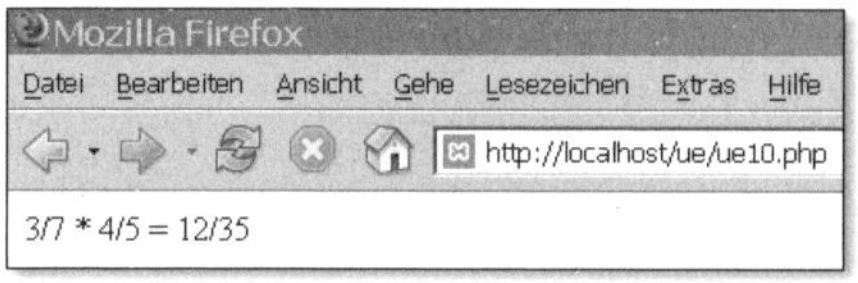

Abbildung E.8 Direkte Ausgabe des Rückgabewertes einer Methode

E.10 Konstanten, statische Eigenschaften und Methoden

Neben den bisher erwähnten Eigenschaften und Methoden können einer Klasse noch weitere Elemente hinzugefügt werden:

- Klassenkonstante: Diese ist grundsätzlich öffentlich, die Sichtbarkeit kann nicht mit `public`, `protected` oder `private` spezifiziert werden. Es darf kein Dollar-Zeichen (wie bei einer Variablen) vor dem Namen stehen. Der Wert einer Konstanten kann sich nicht ändern. Eine Konstante ist unabhängig von der Existenz einzelner Objekte der Klasse, sie ist nur Klassenkonstante einmal vorhanden. Innerhalb der Klasse kann sie mit `self::Konstantenname` angesprochen werden. Außerhalb der Klasse kann sie nur mit `Klassenname::Konstantenname` angesprochen werden. Einsatzzweck: Sie ist sinnvoll thematisch einer Klasse zugeordnet, zum Beispiel würde man eine Konstante g (für die Schwerkraft) einer Klasse zuordnen, die mit physikalischen Werten und Methoden arbeitet.

Statische Eigenschaft

- Statische Eigenschaft: Diese ist ebenfalls unabhängig von der Existenz einzelner Objekte der Klasse, und sie ist nur einmal vorhanden. Allerdings kann sich ihr Wert ändern. Sie kann und sollte unmittelbar initialisiert werden. Innerhalb der Klasse kann sie mit `self::Eigenschaftsname` oder `Klassenname::Eigenschaftsname` angesprochen werden. Außerhalb der Klasse kann sie natürlich nur angesprochen werden, wenn sie `public` ist, und nur über `Klassenname::Eigenschaftsname`. Einsatzzweck: Ihr Wert steht allen Objekten der Klasse gemeinschaftlich zur Verfügung und kann zum Datenaustausch zwischen Objekten dienen, zum Beispiel zur Zählung beziehungsweise Nummerierung von Objekten.

Statische Methode

- Statische Methode: Diese ist ebenfalls unabhängig von der Existenz einzelner Objekte der Klasse. Innerhalb der Klasse kann sie mit `self::Methodenname` oder `Klassenname::Methodenname` angesprochen werden. Außerhalb der Klasse kann sie natürlich nur angesprochen werden, wenn sie `public` ist, und nur über `Klassenname::Methodenname`. Einsatzzweck: Sie ist sinnvoll thematisch einer Klasse zugeordnet; zum Beispiel würde man eine Methode `AnziehungBerechnen()` einer Klasse zuordnen, die generell mit physikalischen Werten und Methoden arbeitet.

Ein Beispiel:

```
<html>
<body>
<?php

class math
{
   const pi = 3.1415926;
   private $id;

         public static $nummer=0;

public function __construct()
   {
      self::$nummer = self::$nummer + 1;
      $this->id = self::$nummer;
```

```
   }

            public static function quadrat($p)
{
return $p * $p;
   }

   public function aus()
   {
               echo "Nr.: " . $this->id . ", "
                    . self::pi . "<br>";
      echo self::quadrat(3.2) . "<br>";
   }
}

$z = 2.5;
echo math::quadrat($z) . "<p>";

$x = new math();
$x->aus();
echo "Anzahl: " . math::$nummer . "<p>";

$y = new math();
$y->aus();
echo "Anzahl: " . math::$nummer . "<p>";

echo math::pi . "<br>";
?>
</body>
</html>
```

Listing E.13 Datei ue11.php

Zur Erläuterung:

- Innerhalb der Klasse `math` wird die Klassenkonstante `pi` mit dem Wert 3.1415926 definiert. Sie wird innerhalb der Klasse mit dem Namen `self::pi` angesprochen, außerhalb mit dem Namen `math::pi`. Sie ist thematisch mit der Klasse `math` verbunden und keinem bestimmten Objekt zugeordnet.
- Innerhalb der Klasse `math` wird die öffentliche, statische Eigenschaft `$nummer` mit dem Startwert 0 definiert. Sie wird innerhalb der Klasse mit dem Namen `self::$nummer` angesprochen, außerhalb mit dem Namen `math::$nummer`. Sie dient zur Nummerierung der einzelnen Objekte. Bei jeder Erzeugung eines Objekts der Klasse wird ihr Wert um 1 erhöht. Dieser Wert wird der objektspezifischen Eigenschaft `$id` **self::**

zugewiesen. Somit bekommt jedes Objekt eine individuelle ID, und zwar in der Reihenfolge der Erzeugung. Außerdem ist stets die Anzahl der existierenden Objekte bekannt.

- Innerhalb der Klasse `math` wird die öffentliche, statische Methode `quadrat()` definiert. Sie wird innerhalb der Klasse mit dem Namen `self::quadrat()` angesprochen, außerhalb mit dem Namen `math::quadrat()`. Sie stellt eine Möglichkeit zur Quadrierung von Zahlen zur Verfügung. Sie ist thematisch mit der Klasse `math` verbunden und keinem bestimmten Objekt zugeordnet.

Die Ausgabe sieht so aus:

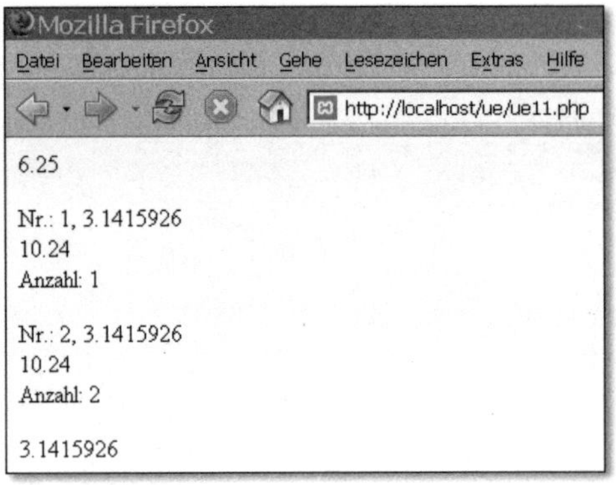

Abbildung E.9 Konstanten, statische Eigenschaften und Methoden

E.11 Abstrakte Klassen und Methoden

abstract

Mit Hilfe des Schlüsselworts `abstract` kann eine Klasse definiert werden, die sozusagen nicht fertig ist. Innerhalb dieser Klasse gibt es eine oder mehrere Methoden, die nur aus der Deklaration bestehen, aber keinen Methodenkörper haben.

Eine abstrakte Klasse

- dient nur als gemeinsame Basis für abgeleitete Klassen, damit bereits gemeinsame Eigenschaften gesammelt und festgelegt werden können, und
- muss abgeleitet werden, damit die abstrakten Methoden konkret definiert werden können.

Es kann keine Objekte (Instanzen) von abstrakten Klassen geben.

Ein Beispiel:

```
<html>
<body>
<?php
abstract class test_daddy
{
   protected $x;
   function __construct($p)
   {
      $this->x = $p;
   }
   abstract function aus();
}

class test_son extends test_daddy
{
   function aus()
   {
            echo $this->x;
}
}
$a = new test_son(35);
$a->aus();
?>
</body>
</html>
```

Listing E.14 Datei ue12.php

Zur Erläuterung:

- Innerhalb der Klasse `test_daddy` gibt es eine Methode `aus()`. Diese ist abstrakt.
- Da es mindestens eine abstrakte Methode gibt, muss die Klasse `test_daddy` ebenfalls als abstrakt gekennzeichnet werden. Es kann keine Instanzen der Klasse `test_daddy` geben.
- Die Klasse `test_son` ist von der Klasse `test_daddy` abgeleitet. Damit Instanzen dieser Klasse erzeugt werden können, muss die abstrakte Methode `aus()` konkret definiert werden. Wäre dies nicht der Fall, so wäre `test_son` ebenfalls eine abstrakte Klasse.
- Im Hauptprogramm wird eine Instanz der Klasse `test_son` mit dem Startwert 35 erzeugt. Die Klasse `test_son` hat keinen eigenen Konstruktor, daher wird der Konstruktor der Klasse aufgerufen, von der die Klasse `test_son` erbt. Die Eigenschaft `$x` wird mit dem Startwert versorgt.

- Die Methode `aus()` wird aufgerufen. Die geerbte Eigenschaft `$x` wird ausgegeben. Diese muss in diesem Falle `protected` sein, da die Methode `aus()` eine Methode der abgeleiteten Klasse ist.

E.12 Systemvariablen __METHOD__, __FILE__, __LINE__

Es gibt einige Systemvariablen, die sowohl innerhalb von objektorientierten Programmen als auch innerhalb von prozeduralen Programmen nützliche Informationen liefern können. Es handelt sich dabei um:

__METHOD__

- `__METHOD__`: Sie liefert den Namen der Klasse und der Methode, die aktuell angewandt wird. Sie ist natürlich nur innerhalb einer Methode sinnvoll.

__FILE__

- `__FILE__`: Sie liefert den Namen der aktuellen Datei mit Angabe des Verzeichnisses auf dem Webserver.

__LINE__

- `__LINE__`: Sie liefert den Namen der aktuellen Zeile innerhalb des Quellcodes.

Ein Beispiel:

```
<html>
<body>
<?php
class Fahrzeug
{
   private $geschwindigkeit;
   function __construct($wert)
   {
      echo "Methode: " . __METHOD__ . "<br>";
      $this->geschwindigkeit = $wert;
   }

   function beschleunigen($wert)
   {
      echo "Methode: " . __METHOD__ . "<br>";
      $this->geschwindigkeit += $wert;
   }

   function ausgabe()
   {
      echo "Methode: " . __METHOD__ . "<br>";
            echo "Geschwindigkeit: "
. "$this->geschwindigkeit<br>";
```

```
    }
}

echo "Datei: " . __FILE__ . "<br>";
echo "Zeile: " . __LINE__ . "<br>";
$vespa = new Fahrzeug(20);
$vespa->ausgabe();
$vespa->beschleunigen(20);
$vespa->ausgabe();
echo "Zeile: " . __LINE__ . "<br>";
?>
</body>
</html>
```

Listing E.15 Datei ue13.php

Die Ausgabe sieht so aus:

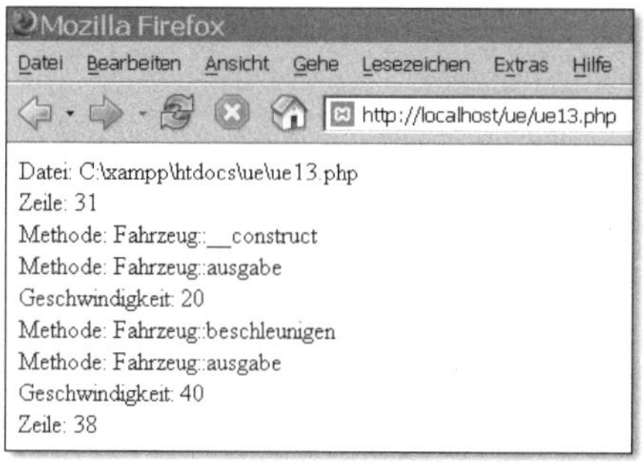

Abbildung E.10 __METHOD__ __FILE__ __LINE__

E.13 Operator instanceof

instanceof

Der Operator `instanceof` liefert die Information, ob ein Objekt eine Instanz einer bestimmten Klasse ist. Ein kleines Beispiel:

```
<html>
<body>
<?php

class atest{}
class btest{}

$x = new atest();

if($x instanceof atest)
```

```
   echo "Dies ist ein Objekt der Klasse atest<p>";
else
   echo "Dies ist kein Objekt der Klasse atest<p>";

if($x instanceof btest)
   echo "Dies ist ein Objekt der Klasse btest<p>";
else
   echo "Dies ist kein Objekt der Klasse btest<p>";
?>
</body>
</html>
```

Listing E.16 Datei ue14.php

Die Ausgabe sieht wie folgt aus:

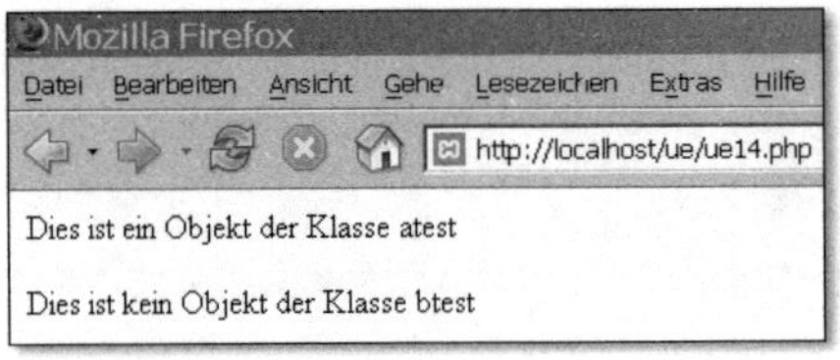

Abbildung E.11 Anwendung von instanceof

E.14 Hilfsfunktionen

Einige Hilfsfunktionen können die Arbeit, besonders mit größeren Klassenhierarchien, vereinfachen. Dies sind:

Funktionsname	Erläuterung
`call_user_method()`	Aufruf einer Methode für ein bestimmtes Objekt
`class_exists()`	Prüft die Existenz einer Klasse.
`get_class()`	Liefert den Klassennamen eines Objekts als Zeichenkette.
`get_class_methods()`	Liefert die Namen aller Methoden einer Klasse als Array.
`get_class_vars()`	Liefert die Standard-Elemente einer Klasse als Array.
`get_declared_classes()`	Liefert die Namen aller definierten Klassen als Array, inklusive Standard-Klassen.
`get_object_vars()`	Liefert die Elemente eines Objekts als Array, denen bereits ein Wert zugewiesen wurde.
`get_parent_class()`	Liefert den Namen der übergeordneten Klasse eines Objekts als Zeichenkette.

Funktionsname	Erläuterung
is_subclass_of()	Prüft, ob ein Objekt zu einer abgeleiteten Klasse der angegebenen Klasse gehört.
method_exists()	Prüft, ob eine bestimmte Methode in einer Klasse existiert.

get_declared_ classes(), get_class_ methods()

Im folgenden Programm wird mit Hilfe der Methoden `get_declared_classes()` und `get_class_methods()` eine Übersicht über die im aktuellen Programm verfügbaren Klassen und Methoden gegeben. Die Methode `get_declared_classes()` liefert auch die Standard-Klassen, daher beginnt die Ausgabe mit diesen Klassen.

Dargestellt wird nur das Hauptprogramm. Es wird die Klassendefinition aus dem vorherigen Programm verwendet.

```
/* Klassenübersicht */
$ak = get_declared_classes();
for($k=0; $k<sizeof($ak); $k++)
{
   echo "Klasse: " . $ak[$k] . "<br>";

   /* Methodenübersicht */
   $am = get_class_methods($ak[$k]);

   for($m=0; $m<sizeof($am); $m++)
   {
      echo "Methode: " . $am[$m] . "<br>";
   }

   echo "<p>";
}
```

Listing E.17 Datei ue15.php (Hauptprogramm)

Die Ausgabe (nur der Teil mit den benutzerdefinierten Klassen):

Klasse: Fahrzeug
Methode: __construct
Methode: beschleunigen
Methode: ausgabe

Klasse: PKW
Methode: __construct
Methode: einsteigen
Methode: aussteigen
Methode: ausgabe
Methode: beschleunigen

Abbildung E.12 Benutzerdefinierte Klassen

E.15 Ausgabe-Methode __toString

__toString()

Jede Klasse erbt, analog zu den Methoden `__construct()` und `__clone()`, eine Methode `__toString()` zur Ausgabe der Daten eines Objekts.

- Falls sie nicht vom Entwickler überschrieben wird, so liefert eine Anweisung des Typs `echo <Objektname>` die »laufende Nummer« des Objekts (Object ID #1, Object ID #2, ...).
- Falls sie vom Entwickler überschrieben wird, so führt die genannte Anweisung zu einem Aufruf der Methode `__toString()`.

Ein Beispiel:

```
<html>
<body>
<?php
class Fahrzeug
{
   private $geschwindigkeit;
   private $farbe;

   function __toString()
   {
      $erg = "Geschwindigkeit:
                      $this->geschwindigkeit, ";
      $erg .= "Farbe: $this->farbe";
      return $erg;
   }

   function __construct($g, $f)
   {
      $this->geschwindigkeit = $g;
      $this->farbe = $f;
   }
}

$vespa = new Fahrzeug(130,"rot");
echo $vespa;
?>
</body>
</html>
```

Listing E.18 Datei ue16.php

Die Methode `__toString()` liefert ein Objekt der Klasse `Fahrzeug` mit seinen Eigenschaften und Eigenschaftswerten in lesbarer Form:

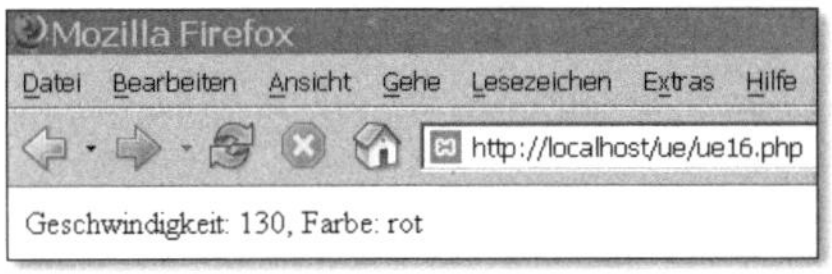

Abbildung E.13 Ausgabe des Objekts

E.16 autoload-Funktion

__autoload()

Die Funktion `__autoload()` eröffnet die Möglichkeit, eine Klassendefinition bei Bedarf einzubinden. Falls ein Objekt einer Klasse erzeugt wird, die nicht definiert ist, so führt dies normalerweise zu einem Fehler. Falls jedoch die `autoload`-Funktion definiert wurde, so kann das Einbinden der Klassendefinition nachgeholt werden. Ein Beispiel:

```
<html>
<body>
<?php
function __autoload($classname)
{
   include_once "ue17" . $classname . ".inc.php";
}
$x = new rapunzel();
?>
</body>
</html>
```

Listing E.19 Datei ue17.php

Im Hauptprogramm wird ein neues Objekt der Klasse `rapunzel` erzeugt. Diese ist hier jedoch unbekannt. Es existiert aber eine `autoload`-Funktion, der der Name der gesuchten Klasse implizit als Parameter übergeben wird. Dies führt zum Einbinden der Datei `ue17rapunzel.inc.php`. In dieser Datei findet sich die gesuchte Klasse:

```
<?php
class rapunzel
{
   function __construct()
   {
      echo "Neues Objekt der Klasse
               rapunzel erzeugt<br>";
   }
}
?>
```

Listing E.20 Datei ue17rapunzel.inc.php

Die Ausgabe sieht so aus:

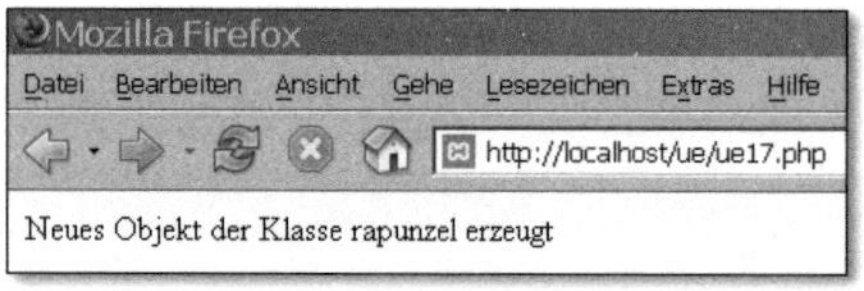

Abbildung E.14 Anwendung der autoload-Funktion

E.17 Sonstige Erweiterungen

Dieser Abschnitt beschäftigt sich mit den Neuerungen von PHP 5, die nicht nur die objektorientierte Programmierung betreffen.

E.17.1 Parameter mit Voreinstellung

In PHP können Parameter einer Funktion auch einen voreingestellten Wert haben. Dies gilt seit PHP 5 auch für Parameter, die per Referenz in eine Funktion übernommen werden. Ein Beispiel:

```
<html>
<body>
<?php
function quader($br, &$lg, &$ti=1, $fa="schwarz")
{
   echo "Breite: $br<br>";
   echo "Länge: $lg<br>";
   echo "Tiefe: $ti<br>";
   echo "Farbe: $fa<br>";

   $vol = $br * $lg * $ti;
   echo "Volumen: $vol<p>";
}
$breite = 4;
$laenge = 6;
$tiefe = 2;
$farbe = "rot";
quader($breite, $laenge, $tiefe, $farbe);

$breite = 2;
$laenge = 18;
quader($breite, $laenge);
?>
```

```
</body>
</html>
```

Listing E.21 Datei ue20.php

Die Funktion `quader()` kann mit zwei bis vier Parametern aufgerufen werden. Der dritte und der vierte Parameter sind optional, da sie bereits mit Default-Werten vorbelegt sind. Diese Parameter können auch Referenzen sein.

Im vorliegenden Programm werden der zweite und der dritte Parameter per Referenz übergeben. Eine Änderung der Werte hat also eine Rückwirkung auf die aufrufende Stelle.

Die Ausgabe sieht wie folgt aus:

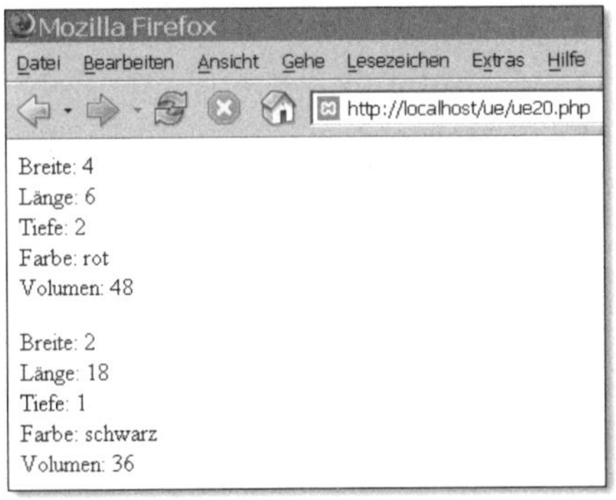

Abbildung E.15 Referenz-Parameter mit Voreinstellung

E.18 Beispiel zur Objektorientierung

Im folgenden Beispiel soll die Anwendung der Objektorientierung an einem umfangreicheren Beispiel verdeutlicht werden.

Betrachtet wird ein Unternehmen, in dem mehrere Mitarbeiter beschäftigt sind. Die Daten der Mitarbeiter stehen in einer Textdatei als Datenquelle zur Verfügung. Außerdem gibt es eine Textdatei, in der die Arbeitsstunden der Mitarbeiter erfasst werden. Aufgabe des Programms ist es, die Verbindung zwischen den Daten herzustellen, so dass für jeden Mitarbeiter ein Lohnscheck ausgedruckt werden kann.

Im Programm wird mit zwei Klassen gearbeitet:

Klasse mitarbeiter

- mit einer Klasse `mitarbeiter`, in der die Eigenschaften und Methoden eines einzelnen Mitarbeiters definiert werden, und

Klasse unternehmen

- mit einer Klasse `unternehmen`, in der die Eigenschaften und Methoden eines Unternehmens definiert werden. Der wichtigste Bestandteil eines Unternehmens sind seine Mitarbeiter, hier wird daher auch eine Verbindung zwischen den Klassen hergestellt.

Die Definition der Klasse `mitarbeiter`:

```
class mitarbeiter
{
   /* Eigenschaften eines Mitarbeiters */
private $id;
   private $nachname;
   private $vorname;
         private $bank;
private $blz;
private $konto;
   private $stundenlohn;
   private $summe_stunden;

   /* Daten eines Mitarbeiters erzeugen */
      function __construct($info)
{
      $this->id             = $info[0];
      $this->nachname       = $info[1];
      $this->vorname        = $info[2];
      $this->bank           = $info[3];
      $this->blz            = $info[4];
      $this->konto          = $info[5];
      $this->stundenlohn    = $info[6];
      $this->summe_stunden = 0;
   }

      /* Stunden eines Mitarbeiters erfassen */
   function stunden_erfassen($anzahl)
{
      $this->summe_stunden += $anzahl;
   }

      /* Scheck eines Mitarbeiters ausdrucken */
   function scheck_ausdruck()
{
      $summe_lohn = $this->summe_stunden
                          * $this->stundenlohn;
      echo "<br>Scheck:<br>";
echo "Name: $this->nachname,
                          $this->vorname<br>";
      echo "Konto: $this->konto,
                           BLZ: $this->blz<br>";
```

```
      echo "Bank: $this->bank, Betrag:
                      $summe_lohn Euro<br>";
   }
}
```

Listing E.22 Datei ue30.php, Klasse mitarbeiter

Zur Erläuterung:

- Eigenschaften: Ein Mitarbeiter wird durch eine eindeutige ID gekennzeichnet. Er hat einen Namen und Vornamen, die Daten der Bankverbindung sind wichtig, er bekommt einen bestimmten Stundenlohn und hat eine gewisse Anzahl an Stunden gearbeitet.
- Dem Konstruktor wird ein Feld mit den Initialisierungsdaten dieser Eigenschaften übermittelt. Die Inhalte dieses Feldes stammen aus einer Datei, in der die Daten aller Mitarbeiter des Unternehmens stehen.
- Die Methode `stunden_erfassen()` dient zur Summierung der geleisteten Arbeitsstunden.
- Die Methode `scheck_ausdruck()` ist in der Lage, aus den Daten eines Mitarbeiters und den gesammelten Stunden den Gesamtlohn zu ermitteln und einen Lohnscheck auszudrucken.

```
class unternehmen
{
   /* Eigenschaften eines Unternehmens */
   private $name;
private $belegschaft;
      private $summe_stunden_unbekannt;

   /* Daten eines Unternehmens erzeugen */
function __construct($na)
   {
      /* Name der Firma */
             $this->name = $na;

$this->summe_stunden_unbekannt = 0;

      /* Mitarbeiter-Datei lesen */
      $dp = fopen("ue30_belegschaft.txt", "r");
           $zeile = fgets($dp, 100);
while(!feof($dp))
{
        $info = explode(",",$zeile);
               $id = $info[0];
$this->belegschaft[$id]
                 = new mitarbeiter($info);
        $zeile = fgets($dp, 100);
```

```
}
   fclose($dp);
            }

/* Stunden-Datei lesen */
      function stunden_erfassen()
{
         $dp = fopen("ue30_stunden.txt", "r");
      $zeile = fgets($dp, 100);
while(!feof($dp))
      {
         $info = explode(",",$zeile);
                $id = $info[0];
if(array_key_exists($id,
                  $this->belegschaft))
         $this->belegschaft[$id]
                    ->stunden_erfassen($info[1]);
         else
         $this->summe_stunden_unbekannt
                    += $info[1];
         $zeile = fgets($dp, 100);
}
   fclose($dp);
            }

/* Alle Schecks ausdrucken */
      function scheck_ausdruck()
{
   foreach ($this->belegschaft
                 as $schluessel => $wert)
      {
            $this->belegschaft[$schluessel]
                        ->scheck_ausdruck();
      }
   }
}
```

Listing E.23 Datei ue30.php, Klasse unternehmen

Zur Erläuterung:

- Eigenschaften: Ein Unternehmen wird durch seinen Namen identifiziert, es verfügt über eine Belegschaft (ein Feld von Mitarbeitern) und eine Hilfsvariable, die für die Stunden benötigt wird, die nicht eindeutig einem Mitarbeiter zuzuordnen sind.
- Im Konstruktor werden die Daten des Unternehmens initialisiert, indem unter anderem die Mitarbeiterdatei gelesen wird. Jede Zeile der Datei beinhaltet die Daten eines Mitarbeiters, die durch Kommata von-

einander getrennt sind. Mit Hilfe der Funktion `explode()` werden die Daten einzeln im Feld `$info` gespeichert. Das erste Feld-Element ist die eindeutige ID des Mitarbeiters. Es wird ein Objekt der Klasse `mitarbeiter` erzeugt. Dabei wird das Feld `$info` mit den Daten dieses Mitarbeiters dem Konstruktor dieser Klasse übermittelt.

- In der Methode `stunden_erfassen()` wird die Stunden-Datei gelesen. Sie beinhaltet eine Reihe von Zeilen mit jeweils zwei Einträgen: ID des Mitarbeiters und Anzahl der Stunden, die von diesem Mitarbeiter an einem Tag geleistet wurde. Falls es sich um eine bekannte ID handelt (`if(array_key_exists())`), werden die Stunden dem jeweiligen Mitarbeiter gutgeschrieben. Ansonsten werden sie zur »Summe unbekannt« addiert.
- Die Methode `scheck_ausdruck()` ruft die Methode `scheck_ausdruck()` für alle Mitarbeiter des Unternehmens auf.

Das Hauptprogramm ist recht kurz:

```
$un = new unternehmen("MacroHard");
$un->stunden_erfassen();
$un->scheck_ausdruck();
```

Listing E.24 Datei ue30.php, Haupt-Programm

Zur Erläuterung:

- Es wird ein Unternehmen mit dem Namen »MacroHard« gegründet.
- Die Stunden, die für dieses Unternehmen gearbeitet wurden, werden erfasst.
- Die Schecks werden ausgedruckt.

Die Ausgabe sieht wie folgt aus:

Abbildung E.16 Scheck-Ausdruck

Inhalt dieses Kapitels sind nützliche Funktionen aus häufig verwendeten Themenbereichen. Sie können in beliebiger Reihenfolge je nach Bedarf bearbeitet werden.

F Weitere Themen

F.1 Zeichenketten

Strings

Aus Formulareingabefeldern, Dateien und Datenbanken gelangen Zeichenketten (Strings), die analysiert und bearbeitet werden müssen, in ein weiterverarbeitendes PHP-Programm. Zu diesem Zweck stehen eine Reihe von Zeichenkettenfunktionen zur Verfügung. Einige nützliche Funktionen sollen hier vorgestellt werden.

F.1.1 Länge, Umwandlungsfunktionen

In dem folgenden Formular soll eine beliebige Zeichenkette eingegeben werden, die anschließend von einem Programm mittels verschiedener Methoden umgewandelt wird.

- Die Länge einer eingegebenen Zeichenkette wird mit `strlen()` gemessen. — Länge messen
- Alle eingegebenen Zeichen werden in Kleinbuchstaben (`strtolower()`) oder Großbuchstaben (`strtoupper()`) umgewandelt. — klein/groß
- Der erste Buchstabe einer Zeichenkette (`ucfirst()`) beziehungsweise jedes einzelnen Wortes (`ucwords()`) wird in einen Großbuchstaben umgewandelt. — erster Buchstabe
- Die Zeichenkette wird umgedreht (`strrev()`). — umdrehen
- Bestimmte Zeichen (`strtr()`) oder Teil-Zeichenketten (`str_replace()`) können durch andere Zeichen beziehungsweise andere Teil-Zeichenketten ersetzt werden. — Zeichen ersetzen

Zunächst das Eingabeformular:

```
<html>
<body>
Tragen Sie bitte einen Test-Satz ein, und senden Sie das
Formular ab<br>
```

```
Der Satz sollte einige Wörter umfassen, damit das Ergebnis
erkennbar wird
<form action = "uf01.php" method = "post">
<input name="test" size="50"><p>
<input type="submit" value="Absenden"><p>
</form>
</body>
</html>
```

Listing F.1 Datei uf01.htm

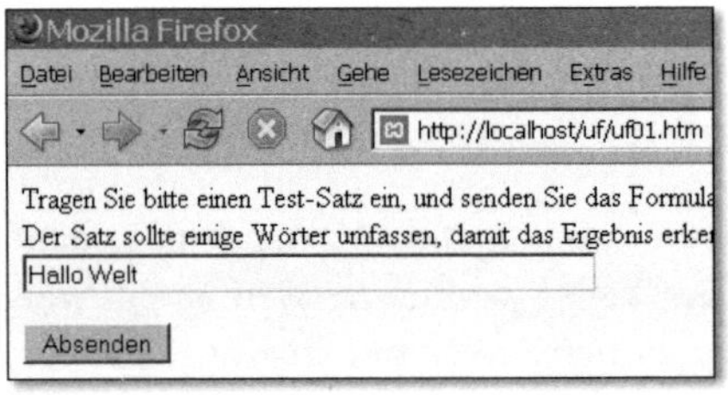

Abbildung F.1 Beispieleingabe zur Umwandlung

Das Ergebnis der verschiedenen Umwandlungen sieht wie folgt aus:

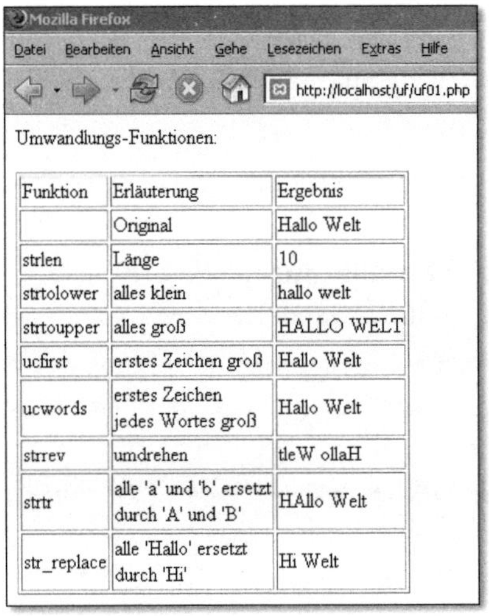

Funktion	Erläuterung	Ergebnis
	Original	Hallo Welt
strlen	Länge	10
strtolower	alles klein	hallo welt
strtoupper	alles groß	HALLO WELT
ucfirst	erstes Zeichen groß	Hallo Welt
ucwords	erstes Zeichen jedes Wortes groß	Hallo Welt
strrev	umdrehen	tleW ollaH
strtr	alle 'a' und 'b' ersetzt durch 'A' und 'B'	HAllo Welt
str_replace	alle 'Hallo' ersetzt durch 'Hi'	Hi Welt

Abbildung F.2 Ergebnis der Umwandlung

Hier das Programm:

```
<html>
<body>
<?php
```

```
    $test = $_POST["test"];
    echo "Umwandlungsfunktionen:<p>";
    echo "<table border>";
    echo "<tr> <td>Funktion</td> <td>Erläuterung</td>
          <td>Ergebnis</td> </tr>";
    echo "<tr> <td> </td> <td>Original</td>
          <td>$test</td> </tr>";
    $lg = strlen($test);
    echo "<tr> <td>strlen</td> <td>Länge</td>
          <td>$lg</td> </tr>";
    $kl = strtolower($test);
    echo "<tr> <td>strtolower</td> <td>alles klein</td>
          <td>$kl</td> </tr>";
    $gr = strtoupper($test);
    echo "<tr> <td>strtoupper</td> <td>alles groß</td>
          <td>$gr</td> </tr>";
    $uf = ucfirst($test);
    echo "<tr> <td>ucfirst</td> <td>erstes Zeichen
          groß</td> <td>$uf</td> </tr>";
    $uw = ucwords($test);
    echo "<tr> <td>ucwords</td> <td>erstes Zeichen<br>
          jedes Wortes groß</td> <td>$uw</td> </tr>";
    $rv = strrev($test);
    echo "<tr> <td>strrev</td> <td>umdrehen</td>
          <td>$rv</td> </tr>";
    $tr = strtr($test,"ab","AB");
    echo "<tr> <td>strtr</td> <td>alle 'a' und 'b'
          ersetzt<br>durch 'A' und 'B'</td>
          <td>$tr</td> </tr>";
    $rp = str_replace("Hallo","Hi",$test);
    echo "<tr> <td>str_replace</td> <td>alle
          'Hallo' ersetzt<br>durch 'Hi'</td>
          <td>$rp</td> </tr>";
echo "</table>";
?>
</body>
</html>
```

Listing F.2 Datei uf01.php

Die Funktionen `strlen()`, `strtolower()`, `strtoupper()`, `ucfirst()`, `ucwords()` und `strrev()` bekommen jeweils einen Parameter, und zwar die Original-Zeichenkette. Sie liefern die umgewandelte Zeichenkette als Rückgabewert zurück.

Die Funktion `strtr()` bekommt drei Parameter:

- die Original-Zeichenkette
- eine Zeichenkette mit allen einzelnen Zeichen, die zu ersetzen sind
- eine Zeichenkette mit den jeweiligen neuen Zeichen

Alle vorkommenden zu ersetzenden Zeichen werden durch die entsprechenden neuen Zeichen ausgetauscht.

Die Funktion `str_replace()` bekommt ebenfalls drei Parameter:

- eine einzelne zu ersetzende Teil-Zeichenkette
- eine neue Teil-Zeichenkette
- die Original-Zeichenkette

Alle vorkommenden zu ersetzenden Teil-Zeichenketten werden durch die entsprechenden neuen Teil-Zeichenketten ausgetauscht.

F.1.2 Zeichenketten und Felder

zerlegen Mit Hilfe der Funktion `explode()` kann eine Zeichenkette in ein Feld umgewandelt werden. Die Zeichenkette wird bei jedem Auftreten einer so genannten »Separator-Zeichenkette« getrennt. Diese Separator-Zeichenkette kann aus einem einzelnen Zeichen wie zum Beispiel einem Leerzeichen oder einem Semikolon, aber auch aus mehreren Zeichen bestehen.

Anschließend können die einzelnen Elemente des Feldes mit den bekannten Operationen für Felder weiter bearbeitet werden. Diese Methode wird häufig angewandt und erleichtert die Analyse einer Eingabe.

zusammensetzen Den umgekehrten Vorgang, nämlich das Erzeugen einer Zeichenkette aus einem Feld zusammen mit einer Separator-Zeichenkette, ermöglicht die Funktion `implode()`. Eine solche Zeichenkette mit Separatoren kann leicht in eine so genannte CSV-Datei geschrieben werden. CSV steht für kommaseparierte Werte (engl. *comma-separated values*). CSV ist ein sehr universelles Format, das von vielen Programmen unter vielen Betriebssystemen gelesen werden kann.

Es folgt der Programmcode eines Beispiels:

```
<html>
<body>
<?php
   $test = "Dies ist ein kurzer Satz";
   $worte = explode(" ",$test);
   $lg = sizeof($worte);
   for($i=0; $i<$lg; $i++)
```

```
    {
       echo "Wort $i: $worte[$i] <br>";
    }
    echo "<p>";

    $feld = array(17.5, 19.2, 21.8, 21.6, 17.5);
    $test = implode(";",$feld);
    echo "Eine Zeichenkette:<br>$test";
?>
</body>
</html>
```

Listing F.3 Datei uf02.php

Mit Hilfe der Funktion `explode()` wird die Zeichenkette `$test` in ein Feld verwandelt. Jedes Leerzeichen wird als Separator zum nächsten Feld-Element angesehen. Anschließend wird mit Hilfe der Feld-Funktion `sizeof()` die Größe des Feldes festgestellt. Eine `for`-Schleife dient dazu, jedes Element des Arrays einzeln und nummeriert auszugeben.

Das Feld `$feld` umfasst fünf Elemente. Diese Elemente werden mit Hilfe der Funktion `implode()` und des Separatorzeichens Semikolon in der Zeichenkette `$test` zusammengeführt.

Die Ausgabe sieht so aus:

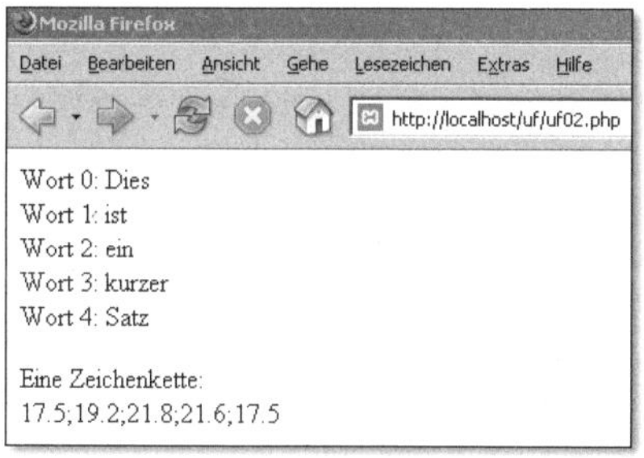

Abbildung F.3 explode() und implode()

F.1.3 Teil-Zeichenketten

Teile extrahieren

Teile von Zeichenketten können mit verschiedenen Funktionen extrahiert werden. Bei Nutzung der Funktion `substr()` wird angegeben, ab welcher Position innerhalb der Zeichenkette und über welche Länge hinweg extrahiert werden soll:

- Falls der zweite Parameter der Funktion `substr()` positiv ist, beginnt die zurückgegebene Teil-Zeichenkette bei der angegebenen Nummer, vom Beginn der Original-Zeichenkette aus gemessen. Die Nummer des ersten Zeichens der Original-Zeichenkette ist `0`.

- Falls der zweite Parameter der Funktion `substr()` negativ ist, beginnt die zurückgegebene Teil-Zeichenkette bei der angegebenen Nummer, vom Ende der Original-Zeichenkette aus gemessen.
- Falls der dritte Parameter der Funktion `substr()` existiert und positiv ist, werden entsprechend viele Zeichen zurückgegeben.

Bei Nutzung der Funktion `strstr()` wird ein Zeichen oder eine Zeichenkette angegeben, ab dessen beziehungsweise deren erstem Auftreten bis zum Ende der Zeichenkette extrahiert werden soll. Die Funktion `stristr()` führt das Gleiche aus, in diesem Falle aber unabhängig von der Groß- und Kleinschreibung der Vergleichszeichenkette.

Die Funktion `strrchr()` sucht nach dem letzten Auftreten eines einzelnen Zeichens und extrahiert ab dieser Stelle.

Es folgt der Programmcode eines Beispiels:

```
<html>
<body>
<?php
   $test = "info@rz.uni-bonn.de";
   echo "Teil-Zeichenketten:<p>";
   echo "<table border>";
   echo "<tr><td>Nr.</td><td>Funktion</td>
         <td>Erläuterung</td><td>Ergebnis</td></tr>";
   echo "<tr><td> </td><td> </td>
         <td>Original</td><td>$test</td></tr>";
   $sub1 = substr($test,3);
   echo "<tr><td>1</td><td>substr</td><td>ab Zeichen
         3 bis Ende</td><td>$sub1</td></tr>";
   $sub2 = substr($test,3,5);
   echo "<tr><td>2</td><td>substr</td><td>ab Zeichen 3,
         5 Zeichen</td> <td>$sub2</td></tr>";
   $sub3 = substr($test,-5);
   echo "<tr><td>3</td><td>substr</td><td>ab 5.letztem
         Zeichen bis Ende</td><td>$sub3</td></tr>";
   $sub4 = substr($test,-5,2);
   echo "<tr><td>4</td><td>substr</td><td>ab 5.letztem
         Zeichen 2 Zeichen</td><td>$sub4</td></tr>";
   $domain = strstr($test, "@");
   echo "<tr><td>5</td><td>strstr</td><td>ab Zeichen @,
         bis Ende</td><td>$domain</td></tr>";
   $country = strrchr($test, ".");
   echo "<tr><td>6</td><td>strrchr</td><td>ab letztem
         Punkt, bis Ende</td><td>$country</td></tr>";
```

```
    echo "</table>";
?>
</body>
</html>
```

Listing F.4 Datei uf03.php

Die Ausgabe sieht wie folgt aus:

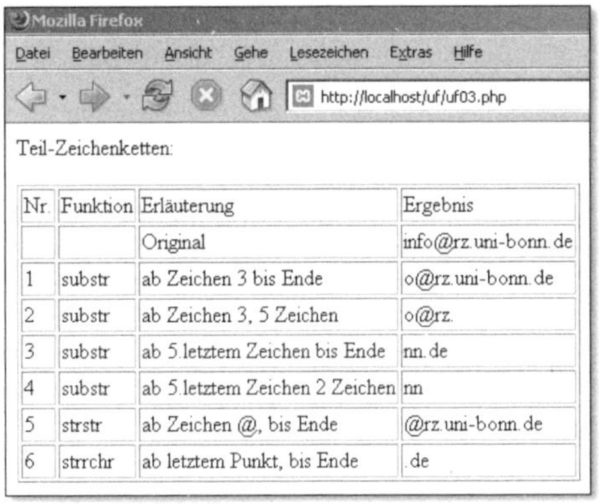

Teil-Zeichenketten:

Nr.	Funktion	Erläuterung	Ergebnis
		Original	info@rz.uni-bonn.de
1	substr	ab Zeichen 3 bis Ende	o@rz.uni-bonn.de
2	substr	ab Zeichen 3, 5 Zeichen	o@rz.
3	substr	ab 5.letztem Zeichen bis Ende	nn.de
4	substr	ab 5.letztem Zeichen 2 Zeichen	nn
5	strstr	ab Zeichen @, bis Ende	@rz.uni-bonn.de
6	strrchr	ab letztem Punkt, bis Ende	.de

Abbildung F.4 Teil-Zeichenketten

In den Zeilen 1 bis 4 werden Teil-Zeichenketten extrahiert, abhängig von ihrer Position in der Original-Zeichenkette, gezählt ab Zeichen 0 beziehungsweise ab dem letzten Zeichen.

In den Zeilen 5 und 6 werden Teil-Zeichenketten extrahiert, abhängig vom Vorkommen eines bestimmten Zeichens. Dieses Zeichen wird vom Beginn beziehungsweise vom Ende der Original-Zeichenkette aus gesucht.

F.1.4 Suchen nach Position

Zeichen suchen

Die Funktionen `strpos()` und `strrpos()` dienen zum Suchen nach bestimmten Zeichen oder Zeichenketten innerhalb anderer Zeichenketten. Es wird die Position zurückgeliefert, an der etwas gefunden wurde. Dabei sucht

- die Funktion `strpos()` ohne Offset-Angabe nach dem ersten Vorkommen des Zeichens oder der Zeichenkette
- die Funktion `strpos()` mit Offset-Angabe nach dem ersten Vorkommen des Zeichens oder der Zeichenkette ab dem Offset
- die Funktion `strrpos()` nach dem letzten Vorkommen eines Zeichens (keiner Zeichenkette)

Hier der Programmcode eines Beispiels:

```
<html>
<body>
<?php
   $test = "info@edv.biologie.uni-bonn.de";
   echo "Suchen in Zeichenketten:<p>";
   echo "<table border>";
   echo "<tr><td>Funktion</td><td>Erläuterung</td>
         <td>Ergebnis</td></tr>";
   echo "<tr><td> </td><td>Original: $test</td>
         <td> </td></tr>";
   $pos1 = strpos($test,"@");
   echo "<tr><td>strpos</td><td>Position des 1.
         Zeichens '@'</td><td>$pos1</td> </tr>";
   $pos2 = strpos($test,".",$pos1+1);
   echo "<tr><td>strpos</td><td>Position des 1.
         Punkts nach Zeichen '@'</td>
         <td>$pos2</td></tr>";
   $pos3 = strrpos($test,".");
   echo "<tr><td>strrpos</td><td>Position des letzten
         Zeichens 'Punkt'</td><td>$pos3</td></tr>";
   echo "</table>";
?>
</body>
</html>
```

Listing F.5 Datei uf04.php

Die Ausgabe sieht so aus:

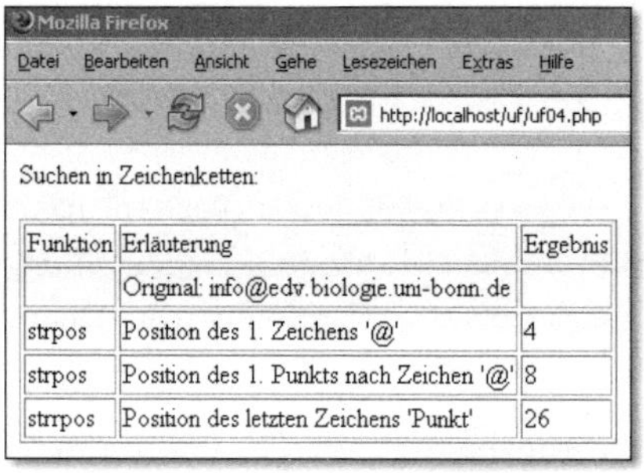

Abbildung F.5 Suchen nach Position

Im Unterschied zur Funktion `explode()` kann eine Zeichenkette nach unterschiedlichen Zeichen untersucht und anschließend mit der Funktion `substr()` zerlegt werden. Im vorliegenden Beispiel wird das erste Vorkommen des Zeichens @ gesucht. Anschließend wird danach der erste Punkt gesucht. Außerdem wird noch der letzte Punkt gesucht.

F.1.5 Vergleich von Zeichenketten

Die Funktionen `strcmp()` und `strcasecmp()` dienen zum Vergleich von zwei Zeichenketten gemäß ihrer Reihenfolge im ASCII-Code. Dabei wird bei der Funktion `strcmp()` auf die Groß- und Kleinschreibung geachtet, bei der Funktion `strcasecmp()` hingegen nicht.

Strings vergleichen

Die Funktion `similar_text()` stellt fest, wie viele Zeichen innerhalb zweier Zeichenketten übereinstimmen. Ein Beispielprogramm:

```
<html>
<body>
<?php
   $ErsterName = "Maier";
   $ZweiterName = "Mertens";
   $DritterName = "maier";
   echo "Mit Beachtung der Groß- und
         Kleinschreibung<br>(strcmp):<br>";
   if (strcmp($ErsterName,$ZweiterName) < 0)
      echo "$ErsterName steht vor $ZweiterName<br>";
   else
      echo "$ZweiterName steht vor $ErsterName<br>";
   if (strcmp($ZweiterName,$DritterName) < 0)
      echo "$ZweiterName steht vor $DritterName<p>";
   else
      echo "$DritterName steht vor $ZweiterName<p>";
   echo "Ohne Beachtung der Groß- und
         Kleinschreibung<br>(strcasecmp):<br>";
   if (strcasecmp($ZweiterName,$DritterName) < 0)
      echo "$ZweiterName steht vor $DritterName<br>";
   else
      echo "$DritterName steht vor $ZweiterName<p>";
   echo "Ähnlichkeit<br>(similar_text):<br>";
   $erg1 = similar_text($ErsterName,$ZweiterName);
   $erg2 = similar_text($ErsterName,$DritterName);
   echo "Zwischen $ErsterName und $ZweiterName:
         $erg1 gleiche Buchstaben<br>";
   echo "Zwischen $ErsterName und $DritterName:
         $erg2 gleiche Buchstaben";
?>
</body>
</html>
```

Listing F.6 Datei uf05.php

Die Ausgabe:

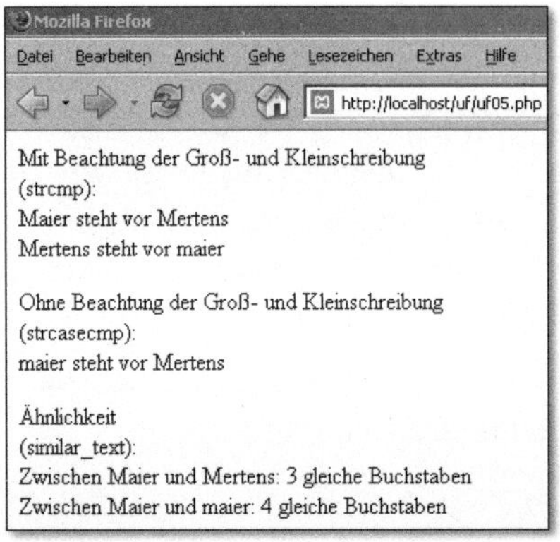

Abbildung F.6 Vergleich von Zeichenketten

Im ASCII-Code stehen Großbuchstaben vor Kleinbuchstaben, daher steht bei Anwendung der Funktion `strcmp()` `Mertens` vor `maier`. Bei Anwendung der Funktion `strcasecmp()` wird die Groß- und Kleinschreibung ignoriert, daher stehen die Namen in der normalen, alphabetischen Reihenfolge.

F.1.6 Codierung von Zeichen

Zeichen zu Zahlen

Jedem Zeichen einer Zeichenkette entspricht ein Zahlenwert gemäß der ASCII-Code-Tabelle. Dieser Code wird beim Speichern einer Zeichenkette intern verwendet. Vergleichsfunktionen wie `strcmp()` basieren auf dieser Reihenfolge innerhalb des ASCII-Codes. Die Code-Tabelle teilt sich in die folgenden Bereiche auf:

- Die Zeichen `0` bis `31` sind hauptsächlich Steuerzeichen zur Bildschirmsteuerung, also keine sichtbaren Zeichen
- Die Zeichen `32` bis `127` beinhalten unter anderem die Ziffern `0` bis `9` (Code `48` bis `57`), die Großbuchstaben (Code `65` bis `90`), die Kleinbuchstaben (Code `97` bis `122`) und Sonderzeichen wie zum Beispiel Komma, Doppelpunkt, Semikolon usw.
- Die Zeichen `128` bis `255` beinhalten weitere Sonderzeichen, abhängig von der für den Rechner gewählten Code-Seite und der Ländereinstellung.

Zahlen zu Zeichen

Die Zeichenketten-Funktion `chr([Zahlenwert])` liefert als Rückgabewert das Code-Zeichen des angegebenen Zahlenwertes. Die Funktion `ord([Zeichen])` macht das Gegenteil: Sie liefert die Code-Nummer zu dem angegebenen Zeichen. Das folgende Beispielprogramm benutzt die Funktion `chr()` und liefert dem Benutzer eine HTML-Tabelle der Zeichen von 32 bis 127:

Zunächst der Programmcode:

```
<html>
<body>
<?php
   echo "<table>";
   for ($i=32; $i<=127; $i=$i+8)
   {
      echo "<tr>";
      for ($k=0; $k<=7; $k++)
      {
         echo "<td>" . ($i+$k) . ":<b>";
         echo chr($i+$k) . "</b></td>";
      }
      echo "</tr>";
   }
   echo "</table>";
?>
</body>
</html>
```

Listing F.7 Datei uf06.php

Die Ausgabe:

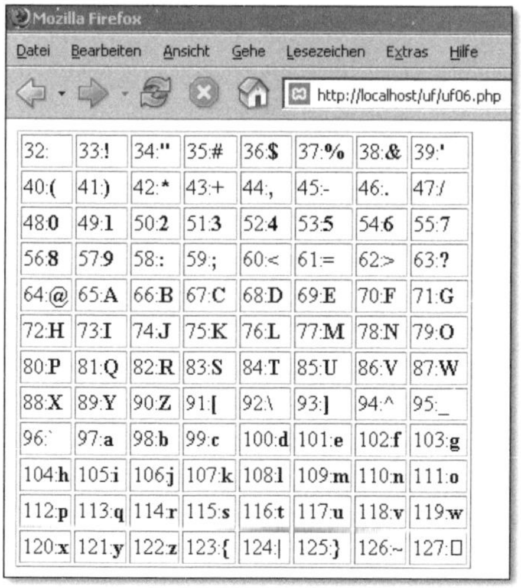

32:	33:!	34:"	35:#	36:$	37:%	38:&	39:'
40:(	41:)	42:*	43:+	44:,	45:-	46:.	47:/
48:0	49:1	50:2	51:3	52:4	53:5	54:6	55:7
56:8	57:9	58::	59:;	60:<	61:=	62:>	63:?
64:@	65:A	66:B	67:C	68:D	69:E	70:F	71:G
72:H	73:I	74:J	75:K	76:L	77:M	78:N	79:O
80:P	81:Q	82:R	83:S	84:T	85:U	86:V	87:W
88:X	89:Y	90:Z	91:[	92:\	93:]	94:^	95:_
96:`	97:a	98:b	99:c	100:d	101:e	102:f	103:g
104:h	105:i	106:j	107:k	108:l	109:m	110:n	111:o
112:p	113:q	114:r	115:s	116:t	117:u	118:v	119:w
120:x	121:y	122:z	123:{	124:|	125:}	126:~	127:□

Abbildung F.7 Zeichen mit Codes von 32 bis 127

F.1.7 Einfache Verschlüsselung

Im folgenden Programm wird mit Hilfe der oben angegebenen Zeichenketten-Funktionen eine einfache Verschlüsselung eines eingegebenen Textes durchgeführt. Der Benutzer wird aufgefordert, einen Text einzugeben. Jedes einzelne Zeichen des Textes wird um einen Wert im ASCII-Code nach vorne verschoben und anschließend auf dem Bildschirm ausgegeben. Aus einem `g` wird ein `h`, aus einer `4` wird eine `5`, aus einem `X` wird ein `Y` usw.

Geheimcode

Schon diese einfache Verschlüsselung führt zu einem schwer lesbaren Text. Die Entschlüsselung ist nur möglich, wenn man die Verschlüsselungsmethode kennt. Diese ist natürlich in diesem Fall noch recht einfach. Man kann sich vorstellen, dass aufwendigere Methoden zu einem Ergebnis führen, das nicht mehr so einfach zu entschlüsseln ist.

Zunächst das Formular zum Eintragen des Satzes:

```
<html>
<body>
Tragen Sie bitte einen Satz zum Verschlüsseln ein,<br>
und senden Sie das Formular ab<br>
<form action="uf07.php" method="post">
<input name="test" size="50"><p>
<input type="submit" value="Absenden"><p>
</form>
</body>
</html>
```

Listing F.8 Datei uf07.htm

Das Programm mit der Verschlüsselung:

```
<html>
<body>
<?php
   $test = $_POST["test"];
   echo "Original: $test <p>";
   $lg = strlen($test);

   echo "verschlüsselt: ";
   for($i=0; $i<$lg; $i++)
   {
      // ein Zeichen extrahieren
      $char = substr($test,$i,1);
      // Code des Zeichens feststellen
      $code = ord($char);
      // Code des neuen Zeichens ermitteln
      $newcode = $code + 1;
```

```
        // Neues Zeichen erzeugen, ausgeben
        $newchar = chr($newcode);
        echo $newchar;
    }
?>
</body>
</html>
```

Listing F.9 Datei uf07.php

Nach der folgenden Eingabe:

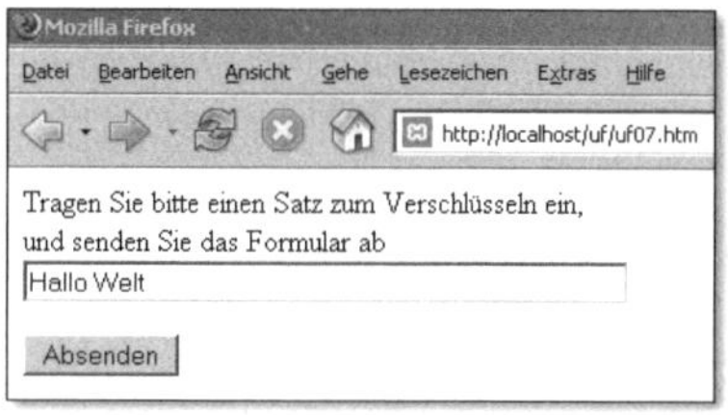

Abbildung F.8 Eingabe eines Satzes

erfolgt die Ausgabe:

Abbildung F.9 Ausgabe des verschlüsselten Satzes

Jedes einzelne Zeichen des eingegebenen Textes wird einzeln mit der Funktion `substr()` extrahiert. Der Code-Wert des Zeichens wird mit der Funktion `ord()` festgestellt. Dieser Code-Wert wird um `1` erhöht. Das Zeichen zum neuen Code-Wert wird mit der Funktion `chr()` ermittelt und ausgegeben.

Eine Verschlüsselungsmethode kann dazu genutzt werden, eingegebene Daten in schwer lesbarer Form über das Internet zu übertragen. Beim Webserver können die Daten wiederum in Klartext entschlüsselt werden.

Eine weitere Anwendung: Falls es sich zum Beispiel um ein verschlüsselt übermitteltes Passwort handelt, kann es mit vorhandenen Passwörtern verglichen werden, die auf dem Webserver mit der gleichen Methode verschlüsselt wurden.

F.1.8 Weitere Verschlüsselungsmethoden

PHP stellt noch einige Funktionen zur Verschlüsselung bereit: `crc32()`, `crypt()`, `md5()` und `str_rot13()`. Alle vier Methoden werden nachfolgend an einem Beispiel gezeigt.

md5() Das Formular zum Eintragen des Satzes, der verschlüsselt werden soll, sieht wie im vorherigen Beispiel aus. Das Programm zur Verschlüsselung:

```
<html>
<body>
<?php
   $test = $_POST["test"];
   echo "Ihr Satz: $test <br>";
   echo "CRC32-Prüfsumme: " . crc32($test) . "<br>";
   echo "DES-Verschlüsselung, mit Salt-Zeichenkette: "
        . crypt($test,"xy") . "<br>";
   echo "MD5-Verschlüsselung: " . md5($test) . "<br>";
   echo "ROT13-Verschlüsselung: "
        . str_rot13($test) . "<p>";

   $satz = "Das könnte auch anders aussehen.";
   echo "Noch ein Satz: $satz <br>";
   echo "CRC32-Prüfsumme: " . crc32($satz) . "<br>";
   echo "DES-Verschlüsselung, mit Salt-Zeichenkette: "
        . crypt($satz,"xy") . "<br>";
   echo "MD5-Verschlüsselung: " . md5($satz) . "<br>";
   echo "ROT13-Verschlüsselung: "
        . str_rot13($satz) . "<p>";
?>
</body>
</html>
```

Listing F.10 Datei uf08.php

Zunächst wird die Eingabe des Benutzers verschlüsselt. Anschließend wird eine fest eingegebene Zeichenkette zum Vergleich verschlüsselt. Die Funktion `crc32()` liefert eine Prüfsumme, und die anderen drei Funktionen liefern eine Zeichenkette zurück.

Das Ergebnis ist in Abbildung F.10 dargestellt.

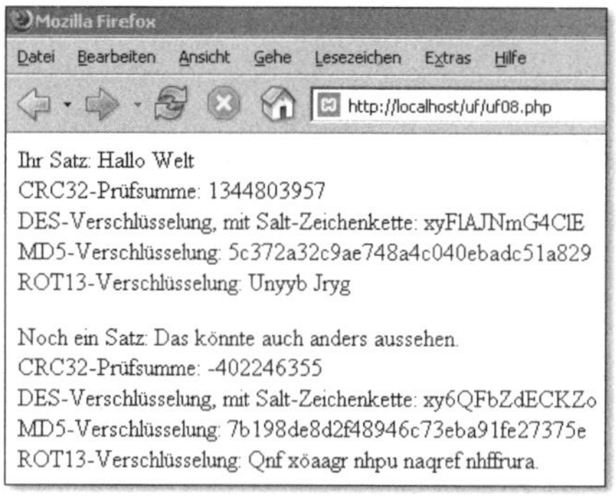

Abbildung F.10 Verschlüsselungsmethoden

F.2 Dateien und Verzeichnisse

Dateien lesen und schreiben

In vielen Fällen muss zur Speicherung von kleineren Datenmengen keine Datenbank angelegt werden. Für einen Seitenzugriffszähler zum Beispiel reicht es aus, eine einfache Textdatei zu verwenden. In diesem Abschnitt sollen die Funktionen zum Öffnen, Lesen, Schreiben und Schließen von Dateien behandelt werden.

Darüber hinaus werden Funktionen erläutert, die Informationen über Dateien und Verzeichnisse bereitstellen.

F.2.1 Dateitypen

Bei der Ein- und Ausgabe von Daten in Dateien sollte man wissen, welcher Dateityp vorliegt und welche Zugriffsart man verwenden kann. Man kann zwischen folgenden Zugriffsarten unterscheiden:

sequenziell

- **Sequenzieller Zugriff**
  Diese Möglichkeit wird bei einer Datei bevorzugt, deren einzelne Zeilen unterschiedlich lang sind und jeweils mit einem Zeilenumbruch beendet werden. Ihr Inhalt kann mit einem einfachen Editor bearbeitet werden. Sie werden rein sequenziell gelesen beziehungsweise geschrieben. Es ist nicht möglich, auf eine bestimmte Zeile direkt zuzugreifen, da man nicht weiß, wie lang die Vorgängerzeilen sind.

wahlfrei

- **Wahlfreier Zugriff**
  Diese Möglichkeit hat man bei einer Datei, die größtenteils gleich lange Datensätze beinhaltet. Es können Zeilenumbrüche existieren, müssen aber nicht. Die Länge und Struktur eines Datensatzes sollte bekannt sein oder innerhalb der Datei an einer vereinbarten Stelle stehen. Sie

können direkt gelesen beziehungsweise verändert werden, da man den Ort jedes Datensatzes berechnen kann.

binär

- **Binärer Zugriff**
  Diese Zugriffsmöglichkeit hat man bei jeder Datei. Man arbeitet mit den reinen Byte-Folgen. Diese können mit Hilfe eines darauf angepassten Programms gelesen oder verändert werden. Allerdings kann dies zur Folge haben, dass die Dateien nicht mehr mit den zugehörigen Anwendungsprogrammen gelesen werden können. Beispiel: Man überschreibt in einer Oracle-Datenbank die Stelle, an der die Anzahl der Datensätze einer bestimmten Tabelle steht. Dies kann dazu führen, dass diese Tabelle oder mehrere Tabellen zerstört werden.

Es gibt Mischformen zwischen den genannten Typen. Ohne Kenntnis der Struktur einer Datei ist es nicht möglich, sie korrekt zu bearbeiten.

F.2.2 Lesen einer Zeile aus einer sequenziellen Datei

Es folgt ein einfaches Beispiel, in dem die erste Zeile einer sequenziellen Datei gelesen und auf dem Bildschirm ausgegeben wird.

öffnen und lesen

Die Datei `uf20data.txt` wurde zuvor mit einem Texteditor erzeugt und im gleichen Verzeichnis wie die Datei `uf20.php` abgespeichert. Sie beinhaltet mehrere unterschiedlich lange Zeilen mit Text, wie nachfolgend zu sehen ist.

Abbildung F.11 Datei, aus der eingelesen wird

Mit Hilfe des Programms wird die erste Zeile der Datei gelesen und wie folgt auf dem Bildschirm ausgegeben:

Abbildung F.12 Erste Zeile der Datei

Es folgt der Programmcode:

```
<html>
<body>
<?php
   $fp = fopen("uf20data.txt","r");
   if ($fp)
   {
      $zeile = fgets($fp, 100);
      echo "Inhalt der ersten Zeile der Datei";
      echo " uf20data.txt:<p> $zeile";
      fclose($fp);
   }
   else
      echo "Datei wurde nicht gefunden";
?>
</body>
</html>
```

Listing F.11 Datei uf20.php

Innerhalb des PHP-Programms werden die Funktionen `fopen()`, `fgets()` und `fclose()` verwendet.

fopen()

Die Funktion `fopen()` dient zum Öffnen einer Datei.

- Der erste Parameter gibt den Namen der Datei an. In unserem Beispiel handelt es sich um die Datei mit dem Namen `uf20data.txt`, die im gleichen Verzeichnis wie das PHP-Programm steht.
- Der zweite Parameter gibt den Öffnungsmodus an. Hier ist dies `r` (für `read`), das heißt, die Datei wird zum Lesen geöffnet. Andere Öffnungsmodi sind zum Beispiel `w` (für `write`, Schreiben in eine Datei) und `a` (für `append`, Anhängen an eine Datei) read
- Der Rückgabewert der Funktion ist ein so genannter Dateizeiger. Er wird in der Variablen `$fp` gespeichert. Dieser Dateizeiger wird für weitere Zugriffe auf die Datei benötigt. Sollte die Datei am angegebenen Ort nicht existieren, so gibt die Funktion `fopen()` den Wert `false` zurück.
- Vor der weiteren Benutzung der Datei muss der Rückgabewert geprüft werden. Hier geschieht dies mit `if ($fp)`.

fgets()

Die Funktion `fgets()` dient zum Lesen einer Zeichenkette aus einer Datei.

- Der erste Parameter gibt an, aus welcher Datei gelesen werden soll. Dabei muss es sich um den Dateizeiger einer zuvor geöffneten Datei handeln. Hier ist dies `$fp`.

- Der zweite Parameter gibt die Leselänge an. Es werden entweder (`Leselänge - 1`) Zeichen aus der Datei gelesen (hier `99`) oder bis zum Zeilenumbruch oder bis zum Ende der Datei. Dies gilt je nachdem, was zuerst eintritt. Man sollte zum Lesen ganzer Zeilen eine Leselänge wählen, die auf jeden Fall für die betreffende Datei ausreicht.
- Rückgabewert der Funktion ist die gelesene Zeichenkette (einschließlich des Zeilenumbruchs). Sie wird hier in der Variablen `$zeile` gespeichert. Diese Variable wird auf dem Bildschirm ausgegeben.

fclose() Die Funktion `fclose()` dient zum Schließen einer Datei.

- Der Parameter gibt an, welche Datei geschlossen werden soll. Dabei muss es sich um den Dateizeiger einer zuvor geöffneten Datei handeln. Hier ist dies `$fp`.
- Man sollte geöffnete Dateien immer schließen, auch wenn nach Beendigung eines PHP-Programms alle beteiligten Dateien geschlossen werden. Anderenfalls könnte das Betriebssystem weitere Zugriffe auf diese Datei verwehren, da es diese Datei für noch geöffnet hält.

F.2.3 Lesen aller Zeilen einer sequenziellen Datei

Im folgenden Beispiel werden alle Zeilen einer sequenziellen Datei gelesen und auf dem Bildschirm ausgegeben.

```
<html>
<body>
<?php
   $fp = fopen("uf20data.txt","r");
   if ($fp)
   {
      while (!feof($fp))
      {
         $zeile = fgets($fp, 100);
         echo "Zeile: $zeile<p>";
      }
      fclose($fp);
   }
   else
      echo "Datei wurde nicht gefunden";
?>
</body>
</html>
```

Listing F.12 Datei uf21.php

Die Ausgabe sieht so aus:

Abbildung F.13 Alle Zeilen der Datei

Die Funktion `feof()` dient dazu, das Ende einer Datei zu signalisieren. **feof()**

- Der Parameter gibt an, welche Datei geprüft werden soll. Dabei muss es sich um den Dateizeiger einer zuvor geöffneten Datei handeln. Hier ist dies `$fp`.
- Der Rückgabewert der Funktion ist `true`, falls das Ende der Datei festgestellt wurde, beziehungsweise `false`, wenn dies nicht der Fall ist.

Im Programm wurde eine bedingungsgesteuerte Schleife verwendet. Diese wird wiederholt, solange das Ende der Datei noch nicht erreicht wurde (`while (!feof($fp))`). Nach dem Lesen einer Zeile durch die Funktion `fgets()` wird der Dateizeiger `$fp` automatisch auf den Anfang der nächsten Zeile gesetzt.

Im vorliegenden Fall wurde vorausgesetzt, dass die Datei `uf20data.txt` mit einem Texteditor in folgender Weise erzeugt wurde:

- Schreiben der ersten Zeile [↵]
- Schreiben der zweiten Zeile [↵]
- ...
- Schreiben der vorletzten Zeile [↵]
- Schreiben der letzten Zeile (Abspeichern und Schließen der Datei) ohne [↵]

Falls man nach der letzten Zeile noch einen oder mehrere Zeilenumbrüche erzeugt hat und die Datei anschließend erst gespeichert und geschlossen hat, werden beim Lesen diese unnötigen leeren Zeilen ebenfalls erfasst und können zu Fehlausgaben führen (zum Beispiel falsche Zeilenanzahl).

Übung UF22

Schreiben Sie mit Hilfe eines Texteditors mehrere Namen in eine Datei (`uf22data.txt`). Jeder Name soll zweizeilig geschrieben werden: in der **[«]**

ersten Zeile der Vorname, in der zweiten Zeile der Nachname, wie hier dargestellt:

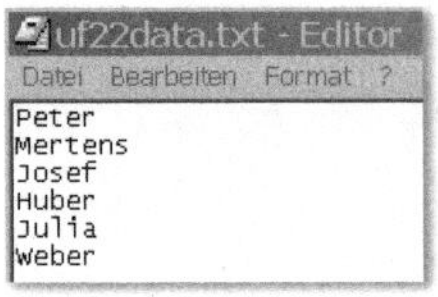

Abbildung F.14 Daten für Übung UF22

Erstellen Sie ein PHP-Programm (Datei `uf22.php`), das diese Datei öffnet, liest und die Namen in einer HTML-Tabelle in der folgenden Form (zusätzlich mit laufender Nummer) auf dem Bildschirm ausgibt:

Abbildung F.15 Ergebnis der Übung UF22

F.2.4 Vereinfachtes Lesen einer Datei

Die Funktionen `readfile()` und `file()` bieten jeweils eine Möglichkeit zum vereinfachten Lesen einer Datei:

readfile()
- `readfile()` liest den vollständigen Inhalt einer Datei und gibt ihn auf dem Bildschirm aus.

file()
- `file()` liest den vollständigen Inhalt einer Datei zeilenweise in ein eindimensionales Feld. Die Elemente dieses Feldes kann man anschließend bearbeiten beziehungsweise ausgeben.

Beide Funktionen werden im folgenden Beispiel benutzt, um eine Datei vollständig wiederzugeben.

```
<html>
<body>
<?php
   readfile("uf20data.txt");

   $dfeld = file("uf20data.txt");
   echo "<p>";
   for($i=0; $i<sizeof($dfeld); $i++)
```

```
      echo $dfeld[$i] . "<br>";
?>
</body>
</html>
```

Listing F.13 Datei uf21a.php

F.2.5 Überschreiben einer sequenziellen Datei

Im folgenden Beispiel werden einige Zahlen und Zeichenketten in eine Datei geschrieben.

öffnen und schreiben

```
<html>
<body>
<?php
$fp = fopen("uf23data.txt","w");
if (!$fp)
{
   echo "Datei konnte nicht zum Schreiben geöffnet .
werden<p>";
   exit;
}
$nl = chr(13) . chr(10);
fputs ($fp, "Autor: Max Maier$nl");
for ($i=10; $i<=50; $i=$i+10)
   fputs ($fp, "$i$nl");
fputs ($fp, "Autor: Max Maier",8);
echo "Ausgabe in Datei geschrieben";
fclose($fp);
?>
</body>
</html>
```

Listing F.14 Datei uf23.php

Die Datei `uf23data.txt` wird mit der Funktion `fopen()`, Öffnungsmodus `w` (für `write`), zum Schreiben geöffnet. Falls die Datei bereits existiert, wird sie dabei überschrieben! Weitere Vorgänge sollten auch hier erst erfolgen, nachdem kontrolliert wurde, ob das Öffnen erfolgreich war.

write

In der Variablen `$nl` wird mit Hilfe der Zeichenkettenfunktion `chr()` ein Zeilenvorschub abgespeichert. Ein Zeilenvorschub besteht aus den beiden ASCII-Zeichen mit dem Code `13` (entspricht `CR` = `Carriage Return` = Wagenrücklauf) und `10` (entspricht `LF` = `Line Feed` = Zeilensprung). Weitere Informationen zu Zeichenkettenfunktionen finden sich im betreffenden Abschnitt. Der Zeilenvorschub wird ebenfalls ausgegeben.

Die Funktion `fputs()` dient zur Ausgabe von Zeichenketten in eine Datei.

fputs()

- Der erste Parameter gibt an, in welche Datei ausgegeben werden soll. Dabei muss es sich um den Dateizeiger einer zuvor geöffneten Datei handeln. Hier ist dies `$fp`.
- Der zweite Parameter beinhaltet die auszugebende Zeichenkette.
- Der dritte Parameter ist optional, er begrenzt die Länge der Ausgabe auf die angegebene Anzahl. Hier wurde der dritte Parameter nur zu Demonstrationszwecken bei der letzten Ausgabe verwendet. Diese Ausgabe wird nach dem achten Zeichen abgeschnitten.

Die Ausgabedatei hat folgenden Inhalt:

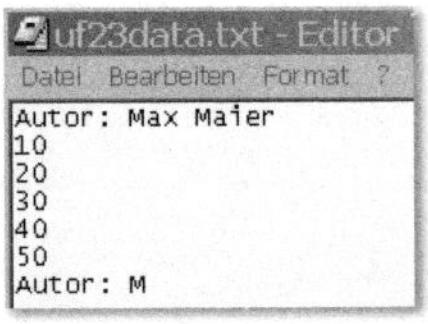

Abbildung F.16 Schreiben in Datei

F.2.6 Anhängen an eine sequenzielle Datei

fortlaufend schreiben

Im folgenden Beispiel werden die Inhalte einiger Formularfelder fortlaufend in eine Datei geschrieben. Zunächst die Datei mit dem Eingabeformular:

```
<html>
<body>
Bitte geben Sie Ihre Adresse ein:
<form action = "uf24.php" method = "post">
    <input size="20" name="nn"> Nachname<p>
    <input size="20" name="vn"> Vorname<p>
    <input size="20" name="sr">
    <input size="10" name="hn">
           Straße und Hausnummer<p>
    <input size="10" name="pz">
    <input size="20" name="st"> PLZ und Stadt<p>
    <input type="submit" value="Senden">
    <input type="reset">
</form>
</body>
</html>
```

Listing F.15 Datei uf24.htm

Nach dem Absenden werden diese Daten von dem folgenden PHP-Programm weiterverarbeitet:

```
<html>
<body>
<?php

$fp = fopen("uf24data.csv","a");
if (!$fp)
{
   echo "Datei konnte nicht zum Schreiben geöffnet
         werden<p>";
   exit;
}

fputs ($fp, $_POST["nn"] . ";"
   . $_POST["nn"] . ";"
   . $_POST["vn"] . ";"
   . $_POST["sr"] . ";"
   . $_POST["hn"] . ";"
   . $_POST["pz"] . ";"
   . $_POST["st"] . ";\n");
echo "Vielen Dank, " . $_POST["vn"] . " "
     . $_POST["nn"] . "<p>";
echo "Ihre Angaben wurden gespeichert<p>";
fclose($fp);
?>
Zurück zur <a href="uf24.htm">Eingabe</a>
</body>
</html>
```

Listing F.16 Datei uf24.php

append

Die Datei uf24data.csv wird mit der Funktion fopen(), Öffnungsmodus a (für append), zum Schreiben am Ende der Datei geöffnet. Weitere Vorgänge sollten auch hier erst erfolgen, nachdem kontrolliert wurde, ob das Öffnen erfolgreich war.

CSV-Datei

Die Daten aus dem Formular werden, jeweils durch ein Semikolon voneinander getrennt, in die Ausgabedatei geschrieben. Am Ende der Zeile wird ein Zeilenvorschub erzeugt. Man erzeugt auf diese Weise eine Datei im CSV-Format:

Abbildung F.17 CSV-Datei im Editor

Viele Anwendungsprogramme (zum Beispiel MS Excel) können dieses Format in eine Tabelle umsetzen. Dabei werden die einzelnen Informationen, die durch Semikola getrennt sind, jeweils in einer Tabellenspalte dargestellt:

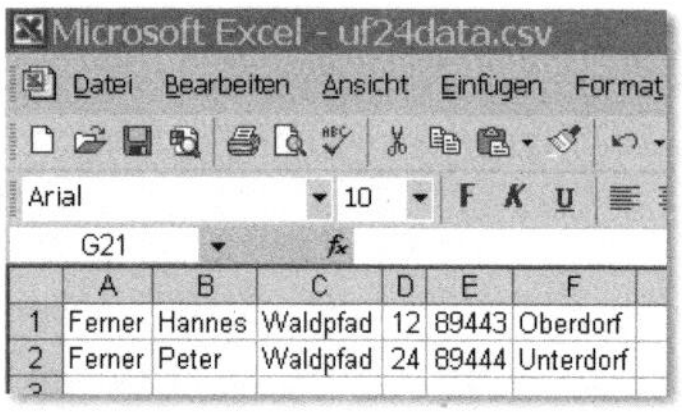

	A	B	C	D	E	F
1	Ferner	Hannes	Waldpfad	12	89443	Oberdorf
2	Ferner	Peter	Waldpfad	24	89444	Unterdorf

Abbildung F.18 CSV-Datei in Excel

Mit Hilfe eines Hyperlinks kann der Benutzer zum Eingabeformular zurückgelangen und weitere Eingaben vornehmen. Jede weitere Eingabe wird an die vorhandene Datei angehängt.

Übung UF25

[»] In einer Datei (`uf25data.txt`) stehen mehrere Datensätze in der folgenden Form:

- erste Zeile: laufende Nummer
- zweite Zeile: Nachname
- dritte Zeile: Vorname

```
1883
Peter
Mertens
762
Josef
Huber
2655
Julia
Weber
699
Wolfgang
Schmitz
```

Abbildung F.19 Daten für Übung UF25

Schreiben Sie ein PHP-Programm (Datei `uf25.php`), das diese Datei öffnet, liest und die Datensätze in der gleichen Form in zwei verschiedene Dateien ausgibt:

- Datensätze mit einer laufenden Nummer unter `1000` in Datei `uf25a.txt`
- alle anderen Datensätze in Datei `uf25b.txt`

Die Dateien sollen bei jedem Programmaufruf überschrieben werden.

Auf dem Bildschirm soll Folgendes zur Kontrolle ausgegeben werden (hier mit den oben angegebenen Beispieldaten):

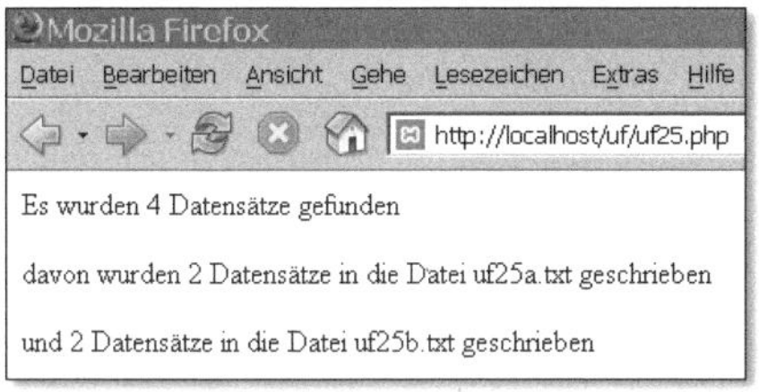

Abbildung F.20 Ergebnis der Übung UF25

Anmerkung: Die Funktion `fgets()` liest die Zeilen einschließlich des Zeilenumbruches in eine Variable. Wird diese Variable in eine Datei ausgegeben, so wird auch der Zeilenumbruch ausgeführt. Er braucht nicht zusätzlich ausgegeben zu werden.

F.2.7 Ein einfacher Zugriffszähler

Web Counter

Im folgenden Beispiel wird ein Zähler realisiert, der die Anzahl der Zugriffe auf eine Datei festhält. Ein solcher Web Counter wird im Internet oft eingesetzt, um die Beliebtheit beziehungsweise den Erfolg einer Webseite zu messen.

```
<html>
<body>
<?php
$fn = "uf26data.txt";
/* Falls Datei schon vorhanden */
if(file_exists($fn))
{
   $fp = fopen($fn,"r");
   /* Falls Datei geöffnet werden kann */
   if(!$fp)
      $zahl = 0;
   /* Falls Datei nicht geöffnet werden kann */
   else
   {
      $zahl = fgets($fp,10);
      fclose($fp);
   }
}
else
   $zahl = 0;
/* Zahl erhöhen */
```

```
$zahl = $zahl + 1;
echo "Der Zugriffszähler steht auf $zahl";
/* neue Zahl schreiben */
$fp = fopen($fn,"w");
if(!$fp)
{
   echo "Zähler kann nicht geschrieben werden ";
   exit;
}
fputs($fp,$zahl);
fclose($fp);
?>
</body>
</html>
```

Listing F.17 Datei uf26.php

Zunächst wird der Dateiname in der Variablen `$fn` gespeichert, da er mehrmals innerhalb des Programms benötigt wird.

file_exists()

Die Funktion `file_exists()` dient der Kontrolle, ob die Zähler-Datei `uf26data.txt` im gleichen Verzeichnis existiert.

- Falls es sich um den ersten Zugriff auf die Datei handelt, so existiert die Datei noch nicht und der Zähler wird auf `0` gesetzt.
- Anderenfalls wird versucht, die Datei zu öffnen. Falls dies gelingt, wird der aktuelle Zählerstand aus der Datei in die Variable `$zahl` gelesen. Falls dies nicht gelingt, wird der Zähler ebenfalls auf `0` gesetzt.

Anschließend hat die Variable in jedem Fall einen Wert. Dieser Wert wird um `1` erhöht, ausgegeben und anschließend in die Datei geschrieben, so dass sie für den nächsten Zugriff den aktuellen Wert bereitstellt.

Die Ausgabe beim achten Zugriff:

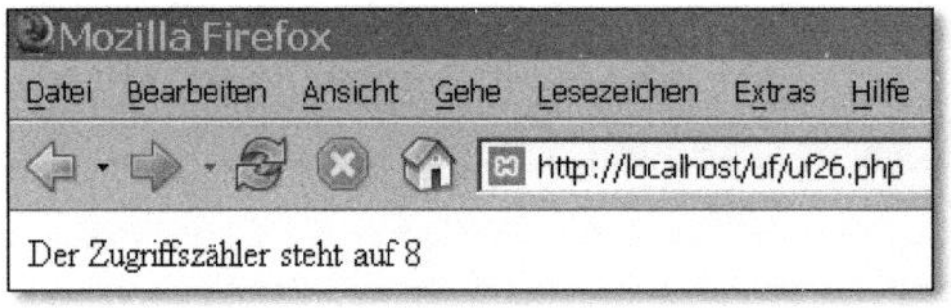

Abbildung F.21 Zugriffszähler

F.2.8 Wahlfreier Zugriff

Datensätze fester Größe

Einen wahlfreien Zugriff auf eine Datei kann man vornehmen, falls in einer Datei eine Reihe von Datensätzen fester Größe steht. Durch die feste Größe ist gewährleistet, dass die Position jedes einzelnen Datensatzes eindeutig berechnet werden kann.

Die Funktion `fseek()` versetzt den Dateizeiger einer zuvor geöffneten Datei an die angegebene Position. Damit erreicht man schnell jeden Datensatz, ohne alle vorhergehenden Datensätze gelesen zu haben. Beim wahlfreien Zugriff können außerdem noch die beiden folgenden Funktionen nützlich sein:

- `ftell()`
  Angabe der aktuellen Position
- `rewind()`
  Versetzen des Dateizeigers an den Anfang der Datei

Als einfaches Beispiel soll eine Datei bearbeitet werden, die insgesamt 15 Datensätze beinhaltet. Jeder Datensatz besteht aus einer ganzen Zahl. Jede Zahl wird formatiert in die Datei geschrieben, so dass sie immer die gleiche Breite hat. Zur Formatierung dient die Funktion `sprintf()`.

Zunächst das Programm, das 15 zufällige Zahlen zwischen `1` und `30000` formatiert in eine Datei schreibt. Damit wird eine »Datenbank« mit 15 Datensätzen erzeugt:

```
<html>
<body>
<?php
   srand((double)microtime()*1000000);
   $fp = fopen("uf28data.txt","w");
   if (!$fp)
   {
      echo "Datei konnte nicht zum Schreiben geöffnet
           werden<p>";
      exit;
   }
   for($i=1; $i<=15; $i++)
   {
      $zz = rand(1,30000);
      $zztext = sprintf("%6d",$zz);
      fputs($fp,$zztext);
   }
   fclose($fp);
   echo "15 Daten geschrieben";
?>
</body>
</html>
```

Listing F.18 Datei uf28.php

Die Funktion `sprintf()` wandelt die Zahl `$zz` in die Zeichenkette `$zztext` um (Breite `6`, mit führenden Leerzeichen). Die Variable `$zz` wird dabei als ganze Zahl interpretiert, ähnlich wie bei `printf()` in C. Eine Zeichenkette der Länge `6` beansprucht 6 Byte Speicherplatz in einer Datei.

Das Ergebnis sieht zum Beispiel wie folgt aus (hier nur die Datensätze 1 bis 8):

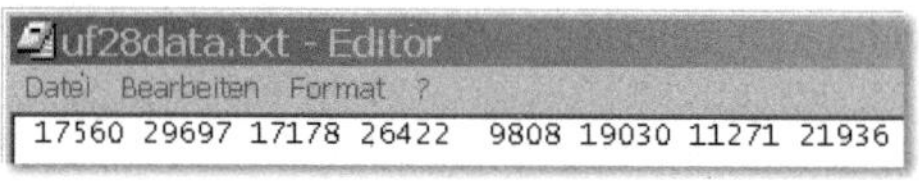

Abbildung F.22 Datei mit Datensätzen gleicher Länge

Zum Lesen in der Datenbank kann der Benutzer in einem Formular die Nummer des gewünschten Datensatzes eingeben:

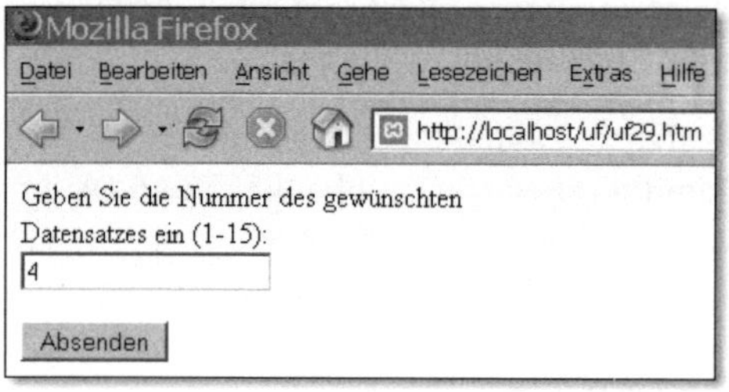

Abbildung F.23 Eingabe der Datensatznummer

Das PHP-Programm zur Auswertung der Eingabe:

```
<html>
<body>
<?php
   $anz = filesize("uf28data.txt")/6;
   if($_POST["nummer"] < 1 || $_POST["nummer"] > $anz)
   {
      echo "Es gibt nur Datensätze von 1 bis 15<p>";
      exit;
   }

   $fp = fopen("uf28data.txt","r");
   if (!$fp)
   {
      echo "Datei konnte nicht zum Lesen geöffnet werden<p>";
      exit;
   }

   fseek($fp, ($_POST["nummer"]-1)*6, SEEK_SET);
```

```
    $wert = fgets($fp,7);
    fclose($fp);

    echo $wert;
?>
</body>
</html>
```

Listing F.19 Datei uf29.php

Das Eingabefeld hat den Namen `nummer`. Im PHP-Programm wird zunächst untersucht, ob die Zahl im erlaubten Bereich liegt. Dazu wird unter anderem die Funktion `filesize()` verwendet. Diese liefert die Größe der Datei in Byte (hier: `90 Byte`). Aus diesem Wert und der Größe eines einzelnen Datensatzes (hier: `6 Byte`) wird die Anzahl der Datensätze (hier: `90 Byte/6 Byte = 15`) errechnet.

fseek()

Die Funktion `fseek()` hat bis zu drei Parameter:

- Der erste Parameter gibt an, aus welcher Datei gelesen werden soll. Dabei muss es sich um den Dateizeiger einer zuvor geöffneten Datei handeln. Hier ist dies `$fp`.
- Der zweite Parameter gibt den Offset an, das heißt die Position in Byte. Diese wird über die eingegebene Nummer und die Größe eines Datensatzes berechnet.
- Der dritte Parameter gibt an, ab welcher Position der Offset gerechnet wird. Dabei können die Konstanten `SEEK_SET` (Dateianfang), `SEEK_CUR` (Aktuelle Position) und `SEEK_END` (Dateiende) benutzt werden.

Anschließend wird mit der Funktion `fgets()` an der neuen Position des Dateizeigers gelesen. Es werden die nächsten (`Leselänge -1`) Zeichen gelesen, also `6`. Damit ist gewährleistet, dass nur die unmittelbar folgende ganze Zahl gelesen wird.

Die Ausgabe mit dem oben angegebenen Eingabewert:

Abbildung F.24 Ausgabe des gewünschten Datensatzes

F.2.9 Informationen über Dateien

stat()

Die Funktion `stat()` liefert eine Reihe von Informationen über Dateien in Form eines Feldes. Im folgenden Beispiel werden die Feld-Elemente `7` bis `10` ausgegeben. Diese liefern die nachfolgend dargestellten Informationen:

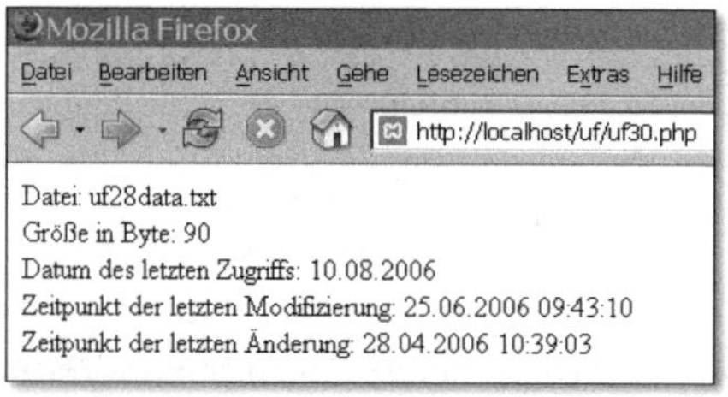

Abbildung F.25 Datei-Informationen

Timestamp

Die drei Zeitpunkte werden als Unix-Timestamps geliefert. Diese müssen noch in eine lesbare Form gebracht werden.

```
<html>
<body>
<?php
   $fn = "uf28data.txt";
   $info = stat($fn);
   echo "Datei: $fn<br>";
   echo "Größe in Byte: " . $info[7] . "<br>";
   echo "Datum des letzten Zugriffs: ";
   echo date("d.m.Y", $info[8]) . "<br>";
   echo "Zeitpunkt der letzten Modifizierung: ";
   echo date("d.m.Y H:i:s", $info[9]) . "<br>";
   echo "Zeitpunkt der letzten Änderung: ";
   echo date("d.m.Y H:i:s", $info[10]) . "<br>";
?>
</body>
</html>
```

Listing F.20 Datei uf30.php

Im Feld `$info` wird der Rückgabewert der Funktion `stat()` gespeichert. Die drei Zeitangaben werden mit Hilfe der Funktion `date()` umgeformt. Genaue Informationen über die Formatierungsmöglichkeiten und weitere Funktionen finden sich in Abschnitt F.4, *Datum und Zeit*.

F.2.10 Informationen über einzelnes Verzeichnis

Verzeichnis öffnen und lesen

Bisher wurde immer eine einzelne Datei bearbeitet, deren Name bekannt ist. Häufig stellt sich aber die Aufgabe, eine ganze Reihe von Dateien zu bearbeiten, deren exakter Name und deren Anzahl unbekannt sind. Zu diesem Zweck kann man sich unter anderem der Verzeichnis-Funktionen `opendir()`, `readdir()` und `closedir()` bedienen.

Sie werden im folgenden Programm eingesetzt, um Informationen über Dateien und Verzeichnisse zu generieren, die sich in einem bestimmten Verzeichnis befinden.

Zunächst das Programm:

```
<html>
<body>
<?php
$verz = "C:\xampp\htdocs\uf";
chdir($verz);
echo "<h2>Verzeichnis $verz</h2>";
echo "<table border>";

/* Überschrift */
echo "<td>Name</td>";
echo "<td>Datei /<br>Verz.</td>";
echo "<td>Readable /<br>Writeable</td>";
echo "<td align='right'>Größe<br>in Byte</td>";
echo "<td>Letzte<br>Änderung</td>";

/* Öffnet Handle */
$handle = opendir($verz);

/* Liest alle Objektnamen */
while ($dname = readdir($handle))
{
   echo "<tr>";
   echo "<td>$dname</td>";

   /* Datei oder Verzeichnis ? */
   if(is_file($dname))
      echo "<td>D</td>";
   else if(is_dir($dname))
      echo "<td>V</td>";
   else
      echo "<td> </td>";

   /* Lesbar beziehungsweise schreibbar ? */
   echo "<td>";
   if(is_readable($dname)) echo "R";
   else echo "-";
   if(is_writeable($dname)) echo "W";
```

```
        else echo "-";
        echo "</td>";

        /* Zugriffsdaten */
        $info = stat($dname);
        echo "<td align='right'>$info[7]</td>";
        echo "<td>" . date("d.m.y H:i", $info[10])
             . "</td>";
        echo "</tr>";
    }

/* Schließt Handle */
closedir($handle);
?>
</table>
</body>
</html>
```

Listing F.21 Datei uf31.php

Im vorliegenden Fall soll der Inhalt des Verzeichnisses `C:\Apache\htdocs\phpmyadmin` ermittelt werden. Dieses wird mit der Funktion `chdir()` zum aktuellen Verzeichnis gemacht. Es folgt die Ausgabe der Tabellenüberschrift.

opendir(), readdir()

Die Funktion `opendir()` dient zum Öffnen eines Zugriffs-Handles für das aktuelle Verzeichnis. Über dieses Handle wird mit Hilfe der Funktion `readdir()` jeweils ein Objektname aus dem Verzeichnis ermittelt. Dabei wird unsortiert vorgegangen. Gleichzeitig wird durch `readdir()` ein Zeiger weitergesetzt, so dass beim nächsten Aufruf der nächste Objektname geliefert wird usw. Dies kann wiederholt werden, solange Objektnamen vorhanden sind.

Im vorliegenden Programm wird die Wiederholung mit einer `while`-Schleife realisiert. Alle Objekte eines Verzeichnisses werden ermittelt. Für jedes Objekt werden insgesamt fünf Funktionen zur Lieferung von Informationen über das Objekt aufgerufen:

- Die Funktion `is_file()` sagt aus, ob es sich um eine Datei handelt.
- Die Funktion `is_dir()` sagt aus, ob es sich um ein Verzeichnis handelt.
- Die Funktion `is_readable()` sagt aus, ob das Objekt lesbar ist.
- Die Funktion `is_writeable()` sagt aus, ob das Objekt beschreibbar ist.
- Die Funktion `stat()`, die bereits aus dem vorherigen Abschnitt bekannt ist, liefert eine Reihe weiterer Daten in Form eines Feldes.

Nach Abschluss der `while`-Schleife wird mit der Funktion `closedir()` das Zugriffs-Handle wieder geschlossen.

closedir()

Die Ausgabe des Programms (Ausschnitt):

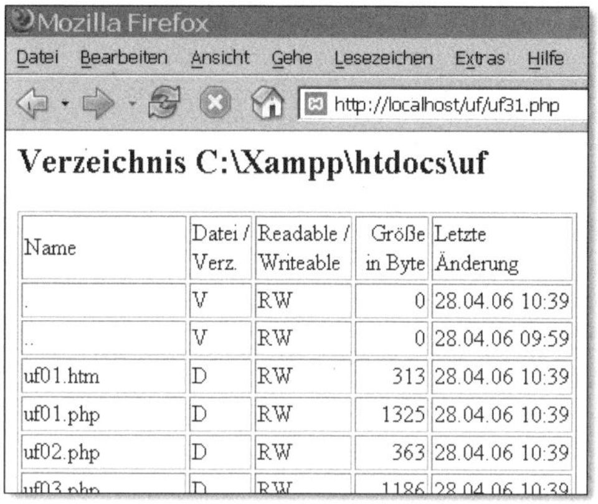

Abbildung F.26 Infos über das Verzeichnis uf

F.2.11 Informationen über den Verzeichnisbaum

Zur Ermittlung der Informationen über einen ganzen Verzeichnisbaum, also über die Unterverzeichnisse und wiederum deren Unterverzeichnisse usw., bedient man sich der Funktionen aus dem vorherigen Abschnitt und eines rekursiven Aufrufs.

getcwd()

Diese Funktion wird vom Hauptprogramm aus erstmalig mit einem Startverzeichnis aufgerufen. Innerhalb der Funktion wird mit der Verzeichnis-Funktion `getcwd()` das aktuelle Arbeitsverzeichnis (`current working directory`) ermittelt. Anschließend werden die Objekte innerhalb dieses Verzeichnisses ermittelt. Dabei steht das Kürzel (.) für das aktuelle Verzeichnis und das Kürzel (..) für das übergeordnete Verzeichnis. Für diese beiden Fälle erfolgt keine Aktion.

Falls es sich bei dem Objekt um eine Datei handelt,

- wird diese mit Namen ausgegeben.

rekursive Funktion

Falls es sich bei dem Objekt um ein Unterverzeichnis handelt,

- wird in dieses Verzeichnis gewechselt,
- die Funktion ruft sich selbst auf (rekursiv), und
- es wird wieder in das übergeordnete Verzeichnis zurückgewechselt.

Mit Hilfe dieser Methode gelingt die Bearbeitung des gesamten Verzeichnisbaumes.

```
<html>
<body>
<table border>
<?php
function objektliste()
{
   /* Aktuelles Verzeichnis ermitteln */
   $verz = getcwd();

   /* Handle für aktuelles Verzeichnis */
   $handle = opendir(".");

   while ($dname = readdir($handle))
   {
      if($dname!="." && $dname!="..")
      {
         /* Falls Unterverzeichnis */
         if(is_dir($dname))
         {
            chdir($dname);  // nach unten
            objektliste();  // rekursiv
            chdir("..");    // nach oben
         }
         /* Falls Datei */
         else
         {
            echo "<tr><td>$verz</td><td>$dname</td>";
         }
      }
   }
   closedir($handle);
}
/* Startverzeichnis */
chdir("C:\xampp\apache");
/* Erster Aufruf der Funktion */
objektliste();
?>
</table>
</body>
</html>
```

Listing F.22 Datei uf32.php

Die Ausgabe des Programms (Ausschnitt) sehen Sie in Abbildung F.27.

\xampp\apache\bin\iconv	windows-1257.so
\xampp\apache\bin\iconv	windows-1258.so
\xampp\apache\conf	httpd.conf
\xampp\apache\conf	magic
\xampp\apache\conf	mime.types
\xampp\apache\conf\extra	httpd-autoindex.conf
\xampp\apache\conf\extra	httpd-dav.conf
\xampp\apache\conf\extra	httpd-default.conf
\xampp\apache\conf\extra	httpd-info.conf

Abbildung F.27 Infos über Verzeichnisbaum

In der linken Spalte der Tabelle wird der Name des Verzeichnisses ausgegeben, in der rechten Spalte der Name des Objekts.

F.3 Felder

F.3.1 Operationen für numerisch indizierte Felder

In Kapitel B, *PHP-Programmierkurs*, wurden bereits eindimensionale numerisch indizierte beziehungsweise assoziative Felder vorgestellt. Es gibt einige Operationen, die häufig mit Feldern ausgeführt werden. Diese sollen zunächst besprochen werden.

Sortierung

Feld sortieren

Im folgenden Beispiel wird ein Feld, das Temperaturwerte beinhaltet, aufsteigend sortiert und ausgegeben. Anschließend wird das Feld absteigend sortiert und ausgegeben.

```
<html>
<body>
<?php
   $tp = array(17.5, 19.2, 21.8, 21.6, 20.2, 16.6);
   $gr = sizeof($tp);

   /* unsortiert ausgeben */
   for($i=0; $i<$gr; $i++)
      echo "$tp[$i] # ";
   echo "<p>";

   /* aufsteigend sortieren */
   sort($tp,SORT_NUMERIC);

   /* ausgeben */
```

```
    for($i=0; $i<$gr; $i++)
       echo "$tp[$i] # ";
    echo "<p>";

    /* absteigend sortieren */
    rsort($tp,SORT_NUMERIC);

    /* ausgeben */
    for($i=0; $i<$gr; $i++)
       echo "$tp[$i] # ";
    echo "<p>";
?>

</body>
</html>
```

Listing F.23 Datei uf40.php

sizeof()

Die Funktion `sizeof()` ermittelt die Größe eines Feldes, also die Anzahl der Feld-Elemente.

Die beiden Funktionen

- `sort()` für aufsteigende Sortierung und
- `rsort()` für absteigende Sortierung (= `reverse sort`)

haben jeweils zwei Parameter. Der erste Parameter ist der Name des Feldes, und der zweite Parameter gibt den Typ der Sortierung an.

Dabei gibt es folgende Möglichkeiten:

- `SORT_REGULAR`: normale Sortierung
- `SORT_NUMERIC`: Sortierung nach Zahlenwerten
- `SORT_STRING`: Sortierung nach Zeichen

Die Ausgabe des Programms sieht so aus:

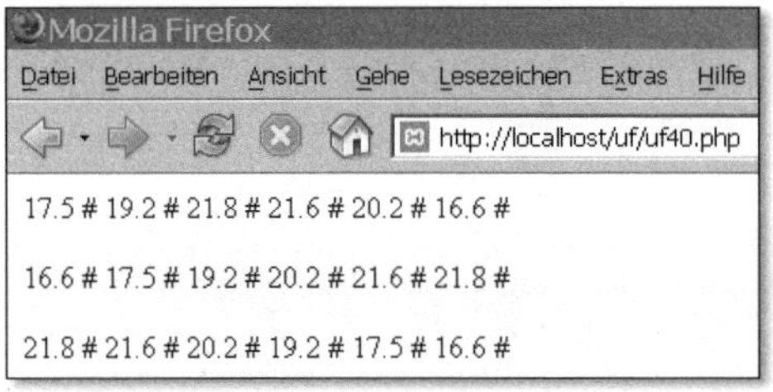

Abbildung F.28 Sortierung eines Feldes

Die Temperatur-Extremwerte, also der größte Wert des Feldes und der kleinste Wert des Feldes, lassen sich leicht ermitteln. Diese entsprechen dem ersten und dem letzten Wert des Feldes nach der Sortierung.

Wert und Position der Extrema

Minimum, Maximum

Falls die Elemente des Feldes nicht sortiert werden sollen, also ihre ursprüngliche Ordnung erhalten bleiben soll, ist die Ermittlung der Temperatur-Extrema etwas aufwendiger.

Für das oben angegebene Feld sollen Wert und Position der Temperatur-Extrema ermittelt werden. Dazu wird folgende Vorgehensweise gewählt:

- Zunächst wird angenommen, dass der erste Wert gleichzeitig der Maximalwert ist.
- Die anderen Werte werden mit diesem Maximalwert verglichen. Falls einer der Werte größer ist als der bisherige Maximalwert, so ist dieser Wert der neue Maximalwert. Die Position und der Wert werden gespeichert. Nach Bearbeitung des gesamten Feldes ist das gewünschte Ergebnis ermittelt.
- Die gleiche Methode wird für das Minimum durchgeführt.

```
<html>
<body>
<?php
   $tp = array(17.5, 19.2, 21.8, 21.6, 20.2, 16.6);
   $gr = sizeof($tp);

   /* erste Annahme */
   $maxpos = 0;
   $minpos = 0;
   $max = $tp[0];
   $min = $tp[0];

   /* restliche Elemente untersuchen */
   for($i=1; $i<$gr; $i++)
   {
      if($tp[$i] > $max)
      {
         $max = $tp[$i];
         $maxpos = $i;
      }
      if($tp[$i] < $min)
      {
         $min = $tp[$i];
         $minpos = $i;
```

```
      }
   }

   /* unverändert ausgeben */
   echo "<table border>";
   echo "<tr><td>Position</td><td>Wert</td></tr>";
   for($i=0; $i<$gr; $i++)
      echo "<tr><td>$i</td><td>$tp[$i]</td></tr>";
   echo "</table><p>";
   echo "Maximum: $max bei Position $maxpos<p>";
   echo "Minimum: $min bei Position $minpos<p>";
?>
</body>
</html>
```

Listing F.24 Datei uf41.php

Zur Kontrolle wird das Feld nach der Ermittlung der Extrema noch einmal mit Position und Wert ausgegeben:

Wert und Position der Extrema

Zur schnellen Extremwertbestimmung stehen auch die mathematischen Funktionen `max()` und `min()` zur Verfügung. Allerdings liefern diese nur den Wert, nicht die Position eines Extremwertes.

Statistische Auswertung

Mit Hilfe des folgenden Programms wird festgestellt, welcher Anteil einer Menge von Temperaturwerten oberhalb einer definierten Grenze liegt. Diese Grenze kann vom Benutzer gewählt werden. Die Werte werden aus einer sequenziellen Datei eingelesen (siehe Abschnitt F.2, *Dateien und Verzeichnisse*), in der sie zeilenweise gespeichert wurden, wie nachfolgend angegeben:

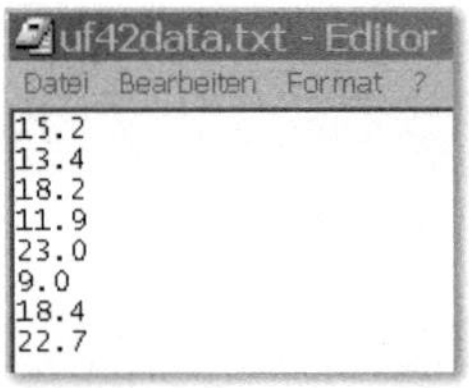

Abbildung F.29 Eingabedatei

Das Formular-Element für die Eingabe des Grenzwertes hat den Namen `gr`. Der PHP-Programmcode zur Auswertung:

```
<html>
<body>
<?php
   $fp = fopen("uf42data.txt","r");
   if ($fp)
   {
      // Alle Werte in ein Feld lesen
      $i = 0;
      while (!feof($fp))
      {
         $zeile = fgets($fp, 100);
         $tp[$i] = doubleval($zeile);
         $i++;
      }
      fclose($fp);

      // Anzahl feststellen
      $anzahl = sizeof($tp);

      // Werte oberhalb der Grenze zählen
      $c = 0;
      $grenze = doubleval($gr);
      for($i=0; $i<$anzahl; $i++)
         if ($tp[$i] > $grenze) $c++;

      // Ausgabe
      if ($anzahl > 0)
      {
         $anteil = $c / $anzahl * 100;
         $ausgabe = number_format($anteil,2);
         echo "$ausgabe Proz. der Werte liegen
                oberhalb von $gr";
      }
      else
         echo "Die Datei beinhaltete keine Werte";
   }
   else
      echo "Datei wurde nicht gefunden";
?>
</body>
</html>
```

Listing F.25 Datei uf42.php

Nach dem erfolgreichen Öffnen der Textdatei `uf42data.txt` werden die Werte zeilenweise gelesen, mit Hilfe der Funktion `doubleval()` in Zahlen verwandelt und im Feld `$tp` gespeichert. Der Index des Feldes steht zunächst auf 0, nach dem Lesen jeder Zeile vergrößert er sich um 1. Es kann also das nächste Element des numerischen Feldes eingelesen werden.

Der Einsatz der Funktion doubleval() ist hier notwendig, da die Werte aus der Datei zunächst als Zeichenketten eingelesen werden und in Zahlen mit Nachkommastellen umgewandelt werden müssen.

```
$zeile = fgets($fp, 100);
$tp[$i] = doubleval($zeile);
```

Falls Sie schon Erfahrungen mit anderen Programmiersprachen haben, wird Ihnen spätestens an dieser Stelle auffallen, dass das Feld dynamisch vergrößert wird. Der Entwickler muss zu Beginn des Programms keine statische Feldgröße festlegen.

Der vom Benutzer eingegebene Grenzwert steht im Programm in der Variablen $gr zur Verfügung. Auch diese Zeichenkette wird in eine Zahl mit Nachkommastellen (Variable $grenze) umgewandelt.

```
$grenze = doubleval($gr);
```

Innerhalb einer for-Schleife über alle Elemente des Feldes wird der Zähler (Variable $c) erhöht, falls ein Element gefunden wurde, das oberhalb der eingegebenen Grenze liegt.

```
if ($tp[$i] > $grenze) $c++;
```

Der prozentuale Anteil dieser Werte an der Gesamtzahl der Elemente wird berechnet (Variable $anteil). Diese Variable wird auf zwei Stellen nach dem Komma formatiert.

```
$ausgabe = number_format($anteil,2);
```

Die Ausgabe des Programms mit den oben angegebenen Beispielwerten und der Eingabe 20 sieht so aus:

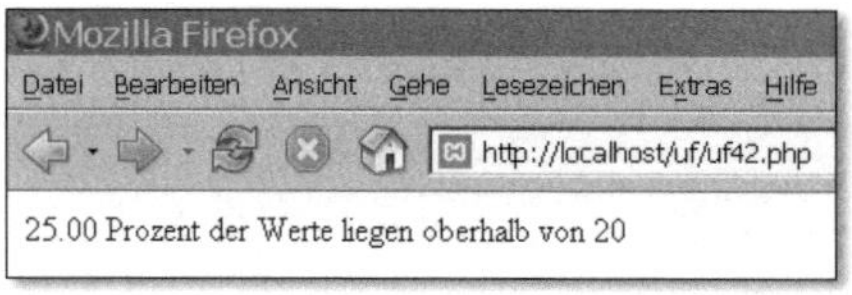

Abbildung F.30 Statistische Auswertung

Übung UF43

[»] In einer Textdatei (uf43data.txt) sind Namen und Altersangaben aller Mitarbeiter einer Firma gespeichert. In der ersten Zeile steht der Name des ersten Mitarbeiters, in der zweiten Zeile das Alter des ersten Mitarbeiters, in der dritten Zeile der Name des zweiten Mitarbeiters usw.:

Abbildung F.31 Eingabedatei für Übung UF43

Schreiben Sie ein Programm (Datei `uf43.php`), mit dessen Hilfe Informationen über die Altersstruktur ermittelt und in der folgenden Form ausgegeben werden:

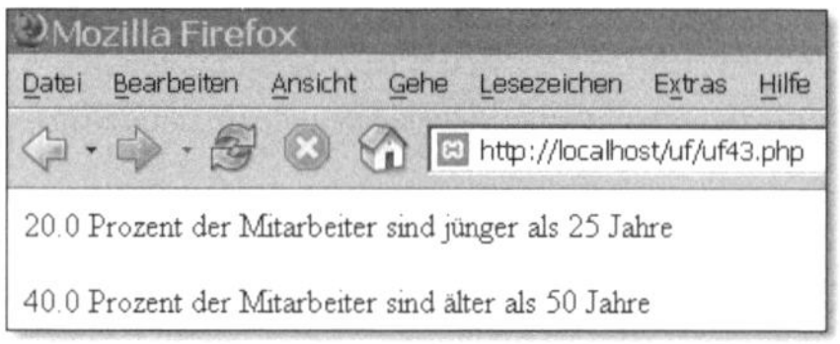

Abbildung F.32 Ausgabe für Übung UF43

F.3.2 Operationen für assoziative Felder

Key, Value

Assoziative Felder können nach Key (= *Schlüssel*) beziehungsweise nach Value (= *Wert*) sortiert werden. Dazu dienen die Funktionen `asort()`, `arsort()`, `ksort()` und `krsort()`. Im folgenden Programm werden diese Sortierfunktionen an einem Beispiel dargestellt.

```
<html>
<body>
<?php
function ausgabe($tpfunc)
{
   echo "<table border>";
   foreach($tpfunc as $name=>$wert)
      echo "<tr><td>$name</td><td>$wert</td>";
   echo "</table><p>";
}

$tp["Montag"] = 17.5;
$tp["Dienstag"] = 19.2;
$tp["Mittwoch"] = 21.8;
$tp["Donnerstag"] = 21.6;
$tp["Freitag"] = 17.5;
$tp["Samstag"] = 20.2;
$tp["Sonntag"] = 16.6;
```

```
// Ausgabe unsortiert
ausgabe($tp);

// sortiert nach Werten, aufsteigend
asort($tp, SORT_NUMERIC);
ausgabe($tp);

// sortiert nach Werten, absteigend
arsort($tp, SORT_NUMERIC);
ausgabe($tp);

// sortiert nach Keys, aufsteigend
ksort($tp, SORT_STRING);
ausgabe($tp);

// sortiert nach Keys, absteigend
krsort($tp, SORT_STRING);
ausgabe($tp);
?>
</table>
</body>
</html>
```

Listing F.26 Datei uf44.php

Es wird ein assoziatives Feld mit sieben Werten erzeugt, das zunächst unsortiert ausgegeben wird:

Montag	17.5
Dienstag	19.2
Mittwoch	21.8
Donnerstag	21.6
Freitag	17.5
Samstag	20.2
Sonntag	16.6

Abbildung F.33 Unsortiertes Feld

Anschließend werden die Sortierungen vorgenommen:

- Die Funktion `asort()` sortiert das Feld nach Wert aufsteigend.
- Die Funktion `arsort()` sortiert das Feld nach Wert absteigend.
- Die Funktion `ksort()` sortiert das Feld nach Schlüssel aufsteigend.
- Die Funktion `krsort()` sortiert das Feld nach Schlüssel absteigend.

Die Sortierung nach Wert erfolgt numerisch. Die Sortierung nach Schlüssel erfolgt nach Zeichen, da der Schlüssel eine Zeichenkette ist. Zur Kontrolle wird das Feld nach der jeweiligen Sortierung ausgegeben. In allen Fällen bleibt die Zuordnung Key zu Value erhalten. Die Ergebnisse der Sortierungen sehen wie folgt aus:

Sonntag	16.6
Freitag	17.5
Montag	17.5
Dienstag	19.2
Samstag	20.2
Donnerstag	21.6
Mittwoch	21.8

Abbildung F.34 Sortierung nach Wert aufsteigend

Mittwoch	21.8
Donnerstag	21.6
Samstag	20.2
Dienstag	19.2
Freitag	17.5
Montag	17.5
Sonntag	16.6

Abbildung F.35 Sortierung nach Wert absteigend

Dienstag	19.2
Donnerstag	21.6
Freitag	17.5
Mittwoch	21.8
Montag	17.5
Samstag	20.2
Sonntag	16.6

Abbildung F.36 Sortierung nach Schlüssel aufsteigend

Sonntag	16.6
Samstag	20.2
Montag	17.5
Mittwoch	21.8
Freitag	17.5
Donnerstag	21.6
Dienstag	19.2

Abbildung F.37 Sortierung nach Schlüssel absteigend

F.3.3 Zweidimensionale Felder, allgemein

Bei mehrdimensionalen Feldern kann man sowohl numerische Felder und assoziative Felder als auch gemischte Felder anwenden. Ein gemischtes Feld beinhaltet sowohl numerische als auch assoziative Komponenten.

Betrachten wir einmal die folgende Tabelle. Sie ist bereits aus Kapitel D, *Datenbanken*, bekannt und soll hier zur Einführung von zweidimensionalen Feldern dienen. Es wurde nur das Feld Geburtstag weggelassen, um das Programm nicht zu aufwendig werden zu lassen.

Name	Vorname	Personalnummer	Gehalt
Maier	Hans	6714	3500.00
Schmitz	Peter	81343	3750.00
Mertens	Julia	2297	3621.50

Die oben angegebenen Daten sollen in einem zweidimensionalen Feld abgelegt werden, um sie innerhalb eines Programms bearbeiten zu können. Im ersten Beispiel ist dies ein rein numerisches Feld, im zweiten Beispiel ein gemischtes Feld.

Später wird erläutert, wie die Daten aus einer Datenbank in ein zweidimensionales assoziatives Feld gelesen werden können. Dadurch ergibt sich innerhalb des Programms eine permanente Zugriffsmöglichkeit auf die gesamten Daten, ohne erneut eine Datenbankabfrage durchführen zu müssen.

F.3.4 Zweidimensionale numerische Felder

Zwei Indizes

Ein zweidimensionales numerisches Feld hat zwei Indizes statt eines Index. Der erste Index stellt die Nummer der Zeile dar, der zweite Index die Nummer der Spalten. Dies ist nur ein mögliches Vorstellungsmodell, genauso gut könnte es umgekehrt sein. Man sollte allerdings bei einem einmal gewählten Modell bleiben, dies erleichtert die Bearbeitung zweidimensionaler Probleme (und später auch die Bearbeitung höherdimensionaler Probleme).

Im folgenden Beispiel sind die Daten der oben angegebenen Tabelle (ohne Überschrift) in einem zweidimensionalen Feld abgelegt worden:

```
<html>
<body>
<?php
   // 1. Zeile und 2. Zeile
   $pers = array(array("Maier", "Hans", 6714, 3500),
           array("Schmitz", "Peter", 81343, 3750));
```

```
    // 3. Zeile
    $pers[2][0] = "Mertens";
    $pers[2][1] = "Julia";
    $pers[2][2] = 2297;
    $pers[2][3] = 3621.50;

    for($i=0; $i<3; $i++)
    {
       for($k=0; $k<4; $k++)
          echo $pers[$i][$k] . ", ";
       echo "<br>";
    }
?>
</body>
</html>
```

Listing F.27 Datei uf45.php

Es werden zwei Techniken zur Erzeugung eines Feldes gezeigt:

- Mit Hilfe der Funktion `array()` wird die Variable `$pers` zu einem Feld mit zwei Elementen. Diese Elemente sind wiederum Teilfelder, haben die Namen `$pers[0]` und `$pers[1]` und bestehen jeweils aus vier Elementen. Die Nummerierung der Elemente beginnt sowohl beim ersten als auch beim zweiten Index bei `0`. Jedes Teilfeld wurde ebenfalls mit Hilfe der Funktion `array()` erzeugt.
- Mehrdimensionale Felder können, genau wie eindimensionale Felder, einfach durch die Zuweisung einzelner Elemente erzeugt oder vergrößert werden. Dies ist hier mit den Zuweisungen in der Form `$pers[2][0] = "Mertens";` usw. geschehen. Dabei ist die bisherige Nummerierung zu beachten, ansonsten könnten auch hier vorhandene Elemente überschrieben werden.

Insgesamt hat das Feld nun 12 Elemente (drei Teilfelder mit je vier Elementen) und ist von folgender Struktur:

Name des Elements	Zeilenindex des Elements	Spaltenindex des Elements	Wert des Elements
$pers[0][0]	0	0	"Maier"
$pers[0][1]	0	1	"Hans"
$pers[0][2]	0	2	6714
$pers[0][3]	0	3	3500
$pers[1][0]	1	0	"Schmitz"
$pers[1][1]	1	1	"Peter"
$pers[1][2]	1	2	81343

Name des Elements	Zeilenindex des Elements	Spaltenindex des Elements	Wert des Elements
`$pers[1][3]`	1	3	3750
`$pers[2][0]`	2	0	"Mertens"
`$pers[2][1]`	2	1	"Julia"
`$pers[2][2]`	2	2	2297
`$pers[2][3]`	2	3	3621.50

Diese Elemente werden anschließend mit Hilfe einer geschachtelten `for`-Schleife ausgegeben. Eine Zeile der Tabelle wird als eine Zeile auf dem Bildschirm dargestellt. Dabei nimmt die Schleifenvariable `$i` nacheinander die verwendeten Werte für den Zeilenindex an (`0` bis `2`). Die Schleifenvariable `$k` nimmt nacheinander die verwendeten Werte für den Spaltenindex an (`0` bis `3`).

Die Ausgabe des Programms sieht so aus:

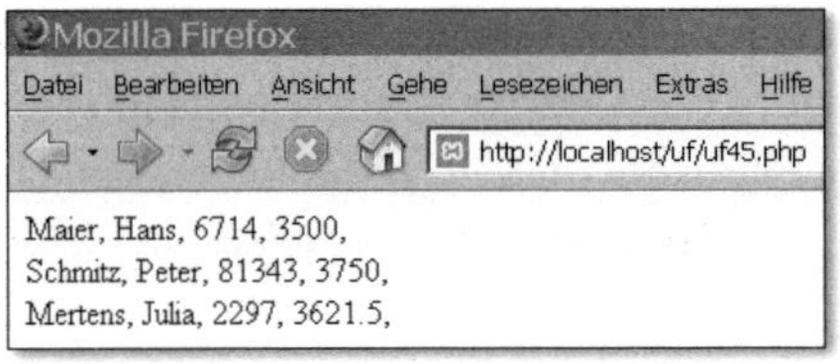

Abbildung F.38 Zweidimensionales numerisches Feld

Übung UF46

[»] Speichern Sie die Daten aus der folgenden Tabelle (ohne die Spaltenüberschriften) in einem zweidimensionalen Feld ab. Geben Sie anschließend die Daten dieses Feldes wie folgt auf dem Bildschirm aus (Datei `uf46.php`):

Abbildung F.39 Ergebnis der Übung UF46

F.3.5 Zweidimensionale gemischte Felder

ein Index und ein Schlüssel

Ein zweidimensionales gemischtes Feld hat ebenfalls zwei Indizes. Der erste Index stellt die Nummer der Zeile dar, der zweite Index die Bezeichnung der Spalten als Schlüssel. Dies ist ebenfalls nur ein mögliches Vorstellungsmodell.

```
<html>
<body>
<?php
   // 1. Zeile und 2. Zeile
   $pers = array(array("Name"=>"Maier",
                       "Vorname"=>"Hans",
                       "Personalnummer"=>6714,
                       "Gehalt"=>3500),
                 array("Name"=>"Schmitz",
                       "Vorname"=>"Peter",
                       "Personalnummer"=>81343,
                       "Gehalt"=>3750));

   // 3. Zeile
   $pers[2]["Name"] = "Mertens";
   $pers[2]["Vorname"] = "Julia";
   $pers[2]["Personalnummer"] = 2297;
   $pers[2]["Gehalt"] = 3621.50;

   for($i=0; $i<3; $i = $i+1)
   {
      foreach($pers[$i] as $name=>$wert)
         echo "$name: $wert # ";
      echo "<br>";
   }
?>
</body>
</html>
```

Listing F.28 Datei uf47.php

In dem Feld `$pers` sind die Daten aus der Tabelle, außerdem die Spaltenüberschriften (als Schlüssel) abgelegt. Es werden zwei Techniken zur Erzeugung eines Feldes gezeigt:

- Mit Hilfe der Funktion `array()` wird die Variable `$pers` zu einem numerischen Feld mit zwei Elementen. Die Nummerierung des numerischen Feldes beginnt bei `0`.
- Die beiden Elemente des Feldes sind assoziative Teilfelder, haben die Namen `$pers[0]` und `$pers[1]` und bestehen jeweils aus vier Elementen. Die einzelnen assoziativen Teilfelder werden genau so wie eindimensionale assoziative Felder (mit Schlüssel und Wert) erzeugt.

- Gemischte Felder können auch einfach durch die Zuweisung einzelner Elemente erzeugt oder vergrößert werden. Dies ist hier mit den Zuweisungen in der Form `$pers[2]["Name"] = "Mertens";` usw. geschehen.

Insgesamt hat das Feld nun **12** Elemente (drei Teilfelder mit je vier Elementen) und die folgende Struktur:

Name des Elements	Index des Teilfeldes	Key des Elements innerhalb des Teilfeldes	Wert des Elements
`$pers[0]["Name"]`	0	"Name"	"Maier"
`$pers[0]["Vorname"]`	0	"Vorname"	"Hans"
`$pers[0] ["Personalnummer"]`	0	"Personalnummer"	6714
`$pers[0]["Gehalt"]`	0	"Gehalt"	3500
`$pers[1]["Name"]`	1	"Name"	"Schmitz"
`$pers[1]["Vorname"]`	1	"Vorname"	"Peter"
`$pers[1] ["Personalnummer"]`	1	"Personalnummer"	81343
`$pers[1]["Gehalt"]`	1	"Gehalt"	3750
`$pers[2]["Name"]`	2	"Name"	"Mertens"
`$pers[2]["Vorname"]`	2	"Vorname"	"Julia"
`$pers[2] ["Personalnummer"]`	2	"Personalnummer"	2297
`$pers[2]["Gehalt"]`	2	"Gehalt"	3621,50

Diese Elemente werden anschließend mit Hilfe einer geschachtelten Schleife ausgegeben. Eine Zeile der Tabelle wird als eine Zeile auf dem Bildschirm dargestellt. Dabei nimmt die Schleifenvariable `$i` nacheinander die verwendeten Werte für die Nummer des Teilfeldes an (`0` bis `2`).

Innerhalb der `for`-Schleife werden, jeweils mit Hilfe einer `foreach`-Schleife, die Elemente der Teilfelder ausgegeben. Jedes Teilfeld entspricht einem eindimensionalen assoziativen Feld. Es muss allerdings darauf geachtet werden, dass `foreach` auf den Namen des Teilfeldes angewandt wird (`$pers[$i]`).

Die Ausgabe des Programms:

Abbildung F.40 Zweidimensionales gemischtes Feld

Übung UF48

[«] Speichern Sie die Daten der Hardware-Tabelle (mit den Spaltenüberschriften) aus der vorherigen Übung in einem gemischten Feld ab. Geben Sie anschließend die Daten dieses Feldes wie folgt aus (Datei `uf48.php`). Beachten Sie besonders die Aufteilung: Die Schlüssel stehen in der Überschrift, die Werte danach.

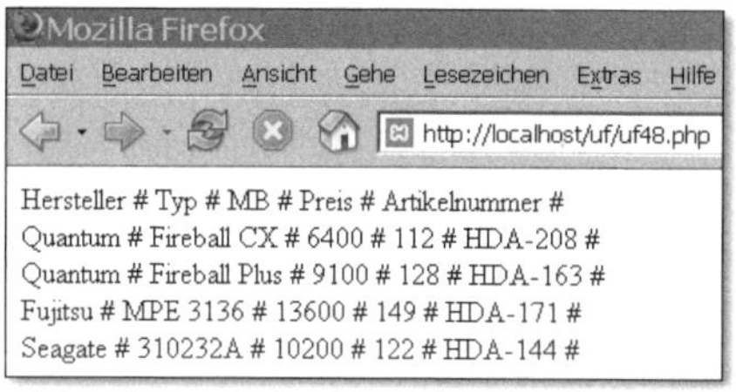

Abbildung F.41 Ergebnis der Übung UF48

F.3.6 Zweidimensionale assoziative Felder

Im folgenden Programm wird eine Abfrage an eine Datenbank gesendet. Das Ergebnis der Abfrage wird vollständig in einem zweidimensionalen assoziativen Feld gespeichert. Auf alle Elemente des Feldes kann zu einem späteren Zeitpunkt des Programms zugegriffen werden.

Zwei Schlüssel

Als Key der ersten Dimension des Feldes wird eine eindeutige Bezeichnung benötigt. Dazu bietet sich das eindeutige Feld der Tabelle an. Im vorliegenden Fall ist dies das Feld `personalnummer` aus der Tabelle `personen`. Jeder beliebige Feldinhalt aus jedem Datensatz steht dann über die Personalnummer auf komfortable Weise zur Verfügung.

```
<html>
<body>
<?php
   // Die Informationen werden aus der Datenbank geholt
   mysql_connect("","root");
   mysql_select_db("firma");
   $res = mysql_query("select * from personen");

   // Die Datensätze werden einzeln gelesen
   while($dsatz = mysql_fetch_assoc($res))
   {
      // Der Key für das zweidim. Array wird ermittelt
      $ax = $dsatz["personalnummer"];

      // Die Informationen aus dem Datensatz werden
      // über den Key in dem zweidim. Feld gespeichert
```

```
      $tab[$ax]["name"] = $dsatz["name"];
      $tab[$ax]["vorname"] = $dsatz["vorname"];
      $tab[$ax]["gehalt"] = $dsatz["gehalt"];
   }

   // Alle Datensätze werden mit allen Inhalten angezeigt
   foreach($tab as $dsname=>$dswert)
   {
      // Der Key wird ausgegeben
      echo "$dsname : ";

      // Die Infos aus dem Datensatz werden ausgegeben
      foreach($dswert as $name=>$wert)
         echo "$wert, ";
      echo "<br>";
   }

   // Einzelne Beispielinformationen werden angezeigt
   echo "<p>";
   echo $tab["2297"]["name"] . "<br>";
   echo $tab["6714"]["gehalt"] . "<br>";
   echo $tab["6715"]["vorname"];
?>
</body>
</html>
```

Listing F.29 Datei uf49.php

Jeder Datensatz des Abfrage-Ergebnisses wird kurzfristig in dem assoziativen Feld `$dsatz` gespeichert. Das Element `personalnummer` dient für das zweidimensionale assoziative Feld `$tab` als erster Schlüssel. Über diesen Schlüssel werden die restlichen Inhalte (außer `personalnummer`) jedes Datensatzes in dem Feld `$tab` gespeichert.

foreach

Die Ausgabe jedes Feld-Elements gelingt über eine doppelte `foreach`-Schleife. In der äußeren Schleife wird nur der erste Schlüssel ermittelt. Der Wert zu diesem ersten Schlüssel dient wiederum als zweiter Schlüssel.

Am Ende werden zu Demonstrationszwecken einige einzelne Feld-Elemente ausgegeben. Ein Zugriff auf einen nicht existierenden Schlüssel wird ignoriert bzw. führt zu einer Fehlermeldung. Die Ausgabe des Programms sieht so aus wie in Abbildung F.42 dargestellt.

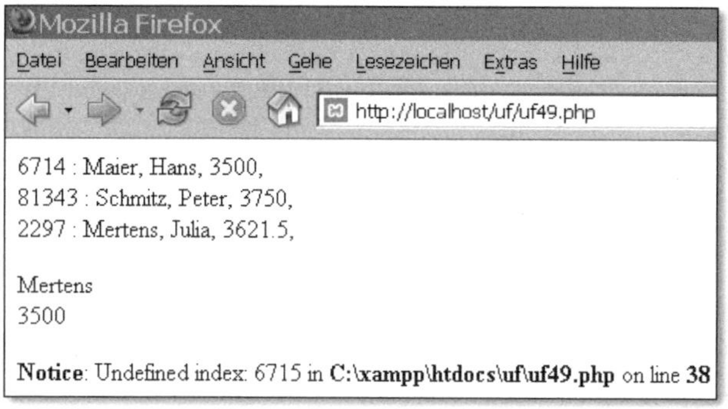

Abbildung F.42 Zweidimensionales assoziatives Feld

Übung UF50

[«] Aus der Tabelle `fp` der Datenbank `hardware` sollen alle Datensätze gelesen und mit Hilfe der Funktion `mysql_fetch_assoc()` in einem zweidimensionalen assoziativen Feld gespeichert werden (Datei `uf50.php`). Anschließend soll eine HTML-Tabelle mit folgenden Spalten ausgegeben werden:

- Artikelnummer
- Kapazität in MB
- Preis und Preis-Leistungs-Verhältnis (PLV = Preis/MB)

Das Ergebnis für PLV soll nicht nur temporär berechnet und unmittelbar ausgegeben werden. Stattdessen soll für die zweite Dimension des assoziativen Feldes eine weitere Spalte mit dem Key `plv` angelegt werden. Der Wert steht somit für die gesamte Dauer des Programms innerhalb des assoziativen Feldes zur Verfügung.

Die Ausgabe sollte wie folgt aussehen:

Abbildung F.43 Ergebnis der Übung UF50

F.4 Datum und Zeit

In diesem Abschnitt werden die wichtigsten Funktionen zur Verarbeitung und Formatierung von Datums- und Zeitangaben und nützliche Techniken in diesem Zusammenhang vorgestellt.

Auf vielen Betriebssystemen gilt der `1. Januar 1970 00:00 Uhr` als Nullpunkt für die Verarbeitung von Datums- und Zeitangaben. Die Zeit wird in Sekunden ab diesem Zeitpunkt gerechnet.

F.4.1 Zeit ermitteln und ausgeben

Systemzeit

Die beiden Funktionen `time()` und `microtime()` ermitteln die Systemzeit des Rechners. Ein Beispielprogramm:

```
<html>
<body>
<?php
   /* time */
   $jetzt = time();
   echo "Sekunden seit 01.01.1970: ";
   echo "$jetzt<p>";

   /* microtime */
   $msfeld = explode(" ",microtime());
   echo "Mit Mikrosekunden:<br>";
   echo "sec: $msfeld[1]<br>";
   echo "msec: $msfeld[0]<p>";
?>
</body>
</html>
```

Listing F.30 Datei uf55.php

Zur Erläuterung:

- time() — Die Funktion `time()` liefert die aktuelle Zeit in Sekunden seit dem `1.1.1970`. Diese Zeitangabe wird auch Unix-Timestamp genannt.
- microtime() — Die Funktion `microtime()` liefert eine Zeichenkette in der Form »Millisekunden Sekunden«. Die Funktion `explode()` dient hier zur Zerlegung in zwei Feld-Elemente. Diese werden anschließend ausgegeben.

Eine mögliche Ausgabe ist in Abbildung F.44 zu sehen.

Abbildung F.44 Zeit ermitteln und ausgeben

Diese Angaben in Sekunden können zum Beispiel dazu genutzt werden, mit Zeitangaben zu rechnen. Viele andere Datums- und Zeitfunktionen benötigen einen Timestamp als Parameter.

F.4.2 Zeit formatiert ausgeben

Zeit formatieren

Die Funktionen `strftime()` und `date()` werden zur formatierten Ausgabe von Datum und Uhrzeit benötigt. Sie liefern diese Angaben in vielen verschiedenen Formen. Beide Funktionen haben einen festen und einen optionalen Parameter:

- In jedem Fall gibt es eine Formatierungszeichenkette für die gewünschte Ausgabe. Innerhalb dieser Zeichenketten werden einzelne Klein- beziehungsweise Großbuchstaben verwendet, die die gewünschte Teilinformation liefern.
- Optional gibt es einen Timestamp. Falls dieser nicht existiert, wird die aktuelle Systemzeit verwendet.

Zusätzlich zu den reinen Datums- und Zeitangaben werden allgemeine Informationen bereitgestellt, zum Beispiel:

- Zeit im `Zwölf`-Stunden-Format, mit Angabe von `AM` beziehungsweise `PM`
- Jahresangabe nur mit zwei Ziffern
- Name des Wochentages, abgekürzt beziehungsweise ausgeschrieben, und die Nummer des Wochentages
- Name des Monats, abgekürzt beziehungsweise ausgeschrieben
- Kalenderwoche des Jahres, bezogen auf verschiedene Systeme (Sonntag oder Montag als erster Tag der Woche)
- Angabe der Zeitzone

Ein Beispielprogramm:

```
<html>
<body>
<?php
```

```
    $jetzt = time();

    /* strftime */
    echo "Formatiert mit strftime():<br>";
    echo strftime("%d.%m.%Y %H:%M:%S<br>",$jetzt);
    echo strftime("%j. Tag des Jahres<br>",$jetzt);

    /* Feld mit deutschen Wochentagen */
    $wtag = array("Sonntag","Montag","Dienstag",
       "Mittwoch","Donnerstag","Freitag","Samstag");

    $wt = intval(strftime("%w",$jetzt));
    echo "$wtag[$wt]<br>";

    echo strftime("%A, %B %d, %I:%M %p<p>",$jetzt);

    /* date */
    echo "Formatiert mit date():<br>";
    echo date("d.m.Y H:i:s",$jetzt) . "<br>";
    echo intval(date("z",$jetzt))+1
          . ". Tag des Jahres<br>";

    $wt = intval(date("w",$jetzt));
    echo "$wtag[$wt]<br>";
    echo date("l, F jS, h:i A",$jetzt) . "<br>";
?>
</body>
</html>
```

Listing F.31 Datei uf56.php

Zunächst die Ausgabe:

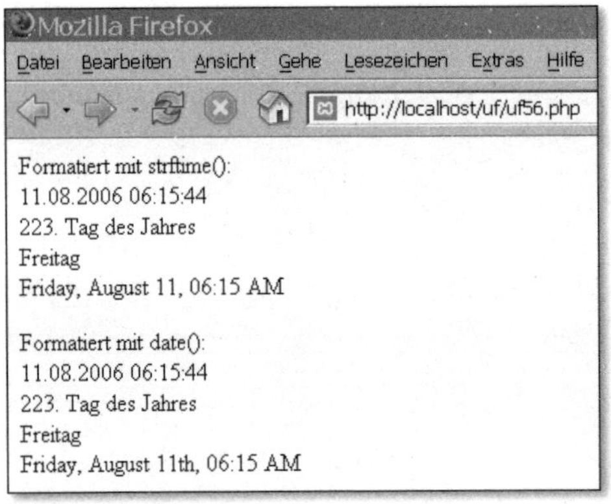

Abbildung F.45 Zeit formatiert ausgeben

Alle Zeitangaben werden mit dem gleichen Timestamp vorgenommen, um die Vergleichbarkeit zu wahren. Mit den beiden Funktionen werden je vier Ausgabezeilen erzeugt.

Die erste Zeile liefert Datum und Zeit im »klassischen« Format. Die dabei verwendeten Formatierungen werden in einer Tabelle dargestellt: strftime(), date()

strftime()	date()	Erläuterung
%d	d	Tag des Monats, zweistellig, 00 bis 31
%m	m	Monat, zweistellig, 01 bis 12
%Y	Y	Jahr, vierstellig
%H	H	Stunde, zweistellig, 00 bis 23
%M	i	Minute, zweistellig, 00 bis 59
%S	s	Sekunde, zweistellig, 00 bis 59

Die Angabe »zweistellig« bedeutet, dass gegebenenfalls führende Nullen vorangestellt werden, um ein einheitliches Format zu erzeugen. Punkte, Leerzeichen und Doppelpunkte werden zur Vervollständigung der Zeitangabe zwischen den einzelnen Formatierungszeichen eingesetzt. Bei `strftime()` können weitere Sonderzeichen oder Zeichenketten integriert werden. Die Funktion `date()` reagiert hier wesentlich empfindlicher, daher werden die weiteren Zeichen außerhalb der Formatierungszeichenkette untergebracht.

Die Formatierung für »Tag des Jahres« wird bei `strftime()` mit `%j` und bei `date()` mit `z` vorgenommen. Dabei liefert `strftime()` einen dreistelligen Wert von `001` bis `366`. Die Funktion `date()` liefert einen Wert mit unterschiedlicher Stellenanzahl von `0` bis `365` (!), daher muss nach der Umrechnung der Angabe in eine Zahl noch eins hinzuaddiert werden.

In der dritten Zeile wird der »Tag der Woche« ermittelt. Dies erfolgt bei `strftime()` mit `%w` und bei `date()` mit `w`. Dabei liefern beide Funktionen eine Zeichenkette, die einen Wert von `0` (= Sonntag) bis `6` (= Samstag) beinhaltet. Da dieser Wert als Feldindex benötigt wird, muss er zunächst mit `intval()` in eine Zahl umgewandelt werden. Diese Zahlen werden als Index für das Feld `$wtag` (mit Wochentagsnamen) genutzt.

Die letzte Zeile liefert Datum und Zeit mit amerikanischen Angaben. Die dabei verwendeten Formatierungen werden in einer Tabelle dargestellt:

strftime()	date()	Erläuterung
%A	l	(kleines »L«), Wochentagsname, ausgeschrieben
%B	F	Monatsname, ausgeschrieben

strftime()	date()	Erläuterung
%d	j	Tag des Monats bei strftime(), zweistellig; bei date() ohne feste Stellenzahl
	S	Anhang der englischen Aufzählung nur bei date()
%I	h	(großes »I«), Stunde, zweistellig, 00 bis 11
%M	i	Minute, zweistellig, 00 bis 59
%p	A	AM oder PM

F.4.3 Zeitangabe auf Gültigkeit prüfen

Zeitangabe prüfen

Die Funktion checkdate() überprüft eine Zeitangabe auf Gültigkeit nach dem gregorianischen Kalender. Sie erhält ihre drei Parameter in der Form Monat, Tag, Jahr und liefert wahr oder falsch. Dabei wird kontrolliert,

- ob die Jahresangabe zwischen 1 und 32767 liegt,
- ob die Monatsangabe zwischen 1 und 12 liegt und
- ob die Tagesangabe zwischen 1 und dem größten erlaubten Wert für diesen Monat liegt (dabei werden Schaltjahre berücksichtigt).

Ein Beispielprogramm:

```
<html>
<body>
<?php
   /* checkdate */
   for($jahr=1998; $jahr<=2010; $jahr++)
   {
      echo "29.02.$jahr";
      if (checkdate(2,29,$jahr)) echo " gültig<br>";
      else echo " nicht gültig<br>";
   }
?>
</body>
</html>
```

Listing F.32 Datei uf57.php

Es wird geprüft, ob der 29. Februar der Jahre 1998 bis 2010 ein gültiges Datum darstellt. Dies trifft natürlich nur für die Schaltjahre zu, wie die Ausgabe in Abbildung F.46 zeigt.

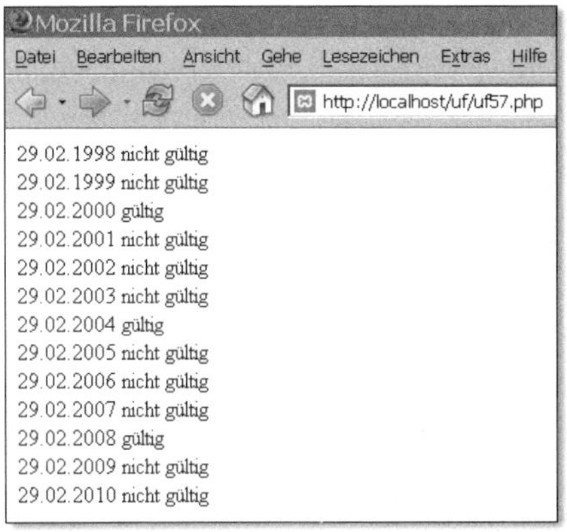

Abbildung F.46 Zeitangabe auf Gültigkeit prüfen

F.4.4 Absolute Zeitangabe erzeugen

Zeitangabe erzeugen

Zur Erzeugung einer bestimmten, absoluten Zeitangabe wird die Funktion `mktime()` genutzt. Sie benötigt als Parameter bis zu sieben Angaben in der folgenden Reihenfolge:

- Stunde
- Minute
- Sekunde
- Monat
- Tag
- Jahr
- Sommerzeit-Wert

Der Wert für Sommerzeit kann mit `0` (= Winterzeit beziehungsweise Normalzeit), `1` (= Sommerzeit) oder `-1` (= PHP findet selbst heraus, ob Sommer- oder Winterzeit herrscht) besetzt werden. Von rechts aus fehlende Angaben werden durch die Werte des aktuellen Datums, der aktuellen Uhrzeit beziehungsweise mit `-1` für den Sommerzeit-Wert ersetzt.

Die Funktion liefert einen Timestamp, der zur lesbaren Ausgabe noch formatiert werden muss, zum Beispiel mit `date()`. Ungültige Angaben für einzelne Parameter werden korrigiert, wie auch das Beispiel zeigt:

```
<html>
<body>
<?php
   /* mktime */
   for($minute=58; $minute<=62; $minute++)
```

```
    {
       $dz = mktime(13,$minute,0);
       echo date("H:i:s", $dz) . "<br>";
    }
    echo "<p>";

    for($tag=26; $tag<=32; $tag++)
    {
       $dz = mktime(0,0,0,2,$tag,2006);
       echo date("d.m.Y", $dz) . "<br>";
    }
?>
</body>
</html>
```

Listing F.33 Datei uf58.php

Innerhalb der ersten Schleife werden nur die Angaben für Stunde, Minute und Sekunde besetzt. Die restlichen Angaben werden mit dem heutigen Datum besetzt; dieses wird hier nicht benötigt. Die Angaben für die Minute (58 bis 62) werden bei Bedarf automatisch korrigiert.

Innerhalb der zweiten Schleife werden nur die Angaben für Monat, Tag und Jahr benötigt. Die Angaben für Stunde, Minute und Sekunde werden mit 0 besetzt; sie sind hier nicht wichtig. Die Angaben für den Tag (26 bis 32) werden bei Bedarf automatisch korrigiert.

Die Ausgabe:

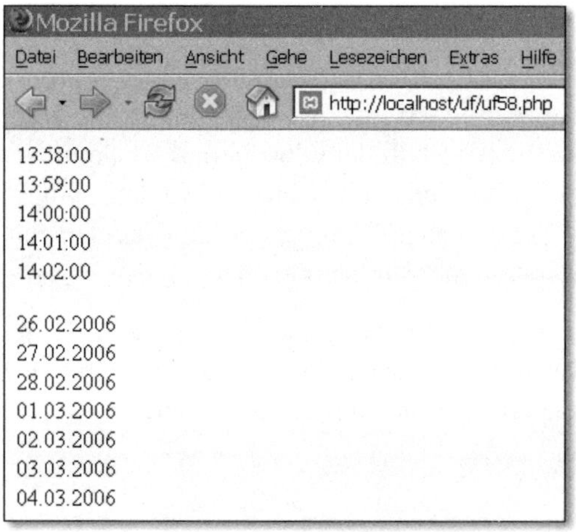

Abbildung F.47 Absolute Zeitangabe erzeugen

F.4.5 Relative Zeitangabe erzeugen

Die Funktion `strtotime()` kann dazu genutzt werden, relative Zeitangaben zu erzeugen. Sie benötigt bis zu zwei Parameter:

- Im ersten Parameter wird mit Hilfe englischer Begriffe der gewünschte zeitliche Abstand zum Bezugspunkt angegeben.
- Beim zweiten Parameter kann man den Bezugspunkt in Form eines Timestamps nennen. Falls kein Bezugspunkt vorhanden ist, so wird die aktuelle Systemzeit verwendet.

Ein Beispiel, in dem mehrere relative Angaben, bezogen auf die Datumsangabe `12.05.1997` erzeugt werden:

```
<html>
<body>
<?php
   $zeit[0] = mktime(0,0,0,5,12,2006);
   $zeit[1] = strtotime("+1 day",$zeit[0]);
   $zeit[2] = strtotime("+2 week",$zeit[0]);
   $zeit[3] = strtotime("-5 month",$zeit[0]);
   $zeit[4] = strtotime("Tuesday",$zeit[0]);
   $zeit[5] = strtotime("next Monday",$zeit[0]);
   $zeit[6] = strtotime("last Monday",$zeit[0]);

   for($i=0; $i<=6; $i++)
      echo date("d.m.Y",$zeit[$i]) . "<br>";
?>
</body>
</html>
```

Listing F.34 Datei uf59.php

von Zeitpunkten ausgehen

Im Programm wird ein Feld von Timestamps erzeugt. Dem ersten Element wird eine absolute Zeitangabe zugewiesen. In Abhängigkeit von diesem Element werden die weiteren Elemente erzeugt. Dabei können die Angaben:

- `week`, `day`, `month`, `year`
- mit positivem oder negativem Vorzeichen,
- einzeln oder mehrere zusammen,
- mit oder ohne s am Ende (`days`)

benutzt werden.

Außerdem ist die Angabe eines englischen Wochentages möglich, und zwar:

- ohne Zusatz: bezieht sich auf die gleiche Woche des Jahres
- mit dem Zusatz `next`: bezieht sich auf die nächste Woche des Jahres
- mit dem Zusatz `last`: bezieht sich auf die vorhergehende Woche des Jahres

Im Programm werden alle Elemente des Feldes anschließend mit `date()` formatiert und ausgegeben:

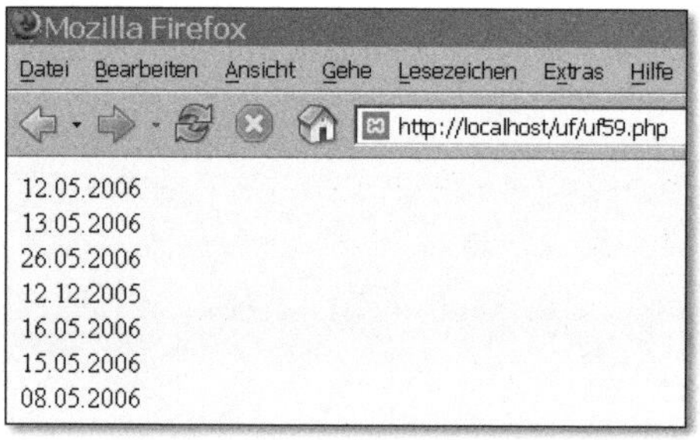

Abbildung F.48 Relative Zeitangabe erzeugen

F.4.6 Mit Zeitangaben rechnen

mit Zeit rechnen

Zur Berechnung eines Zeitraumes, also der Differenz zwischen zwei Zeitangaben, müssen beide Zeitangaben einzeln erzeugt werden. Anschließend kann die Differenz in Sekunden (als Timestamp) berechnet werden. Daraus kann die Differenz in Minuten, Stunden beziehungsweise Tagen berechnet werden.

Im folgenden Programm wird die Differenz zwischen dem `15. Februar 2006 23:55:00 Uhr` und dem `16. Februar 2006 00:05:15 Uhr` berechnet.

```
<html>
<body>
<?php
   /* Zwei Zeitangaben erzeugen */
   $zeit1 = mktime(23,55,0,2,15,2006);
   echo "Zeit 1: " . date("d.m.Y H:i:s",$zeit1) . "<br>";

   $zeit2 = mktime(0,5,15,2,16,2006);
   echo "Zeit 2: " . date("d.m.Y H:i:s",$zeit2) . "<br>";

   /* Differenz berechnen */
   $diff_sek = $zeit2 - $zeit1;
   echo "Differenz: $diff_sek Sekunden<br>";

   $diff_min = $diff_sek / 60;
   echo "oder: $diff_min Minuten<br>";
```

```
    $diff_std = $diff_min / 60;
    echo "oder: $diff_std Stunden<br>";

    $diff_tag = $diff_std / 24;
    echo "oder: $diff_tag Tage";
?>
</body>
</html>
```

Listing F.35 Datei uf60.php

Zur Erläuterung:

- In der Variablen `$diff_sek` wird die Differenz zwischen den beiden Zeitangaben `$zeit1` und `$zeit2` in Sekunden berechnet.
- Zur Ermittlung der Minuten wird diese Zahl durch `60` geteilt.
- Zur Ermittlung der Stunden wird wiederum dieses Ergebnis durch `60` geteilt.
- Zur Ermittlung der Tage wird das letzte Ergebnis durch `24` geteilt.

Die Ausgabe:

Abbildung F.49 Mit Zeitangaben rechnen

Die Differenz lässt sich natürlich auf diese Weise nicht in Monaten oder Jahren ermitteln, da Monate beziehungsweise Jahre nicht einheitlich lang sind.

Um zum Beispiel das Alter einer Person zu berechnen, muss daher ein anderer Weg beschritten werden. Dies soll im folgenden Programm gezeigt werden.

```
<html>
<body>
<?php
    /* Geburtstag */
    $geburt = mktime(0,0,0,11,7,1979);
    echo "Geburt: " . date("d.m.Y",$geburt) . "<br>";
```

```
   /* Aktuell */
   $heute = time();
   echo "Heute: " . date("d.m.Y",$heute) . "<br>";

   /* Alter berechnen */
   $hy = intval(date("Y",$heute));
   $gy = intval(date("Y",$geburt));
   $alter = $hy - $gy;

   /* Noch keinen Geburtstag gehabt dieses Jahr? */
   $hm = intval(date("m",$heute));
   $hd = intval(date("d",$heute));
   $gm = intval(date("m",$geburt));
   $gd = intval(date("d",$geburt));

   if ($hm<$gm || $hm==$gm && $hd<$gd)
      $alter = $alter - 1;

   echo "Alter: " . $alter;
?>
</body>
</html>
```

Listing F.36 Datei uf61.php

Zur Erläuterung:

- Die Zeitangabe für den Geburtstag, zum Beispiel für den `7.November 1979`, wird mit Hilfe der Funktion `mktime()` erzeugt.
- Die aktuelle Zeitangabe wird mit der Funktion `time()` erzeugt.
- Das Alter wird zunächst aus der Differenz der Jahresangaben errechnet.
- Falls die Person dieses Jahr noch nicht Geburtstag hatte, also entweder der Geburtsmonat noch nicht erreicht wurde oder innerhalb des Geburtsmonats der Geburtstag noch nicht erreicht wurde, so wird das Alter um `1` reduziert.

Die Ausgabe sieht so aus:

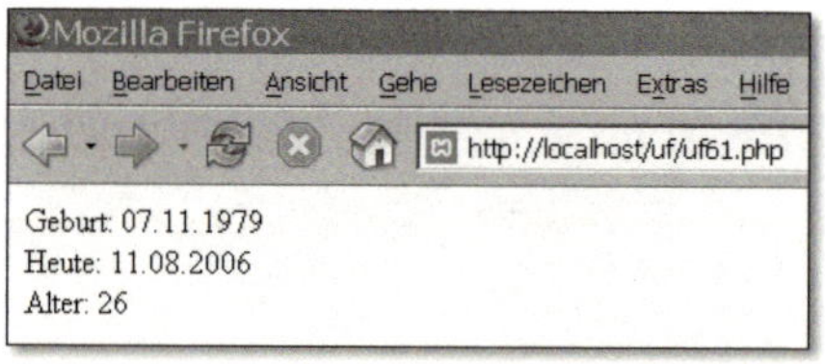

Abbildung F.50 Berechnung des Alters

F.4.7 Zeitangaben in Datenbanken

Bei vielen Datenbanksystemen wird die Möglichkeit geboten, Zeitangaben zu speichern.

Datentyp timestamp

MySQL bietet einen eigenen Datentyp `timestamp`. Der Wert für ein Feld dieses Typs wird automatisch besetzt, wenn ein Datensatz erzeugt wird. Somit wird festgehalten, zu welchem Zeitpunkt der Datensatz entstanden ist. Diese Angabe kann später zu vielen Zwecken (Sortierung, Filterung) genutzt werden.

Ein Eintrag in einem solchen Datenbankfeld hat die Form `JJJJ-MM-TT HH:MM:SS`. Dies sieht zum Beispiel für den `15.02.1979 23:55:12 Uhr` wie folgt aus: `1979-02-15 23:55:12`.

IP-Adresse, Log

Im folgenden Programm wird eine Datenbanktabelle mit so genannten Log-Einträgen gefüllt. Jedes Mal, wenn auf die Seite zugegriffen wird, werden eine automatisch erzeugte, eindeutige ID zur Identifizierung, ein Timestamp und die IP-Adresse des Benutzers gespeichert. Diese kann man über die PHP-Systemvariable `$_SERVER["REMOTE_ADDR"]` ermitteln.

Die Struktur der Tabelle `log`:

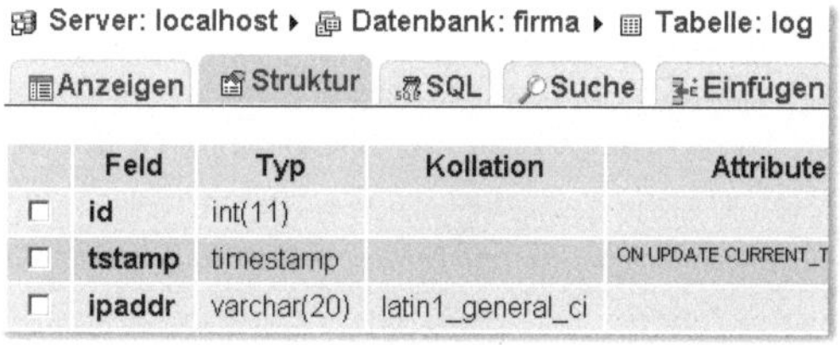

Abbildung F.51 Tabellenstruktur

Das Programm:

```
<html>
<body>
<?php
   $jetzt = time();
   echo "Zugriff am " . date("d.m.Y H:i:s",$jetzt) . "<p>";

   $ip = $_SERVER["REMOTE_ADDR"];
   echo "über IP-Adresse: $ip<p>";

   mysql_connect("","root");
   mysql_select_db("firma");
   $sql = "insert log (ipaddr) values('$ip')";
   mysql_query($sql);
?>
```

```
</body>
</html>
```

Listing F.37 Datei uf62.php

Zunächst wird (nur zu Kontrollzwecken) die aktuelle Zeit bestimmt und ausgegeben. Anschließend wird die IP-Adresse des Benutzers ermittelt und ausgegeben. Im Normalfall sind dies Informationen, die dem Benutzer nicht gezeigt werden.

In der Datenbanktabelle wird ein neuer Datensatz mit Hilfe der folgenden SQL-Anweisung erzeugt: `insert log (ipaddr) values('$ip')`.

Dabei muss nur das Feld `ipaddr` belegt werden, die ID wird automatisch erzeugt. Der Timestamp wird auf dem Server ebenfalls automatisch erzeugt, da als Datentyp `timestamp` gewählt wurde. Die beiden Zeiten (Client-Zeit und Server-Zeit) können unterschiedlich sein, da es sich jeweils um die Ortszeit handelt.

Die Ausgabe kann (bei Zugriff über den lokalen Webserver) zum Beispiel wie folgt aussehen:

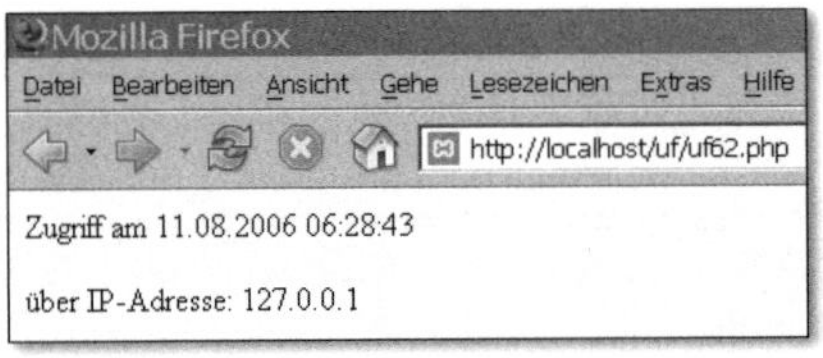

Abbildung F.52 Kontrollausgabe bei Zugriff

Die Datenbanktabelle nach einigen Zugriffen:

id	tstamp	ipaddr
16	2006-08-11 06:28:43	127.0.0.1
17	2006-08-11 06:29:16	127.0.0.1
18	2006-08-11 06:29:22	127.0.0.1

Abbildung F.53 Daten mit Timestamp

F.4.8 Beispiel Feiertagsberechnung

In Kapitel B, *PHP-Programmierkurs*, wurde bereits eine Funktion erstellt, die den Termin des Ostersonntags mit der Formel nach C. F. Gauß berechnet. Diese Funktion soll dazu genutzt werden, alle Feiertage eines beliebigen Jahres zu berechnen. Eine solche Berechnung wird häufig im Zusammenhang mit der Ermittlung von Arbeitstagen und der Betriebsdatenerfassung benötigt.

Feiertage berechnen

Die Feiertage sind je nach Bundesland unterschiedlich. Sie teilen sich in feste und bewegliche Feiertage auf. Die beweglichen Feiertage hängen mit dem Termin des Ostersonntags zusammen. Im Bundesland Nordrhein-Westfalen (NRW) gibt es folgende bewegliche Feiertage:

Feiertag	Zeitpunkt
Karfreitag	2 Tage vor Ostersonntag
Ostermontag	1 Tag nach Ostersonntag
Christi Himmelfahrt	39 Tage nach Ostersonntag
Pfingstsonntag	49 Tage nach Ostersonntag
Pfingstmontag	50 Tage nach Ostersonntag
Fronleichnam	60 Tage nach Ostersonntag

Das Programm liefert nach der Eingabe der Jahreszahl `2006` die sortierte Liste aller Feiertage:

Abbildung F.54 Feiertagsberechnung

Das Eingabeformular liefert den Wert des Formularfeldes `jahr` an das PHP-Programm:

```
<html>
<body>
<?php
   include "uf63datum.inc.php";
   echo "<h2>Feiertage in NRW " . $_POST["jahr"] . "</h2>";
```

```
    /* Feiertage ermitteln */
    feiertagNRW($_POST["jahr"], &$ftag);

    /* Liste ausgeben */
    echo "<table border>";
    foreach($ftag as $name=>$wert)
    {
       $datum = date("d.m.Y", $wert);
       echo "<tr><td>$datum</td><td>$name</td></tr>";
    }
    echo "</table>";

?>
</body>
</html>
```

Listing F.38 Datei uf63.php

Ostersonntag

Im PHP-Programm wird die Datei `uf63datum.include.php` eingebunden. Hier stehen die bereits bekannte Funktion `ostersonntag()` und die Funktion `feiertagNRW()` zur Verfügung. Die Funktion `feiertagNRW()` benutzt intern die Funktion `ostersonntag()` und liefert ein assoziatives Feld mit den Namen und Daten aller Feiertage zurück. Das Feld ist nach Daten aufsteigend sortiert, und die Daten werden in Form von Timestamps geliefert. Dieses Feld wird innerhalb einer `foreach`-Schleife formatiert in einer Tabelle ausgegeben.

Die Funktion `ostersonntag()` kann in Kapitel B, *PHP-Programmierkurs*, nachgeschlagen werden. Die Funktion `feiertagNRW()` sieht wie folgt aus:

```
function feiertagNRW($jahr, $ftag)
{
   /* Die festen Feiertage */
   $ftag["Neujahr"] = mktime(0,0,0,1,1,$jahr);
   $ftag["Tag der Arbeit"] = mktime(0,0,0,5,1,$jahr);
   $ftag["Tag der deutschen Einheit"]
       = mktime(0,0,0,10,3,$jahr);
   $ftag["Allerheiligen"] = mktime(0,0,0,11,1,$jahr);
   $ftag["1. Weihnachtsfeiertag"]
       = mktime(0,0,0,12,25,$jahr);
   $ftag["2. Weihnachtsfeiertag"]
       = mktime(0,0,0,12,26,$jahr);

   /* Ostersonntag berechnen */
   ostersonntag($jahr, &$t_ostern, &$m_ostern);
   $ostern = mktime(0,0,0,$m_ostern,$t_ostern,$jahr);
```

```
    /* Die beweglichen Feiertage,
       abhängig vom Ostersonntag */
    $ftag["Karfreitag"] = strtotime("-2 day",$ostern);
    $ftag["Ostersonntag"] = strtotime("0 day",$ostern);
    $ftag["Ostermontag"] = strtotime("+1 day",$ostern);
    $ftag["Christi Himmelfahrt"]
        = strtotime("+39 day",$ostern);
    $ftag["Pfingstsonntag"]
        = strtotime("+49 day",$ostern);
    $ftag["Pfingstmontag"]
        = strtotime("+50 day",$ostern);
    $ftag["Fronleichnam"]
        = strtotime("+60 day",$ostern);

    /* Liste nach Werten sortieren */
    asort($ftag);
}
```

Listing F.39 Datei uf63datum.inc.php, Funktion feiertagNRW()

Die Timestamps für die festen Feiertage werden mit der Funktion `mktime()` erzeugt. Sie werden Elementen des assoziativen Feldes `$ftag` zugewiesen. Als Schlüssel wird jeweils die Bezeichnung des Feiertages verwendet.

Nach dem Aufruf der Funktion `ostersonntag()` stehen in `$t_ostern` und `$m_ostern` Tag und Monat des Ostersonntags bereit. Diese Angaben werden zusammen mit dem Jahr in den Timestamp `$ostern` umgeformt.

Die beweglichen Feiertage werden mit der Funktion `strtotime()` relativ zu Ostern bestimmt und dem assoziativen Feld hinzugefügt. Anschließend wird das Feld `asort()` nach Daten aufsteigend sortiert.

F.5 Mathematische Funktionen

Zur Durchführung von mathematischen Berechnungen dienen die mathematischen Funktionen und Konstanten.

In den folgenden Beispielprogrammen werden zwei unterschiedliche Methoden verwendet. Diese beiden Methoden können generell bei allen Funktionsaufrufen angewendet werden. Sie werden hier noch einmal erwähnt, da die erste Methode besonders bei den mathematischen Funktionen angewendet wird.

Ausgabe

- Methode 1: Das Ergebnis der mathematischen Funktion wird unmittelbar ausgegeben, das heißt, Berechnung und Ausgabe finden in einem Schritt statt. Diese Methode bietet den Vorteil der kompakteren Schreibweise.

Rückgabe

- Methode 2: Das Ergebnis der mathematischen Funktion wird in einer Variablen gespeichert. Diese Variable wird anschließend oder erst später ausgegeben, das heißt, Berechnung und Ausgabe finden in zwei Schritten statt. Diese Methode hat den Vorteil, dass das Ergebnis mehrmals verwendet werden kann, ohne dafür die Funktion erneut aufrufen zu müssen und dabei Rechenzeit zu beanspruchen.

F.5.1 Taschenrechnerfunktionen

einfache Funktionen

Im folgenden Programm werden »Taschenrechnerfunktionen« (Berechnung der Wurzel, Potenz, e-Funktion, natürlicher Logarithmus, 10er-Logarithmus) eingesetzt.

```
<html>
<body>
<?php
   echo "<b>Wurzel, Potenz, e-Funktion,
         Logarithmus:</b><br>";
   $a = 4.75;
   echo "Variable a: $a <br>";
   $erg = sqrt($a);
   echo "Wurzel aus a: $erg<br>";
   $erg = pow($a,2);
   echo "a zum Quadrat (a hoch 2): $erg<br>";
   $erg = pow($a,3);
   echo "a hoch 3: $erg<br>";
   $erg = log($a);
   echo "log(a) = Natürlicher Logarithmus von a : $erg<br>";
   $erg = exp($a);
   echo "e hoch a: $erg<br>";
   $erg = exp(1/$a);
   echo "e hoch 1/a: $erg<br>";
   $erg = log10($a);
   echo "log10(a), 10er-Logarithmus von a: $erg<p>";
?>
</body>
</html>
```

Listing F.40 Datei uf70.php

Die Ausgabe hat folgendes Aussehen (siehe Abbildung F.55):

Abbildung F.55 Taschenrechnerfunktionen

F.5.2 Mathematische Konstanten

pi, e

Einige häufiger genutzte Werte stehen als mathematische Konstanten zur Verfügung. Sie können allerdings, ebenso wie Funktionsaufrufe, nicht direkt innerhalb einer Zeichenkette ausgegeben werden.

```
<html>
<body>
<h2>Math. Konstanten</h2>
<table border>

<?php
   echo "<tr><td><b>Bedeutung</b></td>
         <td><b>Wert</b></td></tr>";
   echo "<tr><td>&pi;</td><td>" . M_PI . "</td></tr>";
   echo "<tr><td>e</td><td>" . M_E . "</td></tr>";
   echo "<tr><td>log10(e)</td><td>"
        . M_LOG10E . "</td></tr>";
   echo "<tr><td>log(2)</td><td>" . M_LN2 . "</td></tr>";
   echo "<tr><td>log(10)</td><td>" . M_LN10 . "</td></tr>";
   echo "<tr><td>&pi;/2</td><td>" . M_PI_2 . "</td></tr>";
   echo "<tr><td>&pi;/4</td><td>" . M_PI_4 . "</td></tr>";
   echo "<tr><td>1/&pi;</td><td>" . M_1_PI . "</td></tr>";
   echo "<tr><td>2/&pi;</td><td>" . M_2_PI . "</td></tr>";
   echo "<tr><td>2/&radic;(&pi;)</td><td>"
        . M_2_SQRTPI . "</td></tr>";
   echo "<tr><td>&radic;(2)</td><td>"
        . M_SQRT2 . "</td></tr>";
   echo "<tr><td>&radic;(1/2)</td><td>"
        . M_SQRT1_2 . "</td></tr>";
?>
</table>
</body>
</html>
```

Listing F.41 Datei uf71.php

Die Ausgabe liefert den Zusammenhang:

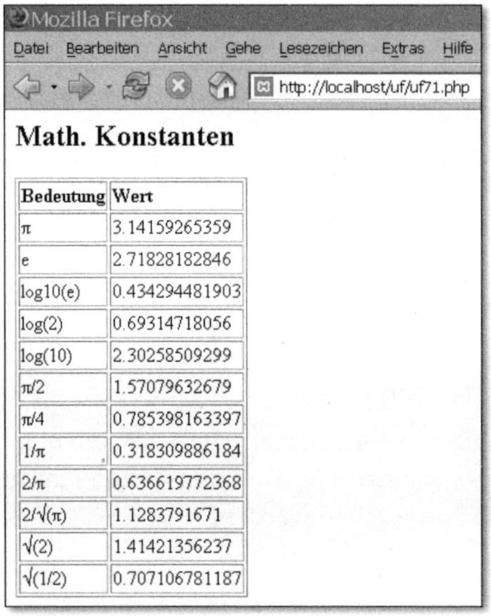

Math. Konstanten

Bedeutung	Wert
π	3.14159265359
e	2.71828182846
log10(e)	0.434294481903
log(2)	0.69314718056
log(10)	2.30258509299
π/2	1.57079632679
π/4	0.785398163397
1/π	0.318309886184
2/π	0.636619772368
2/√(π)	1.1283791671
√(2)	1.41421356237
√(1/2)	0.707106781187

Abbildung F.56 Mathematische Konstanten

F.5.3 Ganzzahlermittlung, Extremwerte

In diesem Abschnitt beschäftigen wir uns mit dem Folgenden:

Ganzzahl

- Eine Zahl mit Dezimalstellen wird durch verschiedene Rundungsarten in eine Ganzzahl umgewandelt.

Maximum, Minimum

- Das Maximum beziehungsweise das Minimum von unterschiedlich vielen Werten wird ermittelt.

```
<html>
<body>
<?php
   echo "<b>Zahlen in Ganzzahlen verwandeln:</b><br>";
   $a=4.75;
   echo "Variable a: $a <br>";
   echo "nächstniedrigere ganze Zahl zu a: " .
         floor($a) . "<br>";
   echo "nächsthöhere ganze Zahl zu a: " .
         ceil($a) . "<br>";
   echo "a kaufmännisch gerundet (ab .5 aufwärts): " .
         round($a) . "<p>";

   echo "<b>Maxima, Minima:</b><br>";
   $b=5.37;
   $c=30;
```

```
    echo "Variable a: $a <br>";
    echo "Variable b: $b <br>";
    echo "Variable c: $c <br>";
    echo "Maximum von a und b: " . max($a,$b) . "<br>";
    echo "Maximum von a, b und c: "
        . max($a,$b,$c) . "<br>";
    echo "Minimum von a und b: " . min($a,$b) . "<br>";
    echo "Minimum von a, b und c: "
        . min($a,$b,$c) . "<p>";
?>
</body>
</html>
```

Listing F.42 Datei uf72.php

Eine Zahl mit Nachkommastellen kann auf verschiedene Weise gerundet werden:

- nach unten, Funktion `floor()`
- nach oben, Funktion `ceil()`
- kaufmännisch (bis `0.4999` abwärts, ab `.5000` aufwärts), Funktion `round()`

Die Funktionen `max()` beziehungsweise `min()` ermitteln aus einer beliebigen Menge an Zahlen die größte beziehungsweise die kleinste Zahl. Sie können auch bei Feldern angewandt werden.

Die Bildschirmausgabe hat folgendes Aussehen:

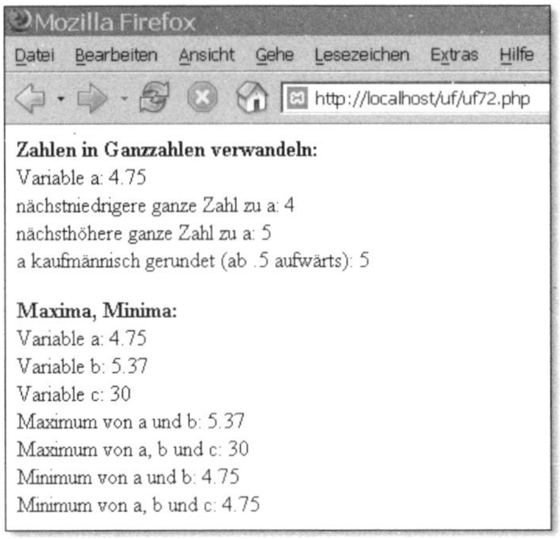

Abbildung F.57 Ganzzahlermittlung, Extremwerte

F.5.4 Trigonometrische Funktionen

sin(), cos(), tan()

In diesem Abschnitt werden einige trigonometrische Funktionen (Winkelfunktionen: Sinus, Cosinus, Tangens usw.) vorgestellt. Dabei ist zu beachten, dass ein Winkel, der in Grad angegeben wird, zunächst in Bogenmaß umgerechnet werden muss. Erst anschließend kann eine trigonometrische Funktion angewandt werden. Die Umrechnung von Winkel in Bogenmaß erfolgt mit der Funktion `deg2rad()`.

Umgekehrt muss das Ergebnis einer Arcus-Funktion (Arcus-Sinus, Arcus-Cosinus, Arcus-Tangens) anschließend wieder von Bogenmaß in Grad umgewandelt werden. Dies wird durch die Funktion `rad2deg()` ermöglicht.

```
<html>
<body>
<?php
   echo "<b>Trigonometrische Funktionen:</b><br>";
   $c=30;
   echo "Variable c: $c (in Grad)<br>";
   $cbm = deg2rad($c);
   echo "Variable c: $cbm (in Bogenmaß)<br>";
   echo "Sinus von c: " . sin($cbm) . "<br>";
   echo "Cosinus von c: " . cos($cbm) . "<br>";
   echo "Tangens von c: " . tan($cbm) . "<p>";
?>
</body>
</html>
```

Listing F.43 Datei uf73.php

Die Ausgabe:

Abbildung F.58 Trigonometrische Funktionen

F.5.5 Prüffunktionen für Zahlen

finit, NaN

Mit den Prüffunktionen `is_finite()` und `is_infinite()` kann man feststellen, ob eine Zahl finit (= endlich) oder infinit (= unendlich) ist. Allerdings zeigt die Funktion `is_infinite()` nicht immer korrekte Ergebnisse an. Daher ist auch für die Feststellung der Unendlichkeit die Funktion `is_finite()` zu bevorzugen. Die Prüffunktion `is_nan()` stellt für Zahlen (nicht für Zeichenketten!) fest, ob sie gültig sind.

Prüffunktionen können dazu genutzt werden, fehlerhafte beziehungsweise verwirrende Ausgaben zu vermeiden. Einige Beispiele sollen diese Funktionen verdeutlichen:

```
<html>
<body>
<?php
   echo "<h2>Prüffunktionen:</h2>";

   for($i=200; $i<=400; $i+=100)
   {
      echo "10 hoch $i, ";
      echo pow(10,$i);
      if(is_finite(pow(10,$i)))
         echo ", endlich für PHP<br>";
      else
         echo ", unendlich für PHP<br>";
   }
   echo "<p>";

   for($i=200; $i<=400; $i+=100)
   {
      echo "10 hoch -$i, ";
      echo pow(10,-$i);
      if(is_finite(pow(10,-$i)))
         echo ", endlich für PHP<br>";
      else
         echo ", unendlich für PHP<br>";
   }
   echo "<p>";

   for($i=2; $i>=0; $i--)
   {
      echo "ln($i), ";
      echo log($i);
      if(is_finite(log($i)))
         echo ", endlich für PHP<br>";
      else
```

```
         echo ", unendlich für PHP<br>";
   }
   echo "<p>";

   for($i=0.98; $i<=1.02; $i=$i+0.02)
   {
      echo "Arcus Sinus($i), ";
      echo rad2deg(asin($i)) . " Grad";
      if(is_nan(asin($i)))
         echo ", keine gültige Zahl für PHP<br>";
      else
         echo ", gültige Zahl für PHP<br>";
   }
?>
</body>
</html>
```

Listing F.44 Datei uf74.php

Die Ausgabe:

Abbildung F.59 Prüffunktionen für Zahlen

Der Zahlenbereich von PHP geht »nur« bis `1E308`, also `10 hoch 308`. Alle Zahlen darüber gelten als unendlich. Sie können nicht mehr zu Berechnungen genutzt werden. In der anderen Richtung geht der Zahlenbereich von PHP bis `1E-324`, also `10 hoch -324`. Alle Zahlen, die kleiner sind, zählen als `0`.

Der Sinus beziehungsweise der Cosinus beliebiger Winkel liegt im Zahlenbereich von –`1` bis +`1`. Somit können die Umkehrfunktionen `Arcus Sinus` und Arcus Cosinus nur für Zahlen aus diesem Bereich berechnet werden. Daher ist zum Beispiel der Arcus Sinus von 1,02 eine nicht gültige Zahl. Dies kann mit der Funktion is_nan() festgestellt werden.

F.5.6 Zufallszahlen

In vielen Programmen (Spiele, Simulationen, Tests usw.) werden zufällige Zahlen gebraucht. Wie in fast jeder anderen Programmiersprache können diese Zufallszahlen auch in PHP zur Verfügung gestellt werden. Allerdings handelt es sich immer um Quasi-Zufallszahlen und keine mathematisch echten Zufallszahlen. Normalerweise genügen diese zufälligen Werte für die genannten Aufgaben.

In PHP gibt es insgesamt drei verschiedene so genannte Zufallsgeneratoren.

- Der einfache Zufallsgenerator arbeitet mit der Funktion rand() und stellt beliebige Zahlen zwischen 0 und dem systemabhängigen Wert von getrandmax() zur Verfügung. Der Zufallsgenerator muss nach Aufruf des Programms zunächst einmal mit srand() initialisiert werden, sonst werden bei jedem Programmaufruf die gleichen Abfolgen von dann nicht mehr zufälligen Zahlen produziert. **rand(), srand()**
- Der verbesserte Zufallsgenerator arbeitet mit der Funktion mt_rand() und stellt beliebige Zahlen zwischen 0 und dem systemabhängigen Wert von mt_getrandmax() zur Verfügung. Es wird hier ein schnellerer und verbesserter Algorithmus zur Ermittlung der Zahlen verwendet. Der Zufallsgenerator muss mit mt_srand() initialisiert werden. **mt_rand(), mt_srand()**
- Die Funktion lcg_value() arbeitet mit zwei kombinierten, linearen, kongruenten Zufallsgeneratoren auf der Basis von Primzahlen. Eine Initialisierung ist nicht erforderlich. **lcg_value()**

Beide Initialisierungsfunktionen, srand() und mt_srand(), benutzen die Funktion microtime(), die die Systemzeit als absolute Zahl in Mikrosekunden ermittelt. Diese ist natürlich zu jedem Zeitpunkt unterschiedlich, daher ergibt sich bei jedem Aufruf ein anderer Startwert für den Zufallsgenerator.

```
<html>
<body>
<?php
   echo "<b>Seite bitte mehrmals neu laden</b><p>";

   echo "5 Zufallszahlen mit rand():<br>";
   srand((double)microtime()*1000000);
   echo "Größte mögliche Zufallszahl: " .
        getrandmax() . "<br>";
   for ($i=1; $i<=5; $i++)
```

```
      echo rand() . " ";
   echo "<p>";

   echo "5 Zufallszahlen mit mt_rand():<br>";
   mt_srand((double)microtime()*1000000);
   echo "Größte mögliche Zufallszahl: " .
        mt_getrandmax() . "<br>";
   for ($i=1; $i<=5; $i++)
      echo mt_rand() . " ";
   echo "<p>";

   echo "15 Zufallszahlen mit mt_rand()
         zwischen 1 und 49:<br> ";
   for ($i=1; $i<=15; $i++)
      echo mt_rand() % 49 + 1 . " ";
   echo "<p>";

   echo "5 Zufallszahlen mit lcg_value():<br> ";
   for ($i=1; $i<=5; $i++)
      echo lcg_value() . "<br>";
   echo "<p>";
?>

</body>
</html>
```

Listing F.45 Datei uf75.php

Modulo

Die »15 besseren« Zufallszahlen zwischen 1 und 49 werden mit Hilfe des Modulo-Operators (%) ermittelt. Der Zufallsgenerator erzeugt jedes Mal eine ganze Zahl zwischen 0 und 2147483647. Teilt man jede beliebige Zahl, die dabei ermittelt werden kann, durch 49, so bleibt ein Rest, der zwischen 0 und 48 liegt. Wird noch der konstante Wert 1 addiert, so hat man das gewünschte Ergebnis (zwischen 1 und 49).

Die Bildschirmausgabe hat zum Beispiel das Aussehen wie in der folgenden Abbildung.

Nach jedem neuen Laden (Aktualisieren) der Seite erscheinen neue Zahlen. Bei näherem Hinsehen, insbesondere bei den Zahlen zwischen 1 und 49, fällt allerdings auf, dass manche Zahlen mehrfach gezogen werden. Dies ist hier zum Beispiel bei der Zahl 17 der Fall.

Bei jeder einzelnen Zufallszahl wird aus dem gesamten Bereich der Zufallszahlen, also von 0 bis 2147483647, gezogen. Es wird keine Zahl von der Ziehung ausgeschlossen. Das Ergebnis der Modulo-Berechnung kann somit für mehrere gezogene Zahlen identisch sein.

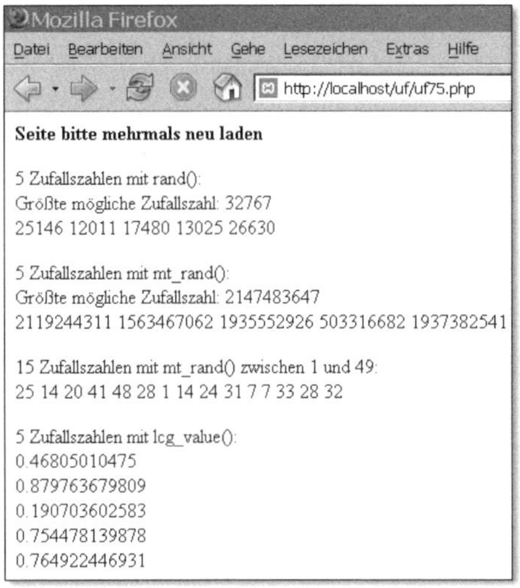

Abbildung F.60 Zufallszahlen

F.5.7 Mischen

Für viele Problemstellungen ist es allerdings erforderlich, die bereits gezogenen Zahlen von der Ziehung auszuschließen. Man denke an die Ziehung der Lottozahlen, bei der ja unmöglich eine Kugel mit einem bestimmten Zahlenwert zweimal gezogen werden kann.

Skatblatt mischen

Es muss also gemischt werden. Nachfolgend wird dies mit zwei verschiedenen Methoden für ein Kartenspiel mit 32 Karten (Skatblatt) durchgeführt:

- mit einem eigenen, erweiterungsfähigen Algorithmus, der einen Zufallsgenerator benutzt
- mit der Feldfunktion `shuffle()`, die sich intern eines Zufallsgenerators bedient

Methode 1: mit eigenem Algorithmus

Das Ziel ist die Ermittlung einer zufälligen Abfolge von Zahlen aus einem bestimmten Bereich, wobei jede Zahl nur einmal vorkommen darf. Es muss demzufolge festgehalten werden, welche Zahlen bereits gezogen wurden. Sollte eine dieser Zahlen noch einmal gezogen werden, so muss die aktuelle Ziehung wiederholt werden.

```
<html>
<body>
<?php
   mt_srand((double)microtime()*1000000);
```

```
    /* 32 Zähler auf null setzen */
    for ($i=1; $i<=32; $i++) $cnt[$i]=0;

    /* 32-mal ziehen */
    for($i=1; $i<=32; $i++)
    {
       /* Ziehung wiederholen, falls Zähler */
       /* der aktuellen Karte größer null   */
       do
       {
          $z = mt_rand() % 32 + 1;
       }
       while($cnt[$z]>0);

       /* Zähler erhöhen */
       $cnt[$z] = $cnt[$z]+1;

       /* Karte speichern */
       $karte[$i] = $z;
    }

    /* Karten ausgeben */
    echo "Spieler 1: <br>";
    for ($i=1; $i<=10; $i++)
       echo $karte[$i] . " ";

    echo "<p>Spieler 2: <br>";
    for ($i=11; $i<=20; $i++)
       echo $karte[$i] . " ";

    echo "<p>Spieler 3: <br>";
    for ($i=21; $i<=30; $i++)
       echo $karte[$i] . " ";

    echo "<p>Im Stock: <br>";
    for ($i=31; $i<=32; $i++)
       echo $karte[$i] . " ";
?>
</body>
</html>
```

Listing F.46 Datei uf76.php

Im Feld `$karte` werden die `32` verschiedenen zufälligen Zahlen gespeichert. Im Feld `$cnt` wird gespeichert, wie oft eine Zahl (= Karte) schon gezogen wurde. Zu Beginn wird dieser Wert für alle Karten auf `0` gestellt. Während der Ziehung wird dieser Wert überprüft. Nach erfolgreicher Ziehung einer Zahl, die vorher noch nicht gezogen wurde, wird dieser Wert auf 1 gestellt.

Die Bildschirmausgabe hat zum Beispiel folgendes Aussehen:

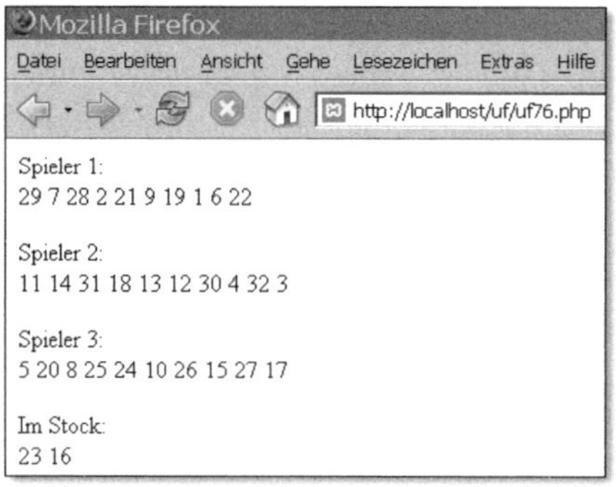

Abbildung F.61 Skat-Mischvorgang

Methode 2: mit shuffle()

```
<html>
<body>
<?php
   srand((double)microtime()*1000000);

   /* 32 Karten geordnet im Feld speichern */
   for ($i=0; $i<=31; $i++) $karte[$i]=$i+1;

   /* Mischen */
   shuffle($karte);

   /* Karten ausgeben */
   echo "Spieler 1: <br>";
   for ($i=0; $i<10; $i++)
      echo $karte[$i] . " ";

   echo "<p>Spieler 2: <br>";
   for ($i=10; $i<20; $i++)
      echo $karte[$i] . " ";

   echo "<p>Spieler 3: <br>";
   for ($i=20; $i<30; $i++)
      echo $karte[$i] . " ";

   echo "<p>Im Stock: <br>";
   for ($i=30; $i<32; $i++)
      echo $karte[$i] . " ";
```

```
?>
</body>
</html>
```

Listing F.47 Datei uf77.php

shuffle() Der Zufallsgenerator für die Funktion `shuffle()` muss mit `srand()` initialisiert werden. Im Programm werden die Feld-Elemente `0` bis `31` der Reihe nach mit den Werten `1` bis `32` belegt. Anschließend wird mit `shuffle()` gemischt. Die Ausgabe entspricht der Ausgabe nach der anderen Methode.

F.5.8 Stellenwertsysteme

Ein Stellenwertsystem ist ein System zur Darstellung von Zahlen durch Ziffern und Zeichen, bei denen der Wert einer Ziffer von der Stelle abhängt, an der sie sich innerhalb der Zahl befindet.

dual, oktal, hexadezimal Das gebräuchlichste Stellenwertsystem ist das Dezimalsystem (Zahlen zur Basis `10`). In der Informatik werden außerdem das Dualsystem (Basis `2`) und das Hexadezimalsystem (Basis `16`) eingesetzt, seltener das Oktalsystem (Basis `8`).

Die benutzten Ziffern und Zeichen in den verschiedenen Systemen sind: Im Dualsystem `0` und 1, im Oktalsystem 0 bis 7, im Dezimalsystem 0 bis 9, im Hexadezimalsystem 0 bis 9 und A bis F. Die Buchstaben A bis F nehmen dabei die Dezimalwerte von 10 bis 15 an.

Beispiele

- Dezimalzahl `456: 4 * 10 hoch 2 + 5 * 10 hoch 1 + 6 * 10 hoch 0 = 400 + 50 + 6 = 456`
- Dualzahl `11001: 1 * 2 hoch 4 + 1 * 2 hoch 3 + 0 * 2 hoch 2 + 0 * 2 hoch 1 + 1 * 2 hoch 0 = 16 + 8 + 0 + 0 + 1 = 25 (dezimal)`
- Hexadezimalzahl `2A5F: 2 * 16 hoch 3 + 10 * 16 hoch 2 + 5 * 16 hoch 1 + 15 * 16 hoch 0 = 2 * 4096 + 10 * 256 + 5 * 16 + 15 = 10847 (dezimal)`

PHP stellt die Funktionen `decbin()`, `dechex()`, `decoct()`, `bindec()`, `hexdec()` und `octdec()` zur Umrechnung zwischen den oben angegebenen Stellenwertsystemen zur Verfügung.

Außerdem bietet die Funktion `base_convert()` die Möglichkeit der Umrechnung zwischen zwei beliebigen Stellenwertsystemen im Bereich von `2` bis 36. Die Begrenzung 36 existiert deshalb, weil zur Darstellung der Ziffern und Zeichen nur die Ziffern 0 bis 9 und die 26 Buchstaben verwendet werden.

```
<html>
<body>
<?php
   echo "<b>Zahlensysteme:</b><br>";
   $e = 57;
   echo "Variable e: $e (als Dezimalzahl)<br>";
   echo "als Binärzahl (Zahl zur Basis 2): "
        . decbin($e) . "<br>";
   echo "als Oktalzahl (Zahl zur Basis 8): "
        . decoct($e) . "<br>";
   echo "als Hexadezimalzahl (Zahl zur Basis 16): "
        . dechex($e) . "<br>";
   echo "als Zahl zur Basis 4: "
        . base_convert($e,10,4) . "<br>";
   echo "als Zahl zur Basis 32: "
        . base_convert($e,10,30) . "<br>";
?>
</body>
</html>
```

Listing F.48 Datei uf78.php

Die Bildschirmausgabe hat folgendes Aussehen:

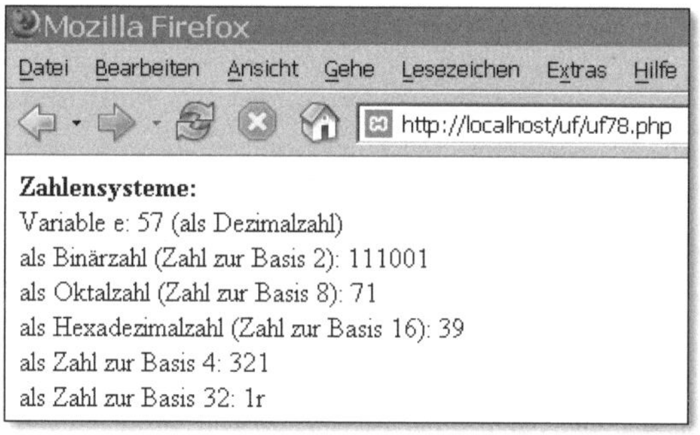

Abbildung F.62 Stellenwertsysteme

Übung UF79

Erstellen Sie eine HTML-Tabelle. Darin soll das Ergebnis der nachfolgend beschriebenen Berechnungen stehen. Für jeden Wert `x` von 0 bis 90 in Schritten von 15 (also die Werte `x=0`, `x=15`, `x=30`, `x=45`, `x=60`, `x=75`, `x=90`) sollen die folgenden Funktionen berechnet werden (Datei `uf79.php`): [«]

- Umrechnung des Wertes `x` in Bogenmaß (Radiant)
- Sinus und Cosinus des Bogenmaßwertes
- Wurzel (`x`), Quadrat von `x`

- Natürlicher Logarithmus von x, 10er-Logarithmus von x
- e hoch (1/x)
- x als Binärzahl und als Hexadezimalzahl

Die Ergebnisse sollen jeweils mit drei Nachkommastellen in deutscher Schreibweise mit Tausenderzeichen formatiert ausgegeben werden, jedoch mit Ausnahme von Wert x, Quadrat von x, Binärzahl und Hexadezimalzahl. Diese sollen unformatiert ausgegeben werden.

Ein Tipp zur Durchführung: Schreiben Sie dieses umfangreiche Programm in mehreren Schritten. Lassen Sie zunächst die HTML-Tabelle mit einer einzigen Spalte (Wert x) anzeigen. Nachdem Sie diese Aufgabe erfolgreich bewältigt haben, erweitern Sie die Tabelle nach und nach um die weiteren Spalten. So lassen sich eventuell auftretende Fehler leichter finden.

Das Ergebnis sollte folgendes Aussehen haben:

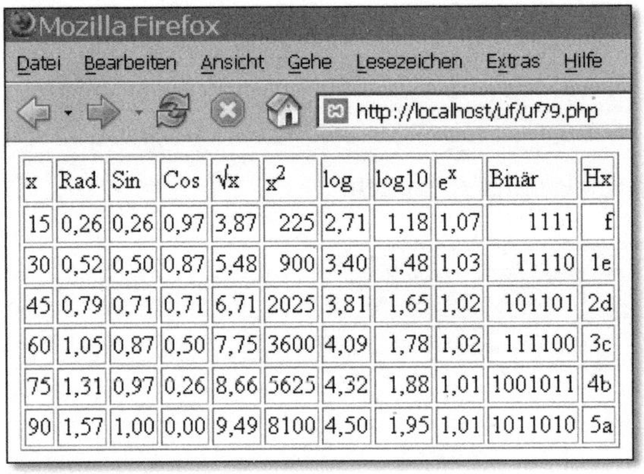

x	Rad.	Sin	Cos	√x	x²	log	log10	eˣ	Binär	Hx
15	0,26	0,26	0,97	3,87	225	2,71	1,18	1,07	1111	f
30	0,52	0,50	0,87	5,48	900	3,40	1,48	1,03	11110	1e
45	0,79	0,71	0,71	6,71	2025	3,81	1,65	1,02	101101	2d
60	1,05	0,87	0,50	7,75	3600	4,09	1,78	1,02	111100	3c
75	1,31	0,97	0,26	8,66	5625	4,32	1,88	1,01	1001011	4b
90	1,57	1,00	0,00	9,49	8100	4,50	1,95	1,01	1011010	5a

Abbildung F.63 Ergebnis der Übung UF79

F.6 Sessions und Cookies

Jeder Aufruf einer Internetseite über das HTTP wird einzeln bearbeitet und ist unabhängig von vorherigen Aufrufen. Falls aber ein Benutzer bei mehreren Aufrufen direkt nacheinander oder an verschiedenen Tagen auf den gleichen Webserver zugreift, kann es nützlich sein, bestimmte individuelle Daten für ihn aufzubewahren beziehungsweise zu transportieren. Dazu stehen in PHP Cookies und das Session-Management zur Verfügung.

Einige Beispiele:

- Man meldet sich per Login auf einer geschützten Website an und bewegt sich anschließend innerhalb dieser Website. In diesem Falle können die Anmeldedaten weitertransportiert werden, damit man sich nicht auf jeder einzelnen Seite neu anmelden muss.

- Man tätigt Einkäufe auf verschiedenen Seiten eines Webshops. Die Einkäufe werden einzeln in einem Warenkorb abgelegt und dort aufbewahrt, bis man zur Kasse geht.
- Man besucht häufiger eine Website, bei der man seine individuelle Umgebung schaffen kann oder häufig genutzte Daten schnell zur Verfügung haben möchte.

Diese Daten können in Cookies (kleinen Dateien) längere Zeit auf dem Rechner des Benutzers gespeichert werden. Je nach Einstellung des Browsers wird dies allerdings eingeschränkt oder ganz verhindert. Daher kann diese Möglichkeit nicht immer eingesetzt werden.

Cookies

Beim Session-Management können diese Daten im superglobalen Array $_SESSION abgelegt werden. Dessen Inhalt wird nur für die Dauer einer abgeschlossenen Internetsitzung auf dem Server gespeichert.

$_SESSION

F.6.1 Session-Management

Eine Session muss explizit begonnen werden. Sie endet später entweder mit dem Schließen des Browser-Fensters durch den Benutzer oder indem sie durch das Programm explizit geschlossen wird. Das Beenden einer Session führt zum Löschen des Session-Arrays.

Die Funktion `session_start()` muss auf jeder Seite, die zu einer Session gehört, aufgerufen werden. Diese Funktion beginnt entweder eine neue Session oder nimmt eine vorhandene Session wieder auf. Zur expliziten Beendigung einer Session wird die Funktion `session_destroy()` benötigt.

session_start(), session_destroy()

F.6.2 Session-Beispiel: Zugriffszähler

Zunächst ein einfaches Beispiel mit einem Zugriffszähler, dessen Wert im bereits erwähnten Session-Array gespeichert wird. Beim ersten Besuch auf der Seite erscheint:

Abbildung F.64 Erster Besuch der Seite

Nach einigen Aktualisierungen der Seite erscheint:

Abbildung F.65 Nach einigen Aktualisierungen

Man kann erkennen, dass der Zähler hochzählt. Es wird also festgestellt, dass dieser Benutzer diese Seite mehrmals nacheinander besucht hat. Falls man den Browser schließt und erneut wieder öffnet, erscheint:

Abbildung F.66 Eine andere Session

Session-ID

Diese Session ist also unabhängig von der vorherigen Session. Es handelt sich wiederum um einen ersten Besuch. Die Eindeutigkeit der Session ist auch an der individuellen Session-ID erkennbar, die hier nur zu Kontrollzwecken ausgegeben wurde.

Der Programmcode sieht wie folgt aus:

```
<?php
   /* Session-Start oder Session-Wiederaufnahme */
   session_start();
?>
<html>
<body>
<?php
   /* Zugriffszähler existiert? */
   if (isset($_SESSION["zz"]))
      $_SESSION["zz"] = $_SESSION["zz"] + 1;
   else
      $_SESSION["zz"] = 1;

   /* Ausgabe Zugriffszähler */
   echo "Ihr Besuch Nr.: " . $_SESSION["zz"];
```

```
    /* Ausgabe Session-ID */
    echo "<p>Ihre Session-ID: " . session_id();?>
</body>
</html>
```

Listing F.49 Datei uf80.php

Zur Erläuterung:

- Zum Start einer neuen Session beziehungsweise zur Wiederaufnahme einer vorhandenen Session wird ein Aufruf der Funktion `session_start()` benötigt. Dieser Aufruf muss vor dem Aufruf der eigentlichen Seite erfolgen.
- Mit Hilfe der Funktion `isset()` wird festgestellt, ob das Element `zz` des Session-Arrays existiert oder nicht.

isset()

- Falls es existiert, handelt es sich um eine wieder aufgenommene Session. Der Wert des Elements `zz` wird um eins erhöht.
- Falls es nicht existiert, handelt es sich um eine neue Session. Der Wert des Elements `zz` wird auf eins gesetzt.
- Der Wert des Zugriffszählers wird ausgegeben.
- Der Wert der eindeutigen Session-ID, die zur Verwaltung der Session auf dem Server benötigt wird, wird mit Hilfe der Funktion `session_id()` ermittelt und anschließend (hier nur zur Kontrolle) ausgegeben.

session_id()

F.6.3 Session-Beispiel: geschützte Website

Das Folgende ist eine Anwendung für Sessions mit einer geschützten Website, die aus drei Seiten besteht:

- einer Login-Seite zur Website, auf der man Name und Passwort eingeben kann,
- einer Intro-Seite, in der die Session gestartet wird, und
- einer beliebigen Seite innerhalb der Website.

Zwischen der Intro-Seite und der beliebigen Seite kann man sich nach erfolgreicher Anmeldung hin- und herbewegen. Von jeder dieser Seiten aus kann man sich zudem abmelden und gelangt wieder zur Login-Seite. Keine der Seiten kann direkt im Browser angewählt werden, da die zugehörigen Session-Daten fehlen.

Beim Aufruf der Login-Seite erscheint:

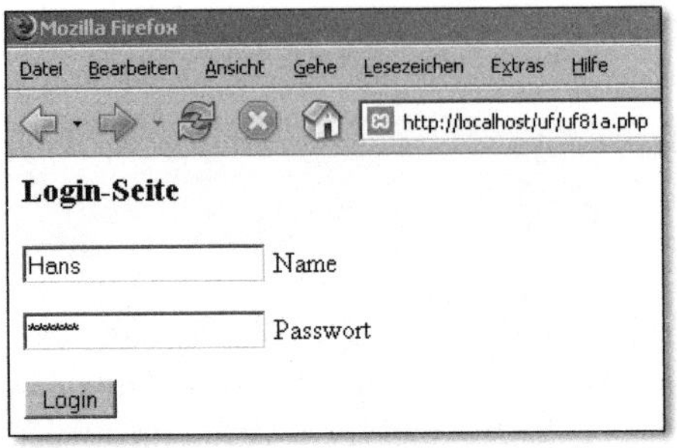

Abbildung F.67 Hier kann sich der Benutzer anmelden.

Nach Eingabe eines falschen Namens und/oder Passworts erscheint:

Abbildung F.68 Die Anmeldung ist gescheitert.

Nach Betätigung des Hyperlinks gelangt man wieder zur Login-Seite. Falls man dort den richtigen Namen (zum Beispiel `Hans`) und das richtige Passwort (in diesem Falle `Bingo`) angibt, erscheint die Intro-Seite:

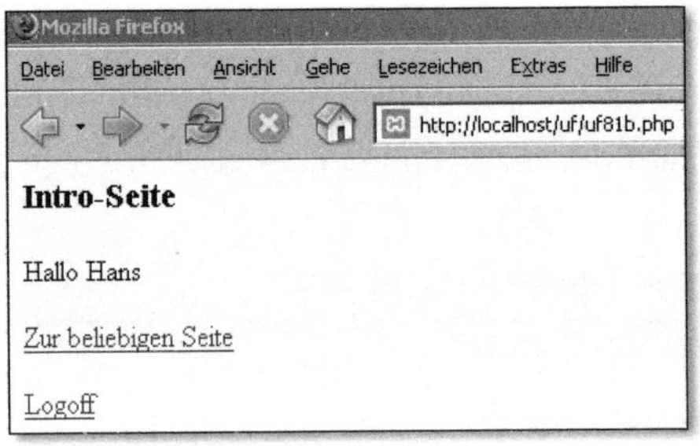

Abbildung F.69 Die Anmeldung war erfolgreich.

Der Benutzer wird mit Namen begrüßt und kann von hier aus weiter zu einer beliebigen Seite oder sich wieder abmelden (zur Login-Seite). Nach dem Betätigen des ersten Hyperlinks erscheint die beliebige Seite:

Abbildung F.70 Beliebige weitere Seite der Website

Ein direkter Aufruf der Intro-Seite oder der beliebigen Seite durch Eingabe des jeweiligen URL führt nicht zum Erfolg.

Login-Seite

Anmeldung

Zunächst der Code der Login-Seite:

```
<?php
   /* Vor Beenden der Session wieder aufnehmen */
   session_start();
   /* Beenden der Session */
   session_destroy();
?>
<html>
<body>
<h3>Login-Seite</h3>
<form action="uf81b.php" method="post">
   <input name="n"> Name<p>
   <input type="password" name="p"> Passwort<p>
   <input type="submit" value="Login">
</form>
</body>
</html>
```

Listing F.50 Datei uf81a.php

Zur Erläuterung:

- Zunächst fragt man sich, warum auf der Login-Seite bereits ein Aufruf der Funktion `session_start()` steht. Zur Erinnerung: Man gelangt zur Login-Seite auch durch einen Logoff von der Website. In diesem Falle soll die Session explizit beendet werden, also ist ein Aufruf von `session_destroy()` notwendig. Bevor aber eine Session beendet werden kann, muss sie wieder aufgenommen werden – daher zunächst der Aufruf von `session_start()`.

- Es folgt ein Anmeldeformular. Von hier aus wird die Intro-Seite der Website aufgerufen (uf81b.php). Die Formularelemente haben die Namen n für den Benutzernamen und p für das Passwort.

Intro-Seite

Es folgt der Code für die Intro-Seite:

```
<?php
   /* Session starten oder wieder aufnehmen */
   session_start();

   /* Falls Aufruf von Login-Seite */
   if(isset($_POST["n"]))
   {
         /* Falls Name und Passwort korrekt */
         if($_POST["n"] == "Hans" && $_POST["p"] == "Bingo"
      || $_POST["n"] == "Gerd" && $_POST["p"] == "Tango")
   {
               $_SESSION["n"] = $_POST["n"];
               $_SESSION["p"] = $_POST["p"];
         }
   }

   /* Kontrolle, ob innerhalb der Session */
   include "uf81.inc.php";
?>
<html>
<body>
<h3>Intro-Seite</h3>
<?php
   /* Begrüßung des Benutzers */
   echo "Hallo " . $_SESSION["n"];
?>
<p><a href="uf81c.php">Zur beliebigen Seite</a>
<p><a href="uf81a.php">Logoff</a>
</body>
</html>
```

Listing F.51 Datei uf81b.php

Zur Erläuterung:

Als Erstes wird eine Session gestartet beziehungsweise wieder aufgenommen. Anschließend wird festgestellt, woher der Aufruf dieser Seite stammt:

$_POST

- Per Formular von der Login-Seite. In diesem Fall existiert die Variable $_POST["n"]. Falls Name und Passwort stimmen (hier: entweder Hans und Bingo oder Gerd und Tango), werden die aus dem Formular übermittelten Daten in das Session-Array übernommen und stehen während der Session zur Verfügung.

- Von einer beliebigen anderen Seite innerhalb oder außerhalb der Website beziehungsweise durch direkte Eingabe des URL. In diesem Fall gibt es die Variable $_POST["n"] nicht und Name und Passwort werden erst gar nicht überprüft.
- Hinweis: Name und Passwort sind hier zur Vereinfachung fest codiert. Natürlich werden diese in der Realität verschlüsselt in einer Datenbank abgelegt und es erfolgt an dieser Stelle eine entsprechende Datenbankabfrage. [+]

Im nächsten Schritt wird der Quellcode der Datei uf81.inc.php eingebunden. Dieser wird von allen Seiten innerhalb der Website verwendet. Er prüft, ob es sich um einen angemeldeten Benutzer handelt:

```
<?php
   /* Kontrolle, ob innerhalb der Session */
   if (!isset($_SESSION["n"]))
   {
      echo "Kein Zugang<p>";
      echo "<a href='uf81a.php'>Zum Login</a>";
      echo "</body></html>";
      exit;
   }
?>
```

Listing F.52 Datei uf81.inc.php

Zur Erläuterung:

- Falls der Benutzer sich soeben angemeldet hat oder von einer anderen Seite innerhalb der Website kommt, existiert die Variable $_SESSION["n"]. Falls nicht, erscheinen nur der Text Kein Zugang und ein Hyperlink zur Login-Seite. Falls also der Benutzer von einer beliebigen Seite außerhalb der Website beziehungsweise durch direkte Eingabe des URL hierher kommt, wird ihm der Zugang verwehrt. $_SESSION

Nunmehr weiter im Code der Intro-Seite:

- Es wird der Titel ausgegeben. Der Benutzer wird mit Namen begrüßt. Der Name steht während der Session in der Variablen $_SESSION["n"] zur Verfügung. Zwei Hyperlinks führen nun zur beliebigen Seite beziehungsweise zum Ausloggen.

Beliebige Seite

Zu guter Letzt zum Code der beliebigen Seite:

```
<?php
   /* Session wieder aufnehmen */
   session_start();
   /* Kontrolle, ob innerhalb der Session */
   include "uf81.inc.php";
?>
<html>
<body>
<h3>Beliebige Seite</h3>
<?php
   /* Begrüßung des Benutzers */
   echo "Hallo " . $_SESSION["n"];
?>
<p><a href="uf81b.php">Zur Intro-Seite</a>
<p><a href="uf81a.php">Logoff</a>
</body>
</html>
```

Listing F.53 Datei uf81c.php

Zur Erläuterung:

- Im Code fehlt nur der Block zur Prüfung der übermittelten Formular-Daten. Dies ist auf dieser Seite (innerhalb der Website) unnötig, da die notwendigen Daten für den angemeldeten Benutzer bereits mit dem Session-Array transportiert werden.

Testen

Man kann diese Anwendung testen, indem man mehrere Browser-Fenster öffnet, verschiedene Anmeldungen ausprobiert (mit `Hans`, mit `Gerd`, mit anderen Namen) und sich wieder abmeldet. Man wird entweder abgewiesen oder auf den Seiten innerhalb der Website mit dem richtigen Namen begrüßt. Bei direktem Aufruf der Intro-Seite beziehungsweise der beliebigen Seite wird man abgewiesen.

F.6.4 Session-Beispiel: Webshop

Als drittes Beispiel soll ein Webshop dienen. Der Benutzer wählt die jeweils gewünschte Anzahl verschiedener Artikel aus insgesamt drei Abteilungen aus und legt sie in den Warenkorb. Dabei werden diese Daten in das Session-Array eingetragen. Zu einem beliebigen Zeitpunkt kann der Benutzer sich den Inhalt des Warenkorbs ansehen und zur Kasse gehen.

Webshop

Beim Aufruf der Startseite des Webshops hat der Benutzer die Möglichkeit, eine Abteilung zu wählen oder sich direkt den Warenkorb anzeigen zu lassen:

Abbildung F.71 Startseite des Webshops

Abteilung

Nach Auswahl einer Abteilung erscheint eine Tabelle mit den Artikeln dieser Abteilung:

Abbildung F.72 Abteilung DVD/Video

Der Benutzer kann die jeweils gewünschte Anzahl verschiedener Artikel eintragen und in den Warenkorb legen. Es erscheint der Warenkorb mit der bisher getroffenen Auswahl:

Abbildung F.73 Warenkorb mit einigen Artikeln

Warenkorb

Falls der Benutzer weitere Artikel aus anderen Abteilungen auswählen möchte, kann er diese über die Startseite erreichen. Nach weiteren Einträgen füllt sich der Warenkorb:

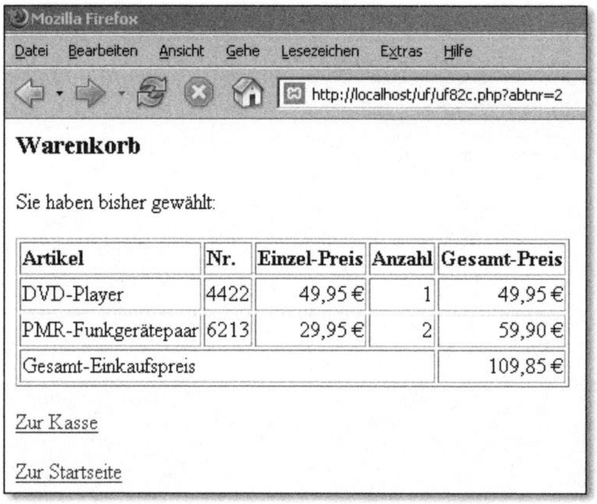

Abbildung F.74 Warenkorb nach Besuch der zweiten Abteilung

Kasse

Abschließend geht der Benutzer zur Kasse (die hier nur angedeutet wird):

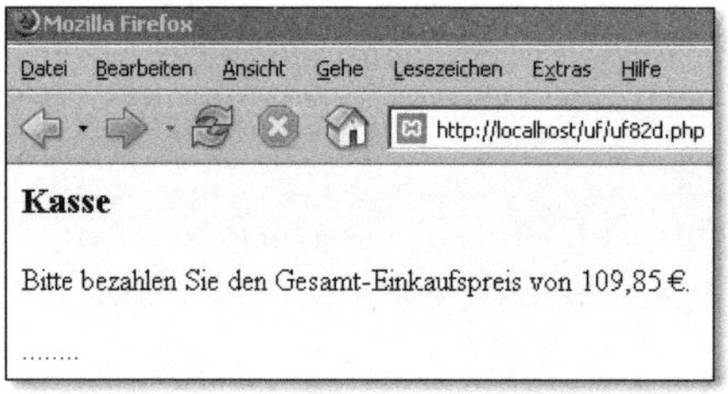

Abbildung F.75 Abschluss des Einkaufs

Sicherlich ist dieses Beispiel noch unkomfortabel und einfach gestaltet. Es zeigt aber das Wesentliche: die Übernahme und Aufbewahrung ausgewählter Daten im Session-Array.

Startseite

Zunächst der Code der Startseite:

```
<html>
<body>
<h3>Willkommen im Webshop</h3>
Zur Abteilung:
<?php
/* Arrays einbinden */
include "uf82.inc.php";
/* Abteilungsnamen mit Hyperlinks ausgeben */
for($i=0; $i<sizeof($abtname); $i++)
   echo "<br><a href='uf82b.php?abtnr=$i'>
   $abtname[$i]</a>";
?>
<p> <a href="uf82c.php">Zum Warenkorb</a>
</body>
</html>
```

Listing F.54 Datei uf82a.php

Zur Erläuterung:

- Es wird, wie auch auf den anderen Seiten des Webshops, die Datei `uf82.inc.php` mit mehreren Arrays eingebunden. Diese Arrays beinhalten den Gesamtkatalog des Webshops mit:
  - Namen der Abteilungen (eindimensionales Array `$abtname`)
  - Namen der Artikel (zweidimensionales Array `$aname`)
  - Nummern der Artikel (zweidimensionales Array `$artnr`)
  - Preisen der Artikel (zweidimensionales Array `$preis`)
- Hinweis: Die Arrays sind hier zur Vereinfachung fest codiert. Natürlich werden diese in der Realität in einer Datenbank abgelegt und es erfolgen die entsprechenden Datenbankabfragen. Der Inhalt der Include-Datei wird weiter unten angegeben. **[+]**
- Auf der Startseite werden nun die Namen der Abteilungen ausgegeben. Falls später weitere Abteilungen oder Artikel hinzukommen, führt dies nicht zu einer Änderung des Codes, da mit der Funktion `sizeof()` automatisch die aktuelle Größe jedes Arrays ermittelt wird. **sizeof()**

GET-Parameter

- Jeder Name einer Abteilung ist gleichzeitig ein Hyperlink zur Tabelle der Artikel dieser Abteilung. Die ausgewählte Abteilungsnummer wird per GET-Parameter (`uf82b.php?abtnr=$i`) übergeben.

Include-Datei

Die Include-Datei mit den (unterschiedlich großen) Arrays:

```
<?php
   /* Namen der Abteilungen */
   $abtname[0] = "Unterhaltungselektronik";
   $abtname[1] = "DVD/Video";
   $abtname[2] = "Mobilfunk";

   /* Namen der Artikel */
   $aname[0][0] = "Kopfhörer-Set";
   $aname[0][1] = "Funklautsprecher";
   $aname[0][2] = "Uhrenradio";
   $aname[0][3] = "Weltempfänger";
   $aname[1][0] = "DVD-Recorder";
   $aname[1][1] = "DVD-Player";
   $aname[1][2] = "Fernbedienung";
   $aname[1][3] = "Portable DVD-Kombi";
   $aname[1][4] = "DVD-Videokombi";
   $aname[2][0] = "PMR-Funkgerätepaar";
   $aname[2][1] = "Handscanner";
   $aname[2][2] = "Doppelstandlader";

   /* Nummern der Artikel */
   $artnr[0][0] = "7609";
   $artnr[0][1] = "7612";
   $artnr[0][2] = "7632";
   $artnr[0][3] = "7678";
   $artnr[1][0] = "4418";
   $artnr[1][1] = "4422";
   $artnr[1][2] = "4471";
   $artnr[1][3] = "4475";
   $artnr[1][4] = "4482";
   $artnr[2][0] = "6213";
   $artnr[2][1] = "6265";
   $artnr[2][2] = "6267";

   /* Preise der Artikel */
   $preis[0][0] = 6.95;
   $preis[0][1] = 79.95;
   $preis[0][2] = 17.95;
   $preis[0][3] = 29.95;
```

```
    $preis[1][0] = 249.00;
    $preis[1][1] = 49.95;
    $preis[1][2] = 19.95;
    $preis[1][3] = 279.00;
    $preis[1][4] = 189.00;
    $preis[2][0] = 29.95;
    $preis[2][1] = 89.95;
    $preis[2][2] = 14.95;
?>
```

Listing F.55 Datei uf82.inc.php

Tabelle der Artikel
Nachfolgend der Code für die Tabelle der Artikel:

```
<html>
<body>
<?php
/* Falls diese Seite direkt angewählt wurde */
if(!isset($_GET["abtnr"]))
{
   echo "Keine Abteilung angegeben!";
   echo "<p><a href='uf82a.php'>
      Zur Startseite</a></p>";
   echo "</body></html>";
   exit;
}
/* Abteilungsnummer übernehmen */
$abtnr = $_GET["abtnr"];
/* Arrays einbinden */
include "uf82.inc.php";
/* Abteilungsname ausgeben */
echo "<h3>$abtname[$abtnr]</h3>";
?>
Wählen Sie aus:<p>
<?php
echo "<form action='uf82c.php?
   abtnr=$abtnr' method='post'>";
?>
<table border>
<tr>
   <td><b>Artikel</b></td>
   <td><b>Nr.</b></td>
   <td><b>Preis</b></td>
   <td><b>Anzahl</b></td>
</tr>
<?php
```

```
/* Alle Artikel dieser Abteilung ausgeben */
for($i=0; $i<sizeof($aname[$abtnr]); $i++)
{
   echo "<tr>";
   echo "<td>" . $aname[$abtnr][$i] . "</td>";
   echo "<td>" . $artnr[$abtnr][$i] . "</td>";
   echo "<td align='right'>" .
      number_format($preis[$abtnr][$i],2,",",".") .
      " &euro;</td>";
   /* Eingabefeld für Anzahl */
   echo "<td><input name='anzahl[$i]' size='5'></td>";
   echo "</tr>";
}
?>
</table>
<p><input type="submit" value="In den Warenkorb">
</form>
<p><a href="uf82a.php">Zur Startseite</a></p>
</body>
</html>
```

Listing F.56 Datei uf82b.php

Zur Erläuterung:

- Falls der Benutzer diese Seite direkt anwählt, also über die Eingabe der Adresse, steht keine Abteilungsnummer zur Verfügung. Es wird eine Fehlermeldung ausgegeben, ein Hyperlink führt zur Startseite, und das Dokument wird beendet.
- $_GET Im »Normalfall« wird die Abteilungsnummer per GET-Parameter übergeben, und zwar mit Hilfe des superglobalen Arrays `$_GET`. Sie wird hier zur Vereinfachung in der Variablen `$abtnr` abgespeichert. Die Arrays werden eingebunden und der Abteilungsname ausgegeben.
- Es folgt ein Formular, dessen Inhalte an den Warenkorb (Datei `uf82c.php`) gesendet werden. Die Abteilungsnummer wird wiederum per GET-Parameter übergeben (`uf82c.php?abtnr=$abtnr`).
- number_format() In der Tabelle werden für jeden Artikel dieser Abteilung der Artikelname, die Artikelnummer und der Preis ausgegeben. Der Preis wird mit Hilfe der Funktion `number_format()` formatiert (Darstellung mit Tausenderpunkt, zwei Nachkommastellen, Komma als Dezimaltrennzeichen).
- Außerdem steht jeweils ein Eingabefeld für die gewünschte Anzahl zur Verfügung. Alle Eingabefelder haben den gleichen Namen und werden durch eine laufende Nummer unterschieden.
- Der **submit**-Button führt zur Übermittlung der Daten in den Warenkorb.

Warenkorb

Der Programmcode für den Warenkorb:

```
<?php
   /* Session starten oder wieder aufnehmen */
   session_start();
?>
<html>
<body>
<h3>Warenkorb</h3>
Sie haben bisher gewählt:<p>
<table border>
<tr>
   <td><b>Artikel</b></td>
   <td><b>Nr.</b></td>
   <td><b>Einzel-Preis</b></td>
   <td><b>Anzahl</b></td>
   <td><b>Gesamt-Preis</b></td>
</tr>
<?php
/* Abteilungsnummer übernehmen */
$abtnr = $_GET["abtnr"];
/* Arrays einbinden */
include "uf82.inc.php";
/* Übernahme der ausgewählten Artikel in das Session-Array */
for($i=0; $i<sizeof($aname[$abtnr]); $i++)
{
      /* Falls dieser Artikel ausgewählt wurde */
      if(intval($_POST["anzahl"][$i]) > 0)
            $_SESSION["anzahl"][$abtnr][$i] =
         intval($_POST["anzahl"][$i]);
}

/* Ausgabe der Inhalte des Session-Arrays */
/* Gesamt-Einkaufspreis */
$summe = 0;
/* Alle Abteilungen */
for($a=0; $a<sizeof($abtname); $a++)
{
   /* Alle Artikel einer Abteilung */
      for($i=0; $i<sizeof($aname[$a]); $i++)
      {
           /* Falls dieser Artikel im Session-Array vorhanden
ist */
            if(isset($_SESSION["anzahl"][$a][$i]))
            {
                  echo "<tr>";
```

```
            echo "<td>" . $aname[$a][$i] . "</td>";
            echo "<td>" . $artnr[$a][$i] . "</td>";
            echo "<td align='right'>"
                 . number_format($preis[$a][$i],2,",",".")
                 . " &euro;</td>";
            echo "<td align='right'>"
                 . $_SESSION["anzahl"][$a][$i] . "</td>";
            /* Gesamt-Preis für diesen Artikel berechnen */
            $gp = $preis[$a][$i] * $_SESSION["anzahl"][$a][$i];

                 /* Gesamt-Einkaufspreis aktualisieren */
                 $summe += $gp;

            echo "<td align='right'>"
                 . number_format($gp,2,",",".")
                 . " &euro;</td>";
            echo "</tr>";
              }
        }
}

/* Gesamt-Einkaufspreis im Session-Array speichern */
$_SESSION["summe"] = $summe;

/* Gesamt-Einkaufspreis ausgeben */
echo "<tr>";
echo "<td colspan='4'>Gesamt-Einkaufspreis</td>";
echo "<td align='right'>" . number_format($summe,2,",",".")
     . " &euro;</td>";
echo "</tr>";
?>
</table>
<p><a href="uf82d.php">Zur Kasse</a></p>
<p><a href="uf82a.php">Zur Startseite</a></p>
</body>
</html>
```

Listing F.57 Datei uf82c.php

Zur Erläuterung:

- Zunächst wird mit `session_start()` eine Session gestartet (beim ersten Aufruf des Warenkorbs) oder wieder aufgenommen. Bei Wiederaufnahme stehen alle Elemente des Session-Arrays (also alle bisherigen Einkäufe) zur Verfügung.

- Die Überschrift und der Beginn der Tabelle mit den Spaltenüberschriften wird ausgegeben. Die Abteilungsnummer wurde per GET-Parameter übergeben und wird hier zur Vereinfachung in der Variablen `$abtnr` abgespeichert. Die Arrays werden eingebunden.
- Es wird für alle Artikel der Abteilung, von der aus der Warenkorb aufgerufen wurde, überprüft, ob im zugehörigen Eingabefeld eine gültige ganze Zahl gestanden hat, die größer als 0 ist. Mit anderen Worten: ob der betreffende Artikel ausgewählt wurde. Diese Zahl steht im Array `$_POST` zur Verfügung. Da jedes Element im Formular den gleichen Namen (`anzahl`) und eine laufende Nummer hat, heißt das betreffende Element `$_POST["anzahl"][$i]`.
- Wurde der betreffende Artikel ausgewählt, dann wird die Zahl in das Array `$_SESSION` übernommen. Dieses Array hat im vorliegenden Beispiel drei Dimensionen:
  - Die erste Dimension bezeichnet das Element `anzahl`. Alle Mengenangaben sind hier gespeichert.
  - Die zweite Dimension bezeichnet die Abteilung.
  - Die dritte Dimension entspricht der laufenden Nummer innerhalb der Abteilung.
- Man kann erkennen, dass im Array `$_SESSION` nicht nur einzelne Variablen, sondern ganze Felder gespeichert werden können. Die Regeln für mehrdimensionale Felder finden wie gewohnt Anwendung.
- Anschließend wird das gesamte Array `$_SESSION` für alle Abteilungen und alle Artikel durchlaufen. Es wird geprüft, ob das zugehörige Element existiert (also der Artikel in den Warenkorb gelegt wurde). Ist dies der Fall, dann werden die Daten des Artikels ausgegeben. Gleichzeitig wird aus Einzelpreis und Anzahl der Gesamtpreis pro Artikel sowie der Gesamt-Einkaufspreis berechnet. Alle Preise werden (wie weiter oben bereits erläutert) formatiert ausgegeben.
- Der Gesamt-Einkaufspreis wird am Ende der Tabelle ausgegeben und zusätzlich im Array `$_SESSION` gespeichert.
- Der Kunde kann nun weitere Artikel auswählen oder zur Kasse gehen.

Kasse

Der Gang zur Kasse wird hier nur angedeutet, daher nur ein wenig Code:

```
<?php
   /* Session starten oder wieder aufnehmen */
   session_start();
?>
<html>
```

```
<body>
<h3>Kasse</h3>
<?php
echo "Bitte bezahlen Sie den Gesamt-Einkaufspreis ";
echo number_format($_SESSION["summe"],2,",",".") .
   " &euro;.<p>";
?>
........
</body>
</html>
```

Listing F.58 Datei uf82d.php

Zur Erläuterung:

- Zunächst wird mit `session_start()` die Session wieder aufgenommen. Anschließend wird der Benutzer aufgefordert, den Gesamt-Einkaufspreis zu bezahlen, der im Session-Array hierher »transportiert« wurde.

F.6.5 Cookies

Falls Daten über einen längeren Zeitraum aufbewahrt werden sollen, zum Beispiel über mehrere Tage oder ein Jahr, können Cookies verwendet werden. Dabei handelt es sich um kleine Dateien auf dem Rechner des Benutzers. Je nach Einstellung des Browsers werden Cookies allerdings eingeschränkt oder ganz verhindert. Daher kann diese Möglichkeit nicht immer eingesetzt werden.

setcookie()

Zum Erzeugen von Cookies wird die Funktion `setcookie()` benötigt. Diese hat sechs Parameter:

- Name
- Wert
- Ablaufdatum
- Domain
- Pfad
- Sicherheits-Status

Nur die ersten drei müssen im Regelfall explizit gesetzt werden. Name und Wert entsprechen einer Variablen. Nach dem Ablaufdatum wird das Cookie automatisch gelöscht. Jede Domain soll natürlich nur ihre eigenen Cookies auf dem Rechner des Benutzers lesen können. Außerdem kann ein Server gleiche Cookies bezüglich unterschiedlicher Anwendungen (die in unterschiedlichen Pfaden installiert sein müssen) setzen. Domain und Pfad werden automatisch vom Server gesetzt, falls man sie beim Setzen weglässt.

Falls auf dem Rechner eines Benutzers Cookies gefunden werden, die zum Server und zum Pfad passen, stehen sie im superglobalen Array `$_COOKIE` zur Verfügung. **$_COOKIE**

F.6.6 Cookie-Beispiel: Besuch

Zunächst ein einfaches Beispiel, in dem die Existenz eines Cookies geprüft wird. Beim ersten Besuch auf der Seite erscheint:

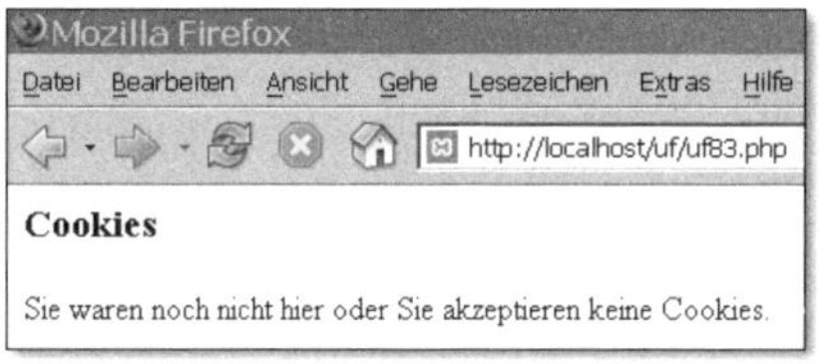

Abbildung F.76 Erster Besuch

Bei weiteren Besuchen auf der Seite erscheint Folgendes (vorausgesetzt, dass der Browser Cookies akzeptiert):

Abbildung F.77 Weiterer Besuch

Dies gilt unabhängig davon, ob

- die Seite nur aktualisiert wurde,
- man innerhalb der gleichen Session auf die gleiche Seite zurückkehrt,
- der Browser in der Zwischenzeit geschlossen wurde oder
- der Rechner des Benutzers in der Zwischenzeit ausgeschaltet war.

Die Information, ob man diese Seite bereits besucht hat, bleibt erhalten.

Als Beispiel soll das Cookie im Browser Mozilla Firefox 1.0 gezeigt werden. Über das Menü **Extras • Einstellungen • Datenschutz • Cookies • Cookies anzeigen** gelangt man zur Liste der Cookies: Cookies anzeigen

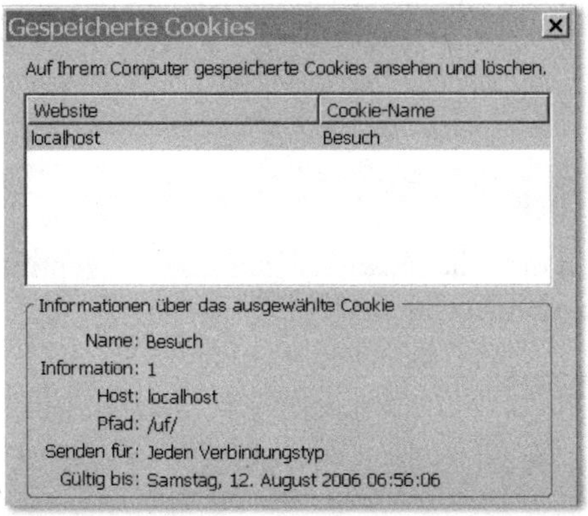

Abbildung F.78 Anzeige der gespeicherten Cookies

Man erkennt den Namen (`Besuch`), den Wert (`Information: 1`), die Domain (hier `localhost`), den Pfad (`uf`) und das Ablaufdatum.

[+] Hinweis: Falls man die gleiche Seite mit einem anderen Browser besucht, handelt es sich wieder um einen ersten Besuch. Dies liegt daran, dass jeder Browser seine eigenen Cookies an anderer Stelle auf dem Rechner des Benutzers speichert. Im Regelfall kann man aber davon ausgehen, dass durchgehend der gleiche Browser benutzt wird.

Zum Code dieser Seite:

```
<?php
   /* Falls erster Besuch */
   if (!isset($_COOKIE["Besuch"]))
   {
         setcookie("Besuch", "1", mktime()+86400);
         $neu = 1;
   }
   else
         $neu = 0;
?>
<html>
<body>
<h3>Cookies</h3>
<?php
   /* Falls erster Besuch */
   if ($neu==1)
         echo "Sie waren noch nicht hier oder Sie akzeptieren
         keine Cookies.";
   else
      echo "Sie waren schon einmal hier.";
```

```
?>
</body>
</html>
```

Listing F.59 Datei uf83.php

Zur Erläuterung:

- Zunächst wird geprüft, ob im superglobalen Array `$_COOKIE` das Element `Besuch` existiert.
- Ist dies nicht der Fall, so handelt es sich um den ersten Besuch. Die Funktion `setcookie()` wird aufgerufen. Das Cookie erhält den Namen `Besuch`, den Wert 1 (hier nicht wichtig) und läuft in 24 Stunden ab. **setcookie()**
- Zur Zeitbestimmung wird hier die Funktion `mktime()` aufgerufen. Diese liefert einen aktuellen Timestamp (in Sekunden). Zu diesem Wert werden 24 Stunden (= 86.400 Sekunden) hinzugerechnet. **mktime()**
- Wie auch bei der Funktion `session_start()` muss der Aufruf von `setcookie()` vor dem Aufruf der eigentlichen Seite erfolgen.
- Die Variable `$neu` erhält den Wert 1 oder 0, je nachdem, ob das Element `Besuch` existiert.
- Im eigentlichen Dokument wird, abhängig vom Wert der Variablen `$neu`, ein Info-Text ausgegeben.

F.6.7 Cookie-Beispiel: Adressspeicherung

In diesem Beispiel soll eine Adresse, zum Beispiel die Lieferadresse oder die Rechnungsadresse eines Benutzers bei einem Webshop, gespeichert werden. Bei der nächsten Bestellung kann dem Benutzer somit Arbeit erspart werden.

Beim ersten Besuch erscheint die Adressseite mit einem leeren Formular, da der Benutzer dem Webshop noch unbekannt ist:

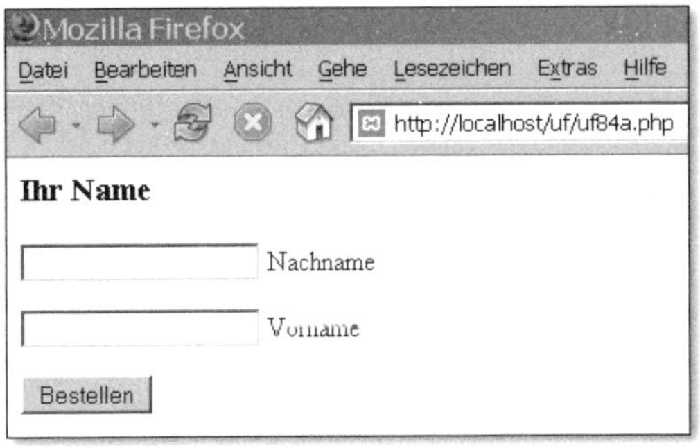

Abbildung F.79 Neuer Kunde, Daten noch nicht gespeichert

Der Benutzer gibt seine Adressdaten ein, betätigt den **Bestellen**-Button und bekommt eine Bestätigung. Gleichzeitig werden seine Adressdaten in Cookies gespeichert.

Abbildung F.80 Bestätigung der Adresse

Beim nächsten Besuch des Webshops erscheint die Adress-Seite mit einem bereits gefüllten Formular. Die Daten werden aus den gespeicherten Cookies ermittelt. Der Benutzer kann diese Daten direkt verwenden oder geänderte Daten eintragen.

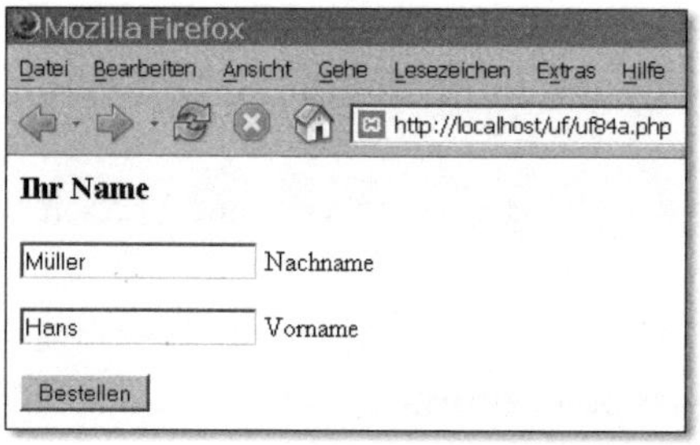

Abbildung F.81 Bekannter Kunde, Daten bereits gespeichert

Der Programmcode des Formulars sieht wie folgt aus:

```
<html>
<body>
<h3>Ihr Name</h3>
<form action="uf84b.php" method="post">
<?php
   echo "<input name='nname' size='20' value='";
if(isset($_COOKIE["nname"])) echo $_COOKIE["nname"];
   echo "'> Nachname<p>";

   echo "<input name='vname' size='20' value='";
if(isset($_COOKIE["vname"])) echo $_COOKIE["vname"];
   echo "'> Vorname<p>";
?>
<input type="submit" value="Bestellen">
</form>
```

```
</body>
</html>
```

Listing F.60 Datei uf84a.php

Zur Erläuterung:

- Es wird ein Formular abgebildet, das die Bestätigung (Datei `uf84b.php`) anfordert.
- Es beinhaltet fünf Eingabefelder: `nname`, `vname`, `str`, `plz` und `ort`.
- Als vorgefertigter Inhalt wird jeweils der Wert des entsprechenden (und hier zur besseren Übersichtlichkeit gleich benannten) Cookies eingetragen. Falls diese Cookies nicht existieren, bleiben die Eingabefelder leer.

Der Programmcode der Bestätigung sieht wie folgt aus:

```
<?php
   $t = mktime() + 31536000;
   setcookie("nname", $_POST["nname"], $t);
   setcookie("vname", $_POST["vname"], $t);
?>
<html>
<body>
<h3>Bestätigung</h3>
Ihre Ware wird versandt,
<?php
   echo $_POST["vname"] . " ";
   echo $_POST["nname"];
?>
</body>
</html>
```

Listing F.61 Datei uf84b.php

Zur Erläuterung:

- Es werden fünf Cookies gesetzt. Diese erhalten die Werte aus dem gesandten Formular.
- Bei jedem Absenden überschreibt also der aktuelle Formularinhalt die Cookies, falls bereits vorhanden.
- Als Ablaufdatum wird »heute in einem Jahr« (heutiges Datum + 31.536.000 Sekunden) gesetzt.
- In der Bestätigung werden die gesandten Formulardaten zur Kontrolle noch einmal ausgegeben.

F.7 SQLite

SQLite kann als Ersatz für ein komplexes Datenbank-Management-System dienen. Es ist direkt in PHP 5 eingebunden, arbeitet auf der Basis von Textdateien und nutzt die aus Kapitel D, *Datenbanken*, bekannten SQL-Befehle.

Einige Eigenschaften von SQLite:

Textdatei

- Der Programmierer muss sich keine Gedanken um einen Datenbank-Server machen, der zusätzlich zum Webserver installiert sein muss. Er sollte allerdings die Textdateien von SQLite in eigenen, geschützten Verzeichnissen unterbringen, damit sie nicht einfach vom Webserver heruntergeladen werden können.

leicht zu publizieren

- Jede Datenbank wird bei SQLite in einer separaten Datei abgespeichert. Dadurch wird es sehr einfach, die Datenbank zu publizieren. Die Datenbank-Datei kann einfach mit einem FTP-Programm (zum Beispiel WS_FTP LE, siehe Abschnitt C.6, *PHP-Programme publizieren*) auf den Server geladen werden. Mehrere Schreibvorgänge sind allerdings nicht gleichzeitig möglich, da für die Dauer des ersten Schreibvorgangs die gesamte Datei gesperrt wird.

Geschwindigkeit

- Bei kleineren Datenbanken ist SQLite mindestens genauso schnell wie zum Beispiel ein MySQL-Datenbank-Server. Bei größeren Datenbanken ergeben sich Vorteile für »echte« Datenbank-Server, weil bessere Techniken eingesetzt werden. Im Unterschied zu MySQL darf eine SQLite-Datenbank auch im kommerziellen Rahmen eingesetzt werden.

datentyplos

SQLite hat eine weitere Besonderheit: Es ist ein datentyploses System (mit einer Ausnahme, siehe unten). Der Programmierer hat dadurch den Vorteil, keine Datentypen angeben zu müssen, allerdings entfallen im Gegenzug einige automatische Kontrollmöglichkeiten. Falls es also wichtig sein sollte, Daten des richtigen Typs zu verwenden, so muss dies durch zusätzlichen Code kontrolliert werden.

integer primary key

Eine Ausnahme bildet der Datentyp `integer primary key`. Ein Feld dieses Typs kann für den Primärschlüssel verwendet werden und hat automatisch die Eigenschaft `auto_increment`. Falls also der Programmierer keinen Wert vorgibt, dann wird der höchste vorhandene Wert, um 1 erhöht, gesetzt.

F.7.1 Eingaben von der Kommandozeile

sqlite.exe

Nach einer Installation von PHP 5 mit Hilfe von XAMPP findet sich im Verzeichnis `...xampp\apache\bin` das Kommandozeilen-Tool `sqlite.exe`. Nach Aufruf der Anwendung stehen SQL-Befehle und eine Reihe von

SQLite-Befehlen zur Verwaltung und Bearbeitung von SQLite-Datenbanken zur Verfügung. Der Befehl `.help` listet die möglichen SQLite-Befehle auf.

Man beachte, dass nach einem Aufruf des Tools nur die Datenbanken (sprich Dateien) des aktuellen Verzeichnisses bearbeitet werden können. Zwei Datenbanken mit gleichem Namen können in verschiedenen Verzeichnissen existieren.

PHP und SQLite

Weitaus komfortabler als mit dem Kommandozeilen-Tool kann man mit Hilfe von PHP auf SQLite-Datenbanken zugreifen. Dies soll in den nächsten Abschnitten gezeigt werden. Die SQL-Kenntnisse aus Kapitel D, *Datenbanken*, werden im weiteren Verlauf vorausgesetzt.

F.7.2 Datenbank-Datei, Tabelle und Datensätze erzeugen

Zunächst sollen eine Datenbank-Datei und eine Tabelle erzeugt werden. Aus Gründen der Vergleichbarkeit soll das Beispiel aus Kapitel D, *Datenbanken*, verwendet werden (Datenbank `firma`, Tabelle `personen`, drei Datensätze).

Der Programmcode:

```
<html>
<body>
<?php
   /* Datenbank-Datei öffnen beziehungsweise erzeugen */
   $handle = sqlite_open("firma.sqt");
   /* Tabelle mit Primärschlüssel erzeugen */
   sqlite_query($handle, "create table personen
      (name, vorname, personalnummer integer primary
       key, lohn, geburtstag);");
   /* Drei Datensätze eintragen */
   $sqlstr = "insert into personen (name, vorname,
      personalnummer, lohn, geburtstag) values ";
   sqlite_query($handle, $sqlstr . "('Maier', 'Hans',
      6714, 3500, '1962 - 03 - 15')");
   sqlite_query($handle, $sqlstr . "('Schmitz',
      'Peter', 81343, 3750, '1958 - 04 - 12')");
   sqlite_query($handle, $sqlstr . "('Mertens',
      'Julia', 2297, 3621.5, '1959 - 12 - 30')");
   /* Handle zur Datenbank-Datei wieder freigeben */
   sqlite_close($handle);
?>
</body>
</html>
```

Listing F.62 Datei uf87.php

Zur Erläuterung:

sqlite_open()
- Die Funktion `sqlite_open()` dient zum Öffnen einer Datenbank-Datei. Falls die Datenbank-Datei nicht existiert, wird sie erzeugt. Als Name wurde `firma.sqt` gewählt. Die Endung ist beliebig wählbar, das (erfundene) Kürzel `sqt` soll hier nur anzeigen, dass es sich um eine SQLite-Datenbank-Datei handelt. Die Funktion liefert ein Handle auf die geöffnete Datei zurück.

sqlite_query()
- Die Funktion `sqlite_query()` wird zum Senden eines SQL-Befehls verwendet. Der erste Parameter ist das Handle zur geöffneten Datenbank-Datei. Zunächst wird die Tabelle `personen` mit insgesamt fünf Feldern erzeugt (`create table ...`). Es fällt auf, dass keine Datentypen angegeben werden, außer für das Feld `personalnummer`. Dieses Feld soll einen eindeutigen Index haben.
- Mit dem SQL-Befehl `insert into ...` werden anschließend Datensätze erzeugt. Der Anfang des Befehls ist für alle drei Datensätze gleich, daher wurde er in der Variablen `$sqlstr` gespeichert.
- Zeichenketten und Datumsangaben werden wie gewohnt in Anführungsstriche gesetzt. Als Dezimaltrennzeichen wird der Punkt verwendet (ein Komma würde den Übergang zum nächsten Feldinhalt kennzeichnen).

sqlite_close()
- Zur expliziten Freigabe des Speichers, der vom Handle belegt wird, sollte am Ende die Funktion `sqlite_close()` aufgerufen werden.

[+] Hinweis: Auch wenn es nicht notwendig wäre, werden beim Einfügen eines Datensatzes alle Feldnamen angegeben. Dies ist wegen der Datentyplosigkeit von SQLite noch wichtiger als in anderen Datenbanksystemen. Ein möglicher Fehler kann in SQLite nicht so leicht bemerkt werden, da alle Typen beim Einfügen akzeptiert werden.

[+] :memory:

Hinweis: Falls eine Datenbank nur temporär, zum Beispiel zur schnellen Ausführung einer Berechnung, benötigt wird, kann man bei `sqlite_open()` statt eines Dateinamens die Angabe `:memory:` machen. Dies bewirkt, dass die Datenbank nur im Speicher erzeugt wird. Dadurch sind die Zugriffe natürlich erheblich schneller, allerdings existiert die Datenbank nur für die Dauer des PHP-Skripts. Man beachte die Schreibweise: `sqlite_open(":memory:")`.

F.7.3 Abfrage der Datensätze

Die Datensätze aus der soeben erzeugten Tabelle sollen abgefragt werden. Zunächst die Bildschirmausgabe:

Abbildung F.82 Datensätze aus der SQLite-Datenbank-Datei

Es fällt auf, dass die Datensätze unabhängig von der Einfügereihenfolge automatisch nach dem Feld `personalnummer` sortiert sind. Dies ist das Feld mit dem eindeutigen Index.

Der Programmcode:

```
<html>
<body>
<?php
   /* Datenbank-Datei öffnen beziehungsweise erzeugen */
   $handle = sqlite_open("firma.sqt");
   /* Abfrage ausführen */
   $res = sqlite_query($handle,
      "select * from personen");
   /* Abfrage-Ergebnis ausgeben */
   while($dsatz = sqlite_fetch_array
      ($res, SQLITE_ASSOC))
   {
      echo $dsatz["name"] . ", "
         . $dsatz["vorname"] . ", "
         . $dsatz["personalnummer"] . ", "
         . $dsatz["lohn"] . ", "
         . $dsatz["geburtstag"] . "<br>";
   }
   /* Handle zur Datenbank-Datei wieder freigeben */
   sqlite_close($handle);
?>
</body>
</html>
```

Listing F.63 Datei uf88.php

Zur Erläuterung:

- Nach dem Öffnen der Datenbank-Datei wird mit Hilfe der Funktion `sqlite_query()` die Abfrage ausgeführt. Der Rückgabewert `$res` enthält einen Verweis auf das Abfrage-Ergebnis.

sqlite_fetch_array()

- Die Funktion sqlite_fetch_array() dient zur Speicherung eines Datensatzes aus dem Abfrage-Ergebnis in einem eindimensionalen Array. Gleichzeitig wird der Rückgabewert benutzt, um die while-Schleife zu steuern.

SQLITE_ASSOC

- Der zweite Parameter der Funktion sqlite_fetch_array() ist optional. Die Angabe SQLITE_ASSOC bewirkt, dass jeder Datensatz nur einmal zurückgeliefert wird, mit dem Feldnamen als assoziativem Index. Falls man den zweiten Parameter weglässt, wird jeder Datensatz zweimal zurückgeliefert, einmal mit numerischem Index, einmal mit assoziativem Index. Dies sollte man aus Performance-Gründen vermeiden.
- Die Ausgabe des Abfrage-Ergebnisses geschieht in gewohnter Weise, unter Verwendung des assoziativen Index.

[+] Hinweis: Im Vergleich zur Arbeit mit anderen Datenbanksystemen kann man viele Ähnlichkeiten feststellen. Dies wurde bewusst so gemacht, um den Umstieg zu erleichtern.

F.7.4 Schnelle Abfrage der Datensätze

Eine weitere Möglichkeit zur Abfrage der Datensätze bietet die Funktion sqlite_array_query(). Dabei wird das gesamte Abfrage-Ergebnis auf einen Schlag in einem zweidimensionalen Array gespeichert. Diese Variante ist aus Performance-Gründen zu bevorzugen.

sqlite_array_query()

Es wird die gleiche SQL-Abfrage wie im vorherigen Abschnitt verwendet. Die Bildschirmausgabe ist die gleiche wie im vorherigen Programm und wird daher nicht dargestellt. Das Programm arbeitet diesmal mit sqlite_array_query():

```
<html>
<body>
<?php
   /* Datenbank-Datei öffnen beziehungsweise erzeugen */
   $handle = sqlite_open("firma.sqt");
   /* Abfrage ausführen */
   $ar = sqlite_array_query($handle,
      "select * from personen", SQLITE_ASSOC);
   /* Abfrage-Ergebnis ausgeben */
   for($i=0; $i<sizeof($ar); $i++)
   {
      echo $ar[$i]["name"] . ", "
         . $ar[$i]["vorname"] . ", "
         . $ar[$i]["personalnummer"] . ", "
         . $ar[$i]["lohn"] . ", "
         . $ar[$i]["geburtstag"] . "<br>";
```

```
    }
    /* Handle zur Datenbank-Datei wieder freigeben */
    sqlite_close($handle);
?>
</body>
</html>
```

Listing F.64 Datei uf89.php

Zur Erläuterung:

- Nach der Öffnung der Datenbank-Datei wird mit Hilfe der Funktion `sqlite_array_query()` die Abfrage ausgeführt und das Ergebnis in dem Array `$ar` gespeichert.
- Der optionale Parameter `SQLITE_ASSOC` dient wiederum dazu, das Ergebnis nur einmal, mit assoziativem Index, zu speichern. **SQLITE_ASSOC**
- Die Funktion `sizeof()` wird zur Feststellung der Größe der ersten Dimension des Arrays, also der Anzahl der Datensätze, benötigt. **sizeof()**
- Der Zugriff auf das Array erfolgt anschließend über zwei Indizes: Der erste Index gibt die Nummer des Datensatzes an, der zweite Index den Feldnamen.

F.7.5 Benutzeroberfläche mit JavaScript und CSS

Das Beispielprogramm `ud20.php` aus dem Abschnitt D.2, *PHP und MySQL*, wird nun in einer SQLite-Variante vorgestellt. Damit soll noch einmal die Ähnlichkeit zwischen SQLite und klassischen Datenbanken verdeutlicht werden.

JavaScript und CSS

In diesem Programm werden SQL-Abfragen zum Anzeigen, Erzeugen, Ändern und Löschen von Datensätzen zu einer komfortabel zu bedienenden Benutzeroberfläche für eine Tabelle vereinigt. Es werden Hyperlinks mit JavaScript-Code zur Erzeugung dynamischer Abfragen und CSS-Formatierungen zur optischen Verbesserung eingesetzt.

Sortierung

Hinzugefügt wird lediglich die Möglichkeit, die Datensätze nach einem beliebigen Feld aufsteigend zu sortieren. Bei Betätigung eines der Hyperlinks in den Feldnamen wird nach dem betreffenden Feldnamen sortiert.

Die Abbildung F.83 auf der nächsten Seite zeigt die dazugehörige Bildschirmausgabe.

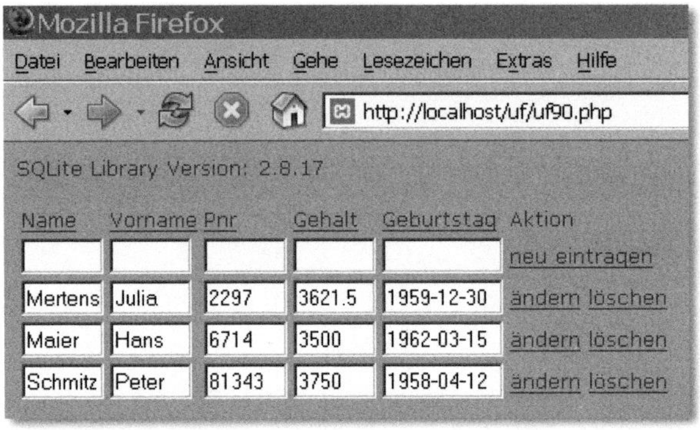

Abbildung F.83 Hyperlinks zum Sortieren, Ändern und Löschen

Es folgt der Programmcode:

```
<html>
<head>
<link rel="stylesheet" type="text/css" href="uf90.css">

<script type="text/javascript">
function send(ak,id)
{
   if(ak==0)
       document.f.ak.value = "in";
   else if(ak==1)
       document.f.ak.value = "up";
   else if(ak==2)
   {
       if (confirm("Datensatz mit id " + id + " löschen?"))
          document.f.ak.value = "de";
       else
          return;
   }

   document.f.id.value = id;
   document.f.submit();
}
</script>
</head>
<body>
<?php
   $handle = sqlite_open("firma.sqt");

   /* Sortierung, wird ggf. überschrieben */
   $od = "";
```

```
/* Aktion ausführen */
if(isset($_POST["ak"]))
{
   /* neu eintragen */
   if($_POST["ak"] == 'in')
   {
      $sqlab = "insert into personen";
      $sqlab .= "(name, vorname, personalnummer,";
      $sqlab .= " gehalt, geburtstag) values ";
      $sqlab .= "('" . $_POST["na"][0] . "', ";
      $sqlab .= "'" . $_POST["vo"][0] . "', ";
      $sqlab .= "'" . $_POST["pn"][0] . "', ";
      $sqlab .= "'" . $_POST["gh"][0] . "', ";
      $sqlab .= "'" . $_POST["gb"][0] . "')";
      sqlite_query($handle,$sqlab);
   }

   /* ändern */
   else if($_POST["ak"] == "up")
   {
      $id = $_POST["id"];
      $sqlab = "update personen set name = '"
              . $_POST["na"][$id] . "', ";
      $sqlab .= " vorname = '" . $_POST["vo"][$id] . "',";
      $sqlab .= " personalnummer = '"
               . $_POST["pn"][$id] . "',";
      $sqlab .= " gehalt = '" . $_POST["gh"][$id] . "',";
      $sqlab .= " geburtstag = '" . $_POST["gb"][$id]
            . "'";
      $sqlab .= " where personalnummer = $id";
      sqlite_query($handle,$sqlab);
   }

   /* löschen */
   else if($_POST["ak"] == "de")
   {
      $sqlab = "delete from personen where
               personalnummer = " . $_POST["id"];
      sqlite_query($handle,$sqlab);
   }
}

/* sortieren */
else if(isset($_GET["ak"]))
{
  if($_GET["ak"] == "sna")
    $od = " order by name";
```

```
  else if($_GET["ak"] == "svo")
    $od = " order by vorname";
  else if($_GET["ak"] == "spe")
    $od = " order by personalnummer";
  else if($_GET["ak"] == "sgh")
    $od = " order by gehalt";
  else if($_GET["ak"] == "sgb")
    $od = " order by geburtstag";
}

/* Version */
echo "SQLite Library Version: "
     . sqlite_libversion() . "<p>";

/* Formular-Beginn */
echo "<form name='f' action='uf90.php' method='post'>";
echo "<input name='ak' type='hidden'>";
echo "<input name='id' type='hidden'>";

/* Tabellen-Beginn */
echo "<table><tr>";
echo "<td><a href='uf90.php?ak=sna'>Name</a></td>";
echo "<td><a href='uf90.php?ak=svo'>Vorname</a></td>";
echo "<td><a href='uf90.php?ak=spe'>Pnr</a></td>";
echo "<td><a href='uf90.php?ak=sgh'>Gehalt</a></td>";
echo "<td><a href='uf90.php?ak=sgb'>Geburtstag</a></td>";
echo "<td>Aktion</td></tr>";

/* Neuer Eintrag */
echo "<tr>";
echo "<td><input name='na[0]' size='5'></td>";
echo "<td><input name='vo[0]' size='5'></td>";
echo "<td><input name='pn[0]' size='5'></td>";
echo "<td><input name='gh[0]' size='5'></td>";
echo "<td><input name='gb[0]' size='9'></td>";
echo "<td><a href='javascript:send(0,0);'>
      neu eintragen</a></td>";
echo "</tr>";

/* Anzeigen */
$ar = sqlite_array_query($handle,
      "select * from personen $od", SQLITE_ASSOC);

/* Alle vorhandenen Datensätze */
for($i=0; $i<sizeof($ar); $i++)
{
   $id = $ar[$i]["personalnummer"];
```

```
        echo "<tr>";
        echo "<td><input name='na[$id]' value='"
           . $ar[$i]["name"] . "' size='5'></td>";
        echo "<td><input name='vo[$id]' value='"
           . $ar[$i]["vorname"] . "' size='5'></td>";
        echo "<td><input name='pn[$id]' value='"
           . $id . "' size='5'></td>";
        echo "<td><input name='gh[$id]' value='"
           . $ar[$i]["gehalt"] . "' size='5'></td>";
        echo "<td><input name='gb[$id]' value='"
           . $ar[$i]["geburtstag"] . "' size='9'></td>";
        echo "<td><a href='javascript:send(1,$id);'>
             ändern</a>";
        echo " <a href='javascript:send(2,$id);'>
             löschen</a></td>";
        echo "</tr>";
    }
    echo "</table></form>";
    sqlite_close($handle);
?>
</body>
</html>
```

Listing F.65 Datei uf90.php

Zur Erläuterung der Ähnlichkeiten und Unterschiede zur Datei `ud20.php`:

- Die Bildschirmausgabe bleibt gleich.
- Im Dokumentkopf wird nun die CSS-Datei `uf90.css` eingebunden. Der Inhalt der Datei wurde gegenüber der Datei `ud20.css` nicht verändert.
- Die JavaScript-Funktion `send()` im Dokumentkopf wurde nicht verändert, da sich die Namen des Formulars und seiner Elemente nicht verändert haben.
- Die Datenbank-Datei wird mit `sqlite_open()` geöffnet. Das zurückgegebene Handle wird im restlichen Programm verwendet, um die Datenbank-Datei zu erreichen.
- Die SQL-Abfragen für die Funktionen »neu eintragen«, »ändern« und »löschen« bleiben unverändert. Sie werden mit `sqlite_query()` gesendet.
- Falls eine Sortierung gewünscht wurde, wird die Zeichenkette `$od` mit `... order by <Feldname>` zusammengesetzt. Diese wird später für die Anzeige benötigt. **order by**
- Der Formularbeginn und die Zeile mit den Formularfeldern für den neuen Eintrag bleiben gleich.

- In der Tabellenüberschrift wurden Hyperlinks zum Sortieren eingefügt. Bei Betätigung wird unmittelbar die gleiche PHP-Datei mit dem Parameter ak=<Sortierfeld> aufgerufen.
- Die SQL-Abfrage zum Anzeigen der Daten wird nur um die Zeichenkette `$od` (mit `... order by` <Feldname>) verlängert. Sie wird mit `sqlite_array_query()` gesendet, das Ergebnis steht im zweidimensionalen Array `$ar` zur Verfügung.
- Die Anzahl der Datensätze im Array wird mit `sizeof()` ermittelt.
- Die eindeutige Personalnummer und die restlichen Feldinhalte werden über zwei Indizes bestimmt.
- Am Ende wird das Handle zur Datenbank-Datei wieder freigegeben.

leicht zu ändern

Man sieht also, dass ein vorhandenes Programm zur Bearbeitung einer MySQL-Tabelle mit relativ wenigen Schritten und ohne tiefe Eingriffe in den Ablauf in ein entsprechendes Programm für SQLite umgewandelt werden kann.

F.8 XML

universelles Datenformat

XML ist mittlerweile ein weit verbreitetes, plattformunabhängiges Datenformat. XML-Dateien sind mit einem einfachen Text-Editor editierbar. Einige Regeln zur Erstellung von XML-Dateien werden kurz anhand der Beispiele erläutert.

SimpleXML

Es soll eine mögliche Methode zum Einlesen, Bearbeiten und Ausgeben von XML-Dateien (von PHP aus) vorgestellt werden: die PHP-Erweiterung SimpleXML.

F.8.1 Einlesen eines einzelnen Objekts

hierarchische Struktur

SimpleXML liest den gesamten Inhalt einer XML-Datei ein und konvertiert ihn in ein PHP-Objekt, das die gleiche hierarchische Struktur hat wie die XML-Daten. An einem einfachen Beispiel soll dies verdeutlicht werden.

Zunächst eine XML-Datei, in der die Daten eines Objekts (hier: eines Fahrzeugs) gespeichert sind:

```
<?xml version="1.0"?>
<fahrzeug>
   <marke>Opel</marke>
   <typ>Astra</typ>
   <motordaten>
      <leistung>70 KW</leistung>
```

```
        <hubraum>1600 ccm</hubraum>
    </motordaten>
    <gewicht>1200 kg</gewicht>
</fahrzeug>
```

Listing F.66 Datei uf93.xml

Der Aufbau einer XML-Datei:

- Zu Beginn steht eine Zeile, die die XML-Version angibt.
- Auf der obersten Ebene darf es nur ein Objekt geben. Hier ist dies das Objekt `fahrzeug`.
- XML-Markierungen

  XML-Daten werden ähnlich wie HTML-Markierungen notiert, also mit einer Anfangsmarkierung (hier: `<fahrzeug>`) und einer Endmarkierung (hier: `</fahrzeug>`), allerdings können die Markierungen frei gewählt werden.
- Schachtelung

  XML-Daten können wie HTML-Markierungen geschachtelt werden, hier zum Beispiel `<marke> ... </marke>` innerhalb von `<fahrzeug>` und `</fahrzeug>`. Dadurch entstehen Objekt-Eigenschaften, hier: `marke`, `typ`, `motordaten` und `gewicht`.
- Die Eigenschaft `motordaten` ist wiederum ein Objekt mit den Eigenschaften `leistung` und `hubraum`.

Falls man diese Datei in einem Browser aufruft, wird lediglich die hierarchische Struktur der XML-Daten wiedergegeben:

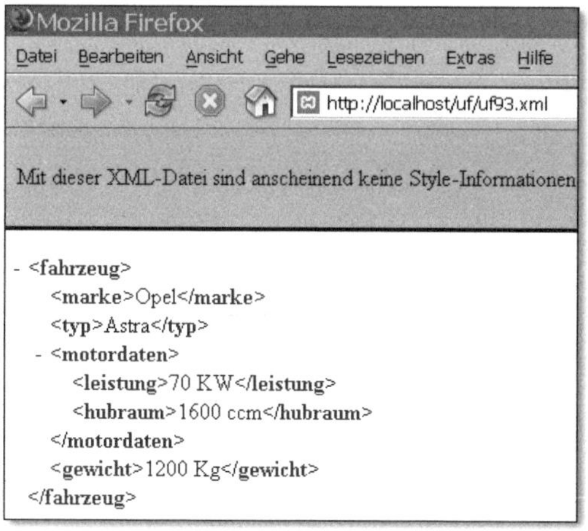

Abbildung F.84 XML-Datei im Browser

Diese Daten werden mit dem folgenden PHP-Programm eingelesen und komfortabel in der gewünschten Form auf dem Bildschirm ausgegeben:

```
<html>
<body>
<?php
/* Einlesen der Datei in ein Objekt */
$fahrzeug = simplexml_load_file("uf93.xml");
/* Ausgabe der Objektdaten */
echo "Marke: " . $fahrzeug->marke . "<br>";
echo "Typ: " . $fahrzeug->typ . "<br>";
echo "Motordaten:<br>";
echo "--- Leistung: " .
   $fahrzeug->motordaten->leistung . "<br>";
echo "--- Hubraum: " .
   $fahrzeug->motordaten->hubraum . "<br>";
echo "Gewicht: " . $fahrzeug->gewicht . "<br>";
?>
</body>
</html>
```

Listing F.67 Datei uf93.php

Zur Erläuterung:

simplexml_ load_file()

- Die Funktion `simplexml_load_file()` dient zum Einlesen der gesamten XML-Datei in ein Objekt, hier: `$fahrzeug`.
- Auf die Eigenschaften wird in Objekt-Notation zugegriffen.

Zugriff über ->

- Die Eigenschaft `motordaten` ist wiederum ein Objekt, daher wird auf dessen Eigenschaften wie folgt zugegriffen: `$fahrzeug->motordaten->leistung`.

Die Ausgabe sieht wie folgt aus:

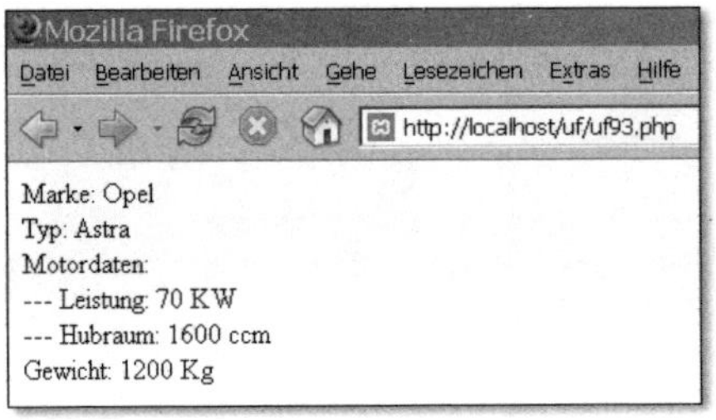

Abbildung F.85 Verarbeitung der XML-Datei mit PHP

F.8.2 Einlesen mehrerer Objekte

Array von Objekten

Falls man mehrere gleiche Objekte in einer XML-Datei speichern möchte, muss man sie innerhalb eines Hauptobjekts anordnen. Mehrere gleiche

Objekte werden als Bestandteile eines Arrays betrachtet, das man mit einer Schleife durchlaufen kann.

Zunächst die XML-Datei, in der die Daten mehrerer Objekte des Typs `fahrzeug` gespeichert sind:

```
<?xml version="1.0"?>
<sammlung>
<fahrzeug>
   <marke>Opel</marke>
   <typ>Astra</typ>
   <motordaten>
      <leistung>70 KW</leistung>
      <hubraum>1600 ccm</hubraum>
   </motordaten>
   <gewicht>1200 kg</gewicht>
</fahrzeug>
<fahrzeug>
   <marke>Ford</marke>
   <typ>Focus</typ>
   <motordaten>
      <leistung>80 KW</leistung>
      <hubraum>1700 ccm</hubraum>
   </motordaten>
   <gewicht>1100 kg</gewicht>
</fahrzeug>
</sammlung>
```

Listing F.68 Datei uf94.xml

Der Aufbau der XML-Datei sieht wie folgt aus:

- Jedes einzelne Fahrzeug wird innerhalb der Markierungen `<fahrzeug>` und `</fahrzeug>` notiert.
- Alle Fahrzeuge werden innerhalb des Hauptobjekts `<sammlung> ... </sammlung>` angeordnet.

Das PHP-Programm, in dem die Daten der Fahrzeug-Sammlung eingelesen werden, beinhaltet zwei Varianten zur Bildschirmausgabe:

```
<html>
<body>
<?php
/* Einlesen der Datei in ein Objekt */
$sammlung = simplexml_load_file("uf94.xml");
/* Ausgabe der Objektdaten, Variante 1 */
foreach ($sammlung->fahrzeug as $fz)
{
```

```
    echo "Marke: " . $fz->marke . "<br>";
    echo "Typ: " . $fz->typ . "<br>";
    echo "Motordaten:<br>";
    echo "--- Leistung: " .
       $fz->motordaten->leistung . "<br>";
    echo "--- Hubraum: " .
       $fz->motordaten->hubraum . "<br>";
    echo "Gewicht: " . $fz->gewicht . "<p>";
}
/* Ausgabe der Objektdaten, Variante 2 */
for($i=0; $i<2; $i++)
{
    echo "Marke: " .
       $sammlung->fahrzeug[$i]->marke . "<br>";
    echo "Typ: " .
       $sammlung->fahrzeug[$i]->typ . "<br>";
    echo "Motordaten:<br>";
    echo "--- Leistung: " .
       $sammlung->fahrzeug[$i]->motordaten->leistung .
       "<br>";
    echo "--- Hubraum: " .
       $sammlung->fahrzeug[$i]->motordaten->hubraum .
       "<br>";
    echo "Gewicht: " .
       $sammlung->fahrzeug[$i]->gewicht . "<p>";
}
?>
</body>
</html>
```

Listing F.69 Datei uf94.php

Zur Erläuterung:

- Mit `simplexml_load_file()` wird das Hauptobjekt eingelesen.
- foreach — Variante 1: Bei jedem Durchlauf der `foreach`-Schleife wird auf ein einzelnes Fahrzeug-Objekt (als `$fz`) zugegriffen.
- for-Schleife, Index — Variante 2: Bei jedem Durchlauf der for-Schleife wird auf ein einzelnes Fahrzeug-Objekt (= Array-Element) zugegriffen.

Die Ausgabe (hier nur eine Variante) sieht wie folgt aus:

Mehrere gleiche Objekte

[+] Hinweis: Auch auf unteren Ebenen können gleiche Objekte beziehungsweise Eigenschaften vorkommen. Diese werden wiederum als Elemente eines Arrays betrachtet.

F.8.3 Zugriff auf Attribute

XML-Daten können wie HTML-Markierungen auch Attribute haben. Ein Beispiel bei HTML: `<font color="#ff0000" size="4"> ... </font>`. Diese Attribute werden bei der Umwandlung in ein PHP-Objekt mit SimpleXML als Elemente eines assoziativen Arrays betrachtet.

assoziatives Array

Zunächst die XML-Datei, in der XML-Daten mit Attributen notiert sind:

```
<?xml version="1.0"?>
<fahrzeug>
   <marke land="Deutschland">Opel</marke>
   <typ>Astra</typ>
   <motordaten zylinder="4" katalysator="Euro 2">
      <leistung>70 KW</leistung>
      <hubraum ventilzahl="3">1600 ccm</hubraum>
   </motordaten>
   <gewicht>1200 kg</gewicht>
</fahrzeug>
```

Listing F.70 Datei uf95.xml

Der Aufbau der XML-Datei:

- Die Markierung `marke` hat das Attribut `land`.
- Die Markierung `motordaten` hat die Attribute `zylinder` und `katalysator`.
- Die Markierung `hubraum` hat das Attribut `ventilzahl`.

Das PHP-Programm zum Einlesen und zur Bildschirmausgabe sieht wie folgt aus:

```
<html>
<body>
<?php
/* Einlesen der Datei in ein Objekt */
$fahrzeug = simplexml_load_file("uf95.xml");
/* Ausgabe der Objektdaten */
echo "Marke: " . $fahrzeug->marke . "<br>";
echo "--- Land: " . $fahrzeug->marke["land"] . "<br>";
echo "Typ: " . $fahrzeug->typ . "<br>";
echo "Motordaten:<br>";
echo "--- Zylinder: " .
   $fahrzeug->motordaten["zylinder"] . "<br>";
echo "--- Katalysator: " .
   $fahrzeug->motordaten["katalysator"] . "<br>";
echo "--- Leistung: " .
   $fahrzeug->motordaten->leistung . "<br>";
```

```
echo "--- Hubraum: " .
   $fahrzeug->motordaten->hubraum . "<br>";
echo "--- --- Ventilzahl: " .
   $fahrzeug->motordaten->hubraum["ventilzahl"] .
   "<br>";
echo "Gewicht: " . $fahrzeug->gewicht . "<br>";
?>
</body>
</html>
```

Listing F.71 Datei uf95.php

Zur Erläuterung:

Zugriff über [»«]

- Man kann über `$fahrzeug->marke["land"]` auf das Attribut `land` zugreifen.
- Man kann über `$fahrzeug->motordaten->hubraum["ventilzahl"]` auf das Attribut `ventilzahl` zugreifen.

Die Ausgabe sieht wie folgt aus:

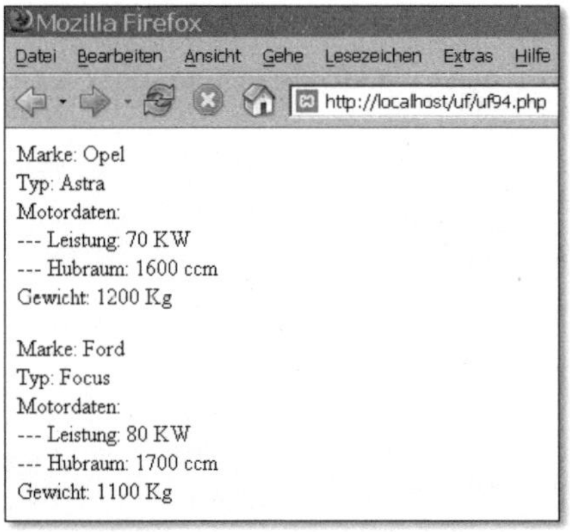

Abbildung F.86 Objekte mit Attributen

F.8.4 Interne XML-Daten

XML-Daten können, anstatt aus einer externen XML-Datei eingelesen zu werden, auch Bestandteil des Programms sein. Allerdings gibt es dann keine saubere Trennung zwischen Programm und Daten.

simplexml_load_string()

Falls interne XML-Daten vorliegen, werden sie durch SimpleXML mit Hilfe der Funktion `simplexml_load_string()` aus einer XML-Zeichenkette in ein Objekt eingelesen. Die weitere Verarbeitung bleibt erhalten.

Es wird das gleiche Beispiel wie am Anfang verwendet, daher entfällt die Bildschirmausgabe. Der Programmcode sieht wie folgt aus:

```
<html>
<body>
<?php
/* Erzeugen der Zeichenkette */
$xml_zk = <<< XML
<?xml version="1.0"?>
<fahrzeug>
   <marke>Opel</marke>
   <typ>Astra</typ>
   <motordaten>
      <leistung>70 KW</leistung>
      <hubraum>1600 ccm</hubraum>
   </motordaten>
   <gewicht>1200 kg</gewicht>
</fahrzeug>
XML;
/* Einlesen der Zeichenkette in ein Objekt */
$fahrzeug = simplexml_load_string($xml_zk);
/* Ausgabe der Objektdaten */
echo "Marke: " . $fahrzeug->marke . "<br>";
echo "Typ: " . $fahrzeug->typ . "<br>";
echo "Motordaten:<br>";
echo "--- Leistung: " .
   $fahrzeug->motordaten->leistung . "<br>";
echo "--- Hubraum: " .
   $fahrzeug->motordaten->hubraum . "<br>";
echo "Gewicht: " . $fahrzeug->gewicht . "<br>";
?>
</body>
</html>
```

Listing F.72 Datei uf96.php

Zur Erläuterung:

- Die XML-Zeichenkette beginnt mit `<<< XML` und endet mit `XML`. Dazwischen muss das Objekt wie bisher im XML-Format notiert sein. Zum späteren Zugriff muss die XML-Zeichenkette einer PHP-Variablen (hier `$xml_zk`) zugewiesen werden. <<< XML ... XML
- Die Funktion `simplexml_load_string()` liest die Zeichenkette in ein Objekt. Anschließend wird auf die Eigenschaften dieses Objekts wie gewohnt zugegriffen.

F.8.5 Speicherung von Objekten

Ausgabe

Die Daten eines Objekts können natürlich auch verändert werden. Falls man diese Veränderungen in einer XML-Datei speichern möchte, können die Funktion `file_put_contents()` und die Objekt-Methode `asXML()` verwendet werden. Im folgenden Beispiel soll eine Objekt-Eigenschaft verändert und gespeichert werden.

Das Programm sieht wie folgt aus:

```
<html>
<body>
<?php
/* Einlesen der Datei in ein Objekt, Teil-Ausgabe */
$fahrzeug = simplexml_load_file("uf97.xml");
echo "Gewicht: " . $fahrzeug->gewicht . "<p>";
/* Ändern von Teil-Daten, Datei-Ausgabe des Objekts */
$fahrzeug->gewicht ="2200 kg";
file_put_contents("uf97.xml", $fahrzeug->asXML());

/* Einlesen der Datei in ein Objekt, Teil-Ausgabe */
$fahrzeug = simplexml_load_file("uf97.xml");
echo "Gewicht: " . $fahrzeug->gewicht . "<p>";
?>
</body>
</html>
```

Listing F.73 Datei uf97.php

Zur Erläuterung:

- Die XML-Datei `uf97.xml` hat ursprünglich den gleichen Aufbau wie die erste XML-Datei `uf93.xml`.
- Zur Kontrolle wird die Objekt-Eigenschaft `gewicht` ausgegeben.
- Diese Eigenschaft wird verändert: von 1200 kg auf 2200 kg.

file_put_contents()

- Die Methode `file_put_contents()` wird aufgerufen.
  - Als erster Parameter wird die Datei angegeben, in die geschrieben werden soll. In diesem Falle ist das wiederum `uf97.xml`.

asXML()

  - Als zweiter Parameter wird die Methode `asXML()` für das Objekt `$fahrzeug` aufgerufen. Dies führt dazu, dass die Objektdaten überschrieben werden. Ansonsten bleibt der Aufbau der Datei unverändert.

Das Objekt wird einmal vor und einmal nach der Veränderung eingelesen. Es werden nur die in Abbildung F.87 dargestellten Teildaten ausgegeben:

Abbildung F.87 Vorher/nachher

F.9 Reguläre Ausdrücke

Reguläre Ausdrücke dienen zur Beschreibung von Suchmustern. Mit Hilfe dieser Suchmuster können Zeichenketten gesucht und gegebenenfalls ersetzt werden. Reguläre Ausdrücke werden in vielen verschiedenen Programmiersprachen eingesetzt. Die hier vorgestellten Regeln sind also universell verwendbar. In PHP werden sie häufig zur komfortablen Kontrolle der Benutzereingaben in Formularen benötigt. **Suchmuster**

F.9.1 Einfache Suche

Es soll zunächst nach einer Zeichenkette innerhalb eines Textes gesucht werden. Zur Evaluierung des regulären Ausdrucks wird die Funktion `ereg()` verwendet. Sie liefert einen Wahrheitswert zurück, der in einer Verzweigung eingesetzt werden kann. Falls die Zeichenkette gefunden wurde, wird »wahr« zurückgeliefert, ansonsten »falsch«. **ereg()**

Das PHP-Programm sieht wie folgt aus:

```
<html>
<body>
<?php
/* Ausgabe des Sucherfolgs */
if (ereg("abc", "123abc456"))
   echo "Erfolg";
else
   echo "Kein Erfolg";
?>
</html>
</body>
```

Listing F.74 Datei ufg01.php

Zur Erläuterung:

- Der reguläre Ausdruck entspricht in diesem einfachen Beispiel genau der gesuchten Zeichenkette (`abc`). In späteren Beispielen werden die **Sonderzeichen** notwendigen Sonderzeichen innerhalb von regulären Ausdrücken vorgestellt.

- Falls die Zeichenkette `abc` irgendwo im Text `123abc456` mindestens einmal gefunden wird, war die Suche erfolgreich.

Die Bildschirmausgabe sieht wie folgt aus:

Abbildung F.88 Ausgabe des Sucherfolgs

F.9.2 Tabellenausgabe

Zur Verdeutlichung der Möglichkeiten regulärer Ausdrücke wird in den folgenden Beispielprogrammen eine Zeichenkette innerhalb von verschiedenen Suchtexten gesucht. Die Suchergebnisse werden jeweils in einer übersichtlichen Tabelle ausgegeben.

Die Bildschirmausgabe sieht wie folgt aus:

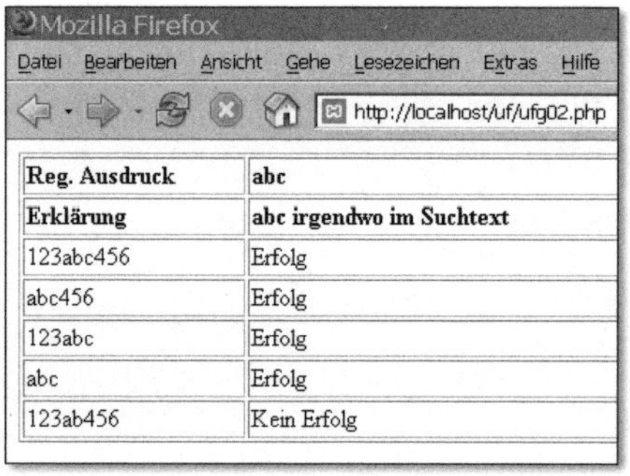

Abbildung F.89 Übersichtliche Tabelle

Es wird der reguläre Ausdruck `abc` zur Suche verwendet. Dies bedeutet, dass nach der Zeichenkette `abc` irgendwo im Suchtext gesucht wird. Es gibt fünf verschiedene Suchtexte: `123abc456`, `abc456`, `123abc`, `abc` und `123ab456`. Die Zeichenkette wird in allen Suchtexten, außer im letzten, gefunden.

Das PHP-Programm sieht wie folgt aus:

```
<html>
<body>
```

```
<?php
/* Zur Ausgabe des Sucherfolgs */
include "ufgtest.inc.php";
/* Zeichenkette und Suchtexte */
$suchstring = "abc";
$suchtextarray = array("123abc456", "abc456", "123abc",
   "abc", "123ab456");
$bemerkung = "abc irgendwo im Suchtext";
retest($suchstring, $suchtextarray, $bemerkung);
?>
</html>
</body>
```

Listing F.75 Datei ufg02.php

Zur Erläuterung:

tabellarische Ausgabe

- Zunächst wird die Datei `ufgtest.inc.php` eingebunden. In dieser Datei befindet sich die selbst geschriebene Funktion `retest()`, die zur Suche und zur tabellarischen Ausgabe des Suchergebnisses dient.
- In der Variablen `$suchstring` wird der reguläre Ausdruck gespeichert.
- Im Array `$suchtextarray` werden die verschiedenen Suchtexte gespeichert.
- In der Variablen `$bemerkung` wird die erläuternde Bemerkung gespeichert.
- Die Funktion `retest()` wird mit den eben beschriebenen Variablen beziehungsweise dem Array aufgerufen.

Der Code der eingebundenen Datei `ufgtest.inc.php` sieht wie folgt aus:

```
<?php
/* Zur Ausgabe des Sucherfolgs */
function retest($suchstring, $suchtextarray,
   $bemerkung)
{
   /* Tabelle, Überschrift */
   echo "<p><table border='1' width='40%'>";
   echo "<tr><td><b>Reg. Ausdruck</b></td>";
   echo "<td><b>$suchstring</b></td></tr>";
   echo "<tr><td><b>Erklärung</b></td>";
   echo "<td><b>$bemerkung</b></td></tr>";
   /* Alle untersuchten Zeichenketten */
   for($i=0; $i<count($suchtextarray); $i++)
   {
      if (ereg($suchstring, $suchtextarray[$i]))
         $ergebnis = "Erfolg";
```

```
        else
           $ergebnis = "Kein Erfolg";
        echo "<tr><td width='30%'>
           $suchtextarray[$i]</td>";
        echo "<td width='70%'>$ergebnis</td></tr>";
     }
     echo "</table>";
}
?>
```

Listing F.76 Datei ufgtest.inc.php

Zur Erläuterung:

- In den beiden Zeilen der Überschrift werden der reguläre Ausdruck und die Bemerkung ausgegeben.
- Für jeden Suchtext aus dem Array wird innerhalb einer Schleife die Funktion `ereg()` aufgerufen. Das Suchergebnis wird jeweils in einer Tabellenzeile ausgegeben.

[+] Hinweis: Die weiteren Beispielprogramme haben den gleichen Aufbau. Es wird ebenfalls die Funktion `retest()` aufgerufen. Daher muss der Code dieser Programme nicht mehr dargestellt werden. Er ist (wie der Code der anderen Programme) auf der CD zum Buch enthalten.

F.9.3 Suche nach Position

Im folgenden Programm wird untersucht, ob die Zeichenkette

- am Anfang eines Suchtextes vorkommt
- am Ende eines Suchtextes vorkommt
- genau dem Suchtext entspricht, also sowohl mit dem Anfang als auch mit dem Ende des Suchtextes verkettet ist

Zunächst die drei Bildschirmausgaben:

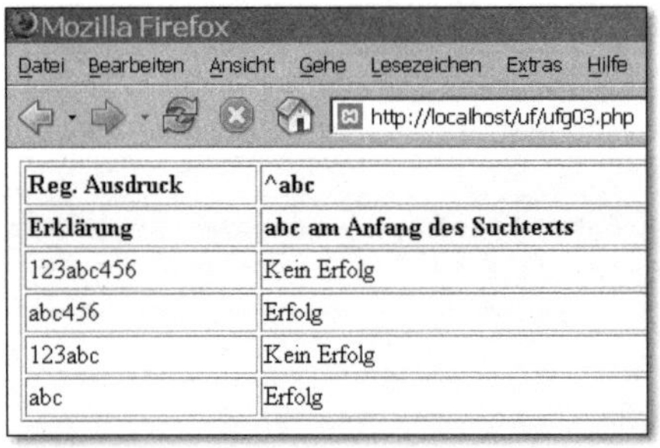

Reg. Ausdruck	**^abc**
Erklärung	**abc am Anfang des Suchtexts**
123abc456	Kein Erfolg
abc456	Erfolg
123abc	Kein Erfolg
abc	Erfolg

Abbildung F.90 Suche am Anfang des Suchtextes

Es wird die Zeichenkette abc mit Hilfe des Sonderzeichens ^ am Anfang des Suchtextes gesucht. Dies trifft auf zwei Suchtexte zu.

Sonderzeichen ^

Reg. Ausdruck	abc$
Erklärung	abc am Ende des Suchtexts
123abc456	Kein Erfolg
abc456	Kein Erfolg
123abc	Erfolg
abc	Erfolg

Abbildung F.91 Suche am Ende des Suchtextes

Es wird die Zeichenkette abc mit Hilfe des Sonderzeichens $ am Ende des Suchtextes gesucht. Dies trifft ebenfalls auf zwei Suchtexte zu.

Sonderzeichen $

Reg. Ausdruck	^abc$
Erklärung	abc genau als Suchtext
123abc456	Kein Erfolg
abc456	Kein Erfolg
123abc	Kein Erfolg
abc	Erfolg

Abbildung F.92 Suche am Anfang und am Ende des Suchtextes

Es wird mit Hilfe der beiden Sonderzeichen ^ und $ untersucht, ob die Zeichenkette abc genau dem Suchtext entspricht, also sowohl mit dem Anfang als auch mit dem Ende des Suchtextes verkettet ist. Dies trifft nur auf einen Suchtext zu.

Zusammenfassung

- Das Sonderzeichen ^ wird am Anfang der Zeichenkette eingesetzt, wenn untersucht werden soll, ob die Zeichenkette am Anfang des Suchtextes steht.
- Das Sonderzeichen $ wird am Ende der Zeichenkette eingesetzt, wenn untersucht werden soll, ob die Zeichenkette am Ende des Suchtextes steht.
- Beide Sonderzeichen werden eingesetzt, wenn untersucht werden soll, ob die Zeichenkette sowohl mit dem Anfang als auch mit dem Ende des Suchtextes verkettet ist, also genau dem Suchtext entspricht.

F.9.4 Suche nach Häufigkeit

Im folgenden Programm ist es für den Sucherfolg entscheidend, wie häufig hintereinander eine Zeichenkette innerhalb eines Suchtextes vorkommt.

Es kann untersucht werden, ob ein Zeichen hintereinander

- beliebig oft vorkommt,
- mindestens einmal, eventuell häufiger vorkommt,
- keinmal oder genau einmal vorkommt beziehungsweise
- innerhalb einer gewünschten Häufigkeitsspanne vorkommt, zum Beispiel drei- bis fünfmal.

Die vier Bildschirmausgaben sehen wie folgt aus:

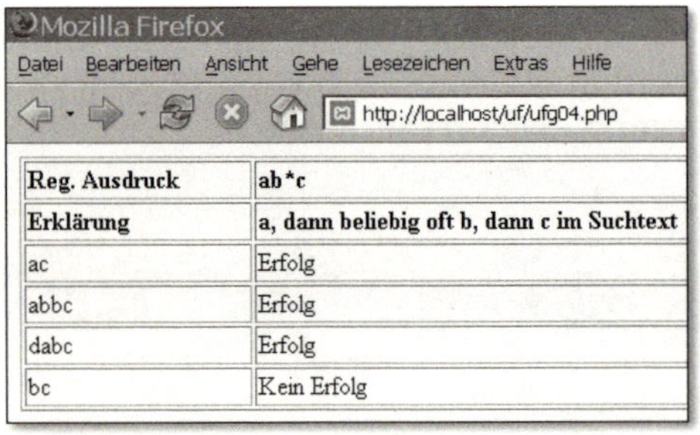

Reg. Ausdruck	ab*c
Erklärung	a, dann beliebig oft b, dann c im Suchtext
ac	Erfolg
abbc	Erfolg
dabc	Erfolg
bc	Kein Erfolg

Abbildung F.93 Das Zeichen kommt beliebig oft vor.

Sonderzeichen *

Es wird die Zeichenkette abc innerhalb des Suchtextes gesucht. Dabei darf das Zeichen b beliebig oft vorkommen. Zu den einzelnen Beispielen:

- Der Suchtext ac beinhaltet keinmal (= beliebig oft) b.
- Der Suchtext abbc beinhaltet zweimal b hintereinander.
- Der Suchtext dabc beinhaltet unter anderem einmal b.
- Der Suchtext bc beinhaltet keinmal a, daher kein Erfolg.

Zur Angabe von »beliebig oft« dient das Sonderzeichen * nach dem gewünschten Zeichen.

Reg. Ausdruck	ab+c
Erklärung	a, dann mind. 1 mal b, dann c im Suchtext
ac	Kein Erfolg
abbc	Erfolg
dabc	Erfolg
bc	Kein Erfolg

Abbildung F.94 Das Zeichen kommt mindestens einmal vor.

Sonderzeichen +

Es wird die Zeichenkette abc innerhalb des Suchtextes gesucht. Dabei muss das Zeichen b mindestens einmal vorkommen. Zu den einzelnen Beispielen:

- Der Suchtext ac beinhaltet kein b, daher kein Erfolg.
- Der Suchtext abbc beinhaltet zweimal b hintereinander.
- Der Suchtext dabc beinhaltet unter anderem einmal b.
- Der Suchtext bc beinhaltet kein a, daher kein Erfolg.

Zur Angabe von »mindestens einmal« dient das Sonderzeichen + nach dem gewünschten Zeichen.

Reg. Ausdruck	**ab?c**
Erklärung	**a, dann 0-1 mal b, dann c im Suchtext**
ac	Erfolg
abbc	Kein Erfolg
dabc	Erfolg
bc	Kein Erfolg

Abbildung F.95 Das Zeichen kommt keinmal oder einmal vor.

Sonderzeichen ?

Es wird die Zeichenkette abc innerhalb des Suchtextes gesucht. Dabei muss das Zeichen b keinmal oder einmal vorkommen. Zu den einzelnen Beispielen:

- Der Suchtext ac beinhaltet keinmal (= 0- bis 1-mal) b.
- Der Suchtext abbc beinhaltet zu häufig b hintereinander, daher kein Erfolg.
- Der Suchtext dabc beinhaltet unter anderem einmal b.
- Der Suchtext bc beinhaltet keinmal a, daher kein Erfolg.

Zur Angabe von »keinmal oder einmal« dient das Sonderzeichen ? nach dem gewünschten Zeichen.

Reg. Ausdruck	**ab{2,3}c**
Erklärung	**a, dann 2-3 mal b, dann c im Suchtext**
ac	Kein Erfolg
abbc	Erfolg
dabc	Kein Erfolg
bc	Kein Erfolg

Abbildung F.96 Das Zeichen kommt mit gewünschter Häufigkeit vor.

Sonderzeichen { }

Es wird die Zeichenkette abc innerhalb des Suchtextes gesucht. Dabei muss das Zeichen b innerhalb der gewünschten Häufigkeitsspanne vorkommen, hier zwei- bis dreimal. Zu den einzelnen Beispielen:

- Der Suchtext ac beinhaltet zu selten b hintereinander, daher kein Erfolg.
- Der Suchtext abbc beinhaltet b in der gewünschten Häufigkeit.

- Der Suchtext dabc beinhaltet zu selten b hintereinander, daher kein Erfolg.
- Der Suchtext bc beinhaltet kein a, daher kein Erfolg.

Zur Angabe einer Häufigkeitsspanne dienen die geschweiften Klammern { und } mit der Angabe einer minimalen beziehungsweise einer maximalen Häufigkeit, die durch ein Komma getrennt werden.

[+] Hinweis: Falls nur nach einer ganz bestimmten Häufigkeit gesucht wird, wird eine einzelne Ziffer innerhalb der geschweiften Klammern hinter dem Zeichen angegeben. Der reguläre Ausdruck lautet dann zum Beispiel ab{4}c.

Zusammenfassung

- Das Sonderzeichen * wird eingesetzt, wenn ein Teil der Zeichenkette beliebig oft hintereinander vorkommen darf.
- Das Sonderzeichen + wird eingesetzt, wenn ein Teil der Zeichenkette mindestens einmal vorkommen muss, aber auch mehrmals hintereinander vorkommen darf.
- Das Sonderzeichen ? wird eingesetzt, wenn untersucht werden soll, ob ein Teil der Zeichenkette keinmal oder einmal hintereinander vorkommen muss.
- Mit Hilfe von geschweiften Klammern wird eine gewünschte Häufigkeit angegeben.

F.9.5 Suche nach Häufigkeit für mehrere Zeichen

Mit Hilfe einer Kombination von Sonderzeichen kann untersucht werden, ob eine bestimmte Zeichenfolge (und nicht nur ein einzelnes Zeichen) mehrmals hintereinander vorkommt.

Zunächst zur Bildschirmausgabe:

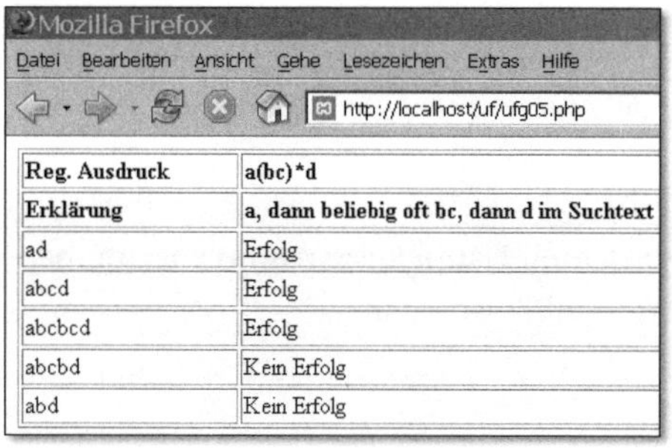

Reg. Ausdruck	**a(bc)*d**
Erklärung	**a, dann beliebig oft bc, dann d im Suchtext**
ad	Erfolg
abcd	Erfolg
abcbcd	Erfolg
abcbd	Kein Erfolg
abd	Kein Erfolg

Abbildung F.97 Die Zeichenfolge kommt beliebig oft vor.

Sonderzeichen ( )

Die runden Klammern (und) dienen zur Zusammenfassung mehrerer Zeichen, nach denen gesucht wird. In diesem Fall ist das Sonderzeichen * angegeben. Es wird also untersucht, ob die Zeichenfolge »bc« beliebig oft hintereinander vorkommt. Zu den einzelnen Beispielen:

- Der Suchtext ad beinhaltet keinmal (= beliebig oft) bc.
- Der Suchtext abcd beinhaltet einmal bc.
- Der Suchtext abcbcd beinhaltet zweimal bc.
- Der Suchtext abcbd beinhaltet ein zusätzliches einzelnes b, daher kein Erfolg.
- Der Suchtext abd beinhaltet kein bc und ebenfalls ein zusätzliches einzelnes b, daher kein Erfolg.

[+]

Hinweis: Natürlich können auch die anderen Sonderzeichen (+, ?, { }) in Kombination mit den runden Klammern eingesetzt werden.

F.9.6 Oder-Verknüpfung

Eine Suche kann auch erfolgreich sein, wenn nach mehreren Alternativen gesucht wird, also wenn:

- ein bestimmtes Zeichen oder ein anderes bestimmtes Zeichen gefunden wird
- eine bestimmte Zeichenfolge oder eine andere bestimmte Zeichenfolge gefunden wird

Die Bildschirmausgabe für diese beiden Fälle sieht wie folgt aus:

Reg. Ausdruck	**a[bcd]e**
Erklärung	**a, dann b oder c oder d, dann e im Suchtext**
abe	Erfolg
ade	Erfolg
ae	Kein Erfolg
abc	Kein Erfolg

Abbildung F.98 Suche mit Alternative für ein Zeichen

Sonderzeichen [ ]

Es wird eine der Zeichenketten abe oder ace oder ade innerhalb des Suchtextes gesucht. Mit Hilfe der eckigen Klammern [und] können die gewünschten Alternativen angegeben werden.

Reg. Ausdruck	(ab|cd)e
Erklärung	**ab oder cd, dann e im Suchtext**
abcd	Kein Erfolg
abcde	Erfolg
bcde	Erfolg
adcbe	Kein Erfolg

Abbildung F.99 Suche mit Alternative für mehrere Zeichen

Sonderzeichen |

Es wird eine der Zeichenketten abe oder cde innerhalb des Suchtextes gesucht. Mit Hilfe des Sonderzeichens | können die gewünschten Alternativen angegeben werden. Die runden Klammern werden gesetzt, um die beiden Möglichkeiten vom Rest des regulären Ausdrucks zu trennen.

Zusammenfassung

- Die eckigen Klammern dienen zur Darstellung von Alternativen bei einzelnen Zeichen.
- Das Sonderzeichen | dient zur Darstellung von Alternativen bei Zeichenfolgen.

[+] Hinweis: Auch hier können die anderen Sonderzeichen (*, +, ?, { }) zusätzlich eingesetzt werden.

F.9.7 Beliebige Zeichen, Buchstaben oder Ziffern

Falls an einer Stelle

- ein gänzlich beliebiges Zeichen,
- ein kleiner Buchstabe,
- ein großer Buchstabe oder
- eine Ziffer stehen kann,

so werden nützliche Zusammenfassungen angeboten.

Die vier Bildschirmausgaben für diese Fälle sehen wie folgt aus:

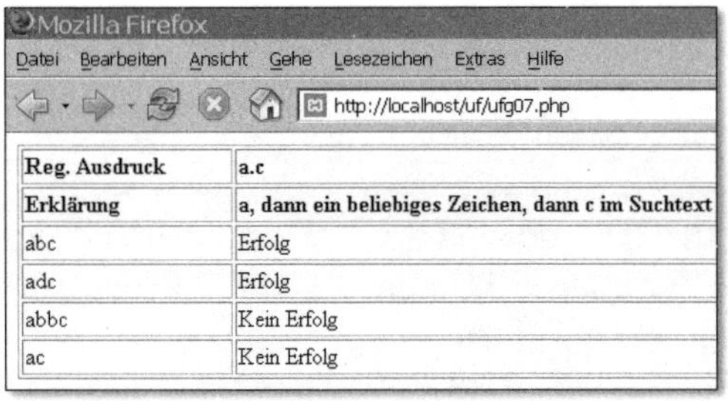

Reg. Ausdruck	a.c
Erklärung	**a, dann ein beliebiges Zeichen, dann c im Suchtext**
abc	Erfolg
adc	Erfolg
abbc	Kein Erfolg
ac	Kein Erfolg

Abbildung F.100 Suche mit einem beliebigen Zeichen

Das Sonderzeichen . (Punkt) steht für ein gänzlich beliebiges Zeichen, hier zwischen a und c. Daher führen die beiden ersten Fälle zu einer erfolgreichen Suche. In den beiden letzten Fällen sind zwei Zeichen beziehungsweise kein Zeichen zwischen a und c angegeben, daher »Kein Erfolg«.

Sonderzeichen . (Punkt)

Reg. Ausdruck	**[0-9]**
Erklärung	**mindestens eine Ziffer im Suchtext**
abg	Kein Erfolg
347	Erfolg
a7B	Erfolg
HG4T	Erfolg

Abbildung F.101 Suche nach einer Ziffer

Mit Hilfe der eckigen Klammern (für mehrere Alternativen) kann der Ausdruck [0-9] angegeben werden. Damit wird dargestellt, dass nach einer der Ziffern von 0 bis 9 gesucht wird. Da keine weiteren Zeichen angegeben sind, führt die Suche zum Erfolg, falls mindestens eine der Ziffern irgendwo im Suchtext steht.

Bereich [0–9]

Reg. Ausdruck	**[a-z]**
Erklärung	**mindestens ein kleiner Buchstabe im Suchtext**
abg	Erfolg
347	Kein Erfolg
a7B	Erfolg
HG4T	Kein Erfolg

Abbildung F.102 Suche nach einem kleinen Buchstaben

Mit Hilfe des Ausdrucks [a-z] in eckigen Klammern wird nach einem beliebigen kleinen Buchstaben gesucht.

Bereich [a–z]

Reg. Ausdruck	**[A-Z]**
Erklärung	**mindestens ein großer Buchstabe im Suchtext**
abg	Kein Erfolg
347	Kein Erfolg
a7B	Erfolg
HG4T	Erfolg

Abbildung F.103 Suche nach einem großen Buchstaben

Analog gilt dies für die großen Buchstaben mit dem Ausdruck [A-Z].

Bereich [A–Z]

[+] Hinweise:

- Es können auch kleinere Bereiche angegeben werden, wie zum Beispiel [B-G], [n-r] oder [6-8].
- Die deutschen Umlaute ä, ö, ü beziehungsweise Ä, Ö, Ü und das scharfe ß sind nicht in den jeweiligen Bereichen enthalten.

F.9.8 Suche nach Sonderzeichen

Es wurden bereits zahlreiche Sonderzeichen mit bestimmten Funktionalitäten innerhalb von regulären Ausdrücken vorgestellt. Es ist natürlich auch möglich, nach einem dieser Sonderzeichen zu suchen.

Die Bildschirmausgabe sieht wie folgt aus:

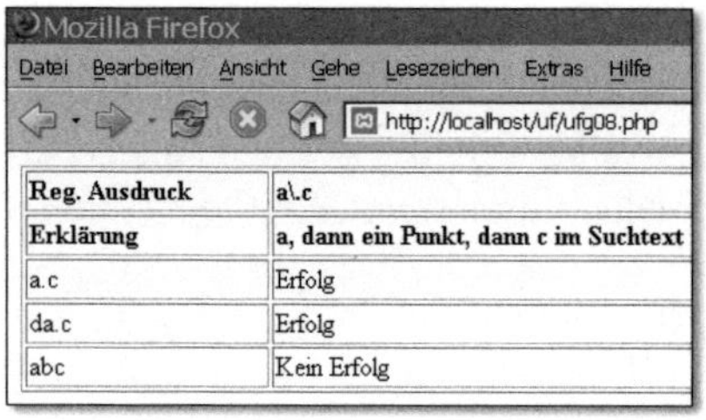

Reg. Ausdruck	**a\.c**
Erklärung	**a, dann ein Punkt, dann c im Suchtext**
a.c	Erfolg
da.c	Erfolg
abc	Kein Erfolg

Abbildung F.104 Suche nach einem Sonderzeichen

Sonderzeichen maskieren

Der Backslash \ dient zur Maskierung von Sonderzeichen. Damit ist es im vorliegenden Beispiel möglich, nach einem Punkt zu suchen.

Reg. Ausdruck	**a[.*]c**
Erklärung	**a, dann ein Punkt oder Stern, dann c im Suchtext**
a.c	Erfolg
da*c	Erfolg
abc	Kein Erfolg

Abbildung F.105 Suche nach Sonderzeichen mit Alternative

Innerhalb der eckigen Klammern verlieren die Sonderzeichen ihre Funktionalität. Daher wird im vorliegenden Beispiel nach der Zeichenkette a.c oder a*c gesucht.

F.9.9 Logische Negation

Besonders bei der Suche nach Zeichen aus einem bestimmten Bereich (a bis z oder 0 bis 9) kann die logische Negation eingesetzt werden. Eine Suche ist dann erfolgreich, wenn ein Zeichen gefunden wird, das nicht aus dem angegebenen Bereich stammt.

Die Bildschirmausgabe sieht wie folgt aus:

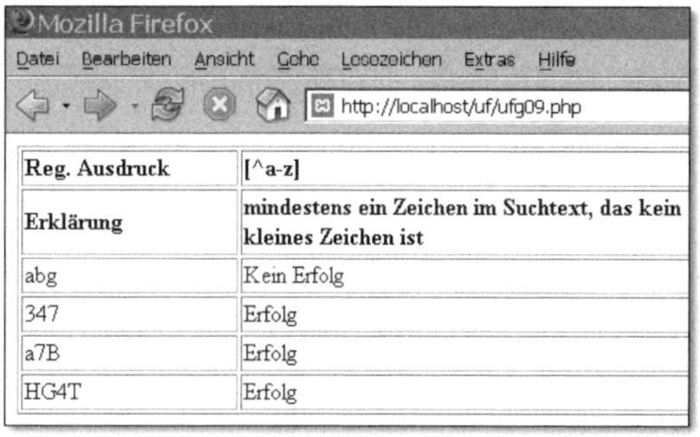

Abbildung F.106 Suche mit logischer Negation

Sonderzeichen ^ zur Negation

Das Sonderzeichen ^ hat innerhalb der eckigen Klammern eine besondere Funktionalität. Es kennzeichnet das »Gegenteil« eines angegebenen Bereichs.

Es folgen zwei Beispiele, in denen etwas komplexere reguläre Ausdrücke vorkommen. Dabei werden Kombinationen aus den bereits vorgestellten Möglichkeiten verwendet.

F.9.10 Beispiel: Geldbetrag

Beim Eintragen eines Geldbetrages sollten folgende Regeln eingehalten werden:

- Die Eingabe muss mit mindestens einer Ziffer beginnen.
- Anschließend ist entweder die Zeichenkette zu Ende (es handelt sich also um eine ganze Zahl) oder es folgt ein Komma als Dezimaltrennzeichen und eine bis zwei Ziffern.

Der entsprechende reguläre Ausdruck lautet:

```
^[0 - 9]+(,[0 - 9]{1,2})?$
```

Er setzt sich zusammen aus:

- dem Zeichen ^ am Anfang, das heißt, vor den nachfolgenden Angaben darf nichts anderes stehen
- dem Bereich `[0-9]`, der mindestens einmal vorkommen muss, daher das Sonderzeichen +
- einer Kombination (siehe unten), die keinmal oder einmal vorkommen darf, daher die runden Klammern und das Sonderzeichen ?
- dem Zeichen `$` am Ende, das heißt, nach den obigen Angaben darf nichts anderes stehen

Die Kombination setzt sich wiederum zusammen aus:

- ▶ einem Komma
- ▶ dem Bereich `[0-9]`, der ein- bis zweimal vorkommen darf, daher die Angabe `{1,2}`

Die Bildschirmausgabe mit einigen richtigen und einigen falschen Eingaben sieht wie folgt aus:

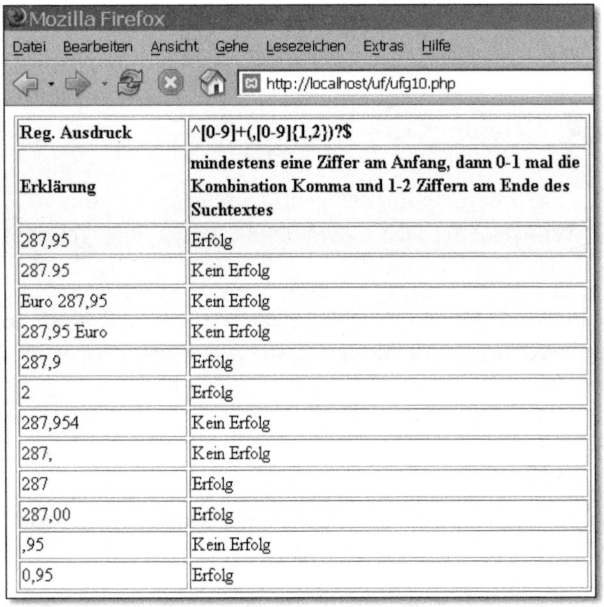

Reg. Ausdruck	**^[0-9]+(,[0-9]{1,2})?$**
Erklärung	**mindestens eine Ziffer am Anfang, dann 0-1 mal die Kombination Komma und 1-2 Ziffern am Ende des Suchtextes**
287,95	Erfolg
287.95	Kein Erfolg
Euro 287,95	Kein Erfolg
287,95 Euro	Kein Erfolg
287,9	Erfolg
2	Erfolg
287,954	Kein Erfolg
287,	Kein Erfolg
287	Erfolg
287,00	Erfolg
,95	Kein Erfolg
0,95	Erfolg

Abbildung F.107 Geldbetrag

Die Gründe, warum insgesamt sechs Eingaben falsch sind:

- ▶ Die Eingabe `287.95` beinhaltet einen Punkt statt einem Komma.
- ▶ Die Eingabe `Euro 287,95` beinhaltet etwas vor der ersten Ziffer.
- ▶ Die Eingabe `287,95 Euro` beinhaltet etwas nach der letzten Ziffer.
- ▶ Die Eingabe `287,954` beinhaltet drei Ziffern nach dem Komma.
- ▶ Die Eingabe `287,` beinhaltet nichts nach dem Komma.
- ▶ Die Eingabe `,95` beginnt nicht mit einer Ziffer.

F.9.11 Beispiel: Datum

Ein deutsches Datum besteht aus insgesamt drei Zahlen. Davon sollen die beiden ersten Zahlen eine bis zwei Ziffern, die letzte Zahl vier Ziffern haben.

Der entsprechende reguläre Ausdruck lautet:

```
^([0 - 9]{1,2}\.){2}[0 - 9]{4}$
```

Er setzt sich zusammen aus

- der Kombination `[0-9]{1,2}\.` (also eine bis zwei Ziffern und ein Punkt), die genau zweimal vorkommen darf, und
- noch einmal vier Ziffern.

Die Bildschirmausgabe mit einigen richtigen und einigen falschen Eingaben sieht wie folgt aus:

Reg. Ausdruck	**^([0-9]{1,2}\.){2}[0-9]{4}$**
Erklärung	**am Anfang genau zweimal die Kombination aus 1-2 Ziffern und einem Punkt, dann noch einmal 4 Ziffern am Ende**
30.09.2004	Erfolg
30.09.04	Kein Erfolg
3.9.2004	Erfolg
30-09-04	Kein Erfolg
2004.09.30	Kein Erfolg

Abbildung F.108 Datum

Die Gründe, warum drei Eingaben falsch sind:

- Die Eingabe `30.09.04` beinhaltet nur zwei Ziffern am Ende.
- Die Eingabe `30 - 09 - 04` beinhaltet Striche statt Punkte.
- Die Eingabe `2004.09.30` beinhaltet vier Ziffern am Anfang und nur zwei Ziffern am Ende.

F.9.12 Ersetzen von Text

ereg_replace()

Bisher ging es nur um die Suche nach Text beziehungsweise Suchmustern. Falls man gefundenen Text beziehungsweise gefundene Suchmuster ersetzen möchte, steht die Funktion `ereg_replace()` zur Verfügung.

In Abbildung F.109 auf der nächsten Seite sehen Sie ein Beispiel, in dem alle `ü` durch `ue` und alle `ß` durch `ss` ersetzt werden.

Abbildung F.109 Ersetzen von Text

Man kann erkennen, dass beim ersten Durchlauf jedes Vorkommen des Buchstaben `ü` durch `ue` ersetzt wurde. Beim zweiten Durchlauf wurde `ß` durch `ss` ersetzt.

Das PHP-Programm sieht wie folgt aus:

```
<html>
<body>
<?php
$suchtext = "... würde bedeuten, daß es üblich ...";
echo "Original:<br>$suchtext<p>";
$suchtext = ereg_replace("ü", "ue", $suchtext);
echo "Nach erster Ersetzung:<br>$suchtext<p>";
$suchtext = ereg_replace("ß", "ss", $suchtext);
echo "Nach zweiter Ersetzung:<br>$suchtext<p>";
?>
</html>
</body>
```

Listing F.77 Datei ufg14.php

Zur Erläuterung:

- Die Funktion `ereg_replace()` erhält drei Parameter:
  - den zu ersetzenden Text
  - den neuen Text
  - die gesamte Zeichenkette, die nach dem Text durchsucht wird
- Der Rückgabewert ist die neue Zeichenkette.

F.9.13 Ersetzen von Suchmustern

Suchmuster werden normalerweise nicht durch einen festen Text ersetzt, sondern durch eine Kombination von Teiltexten, die im Suchmuster enthalten sind.

Ein Beispiel, in dem amerikanische Datumsangaben durch deutsche Datumsangaben ersetzt werden:

Abbildung F.110 Ersetzen von Suchmustern

Das PHP-Programm sieht wie folgt aus:

```
<html>
<body>
<?php
$suchtext = "Am 2004 - 12 - 31 ist Silvester,
   am 2005 - 01 - 01 Neujahr";
echo "Original:<br>$suchtext<p>";
$suchtext = ereg_replace(
   "([0 - 9]{4})-([0 - 9]{1,2})-([0 - 9]{1,2})",
   "\\3.\\2.\\1", $suchtext);
echo "Nach Ersetzung:<br>$suchtext<p>";
?>
</html>
</body>
```

Listing F.78 Datei ufg15.php

Zur Erläuterung:

- Der reguläre Ausdruck für ein amerikanisches Datum besteht aus vier Ziffern (für das Jahr), einem Bindestrich, einer bis zwei Ziffern (für den Monat), wiederum einem Bindestrich und einer bis zwei Ziffern (für den Tag).
- Damit dieser Ausdruck in Einzelteilen erfasst werden kann, müssen runde Klammern eingesetzt werden: **runde Klammern**
  - Das erste Klammerpaar umfasst die vier Ziffern für das Jahr.

  - Das zweite Klammerpaar umfasst die ein bis zwei Ziffern für den Monat.
  - Das dritte Klammerpaar umfasst die ein bis zwei Ziffern für den Tag.

Sonderzeichen \\Ziffer

- Die Inhalte der Klammerpaare stehen mit Hilfe der Sonderzeichen \\1, \\2 und \\3 zur Verfügung. Sie werden im neuen Text mit Hilfe der Punkte zu einem deutschen Datum zusammengesetzt.

[+] Hinweis: Es stehen bis zu neun Ausdrücke zur Verfügung (bis \\9).

F.10 Grafiken

GD-Bibliothek

PHP gibt Ihnen mit der GD-Bibliothek eine Möglichkeit, eigene Grafiken zu erstellen. Diese Grafiken können unmittelbar angezeigt oder als Grafik-Datei gespeichert werden. Außerdem können vorhandene Grafiken geladen und verändert werden.

Als Beispiel soll zum Abschluss dieses Abschnitts die Darstellung eines Aktienkurses dienen. Dies kann als Basis für eine anschauliche Darstellung von dynamischen Daten aus einer Datenbank dienen, die mit den realen Börsenkursen gefüllt wird.

F.10.1 Installation testen

Extension

Bei der in diesem Buch empfohlenen XAMPP-Installation für Windows ist die GD-Bibliothek als Erweiterung (Extension) bereits aktiviert. Dies können Sie testen:

```
<?php
  if (extension_loaded("gd"))
  {
    echo "GD-Bibliothek aktiviert<br>";
    $gd = gd_info();
    echo "Version: " . $gd["GD Version"] . "<br>";
    echo "Grafikformate: ";
    if ($gd["JPG Support"]) echo "JPG ";
    if ($gd["PNG Support"]) echo "PNG ";
  }
  else
    echo "GD-Bibliothek nicht aktiviert";
?>
```

Listing F.79 Datei ufg20.php

Falls GD aktiviert ist, dann erfolgt die Ausgabe, die in Abbildung F.111 dargestellt ist.

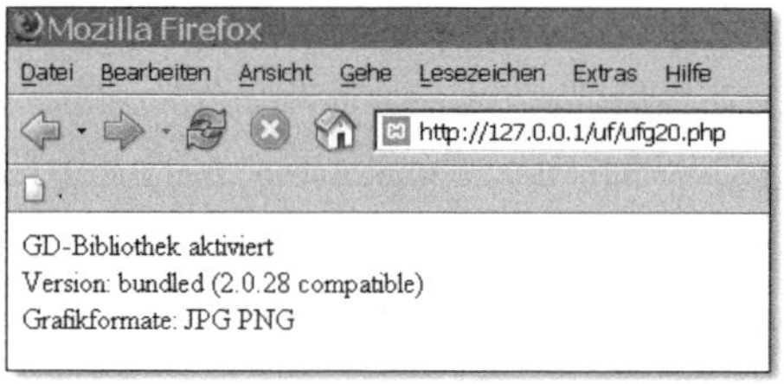

Abbildung F.111 Prüfung der GD-Aktivierung

Zur Erläuterung:

- Die Funktion `extension_loaded()` stellt fest, ob die GD-Bibliothek geladen wurde. Falls dies zutrifft, erfolgt die entsprechende Ausgabe. **extension_loaded()**
- Die Funktion `gd_info()` liefert ein assoziatives Feld mit Informationen über die GD-Bibliothek. **gd_info()**
- Das Element `"GD Version"` beinhaltet die Versionsnummer.
- Die Elemente `"JPG Support"` bzw. `"PNG Support"` haben den Wert `1`, falls das entsprechende Format unterstützt wird. Dies sind die beiden interessanten Formate für Internetseiten.

Sollten Sie eine Windows-Installation haben, bei der die GD-Bibliothek nicht aktiviert ist, so können Sie sie wie folgt aktivieren:

- Prüfen Sie zunächst, ob sich die Datei `php_gd2.dll` im Verzeichnis für die Extensions befindet. Dieses Verzeichnis lässt sich über den folgenden Aufruf der Funktion `ini_get()` ermitteln: `echo ini_get("extension_dir");` **ini_get()**
- Suchen Sie in der PHP-Konfigurationsdatei `php.ini` die Zeile `;extension=php_gd2.dll`. **php_gd2.dll**
- Entfernen Sie das Semikolon am Anfang der Zeile, und speichern Sie die Datei.
- Starten Sie den Webserver neu.

F.10.2 Grafik speichern

In einem ersten Beispiel soll eine einfache Grafik ohne Inhalt erzeugt und in einer Datei gespeichert werden:

```
<?php
  $im = imagecreate(150,100);
  $grau = imagecolorallocate($im, 192, 192, 192);
  imagefill ($im, 0, 0, $grau);
```

```
  imagejpeg($im, "test.jpg");
  imagedestroy($im);
?>
```

Listing F.80 Datei ufg21.php

Im Browser wird nichts angezeigt. Die Grafik ist in der Datei `test.jpg` im gleichen Verzeichnis gespeichert:

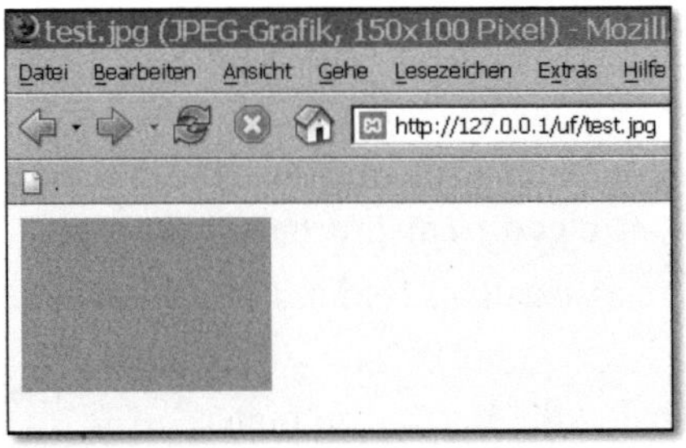

Abbildung F.112 Eine erste Grafik

Zur Erläuterung:

imagecreate()
- Die Funktion `imagecreate()` erzeugt ein Grafik-Objekt in der angegebenen Breite (150 Pixel) und Höhe (100 Pixel). Sie liefert einen Zeiger auf das Grafik-Objekt zurück. Dieser Zeiger wird anschließend benötigt, um das Grafik-Objekt zu bearbeiten.

imagecolorallocate()
- Die Funktion `imagecolorallocate()` dient zur Erstellung einer Farbe für die Farbpalette dieser Grafik. Sie benötigt vier Parameter: den Zeiger auf die Grafik und drei Werte zwischen 0 und 255 für die Rot-, Grün- und Blau-Anteile der Grafik. Sie liefert eine Farb-ID für die erstellte Farbe zurück.

imagefill()
- Die Funktion `imagefill()` füllt eine Grafik mit Farbe. Sie benötigt vier Parameter: den Zeiger auf die Grafik, zwei Werte für die x- und y-Koordinaten des Startpunkts für den Füllvorgang und die Farb-ID.

imagejpeg()
- Die Funktion `imagejpeg()` erzeugt die Grafik und speichert sie. Sie benötigt zwei Parameter: den Zeiger auf die Grafik und den Dateinamen.

imagedestroy()
- Die Funktion `imagedestroy()` gibt den Speicher wieder frei, der zur Erzeugung der Grafik benötigt wurde.

Ergänzung: Eine Grafik im PNG-Format kann mit leicht geänderter Zeile erzeugt werden:

imagepng()

```
imagepng($im, "test.tif");
```

F.10.3 Grafik unmittelbar anzeigen

Eine Grafik kann auch unmittelbar nach der Erzeugung angezeigt werden. Falls die Grafik später nicht mehr benötigt wird, entfällt dadurch das zeitaufwändige Speichern:

```
<?php
  $im = imagecreate(150,100);
  $grau = imagecolorallocate($im, 192, 192, 192);
  imagefill ($im, 0, 0, $grau);

  header("Content-Type: image/jpeg");
  imagejpeg($im);

  imagedestroy($im);
?>
```

Listing F.81 Datei ufg22.php

Die Grafik (siehe vorheriges Beispiel) wird nun unmittelbar im Browser angezeigt.

Zur Erläuterung:

- Die Funktion `header()` wird zum Senden des Headers benutzt. Dies sind Startinformationen für das HTTP-Protokoll. Hier wird der Typ der nachfolgenden Informationen (`image/jpg`) übermittelt. **header()**
- Die Funktion `imagejpeg()` benötigt jetzt natürlich keinen Dateinamen mehr.

Ergänzung: Eine Grafik im PNG-Format kann mit leicht geänderten Zeilen erzeugt werden:

```
header("Content-Type: image/png");
```

```
imagepng($im);
```

In den folgenden Abschnitten wird die Grafik jeweils unmittelbar nach der Erzeugung angezeigt. Jede Grafik kann natürlich auch alternativ gespeichert werden, wie im vorherigen Abschnitt erläutert.

F.10.4 Text mit internen Fonts

Zur Anzeige von Text gibt es interne Fonts und TrueType-Fonts. Zunächst ein Beispiel mit internen Fonts:

Abbildung F.113 Text mit internem Font

Der Programmcode:

```
<?php
  $im = imagecreate(150,100);
  $grau = imagecolorallocate($im, 192, 192, 192);
  imagefill ($im, 0, 0, $grau);

  $schwarz = imagecolorallocate($im, 0, 0, 0);
  imagestring($im, 5, 0, 0, "hallo", $schwarz);

  header("Content-Type: image/jpeg");
  imagejpeg($im);
  imagedestroy($im);
?>
```

Listing F.82 Datei ufg23.php

Zur Erläuterung:

- Es wird eine weitere Farbe (Schwarz) zur Farbpalette der Grafik hinzugefügt.
- imagestring() Die Funktion `imagestring()` erzeugt einen Text in einem internen Font. Sie benötigt sechs Parameter: den Zeiger auf die Grafik, die Größe des Fonts, die x- und y-Koordinaten, den Text selbst und die Farb-ID. Die x- und y-Koordinaten werden ab der linken oberen Ecke der Seite gemessen und kennzeichnen den oberen linken Startpunkt des Texts.

Ergänzung: Der Wert für die Größe des Fonts kann zwischen 1 (klein) und 5 (groß) liegen. Interne Fonts bieten leider nicht viele Variationsmöglichkeiten.

F.10.5 Text mit TrueType-Fonts

Weitaus mehr Möglichkeiten bieten TrueType-Fonts. Bei manchen Grafiken besteht auch die Notwendigkeit, den Text zu drehen, z.B. für eine Achsen-Beschriftung:

Abbildung F.114 Text mit dem TrueType-Font Arial

Der Programmcode:

```
<?php
  $im = imagecreate(150,100);
  $grau = imagecolorallocate($im, 192, 192, 192);
  imagefill ($im, 0, 0, $grau);
  $schwarz = imagecolorallocate($im, 0, 0, 0);

  $schriftart = "arial.ttf";
  imagettftext($im, 20, 0, 0, 20, $schwarz,
               $schriftart, "normal");
  imagettftext($im, 20, 90, 145, 100, $schwarz,
               $schriftart, "gedreht");

  header("Content-Type: image/jpeg");
  imagejpeg($im);
  imagedestroy($im);
?>
```

Listing F.83 Datei ufg24.php

Zur Erläuterung:

- Der Name einer TTF-Datei, die sich im gleichen Verzeichnis befindet, wird in einer Variablen gespeichert. Dies ist von Vorteil, falls mehrere Texte ausgegeben werden und evtl. später eine Änderung der Schriftart für alle Texte erfolgen soll.
- Die Funktion `imagettftext()` erzeugt einen Text. Sie benötigt acht Parameter: den Zeiger auf die Grafik, die Größe des Fonts, einen Drehwinkel, zwei Werte für die x- und y-Koordinaten, die Farb-ID, die Schriftart und den Text selbst. **imagettftext()**
- Die x- und y-Koordinaten kennzeichnen den Startpunkt des Textes; dies ist das linke Ende der Basislinie des Textes. Die Basislinie ist die Linie, die direkt unter den Buchstaben verläuft, die keine Unterlänge, also

kein »Anhängsel« nach unten haben wie z.B. »e« oder »d«. Buchstaben mit einer Unterlänge sind in der hier verwendeten Schriftart z.B. »g« oder »p«.

- Im ersten Beispiel wurde die Schriftgröße 20 gewählt und für den ersten Text die Startkoordinaten 0, 20. Daher beginnt der Text am linken Rand der Grafik, und der obere Rand des Textes schließt mit dem oberen Rand der Grafik ab.

Text drehen

- Der Drehwinkel wird in Grad angegeben. Er wird wie in der Mathematik verwendet, d.h. 0 Grad liegt bei 3 Uhr, und es wird gegen den Uhrzeigersinn gerechnet (90 Grad = 12 Uhr, 180 Grad = 9 Uhr, 270 Grad = 6 Uhr). Drehpunkt ist wiederum das linke Ende der Basislinie des Textes.
- Im zweiten Beispiel wurde ein Drehwinkel von 90 Grad gewählt. Die y-Koordinate liegt bei 100, also beginnt der Text am unteren Rand der Grafik. Die x-Koordinate wurde etwas kleiner als 150 gewählt. Damit liegt der Startpunkt ein kleines Stück links von der rechten unteren Ecke der Grafik. Da der Buchstabe »g« eine Unterlänge hat, wäre er ansonsten nicht vollständig angezeigt worden.

F.10.6 Bild aus Datei laden

Neben eigenen Bildern können auch vorhandene Bilder aus Dateien geladen, verändert und angezeigt und gespeichert werden:

Abbildung F.115 Bild aus Datei, mit Text

Der Programmcode:

```
<?php
  $im = imagecreatefromjpeg("blume.jpg");
  $breite = imagesx($im);
```

```
  $hoehe = imagesy($im);

  $grau = imagecolorallocate($im, 192, 192, 192);
  imagefill ($im, 0, 0, $grau);
  $schwarz = imagecolorallocate($im, 0, 0, 0);
  $weiss = imagecolorallocate($im, 255, 255, 255);
  $schriftart = "arial.ttf";
  imagettftext($im, 20, 90, $breite, $hoehe, $weiss,
               $schriftart, "Sonnen");
  imagettftext($im, 20, 180, $breite, 0, $schwarz,
               $schriftart, "blume");
  header("Content-Type: image/jpeg");
  imagejpeg($im);
  imagedestroy($im);
?>
```

Listing F.84 Datei ufg25.php

Zur Erläuterung:

- Die Funktion `imagecreatefromjpeg()` dient zum Laden eines Bildes aus einer Datei. Als Parameter wird der Name einer Bilddatei angegeben, hier im gleichen Verzeichnis. Der Rückgabewert ist wie bei `imagecreate()` ein Zeiger auf das Bild, der anschließend verwendet wird. **imagecreatefromjpeg()**
- Die Funktionen `imagesx()` und `imagesy()` können eingesetzt werden, um die Breite bzw. Höhe des geladenen Bildes zu ermitteln. Im dargestellten Beispiel wird es dadurch möglich, zwei Texte am rechten unteren bzw. am rechten oberen Rand zu platzieren. **imagesx(), imagesy()**

F.10.7 Bilder aus Dateien ineinander einbetten

Es besteht auch die Möglichkeit, Bilder vollständig oder teilweise in andere Bilder einzubetten:

Abbildung F.116 Bild einbetten

Der Programmcode:

```
<?php
  $im = imagecreate(250,150);
  $grau = imagecolorallocate($im, 192, 192, 192);
  imagefill ($im, 0, 0, $grau);

  $ve = imagecreatefromjpeg("vogel.jpg");
  imagecopy($im, $ve, 0, 0, 0, 0,
            imagesx($ve), imagesy($ve));
  imagecopy($im, $ve, 150, 50, 20, 10, 50, 50);

  header("Content-Type: image/jpeg");
  imagejpeg($im);
  imagedestroy($im);
  imagedestroy($ve);
?>
```

Listing F.85 Datei ufg26.php

Zur Erläuterung:

- Mit der Funktion `imagecreate()` wird eine eigene Grafik mit grauem Hintergrund in der Größe 250 mal 150 Pixel erzeugt.
- Mit der Funktion `imagecreatefromjpeg()` wird ein vorhandenes Bild aus einer Datei geladen.
- imagecopy() — Die Funktion `imagecopy()` dient zum Einbetten eines zweiten Bildes in ein Basis-Bild. Sie benötigt acht Parameter: den Zeiger auf das Basis-Bild, den Zeiger auf das zweite Bild, die x- und y-Koordinaten im Basis-Bild, die x- und y-Koordinaten im zweiten Bild sowie Breite und Höhe des Ausschnitts des zweiten Bildes.
- Bildausschnitt — Die x- und y-Koordinaten dienen jeweils als oberer linker Bezugspunkt. Das zweite Bild wird ab den x- und y-Koordinaten im Basis-Bild eingebettet. Es wird der Ausschnitt des zweiten Bildes eingebettet, der ab den x- und y-Koordinaten im zweiten Bild beginnt und die angegebene Breite und Höhe hat.
- Im ersten Beispiel werden die Parameter `($im, $ve, 0, 0, 0, 0, imagesx($ve), imagesy($ve))` verwendet. Es wird ein Ausschnitt des Bildes `$ve` im Bild `$im` eingebettet. Der Ausschnitt beginnt bei 0, 0 und hat die Maße des zweiten Bildes, also wird das vollständige Bild verwendet. Eingebettet wird im Bild `$im` ab 0,0, also links oben.
- Im zweiten Beispiel werden die Parameter `($im, $ve, 150, 50, 20, 10, 50, 50)` verwendet. Es wird wiederum ein Ausschnitt des Bildes `$ve` im Bild `$im` eingebettet. Der Ausschnitt beginnt bei 20, 10 und hat

die Maße 50, 50, also wird ein kleiner Ausschnitt aus dem linken oberen Teil von `$ve` verwendet. Eingebettet wird im Bild `$im` ab 150, 50 also etwas rechts vom Zentrum.

F.10.8 Ellipsen und Bögen

Es gibt eine Reihe von Zeichenelementen. Beginnen wir mit Ellipsen und Bögen:

Abbildung F.117 Ellipsen und Bögen

Der Programmcode:

```
<?php
  $im = imagecreate(500,100);
  $grau = imagecolorallocate($im, 192, 192, 192);
  imagefill ($im, 0, 0, $grau);
  $s = imagecolorallocate($im, 0, 0, 0);

  imageellipse($im, 50, 50, 50, 50, $s);
  imagefilledellipse($im, 120, 50, 50, 50, $s);

  imagearc($im, 190, 50, 50, 50, 0, 90, $s);
  imagefilledarc($im, 260, 50, 50, 50, 0, 90,
                 $s, IMG_ARC_PIE);
  imagefilledarc($im, 330, 50, 50, 50, 0, 90,
                 $s, IMG_ARC_EDGED | IMG_ARC_NOFILL);
  imagefilledarc($im, 400, 50, 50, 50, 0, 90,
                 $s, IMG_ARC_CHORD);

  header("Content-Type: image/jpeg");
  imagejpeg($im);
  imagedestroy($im);
?>
```

Listing F.86 Datei ufg27.php

Zur Erläuterung:

imageellipse()
- Die Funktion `imageellipse()` zeichnet eine Ellipse. Sie benötigt sechs Parameter: den Zeiger auf die Grafik, die x- und y-Koordinaten des Mittelpunkts der Ellipse, die Breite und Höhe der Ellipse und die Farbe des Randes. Falls Breite und Höhe gleich sind, dann wird ein Kreis gezeichnet.

imagefilledellipse()
- Die Funktion `imagefilledellipse()` zeichnet eine gefüllte Ellipse. Sie hat die gleichen Parameter wie die Funktion `imageellipse()`. Die angegebene Farbe dient zum Füllen des Objekts.

imagearc()
- Die Funktion `imagearc()` zeichnet einen Bogen. Sie hat fast die gleichen Parameter wie die Funktion `imageellipse()`. Zusätzlich werden nach den Koordinaten- und Größenangaben der Startwinkel und der Endwinkel des Bogens in Grad notiert. 0 Grad liegt bei 3 Uhr, und es wird mit dem Uhrzeigersinn gerechnet (90 Grad = 6 Uhr, 180 Grad = 9 Uhr, 270 Grad = 12 Uhr), also umgekehrt zur Mathematik. Im vorliegenden Beispiel wurde jeweils die Angabe 0, 90 verwendet: Es handelt sich also um den unteren rechten Ausschnitt.

imagefilledarc()
- Die Funktion `imagefilledarc()` bietet Füllmöglichkeiten für Bögen. Nach den Parametern der Funktion `imagearc()` wird zusätzlich mit Hilfe von Konstanten die Art der Füllung notiert. Diese Konstanten können einzeln stehen oder durch den Operator | (bitweises Und) miteinander verknüpft werden:
  - `IMG_ARC_PIE`: gefüllter Bogen (Kuchenstück)
  - `IMG_ARC_EDGED`: Verbindung des Startwinkels und des Endwinkels mit dem Zentrum
  - `IMG_ARC_NOFILL`: Randbegrenzung statt Füllung
  - `IMG_ARC_CHORD`: direkte Verbindung zwischen Startwinkel und Endwinkel

F.10.9 Rechtecke und Polygone

Es geht weiter mit Rechtecken und Polygonen:

Abbildung F.118 Rechtecke und Polygone

Der Programmcode:

```
<?php
  $im = imagecreate(350,100);
  $grau = imagecolorallocate($im, 192, 192, 192);
  imagefill ($im, 0, 0, $grau);
  $s = imagecolorallocate($im, 0, 0, 0);

  imagerectangle($im, 25, 25, 75, 75, $s);
  imagefilledrectangle($im, 95, 25, 145, 75, $s);

  $poly1 = array(165, 25, 190, 75, 215, 25);
  imagepolygon($im, $poly1, 3, $s);

  $poly2 = array(240, 25, 265, 75, 290, 25);
  imagefilledpolygon($im, $poly2, 3, $s);

  header("Content-Type: image/jpeg");
  imagejpeg($im);
  imagedestroy($im);
?>
```

Listing F.87 Datei ufg28.php

Zur Erläuterung:

- Die Funktion `imagerectangle()` zeichnet ein Rechteck. Sie benötigt sechs Parameter: den Zeiger auf die Grafik, die x- und y-Koordinaten der linken oberen Ecke und der rechten unteren Ecke des Rechtecks und die Farbe des Randes. **imagerectangle()**
- Die Funktion `imagefilledrectangle()` zeichnet ein gefülltes Rechteck. Sie hat die gleichen Parameter wie die Funktion `imagerectangle()`. Die angegebene Farbe dient zum Füllen des Objekts. **imagefilledrectangle()**
- Die Funktion `imagepolygon()` zeichnet ein geschlossenes Vieleck (Polygon). Sie benötigt vier Parameter: den Zeiger auf die Grafik, ein Koordinaten-Array, die Anzahl der Eckpunkte und die Farbe des Randes. Das Array wird nacheinander mit den x- und y-Koordinaten der einzelnen Eckpunkte gefüllt. **imagepolygon()**
- Die Funktion `imagefilledpolygon()` zeichnet ein gefülltes Vieleck (Polygon). Sie benötigt die gleichen Parameter wie die Funktion `imagepolygon()`. Die angegebene Farbe dient zum Füllen des Objekts. **imagefilledpolygon()**

F.10.10 Linien und Pixel

Es folgen Linien und Pixel:

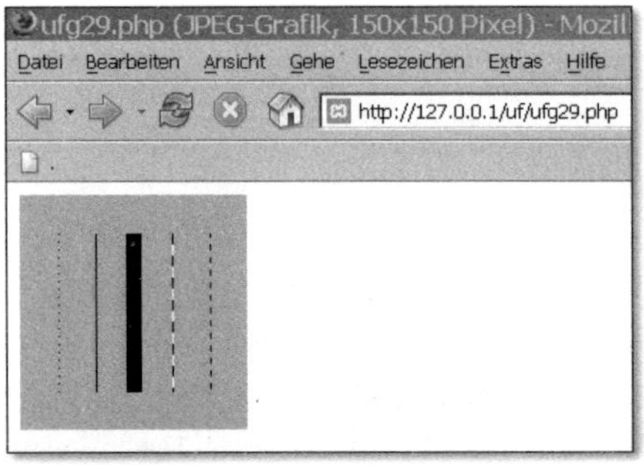

Abbildung F.119 Linien und Pixel

Der Programmcode:

```
<?php
  $im = imagecreate(150,150);
  $grau = imagecolorallocate($im, 192, 192, 192);
  imagefill ($im, 0, 0, $grau);
  $s = imagecolorallocate($im, 0, 0, 0);

  for($i=25; $i<=125; $i+=5)
   imagesetpixel($im, 25, $i, $s);

  imageline($im, 50, 25, 50, 125, $s);

  imagesetthickness($im, 10);
  imageline($im, 75, 25, 75, 125, $s);
  imagesetthickness($im, 1);

  $w =  imagecolorallocate($im, 255, 255, 255);
  $style = array($s, $s, $s, $s, $s, $s, $s,
                 $w, $w, $w, $w, $w, $w, $w);
  imagesetstyle($im, $style);
  imageline($im, 100, 25, 100, 125, IMG_COLOR_STYLED);

  imagedashedline($im, 125, 25, 125, 125, $s);

  header("Content-Type: image/jpeg");
  imagejpeg($im);
  imagedestroy($im);
?>
```

Listing F.88 Datei ufg29.php

Zur Erläuterung:

- Die Funktion `imagesetpixel()` setzt ein einzelnes Pixel. Sie benötigt vier Parameter: den Zeiger auf die Grafik, die x- und y-Koordinaten des einzelnen Pixels und die Farbe des Pixels. Im vorliegenden Beispiel wurde zur Verdeutlichung mit Hilfe einer Schleife eine Pixel-Reihe gesetzt. **imagesetpixel()**
- Die Funktion `imageline()` zieht eine Linie. Sie benötigt sechs Parameter: den Zeiger auf die Grafik, die x- und y-Koordinaten des Startpunkts und des Endpunkts der Linie und die Farbe der Linie. **imageline()**
- Die Funktion `imagesetthickness()` bestimmt die Dicke von Linien, mit denen nachfolgende Objekte gezeichnet werden. Sie benötigt zwei Parameter: den Zeiger auf die Grafik und die Dicke der Linie in Pixel. Im vorliegenden Beispiel wurde die Dicke zunächst auf 10 gesetzt und nach dem Ziehen einer Linie wieder auf 1 gesetzt. Ohne Zurücksetzen wären alle weiteren Objekte mit Linien der Dicke 10 gezeichnet worden. **imageset-thickness()**
- Die Funktion `imagesetstyle()` bestimmt die Art von Linien, mit denen nachfolgende Objekte gezeichnet werden. Sie benötigt zwei Parameter: den Zeiger auf die Grafik und ein Farben-Array für das Style-Element. Im vorliegenden Beispiel wurde festgelegt, dass das Style-Element aus sieben schwarzen und sieben weißen Pixeln besteht. Falls als letzter Parameter der Funktion `imageline()` die Konstante `IMG_COLOR_STYLED` statt einer Farbangabe eingesetzt wird, dann wird die Linie mit den gewählten Style-Elementen gezogen. **imagesetstyle()**
- Die Funktion `imagedashedline()` zieht eine gepunktete Linie. Sie benötigt die gleichen Parameter wie die Funktion `imageline()`. **imagedashedline()**

F.10.11 Füllen mit Farbe

Objekte bzw. Kombinationen von Objekten innerhalb einer Grafik können mit Farben gefüllt werden:

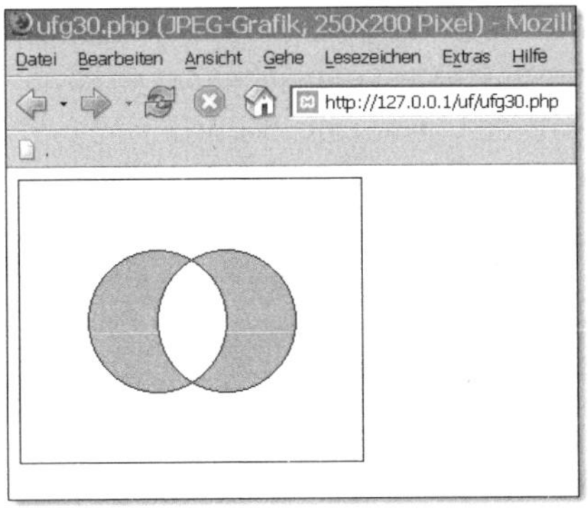

Abbildung F.120 Füllen mit Farbe

Der Programmcode:

```
<?php
  $im = imagecreate(250,200);
  $grau = imagecolorallocate($im, 192, 192, 192);
  imagefill ($im, 0, 0, $grau);
  $s = imagecolorallocate($im, 0, 0, 0);
  $w = imagecolorallocate($im, 255, 255, 255);
  $r = imagecolorallocate($im, 255, 0, 0);

  imagerectangle($im, 0, 0, 249, 199, $s);
  imageellipse($im, 100, 100, 100, 100, $s);
  imageellipse($im, 150, 100, 100, 100, $s);
  imagerectangle($im, 120, 90, 130, 110, $r);

  imagefilltoborder($im, 125, 100, $s, $w);
  imagefilltoborder($im, 1, 1, $s, $w);

  header("Content-Type: image/jpeg");
  imagejpeg($im);
  imagedestroy($im);
?>
```

Listing F.89 Datei ufg30.php

Zur Erläuterung:

- Zunächst werden zwei Kreise gezeichnet, die sich überlappen und ein Rechteck am Rand der Grafik. Zur Verdeutlichung wird ein weiteres kleines rotes Rechteck innerhalb des Überlappungsbereiches gezeichnet. Dieses Rechteck ist in der endgültigen Grafik nicht mehr zu sehen, da es durch die Füllung gelöscht wird.

imagefilltoborder()

- Die Funktion `imagefilltoborder()` füllt Teile einer Grafik mit Farbe. Sie benötigt fünf Parameter: den Zeiger auf die Grafik, die x- und y-Koordinaten des Startpunkts, die Grenzfarbe und die Füllfarbe. Jedes Pixel der Grafik wird, beginnend mit dem Startpunkt, in der Füllfarbe gefüllt. Sobald beim Füllen auf die Grenzfarbe oder auf den Rand der Grafik gestoßen wird, wird in dieser Richtung nicht weiter gefüllt.
- Falls sich also der Startpunkt innerhalb eines mit der Grenzfarbe geschlossenen Bereichs befindet, dann wird nur dieser Bereich gefüllt. Im vorliegenden Beispiel sind zwei Bereiche geschlossen: der Überlappungsbereich der beiden Kreise und der Bereich außerhalb der beiden Kreise.
- Beim Füllen wird das rote Rechteck innerhalb des Überlappungsbereiches ignoriert (d.h. übermalt), da es nicht die Grenzfarbe hat.

Ergänzung: Das große umgebende Rechteck wäre nicht nötig gewesen, es dient hier nur der Verdeutlichung.

F.10.12 Darstellung eines Aktienkurses

Den Abschluss dieses Abschnitts bildet die Darstellung eines Aktienkurses. Dieses einfache Programm kann als Basis für eine anschauliche Darstellung von dynamischen Daten aus einer Datenbank dienen, die mit den realen Börsenkursen gefüllt wird.

Zunächst die Darstellung:

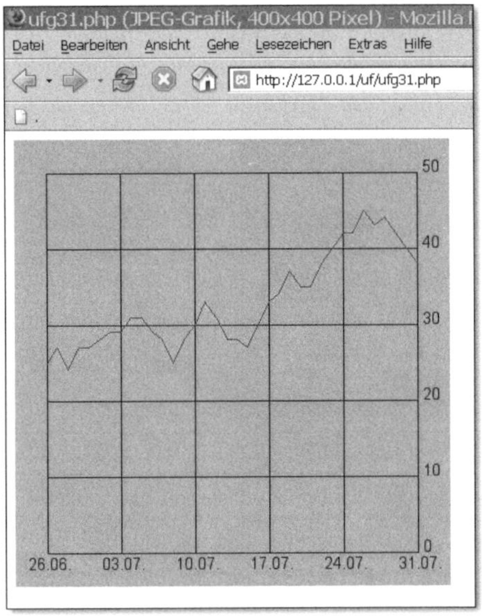

Abbildung F.121 Aktienkurs

Es werden die Tageskurse der letzten 5 Wochen, ausgehend vom 31.07., dargestellt. An der x-Achse wird einmal pro Woche das Datum angegeben, an der y-Achse der Kurswert in Stufen von 10 €.

Der Programmcode:

```
<?php
  // Grafik erzeugen
  $im = imagecreate(400,400);

  // Farben, Schriftart
  $grau = imagecolorallocate($im, 192, 192, 192);
  imagefill ($im, 0, 0, $grau);
  $s = imagecolorallocate($im, 0, 0, 0);
```

```
  $r = imagecolorallocate($im, 255, 0, 0);
  $schriftart = "arial.ttf";

  // Startdatum
  $ds = "31.07.2006";
  $datum = mktime(0, 0, 0, substr($ds,3,2),
           substr($ds,0,2), substr($ds,6,4));
  $datum = strtotime("-35 day", $datum);

  // Kurse
  srand((double)microtime()*1000000);
  $kurs[0] = 25;
  for($i=1; $i<36; $i++)
  {
    $kurs[$i] = $kurs[$i-1] + rand(-3,3);
    if($kurs[$i]<1)
      $kurs[$i] = 1;
  }

  // Gitternetz, Beschriftung
  for($i=0; $i<6; $i++)
  {
    imageline($im, 30, 30 + $i * 340/5, 370,
              30 + $i * 340/5, $s);
    imagettftext($im, 11, 0, 375, 30 + $i * 340/5,
                 $s, $schriftart, 50-$i*10);
    imageline($im, 30 + $i * 340/5, 30,
              30 + $i * 340/5, 370, $s);
    imagettftext($im, 11, 0, 12 + $i * 340/5, 385, $s,
                 $schriftart, date("d.m.",$datum));
    $datum = strtotime("+7 day", $datum);
  }

  // Kurs darstellen
  for($i=0; $i<35; $i++)
    imageline($im, 30 + $i * 340/35,
              370 - $kurs[$i] * 340/50,
              30 + ($i+1) * 340/35,
              370 - $kurs[$i+1] * 340/50, $r);

  // Grafik darstellen
  header("Content-Type: image/jpeg");
  imagejpeg($im);

  // Speicher freigeben
  imagedestroy($im);
?>
```

Listing F.90 Datei ufg31.php

Zur Erläuterung:

- Es wird eine Grafik der Größe 400 mal 400 Pixel erzeugt.
- Die Farben Grau (Hintergrund), Schwarz (Gitternetz und Beschriftung) und Rot (Kursverlauf) werden der Farbpalette der Grafik hinzugefügt. Die TrueType-Schriftart Arial wird eingeführt.
- In der Variablen `$ds` wird das Enddatum für den Kursverlauf festgelegt. Dieses würde im Normalfall aus dem Systemdatum (Kursverlauf bis heute) oder aus einer Benutzereingabe (Kursverlauf bis ausgewählter Tag) generiert. Das Datum wird mit der Funktion `mktime()` in das Datumsformat konvertiert, mit dem PHP arbeiten und rechnen kann. Aus dem Enddatum wird mit der Funktion `strtotime()` das Startdatum (35 Tage = 5 Wochen vorher) erzeugt.
- Die Werte für den Kursverlauf werden in ein Array geschrieben. Hier werden sie per Zufallsgenerator erzeugt. Der Startwert `25`, und ein zufälliger Änderungswert liegt zwischen `+3` und `-3` pro Tag, wobei der Kurs nicht unter den Wert `1` fallen kann. Die Kurswerte würden im Normalfall aus einer Datenbank in das Array geschrieben.
- Es werden mit Hilfe einer Schleife nacheinander
  - 6 senkrechte Gitternetzlinien zur Datumsorientierung gezeichnet,
  - 6 Beschriftungen für die y-Achse (Kurswerte 0 bis 50) gezeichnet,
  - 6 waagerechte Gitternetzlinien zur Kurswertorientierung gezeichnet,
  - 6 Beschriftungen für die x-Achse (Datum alle 7 Tage) gezeichnet und
  - das Datum um 7 Tage erhöht.
- Mit Hilfe einer weiteren Schleife werden 35 Linien für den Kursverlauf gezogen, jeweils vom Kurswert eines Tages zum Kurswert des nächsten Tages.
- Zu guter Letzt wird die Grafik gezeichnet und der Speicher wieder freigegeben.

F.11 PDF-Dateien

Die Bibliothek `fpdf` gibt Ihnen eine Möglichkeit, eigene PDF-Objekte zu erstellen. Diese Objekte können unmittelbar als PDF-Objekt im Browser angezeigt oder als PDF-Datei gespeichert werden. **fpdf**

Es handelt sich bei der Bibliothek `fpdf` nicht um eine Sammlung von Funktionen, sondern von Klassen. Zum Erstellen von Flash-Anwendungen mit

PHP sind daher Kenntnisse der objektorientierten Programmierung erforderlich.

PDF-Dateien sind weit verbreitet und dienen zur Darstellung von Dokumenten, die Texte und Grafiken beinhalten. Unabhängig vom Betriebssystem wird nur ein (meist frei verfügbarer) PDF-Reader zum Betrachten benötigt.

F.11.1 Installation

Unterverzeichnis fpdf

Bei der in diesem Buch empfohlenen XAMPP-Installation für Windows wird die Bibliothek `fpdf` bereits mitgeliefert. Sie findet sich im Verzeichnis `php/pear/fpdf` der XAMPP-Installation. Die neueste Version können Sie über `http://www.fpdf.org` bzw. `http://www.fpdf.de` bekommen. In den Beispielen in diesem Abschnitt wird davon ausgegangen, dass die notwendigen Dateien (als wichtigste: `fpdf.php`) jeweils im Unterverzeichnis `fpdf` des aktuellen PHP-Programms bereitstehen.

F.11.2 PDF-Dokument erzeugen

In einem ersten Beispiel soll ein einfaches PDF-Objekt mit einer leeren Seite erzeugt werden:

```
<?php
require("fpdf/fpdf.php");
$pdf = new FPDF();
$pdf->AddPage();
$pdf->Output("test.pdf");
?>
```

Listing F.91 Datei ufg35.php

Im Browser wird nichts angezeigt. Die PDF-Datei `test.pdf` ist im gleichen Verzeichnis gespeichert und kann mit einem PDF-Reader betrachtet werden.

Zur Erläuterung:

require()

- Die Datei `fpdf.php` im Unterverzeichnis `fpdf` wird mit der Funktion `require()` eingebunden. Sie beinhaltet die Klasse `FPDF`.

new FPDF()

- Die Anweisung `$pdf = new FPDF()` erzeugt ein neues Objekt der Klasse `FPDF`. Der dabei verwendete Konstruktor hat drei optionale Parameter: die Seitenausrichtung (»P« = Hochformat, »L« = Querformat), die Maßeinheit für Größenangaben (»pt« = Point, »mm«, »cm«, »in« = Inch) und das Seitenformat (»A3«, »A4«, »A5«, »Letter«, »Legal«). Die Default-Werte sind »P«, »mm« und »A4«. Das gleiche Objekt wäre also mit der Anweisung `$pdf = new FPDF("P", "mm", "A4")` erzeugt worden. Mit `$pdf` kann auf das Objekt zugegriffen werden.

- Die Methode `AddPage()` erzeugt eine Seite. Sie hat einen optionalen Parameter für die Seitenausrichtung (»P«, »L«). Falls dieser nicht angegeben wird, dann wird die Ausrichtung genommen, die mit dem Konstruktor gewählt wurde. **AddPage()**
- Die Methode `Output()` dient zur Ausgabe des PDF-Objekts. Sie hat zwei optionale Zeichenketten-Parameter: eine Zeichenkette mit dem Dateinamen (mit Endung `pdf`) und ein Ziel (»I« = Darstellung im Browser, »D« = Herunterladen im Browser mit dem Dateinamen, »F« = Speichern mit dem Dateinamen, »S« = Rückgabe als String). Falls keiner der beiden Parameter angegeben ist, dann gilt »I«, also die direkte Ausgabe im Browser. Falls nur ein Name angegeben wird, dann gilt »F«. **Output()**

Ergänzung: Falls eine Datei erzeugt wird, während sie noch in einem PDF-Reader geöffnet ist, dann schlägt die Erzeugung fehl.

F.11.3 Text in Zelle

Zur Anzeige von Text gibt es Standard-Fonts und zusätzliche geladene Fonts. Ein Beispiel mit einem Standard-Font sieht so aus:

Abbildung F.122 PDF-Datei mit Standard-Font

Der Programmcode:

```
<?php
require("fpdf/fpdf.php");

$pdf = new FPDF();
$pdf->SetFont("Helvetica", "B", 24);
$pdf->AddPage();
```

```
$pdf->Cell(50, 20, "Hallo");
$pdf->Output("test.pdf");
?>
```

Listing F.92 Datei ufg36.php

Zur Erläuterung:

SetFont()

- Die Methode `SetFont()` dient zur Festlegung der Schriftart. Sie kann bereits vor der ersten Seite aufgerufen werden und gilt dann für das ganze Dokument, bis sie wieder geändert wird. Sie hat drei Parameter, davon sind die beiden letzten optional.
  - Der erste Parameter bezeichnet den Font. Intern vorhanden sind bereits u.a.: »Helvetica«, »Courier« und »Times«.
  - Der zweite Parameter legt den Schriftschnitt fest (»B« = fett, »I« = kursiv, »U« = unterstrichen). Die Buchstaben können beliebig kombiniert werden.
  - Mit dem dritten Parameter wird die Größe der Schrift in Punkten gewählt; der Default-Wert ist 12.
  - Im vorliegenden Beispiel wird »Helvetica«, »Fett« benutzt. Daher muss die zugehörige PHP-Font-Datei (`helveticab.php`) ebenfalls im Unterverzeichnis `fpdf` vorhanden sein.

Cell()

- Die Methode `Cell()` erzeugt eine rechteckige Zelle, ggf. mit Text. Sie hat acht Parameter, davon sind alle außer dem ersten optional. Die erste Zelle einer Seite wird links oben mit jeweils 1 cm Abstand zum Seitenrand erzeugt.
  - Die Parameter 1 bis 3 legen die Breite, die Höhe und den Text fest. Falls die Breite 0 ist, dann erstreckt sich die Zelle bis zum rechten Rand. Falls der Text nicht vollständig in die Zelle passt, dann wird über den Rand der Zelle und ggf. der Seite hinaus geschrieben! Eine Alternative bietet die Methode `Write()`; dazu später mehr.
  - Der vierte Parameter dient zur Festlegung des Rands (0 = kein Rand, 1 = alle Ränder, »L« = Rand links, »T« = Rand oben, »R« = Rand rechts, »B« = Rand unten). Die Buchstaben können beliebig kombiniert werden, der Default-Wert ist 0.
  - Der fünfte Parameter legt die nächste Schreibposition nach der Zelle fest (0 = rechts von der Zelle, 1 = nach Zeilenumbruch in der nächsten Zeile, 2 = unter der Zelle). Der Default-Wert ist 0.
  - Die Ausrichtung des Texts regelt der sechste Parameter (»L« = links, »C« = zentriert, »R« = rechts). Der Default-Wert ist »L«.

- Mit dem siebten Parameter wird festgehalten, ob die Zelle gefüllt wird (0 = keine Füllung, 1 = Füllung). Der Default-Wert ist 0.
- Der letzte Parameter dient zur Wahl eines Hyperlinks; dazu kommen wir in Abschnitt F.11.8, *Hyperlink*.

F.11.4 Fließtext, Schriftparameter

Write()

Die Methode `Cell()` bietet einige Möglichkeiten zur Textgestaltung und -umrandung, allerdings wird der Text ggf. über den Rand der Zelle hinaus geschrieben. Die Methode `Write()` dagegen schreibt Fließtext und setzt automatisch einen Zeilenumbruch, falls der Text zu lang wird. Ein Beispiel:

Abbildung F.123 Fließtext

Der Programmcode:

```
<?php
require("fpdf/fpdf.php");

$pdf = new FPDF();
$pdf->SetFont("Helvetica", "B", 24);
$pdf->SetTextColor(255, 0, 0);

$pdf->AddPage();
$text = "Das ist ein längerer Text, der sich über
        mehrere Zeilen erstreckt.";
$pdf->Write(20, $text);

$pdf->SetFontSize(12);
$pdf->Ln();
$pdf->Write(20, "Neue Zeile");

$pdf->SetFont("","I");
$pdf->Ln(10);
$pdf->Write(20, "Ende");
```

```
$pdf->Output("test.pdf");
?>
```

Listing F.93 Datei ufg37.php

Zur Erläuterung:

SetTextColor()
- Mit der Methode SetTextColor() wird die Schriftfarbe festgelegt. Sie kann bereits vor der ersten Seite aufgerufen werden und gilt dann für das ganze Dokument, bis sie wieder geändert wird. Sie hat drei Parameter: die Rot-, Grün- und Blau-Anteile, jeweils mit Werten zwischen 0 und 255.
- Die Methode Write() gibt Text an der aktuellen Position aus. Beim Erreichen des rechten Seitenrandes wird ein Zeilenumbruch erzeugt. Nach der Ausgabe ist die aktuelle Position unmittelbar hinter dem Text. Die Methode hat drei Parameter, davon ist der Letzte optional:
  - Die Parameter 1 und 2 legen die Zeilenhöhe und den Text fest.
  - Der letzte Parameter dient zur Wahl eines Hyperlinks; dazu kommen wir später.

SetFontSize()
- Falls nur die Schriftgröße geändert werden soll, muss nicht die Methode SetFont() aufgerufen werden. Die Methode SetFontSize() reicht hier aus, die restlichen Einstellungen werden übernommen. Der einzige Parameter gibt die Größe der Schrift in Punkt an.

Ln()
- Die Methode Ln() erzeugt einen Zeilenumbruch. Sie ist z.B. in Verbindung mit der Methode Write() sinnvoll, da diese keinen Zeilenumbruch am Ende des Textes erzeugt. Die Methode Ln() hat einen einzigen, optionalen Parameter: die Zeilenhöhe. Falls kein Parameter angegeben wird, dann wird die Zeilenhöhe der letzten Ausgabe übernommen.
- Falls nur der Schriftschnitt geändert werden soll, kann man als ersten Parameter der Methode SetFont() eine leere Zeichenkette angeben. Die restlichen Einstellungen werden übernommen. Hier wurde nur von »fett« auf »kursiv« gewechselt. Die zugehörige PHP-Font-Datei (helveticai.php) muss im Unterverzeichnis fpdf vorhanden sein.

F.11.5 Tabelle

Tabellen lassen sich mit der Methode Cell() zusammensetzen. Mit einer individuellen Einstellung von Schriftfarbe, Schriftschnitt, Linienfarbe, Liniendicke und Füllung der Zellen lassen sich größere Datenmengen übersichtlich darstellen. Eine Beispieltabelle könnte so aussehen:

Winkel	im Bogenmaß	Sinus(Winkel)
10	0.175	0.174
20	0.349	0.342
30	0.524	0.500
40	0.698	0.643
50	0.873	0.766

Abbildung F.124 Beispieltabelle (Ausschnitt)

Der Programmcode:

```
<?php
require("fpdf/fpdf.php");

$pdf = new FPDF();
$pdf->AddPage();

/* Einstellung für Überschrift */
$pdf->SetFont("Helvetica", "B", 11);
$pdf->SetLineWidth(0.4);
$pdf->SetDrawColor(255, 0, 255);
$pdf->SetFillColor(192, 192, 192);
$pdf->SetTextColor(255, 0, 0);

/* Überschrift */
$pdf->Cell(30, 10, "Winkel", "LTR", 0, "C", 1);
$pdf->Cell(40, 10, "im Bogenmaß", "LTR", 0, "C", 1);
$pdf->Cell(60, 10, "Sinus(Winkel)", "LTR", 0, "C", 1);
$pdf->Ln();

/* Einstellung für Tabelle */
$pdf->SetFont("", "");
$pdf->SetLineWidth(0.2);
$pdf->SetDrawColor(0, 0, 0);

/* Tabelle */
for($w=10; $w<=90; $w=$w+10)
{
  /* Zeilen abwechselnd gestalten */
  if($w%20==0)
  {
    $pdf->SetFillColor(0, 0, 255);
    $pdf->SetTextColor(255, 255, 255);
  }
  else
  {
```

```
      $pdf->SetFillColor(255, 255, 255);
      $pdf->SetTextColor(0, 0, 0);
    }

    /* Werte */
    $wb = $w / 180 * M_PI;
    $pdf->Cell(30, 10, $w, "LR", 0, "C", 1);
    $pdf->Cell(40, 10, number_format($wb,3),
              "LR", 0, "R", 1);
    $pdf->Cell(60, 10, number_format(sin($wb),3),
              "LR", 0, "R", 1);
    $pdf->Ln();
}

$pdf->Output("test.pdf");
?>
```

Listing F.94 Datei ufg38.php

Zur Erläuterung:

- **SetLineWidth()** Die Methode `SetLineWidth()` dient zur Einstellung der Liniendicke bei Zellen oder geometrischen Objekten. Der einzige Parameter ist der Wert für die Dicke. Ohne Einstellung beträgt die Liniendicke 0,2 mm.
- **SetDrawColor()** Die Methode `SetDrawColor()` wird zur Einstellung der Linienfarbe bei Zellen oder geometrischen Objekten verwendet. Sie hat drei Parameter: die Rot-, Grün- und Blau-Anteile, jeweils mit Werten zwischen 0 und 255.
- **SetFillColor()** Mit der Methode `SetFillColor()` wird die Füllfarbe bei Zellen oder gefüllten geometrischen Objekten eingestellt. Sie hat drei Parameter: die Rot-, Grün- und Blau-Anteile, jeweils mit Werten zwischen 0 und 255.
- Es wird eine Tabelle mit drei Spalten dargestellt. Jede Zelle wird rechts neben die Vorgängerzelle gesetzt. Nach jeweils drei Zellen wird mit Hilfe der Methode `Ln()` die Zeile gewechselt.
- Die Zellen der Überschrift haben einen grauen Hintergrund und eine magenta-farbene Rahmenlinie der Dicke 0,4 mm als linke, rechte und obere Begrenzung. Der Text ist in Fettschrift und zentriert gesetzt.
- Die Zeilen der restlichen Tabelle haben abwechselnd schwarze Schrift auf weißem Hintergrund und weiße Schrift auf blauem Hintergrund. Sie verfügen über eine schwarze Rahmenlinie der Dicke 0,2 mm als linke und rechte Begrenzung der Zellen. Der Text ist in normaler Dicke gesetzt. Die erste Spalte ist zentriert ausgerichtet, die restlichen Spalten rechtsbündig.

- Es kann sich, wie hier, um eine mathematische Tabelle handeln oder um die Darstellung eines größeren Datenbestandes, z.B. aus einer Datenbank.

F.11.6 Kopf- und Fußzeile

Zum Füllen der Kopf- und Fußzeilen müssen die bereits vorhandenen Methoden der Klasse FPDF überschrieben werden. Daher muss zunächst eine abgeleitete Klasse erzeugt werden. Ein Beispiel, zunächst die Kopfzeile:

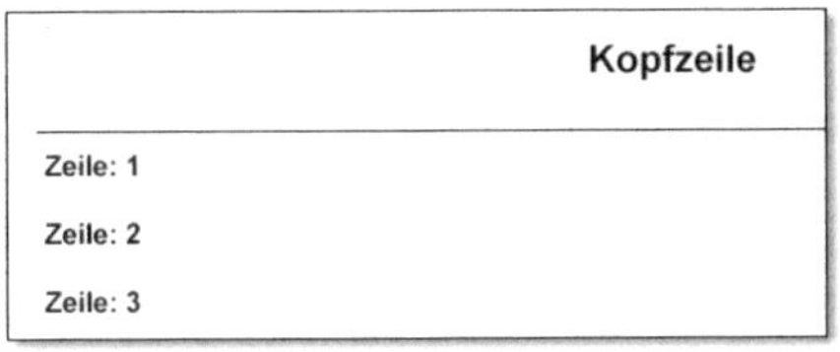

Abbildung F.125 Kopfzeile und Text (Ausschnitt)

Es folgt die Fußzeile:

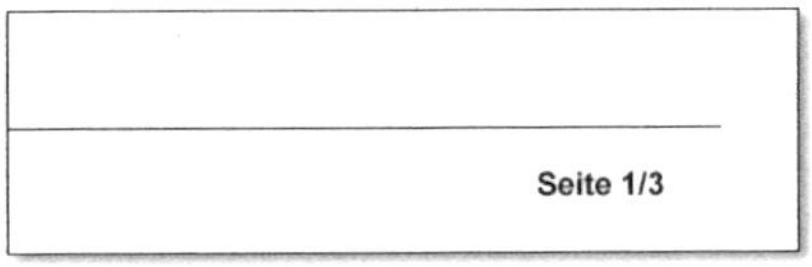

Abbildung F.126 Fußzeile

Der Programmcode:

```
<?php
require("fpdf/fpdf.php");

class MyPDF extends FPDF
{
  function Header()
  {
      $this->SetFont("Helvetica", "B", 16);
      $this->Cell(0, 20, "Kopfzeile", "B", 1, "C");
  }

  function Footer()
  {
      $this->SetY(-20);
      $this->SetFont("Helvetica", "B", 8);
      $this->Cell(0, 10, "Seite " . $this->PageNo()
                  . "/{nb}", "T", 0, "R");
```

```
    }
}

$pdf = new MyPDF();
$pdf->AliasNbPages();
$pdf->AddPage();
$pdf->SetFont("Helvetica", "B", 12);
for($i=1;$i<=60;$i++)
    $pdf->Cell(0, 10, "Zeile: " . $i, 0, 1);
$pdf->Output("test.pdf");
?>
```

Listing F.95 Datei ufg39.php

Zur Erläuterung:

- Die Klasse `MyPDF` wird von der Klasse `FPDF` abgeleitet. Die Methoden `Header()` und `Footer()` der Klasse `FPDF` werden überschrieben.

Header()

- In der Methode `Header()` für die Kopfzeile wird gewählt:
  - Schrift Helvetica, fett, Größe 16. Sie bleibt für die Kopfzeilen aller Seiten erhalten, unabhängig von der Schrift für die Fußzeile oder den eigentlichen Text.
  - Zelle mit der Breite 0, unterer Rahmenlinie und zentrierter Ausrichtung. Daher erstreckt sich die Zelle über die gesamte Breite, die Kopfzeile wird vollständig nach unten mit einer Linie begrenzt, und der Text steht mittig.

Footer()

- In der Methode `Footer()` für die Fußzeile wird gewählt:
  - Schrift Helvetica, fett, Größe 8. Sie bleibt für die Fußzeilen aller Seiten erhalten, unabhängig von der Schrift für die Kopfzeile oder den eigentlichen Text.

SetY()

  - Methode `SetY()` zum Setzen der Schreibposition auf einen absoluten Wert. Falls dieser Wert negativ ist, so wird vom unteren Rand aus gemessen. Falls diese Methode nicht aufgerufen wird, dann wird die letzte Fußzeile ans Ende des Textes gesetzt und nicht ans Ende der letzten Seite!

{nb}, PageNo()

  - Zelle mit Breite 0, obere Rahmenlinie und rechtsbündige Ausrichtung. Daher erstreckt sich die Zelle über die gesamte Breite, die Fußzeile wird vollständig nach oben mit einer Linie begrenzt, und der Text steht rechts. Der Text beinhaltet u.a. die laufende Seitennummer (Methode `PageNo()`) und die Gesamtanzahl an Seiten im Dokument. Dazu dient der Platzhalter `{nb}` in Verbindung mit der Methode `AliasNbPages`.

- Die Anweisung `$pdf = new MyPDF()` erzeugt ein neues Objekt der abgeleiteten Klasse `MyPDF`.
- Die Methode `AliasNbPages()()` sorgt dafür, dass die Gesamtanzahl an Seiten im Dokument zur Verfügung steht. AliasNbPages()
- Die Schrift Helvetica, fett, Größe 12 wird gewählt. Sie bleibt für den eigentlichen Text aller Seiten erhalten, unabhängig von der Schrift für die Kopfzeile oder die Fußzeile.
- Es werden insgesamt 60 Zeilen ausgegeben. Sobald eine Zelle den unteren Seitenrand erreicht, wird automatisch ein Seitenumbruch durchgeführt.

F.11.7 Bild aus Datei laden

Das Einbinden eines Bildes aus einer Datei ist recht einfach. Ein Beispiel:

```
<?php
require("fpdf/fpdf.php");

$pdf = new FPDF();
$pdf->AddPage();
$pdf->Image("blume.jpg", 50, 20, 30);
$pdf->Output("test.pdf");
?>
```

Listing F.96 Datei ufg40.php

Zur Erläuterung:

- Die Methode `Image()` dient zum Einbinden eines Bildes. Sie hat sieben Parameter, davon sind die ersten drei zwingend: Image()
  - Diese drei Parameter legen den Dateinamen sowie die x- und y-Position fest.
  - Der vierte Parameter dient zur Angabe der Breite, falls das Bild vergrößert oder verkleinert dargestellt wird. Falls der Wert nicht angegeben wird oder 0 ist, dann wird die Originalbreite genommen.
  - Der fünfte Parameter legt die Höhe fest. Falls der Wert nicht angegeben wird oder 0 ist, dann wird die Höhe passend zur Breite genommen.
  - Mit dem sechsten Parameter kann der Bildtyp gewählt werden (»JPG«, »JPEG« oder »PNG«). Falls kein Typ angegeben wird, dann wird der Typ aus der Dateinamenerweiterung bestimmt.
  - Der letzte Parameter dient zur Wahl eines Hyperlinks.

F.11.8 Hyperlink

Hyperlinks können auf interne Ziele innerhalb des PDF-Dokuments oder auf externe Ziele, also andere URLs, verweisen. Ausgangspunkt eines Hyperlinks kann Text, eine Zelle, ein Bild oder ein Rechteck ähnlich wie bei einer Image Map sein. Zunächst ein Beispiel mit einem internen Textlink:

Abbildung F.127 Hyperlink auf Seite 1 zu Seite 2

Der Programmcode:

```
<?php
require("fpdf/fpdf.php");

$pdf = new FPDF();
$pdf->SetFont("Helvetica", "B", 11);

$pdf->AddPage();
$pdf->Write(10, "Seite 1");
$pdf->Ln();

/* Start des Hyperlinks */
$pdf->SetFont("", "U");
$seite2 = $pdf->AddLink();
$pdf->Write(10, "zu Seite 2", $seite2);
$pdf->SetFont("", "");

$pdf->Ln();
$pdf->Write(10, "Ende Inhalt");

/* Ziel des Hyperlinks */
$pdf->AddPage();
$pdf->SetLink($seite2);

$pdf->Write(10, "Seite 2");
$pdf->Output("test.pdf");
?>
```

Listing F.97 Datei ufg41.php

Zur Erläuterung:

- Vor der ersten Seite wird eine der üblichen Schriften eingestellt. Unmittelbar vor dem Link wird auf »Unterstrichen« gewechselt, damit der Text als anklickbar erkannt wird. Dazu wird übrigens keine separate PHP-Font-Datei benötigt. Es genügt die Datei für »Normaltext« (= nicht unterstrichen).
- Die Methode `AddLink()` erzeugt einen Link und liefert dessen ID zurück. **AddLink()**
- Mit der Methode `Write()` wird ein Text auf die erste Seite geschrieben. Als dritter Parameter nach Zeilenhöhe und Textinhalt wird die soeben ermittelte Link-ID notiert. Damit erreicht man, dass der Textinhalt anklickbar ist und als Startpunkt des Links dienen kann. Sobald sich die Maus im PDF-Dokument über dem Link befindet, ändert sie ihr Aussehen.
- Unmittelbar nach dem Link wird auf »Nicht Unterstrichen« zurückgewechselt.
- Auf der zweiten Seite wird mit der Methode `SetLink()` der Zielpunkt des Links eingerichtet. Einziger Parameter ist die Link-ID. Damit erreicht man, dass dieser Punkt auf der zweiten Seite direkt per Klick von dem unterstrichenen Text der ersten Seite aus erreicht werden kann. **SetLink()**

Es folgt ein Beispiel mit einem externen Ziel sowie einer Zelle, einem Bild und einem Bildbereich als Startpunkt:

Abbildung F.128 Verschiedene Link-Möglichkeiten

Der Programmcode:

```
<?php
require("fpdf/fpdf.php");

$pdf = new FPDF();
$pdf->SetFont("Helvetica", "", 11);

$pdf->AddPage();
$pdf->Write(10, "Seite 1");
```

```
$pdf->Ln();

/* Externer Hyperlink */
$pdf->SetFont("", "U");
$pdf->Write(10, "extern", "http://localhost");
$pdf->Ln();

/* Hyperlink in einer Zelle */
$seite2 = $pdf->AddLink();
$pdf->Cell(40, 10, "zu Seite 2", 1, 1, "C", 0, $seite2);
$pdf->SetFont("", "");

/* Bild als Hyperlink */
$pdf->Image("blume.jpg", 65, 10, 20, 0, "", $seite2);

/* Hyperlink innerhalb eines Bildes */
$pdf->Image("blume.jpg", 100, 10, 20);
$pdf->Link(100, 10, 20, 15, $seite2);

/* Ziel des Hyperlinks */
$pdf->AddPage();
$pdf->SetLink($seite2);

$pdf->Write(10, "Seite 2");
$pdf->Output("test.pdf");
?>
```

Listing F.98 Datei ufg42.php

Zur Erläuterung:

- Als Erstes ist ein Textlink eingerichtet, hier zur Startseite des Webservers (`http://localhost`). Eine Link-ID wird bei einem externen Link nicht benötigt.
- Es folgt ein interner Hyperlink in einer Zelle. Der letzte Parameter der Methode `Cell()` ist die Link-ID.
- Das erste Bild stellt einen Hyperlink zum gleichen Ziel dar. Der letzte Parameter der Methode `Image()` ist wiederum die Link-ID. Sobald sich die Maus im PDF-Dokument über dem Bild befindet, ändert sie ihr Aussehen.
- Link() Mit Hilfe der Methode `Link()` ist der obere Bereich des zweiten Bildes als Hyperlink eingerichtet. Die Methode hat fünf Parameter, die alle angegeben werden müssen: die x- und y-Koordinaten der oberen linken Ecke des Bereichs, die Breite und Höhe des Bereichs und die Link-ID. Die Koordinaten stimmen mit den Koordinaten des Bilds überein. Als

Breite wurde die Breite des Bildes gewählt. Sobald sich die Maus im PDF-Dokument über dem betreffenden Bild-Bereich befindet, ändert sie ihr Aussehen.

- Bei der Positionierung eines solchen Links sollte man darauf achten, dass er in einem Bildteil liegt, der intuitiv als Link erkannt werden kann. Eine Landkarte, auf der man einzelne Städte oder Regionen anklicken kann, ist ein gutes Beispiel.

F.11.9 Linie, Rechteck, Position

Es können auch bei PDFs einfache geometrische Objekte wie eine Linie oder ein Rechteck gezeichnet werden. Im Zusammenhang mit Text kann es dabei nützlich sein, die aktuelle Position zu bestimmen bzw. zu setzen. Ein Beispiel mit einer Linie, einem Rechteck und einem gefüllten Rechteck:

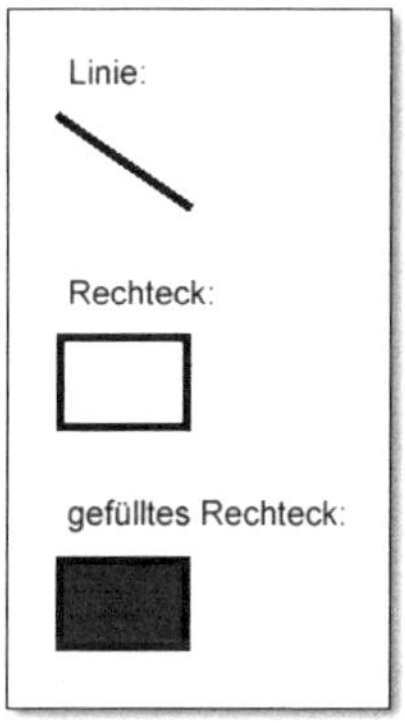

Abbildung F.129 Linie und Rechtecke

Der Programmcode:

```
<?php
require("fpdf/fpdf.php");

$pdf = new FPDF();
$pdf->SetFont("Helvetica", "", 11);
$pdf->SetLineWidth(1);

/* Linie */
$pdf->AddPage();
$pdf->Write(10, "Linie:");
$pdf->Ln();
$x = $pdf->GetX();
$y = $pdf->GetY();
$pdf->Line($x, $y, $x+15, $y+10);
```

```
/* Rechteck */
$pdf->SetY($y+15);
$pdf->Write(10, "Rechteck:");
$pdf->Ln();
$x = $pdf->GetX();
$y = $pdf->GetY();
$pdf->Rect($x, $y, 15, 10);

/* gefülltes Rechteck */
$pdf->SetY($y+15);
$pdf->Write(10, "gefülltes Rechteck:");
$pdf->Ln();
$x = $pdf->GetX();
$y = $pdf->GetY();
$pdf->SetFillColor(0, 0, 255);
$pdf->Rect($x, $y, 15, 10, "DF");

$pdf->Output("test.pdf");
?>
```

Listing F.99 Datei ufg43.php

Zur Erläuterung:

SetLineWidth()

- Mit Hilfe der Methode `SetLineWidth()` wird zunächst die Liniendicke auf 1 mm gesetzt.

GetX(), GetY()

- Nach Ausgabe des Textes und eines Zeilenumbruchs wird jeweils die aktuelle Position bestimmt, damit an dieser Position gezeichnet werden kann. Dazu werden die beiden Methoden `GetX()` und `GetY()` eingesetzt, die die aktuellen x- und y-Koordinaten als Rückgabewert liefern.

Line()

- Die Methode `Line()` zeichnet eine Linie von einem Startpunkt zu einem Zielpunkt. Die vier Parameter geben die x- und y-Koordinaten des Startpunkts und des Zielpunkts an.

Rect()

- Mit Hilfe der Methode `Rect()` wird ein Rechteck gezeichnet. Die vier Parameter geben die x- und y-Koordinaten des Startpunkts sowie Breite und Höhe des Rechtecks an.

SetFillColor()

- Ein gefülltes Rechteck wird gezeichnet, falls im fünften Parameter u.a. »F« angegeben wird. »D« steht für das Ziehen der Rahmenlinie, »F« für Füllung. Mit `SetFillColor()` wird vorher eine Füllfarbe angegeben.

SetX(), SetY(), SetXY()

- Neben der in diesem Beispiel verwendeten Methode `SetY()` gibt es noch die nah verwandten Methoden `SetX()` und `SetXY()` zum Setzen der Schreibposition.

F.12 Flash

SWF-Datei

Die Ming-Bibliothek dient zur Erzeugung von Flash-Anwendungen, z.B. Animationen und Filmen. Diese Anwendungen können unmittelbar abgespielt werden oder als SWF-Datei gespeichert werden. Diese SWF-Dateien werden anschließend in HTML-Dateien eingebunden.

Bei der Ming-Bibliothek handelt es sich nicht um eine Sammlung von Funktionen, sondern von Klassen. Zum Erstellen von Flash-Anwendungen mit PHP sind daher Kenntnisse der objektorientierten Programmierung erforderlich.

Flash-Plugin

Zum Abspielen der Animationen ist ein Flash-Plugin erforderlich, das in vielen aktuellen Browsern bereits vorhanden ist. Ansonsten kann es von der Macromedia-Website heruntergeladen werden.

F.12.1 Installation testen

Bei der in diesem Buch empfohlenen XAMPP-Installation für Windows ist die Ming-Bibliothek als Erweiterung (Extension) bereits aktiviert. Dies können Sie testen:

```
<?php
  if (extension_loaded("ming"))
    echo "Ming-Bibliothek vorhanden<p>";
  else
    echo "Ming-Bibliothek nicht vorhanden";
?>
```

Listing F.100 Datei ufg50.php

Falls Ming aktiviert ist, dann erfolgt diese Ausgabe:

Abbildung F.130 Prüfung auf Vorhandensein der Ming-Bibliothek

Zur Erläuterung:

extension_loaded()

- Die Funktion `extension_loaded()` stellt fest, ob die Ming-Bibliothek geladen wurde. Falls dies zutrifft, erfolgt die entsprechende Ausgabe.

Sollten Sie eine Windows-Installation haben, bei der die Ming-Bibliothek nicht aktiviert ist, so können Sie sie wie folgt aktivieren:

ini_get()

- Prüfen Sie zunächst, ob sich die Datei `php_ming.dll` im Verzeichnis für die Extensions befindet. Dieses Verzeichnis lässt sich über den folgenden Aufruf der Funktion `ini_get()` ermitteln: `echo ini_get ("extension_dir");`

php_ming.dll

- Suchen Sie in der PHP-Konfigurationsdatei `php.ini` die Zeile `;extension=php_ming.dll`.
- Entfernen Sie das Semikolon am Anfang der Zeile, und speichern Sie die Datei.
- Starten Sie den Webserver neu.

F.12.2 Flash-Anwendung speichern und anzeigen

In einem ersten Beispiel soll eine einfache Flash-Anwendung erzeugt und in einer Datei gespeichert werden. Sie erzeugt lediglich einen grauen Hintergrund mit den Maßen 200 mal 150 Pixel:

```
<?php
  ming_useswfversion(5);
  $movie = new SWFMovie();
  $movie->setDimension(200, 150);
  $movie->setBackground(127, 127, 127);
  $movie->setRate(12);
  $movie->save("test.swf");
?>
```

Listing F.101 Datei ufg51.php

Im Browser wird nichts angezeigt. Die Flash-Anwendung ist in der Datei `test.swf` im gleichen Verzeichnis gespeichert. Diese muss zur Anzeige in eine HTML-Datei (hier: `test.htm`) eingebunden werden: Der Aufbau der Datei `test.htm` wird weiter unten beschrieben. Die Ausgabe von `test.htm` sehen Sie in Abbildung F.131.

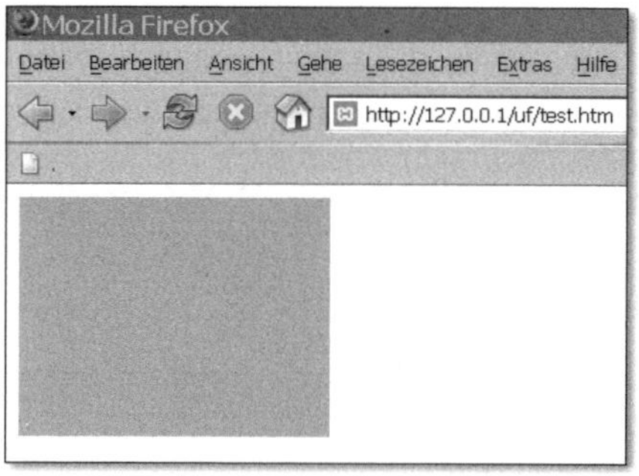

Abbildung F.131 Eine erste Flash-Anwendung

Zur Erläuterung des PHP-Programms:

- Mit der Funktion `ming_useswfversion()` wird die benutzte Flash-Version angegeben. Bei der in diesem Buch empfohlenen XAMPP-Installation für Windows ist die Ming-Bibliothek in der Version `0.3 beta 1` installiert. Diese unterstützt auch schon die Flash-Version 6. Noch ist allerdings die Flash-Version 5 verbreiteter, daher wird diese hier benutzt. ming_ useswfversion()
- Mit dem Ausdruck `new SWFMovie()` wird ein neues Objekt der Klasse `SWFMovie`, also eine Flash-Anwendung erzeugt. Es wird ein Zeiger auf das Movie-Objekt zurückgeliefert, der zum weiteren Bearbeiten dient. new SWFMovie()
- Die Methode `setDimension()` der Klasse `SWFMovie` dient dazu, die Breite und die Höhe der Anwendung festzulegen. setDimension()
- Die Methode `setBackground()` der Klasse `SWFMovie` dient dazu, die Hintergrundfarbe der Anwendung festzulegen. Sie benötigt drei Parameter: die Werte für den Rot-, Grün und Blau-Anteil, die jeweils zwischen 0 und 255 liegen. setBackground()
- Die Methode `setRate()` der Klasse `SWFMovie` legt die Anzahl der Einzelbilder pro Sekunde der Anwendung fest. Hier wird der Standardwert von 12 Bildern pro Sekunde gesetzt. setRate()
- Die Methode `save()` der Klasse `SWFMovie` dient zur Speicherung der Flash-Anwendung in einer Datei mit der Erweiterung `swf`. Diese Datei wird im gleichen Verzeichnis abgelegt. save()

Damit die erzeugte SWF-Datei angezeigt werden kann, muss sie mit der Markierung `object` in eine HTML-Datei eingebunden werden. Diese Markierung dient zur Einbindung verschiedenster Multimedia-Anwendungen. Leider arbeiten nicht alle Browser gleichartig mit dieser Markierung. Der folgende, teilweise »doppelte« Programmcode soll dazu dienen, die Flash-Anwendung in den am meisten verbreiteten Browsern sichtbar zu machen. object

Der folgende Code führt dazu, dass im Browser ein graues Rechteck der Größe 200 mal 150 Pixel erscheint. Dies ist der Platz, in dem in den weiteren Beispielen die Elemente der Flash-Anwendung erscheinen. Zunächst handelt es sich um statische Anwendungen, später natürlich um bewegte Anwendungen bzw. Animationen.

```
<html>
<body>

<object classid =
 "CLSID:D27CDB6E-AE6D-11cf-96B8-444553540000"
 width="200" height="150">

<param name="movie" value="test.swf">
<param name="quality" value="high">
<param name="scale" value="exactfit">
<param name="bgcolor" value="#c3c3c3">

<embed src="test.swf"
       quality="high"
       scale="exactfit"
       bgcolor="#c3c3c3"
       width="200"
       height="150"
</embed>

</object>

</body>
</html>
```

Listing F.102 Datei test.htm

Zur Erläuterung der HTML-Datei:

CLSID
- Für jede Multimedia-Anwendung gibt es eine festgelegte ID-Nummer, die im Attribut `CLSID` der `object`-Markierung angegeben wird. Für eine Flash-Anwendung ist dies die oben angegebene ID.

width, height
- Die Attribute `width` und `height` der `object`-Markierung geben den Raum an, der für die eingebundene Anwendung freigehalten wird. Es empfiehlt sich, die Maße der Original-Anwendung zu verwenden.

param
- Es folgt die Markierung `param` mit insgesamt vier Parametern und den zugehörigen Werten. `movie`, der wichtigste Parameter, nennt den Namen der einzubindenden Datei. In den Parametern `quality`, `scale` und `bgcolor` werden Darstellungsqualität, Skalierung und Hintergrundfarbe angegeben.

- Es gibt Browser, die statt mit der Markierung `param` mit der Markierung `embed` arbeiten. Hier werden die Parameter als Attribute angegeben. Sie haben die gleichen Namen, Werte und Bedeutungen wie die bereits genannten Attribute. Einzige Ausnahme ist das Attribut `src`, das an die Stelle des Parameters `movie` tritt. **embed**

F.12.3 Eine Flash-Anwendung unmittelbar anzeigen

Eine Flash-Anwendung kann auch unmittelbar nach der Erzeugung angezeigt werden. Falls sie später nicht mehr benötigt wird, entfällt dadurch das zeitaufwändige Speichern:

```
<?php
  ming_useswfversion(5);
  $movie = new SWFMovie();
  $movie->setBackground(127, 127, 127);
  $movie->setRate(12);

  header("Content-Type:
          application/x-shockwave-flash");
  $movie->output(1);
?>
```

Listing F.103 Datei ufg52.php

Zur Erläuterung:

- Die Flash-Anwendung füllt den gesamten Browser mit einem grauen Hintergrund. Eine Begrenzung könnte auch durch die Methode `setDimension()` nicht erreicht werden.
- Die Funktion `header()` wird zum Senden des Headers benutzt. Dies sind Startinformationen für das HTTP-Protokoll. Hier wird der Typ der nachfolgenden Informationen (`application/x-shockwave-flash`) übermittelt. **header()**
- Die Funktion `output()` gibt das Objekt der Klasse `SWFMovie` aus. Zu dem einzigen Parameter liegt keine Dokumentation vor. Falls er auf den Wert 1 gesetzt wird, ist die Ausgabe erfolgreich. **output()**

In den folgenden Abschnitten wird die Flash-Anwendung jeweils in der Datei `test.swf` gespeichert, die in die weiter oben beschriebene HTML-Datei `test.htm` eingebettet wird. Jede Flash-Anwendung kann natürlich auch alternativ unmittelbar nach der Erzeugung angezeigt werden, wie in diesem Abschnitt erläutert.

F.12.4 Text

Zur Anzeige von Text gibt es interne Fonts und Fonts aus FDB-Dateien (FDB steht für Font Definition Block). Zunächst betrachten wir ein Beispiel mit einem Text, der einen internen Font verwendet. Dieser Text wird an einer gewählten Position ausgegeben. Ohne Positionsangabe wäre das Beispiel einfacher, allerdings macht die Ausgabe eines Textes an einer beliebigen Stelle wenig Sinn.

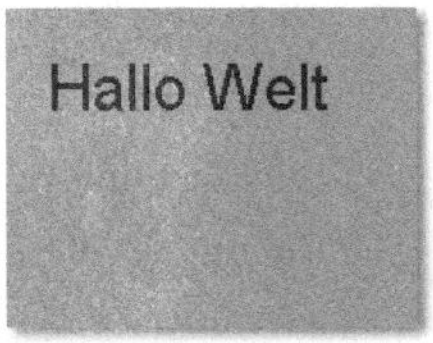

Abbildung F.132 Anzeige von Text

Der Programmcode:

```
<?php
  ming_useswfversion(5);
  $movie = new SWFMovie();
  $movie->setDimension(200, 150);
  $movie->setBackground(127, 127, 127);
  $movie->setRate(12);

  $font = new SWFFont("_sans");

  $text = new SWFTextField();
  $text->setFont($font);
  $text->setHeight(30);
  $text->setColor(0, 0, 255);
  $text->addString("Hallo ");
  $text->addString("Welt");

  $disp = $movie->add($text);
  $disp->moveTo(20,20);

  $movie->save("test.swf");
?>
```

Listing F.104 Datei ufg53.php

Zur Erläuterung:

new SWFFont()

- Dieses Programm erzeugt die Datei `test.swf`. Mit dem Ausdruck `new SWFFont()` wird ein neues Objekt der Klasse `SWFFont` erzeugt. Dadurch wird eine Font-Definition geladen. Es wird der Name eines internen Fonts angewendet. Dazu stehen `_sans`, `_serif` und `_typewriter` zur Verfügung. Es wird ein Zeiger auf das Font-Objekt zurückgeliefert, so dass im weiteren Programm mit diesem Font gearbeitet werden kann.

- Mit dem Ausdruck `new SWFTextField()` wird ein neues Objekt der Klasse `SWFTextField` erzeugt. Es wird ein Zeiger auf ein Text-Objekt zurückgeliefert, der zum weiteren Bearbeiten dient. **new SWFTextField()**
- Die Methode `setFont()` der Klasse `SWFTextField` dient zur Verbindung zwischen Font-Objekt und Text-Objekt. Der Text wird dann im gewählten Font angezeigt. **setFont()**
- Mit der Methode `setHeight()` der Klasse `SWFTextField` wird die Größe des Fonts festgelegt. **setHeight()**
- Mit der Methode `setColor()` der Klasse `SWFTextField` wird die Farbe des Fonts festgelegt. Sie benötigt drei Parameter: die Werte für den Rot-, Grün- und Blau-Anteil, die jeweils zwischen 0 und 255 liegen. Falls diese Methode nicht aufgerufen wird, dann wird Schwarz verwendet. **setColor()**
- Die Methode `addString()` der Klasse `SWFTextField` dient zum Hinzufügen eines Texts zum Text-Objekt. Ein weiterer Aufruf der Methode fügt weiteren Text hinzu. Der gesamte Text soll später angezeigt werden. **addString()**
- Die Methode `add()` der Klasse `SWFMovie` fügt dem Movie-Objekt das Text-Objekt hinzu. Gleichzeitig wird als Rückgabewert ein Objekt der Klasse `SWFDisplayItem` geliefert. Dies ist im Allgemeinen ein darstellbares Objekt, es wird zur Positionierung benötigt. **add()**
- Die Methode `moveTo()` der Klasse `SWFDisplayItem` dient zum Positionieren des darstellbaren Objekts auf die angegebenen x- und y-Koordinaten. Diese beziehen sich auf die linke obere Ecke des Objekts. **moveTo()**

Der gleiche Text soll mit einem Font aus einer FDB-Datei dargestellt werden. Dateien dieses Typs finden sich z.B. über die Internetseite des Ming-Projekts. Die FDB-Datei sollte im gleichen Verzeichnis liegen. Das Font-Objekt wird nun mit diesem Font erzeugt: **FDB-Datei**

```
$font = new SWFFont("BabelSans-B.fdb");
```

Der Rest des Programms bleibt unverändert. Die Ausgabe sieht so aus:

Abbildung F.133 Anzeige von Text mit Font aus FDB-Datei

Eine andere Klasse zur Erzeugung von Text-Objekten ist `SWFText`. Allerdings können Objekte dieser Klasse nicht fehlerfrei unter Windows eingesetzt werden, daher wird hier nicht weiter auf sie eingegangen.

F.12.5 Linie, Rechteck

Im Folgenden wird ein Linienzug gezeichnet. Dieser bildet ein Rechteck. Es gibt keine eigene Methode für Rechtecke, daher dieser »Umweg«. Die Ming-Bibliothek bietet zwei Methoden zum Zeichnen von Linien: Eine verwendet absolute Koordinaten, die andere relative Koordinaten. Zunächst die Ausgabe; sie sieht in beiden Fällen gleich aus:

Abbildung F.134 Rechteck aus Linien

Der Programmcode für das Rechteck, das mit absoluten Koordinaten erstellt wurde:

```
<?php
  ming_useswfversion(5);
  $movie = new SWFMovie();
  $movie->setDimension(200, 150);
  $movie->setBackground(127, 127, 127);
  $movie->setRate(12);

  $shape = new SWFShape();
  $shape->setLine(3, 0, 0, 255);
  $shape->setLeftFill(255,255,255);
  $shape->movePenTo(20,20);
  $shape->drawLineTo(180,20);
  $shape->drawLineTo(180,130);
  $shape->drawLineTo(20,130);
  $shape->drawLineTo(20,20);
  $movie->add($shape);

  $movie->save("test.swf");
?>
```

Listing F.105 Datei ufg54.php

Zur Erläuterung:

- Mit dem Ausdruck new SWFShape() wird ein neues Objekt der Klasse SWFShape erzeugt. Dies sind Objekte, in denen gezeichnet werden kann. Es wird ein Zeiger auf ein Shape-Objekt zurückgeliefert, der zum weiteren Bearbeiten dient. **new SWFShape()**
- Die Methode setLine() der Klasse SWFShape dient zum Festlegen von Liniendicke und Linienfarbe. Sie benötigt vier Parameter: den Wert für die Dicke in Pixel und die Werte für den Rot-, Grün- und Blau-Anteil, die jeweils zwischen 0 und 255 liegen. **setLine()**
- Die Methode setLeftFill() der Klasse SWFShape füllt ein geschlossenes Objekt (also hier das Rechteck) mit der angegebenen Farbe. Sie benötigt drei Parameter: die Werte für den Rot-, Grün- und Blau-Anteil, die jeweils zwischen 0 und 255 liegen. Falls der Linienzug kein geschlossenes Rechteck erstellt, dann wird das Objekt nicht vollständig gefüllt. **setLeftFill()**
- Die Methode movePenTo() der Klasse SWFShape setzt den »Zeichenstift« auf die angegebene Position. Dies ist in diesem Fall die linke obere Ecke des Rechtecks, also die Startposition für den Linienzug. **movePenTo()**
- Die Methode drawLineTo() der Klasse SWFShape zieht eine Linie in der vorher gewählten Dicke und Farbe von der aktuellen Position zur angegebenen Position. **drawLineTo()**
- Die Methode add() der Klasse SWFMovie fügt dem Movie-Objekt das Shape-Objekt hinzu. Der Rückgabewert wird nicht benötigt, da das Shape-Objekt sich selbst positionieren kann und nicht »die Hilfe« eines DisplayItem-Objekts benötigt.

Der Programmcode für das gleiche Rechteck, das nun mit relativen Koordinaten erstellt wurde:

```
<?php
  ming_useswfversion(5);
  $movie = new SWFMovie();
  $movie->setDimension(200, 150);
  $movie->setBackground(127, 127, 127);
  $movie->setRate(12);

  $shape = new SWFShape();
  $shape->setLine(3, 0, 0, 255);
  $shape->setLeftFill(255,255,255);
  $shape->movePenTo(20,20);

  $shape->drawLine(160,0);
  $shape->drawLine(0,110);
  $shape->drawLine(-160,0);
  $shape->drawLine(0,-110);
```

```
  $movie->add($shape);

  $movie->save("test.swf");
?>
```

Listing F.106 Datei ufg55.php

Zur Erläuterung:

- Der Linienzug startet bei den gleichen Koordinaten: `20,20`.
- drawLine() Die Methode `drawLine()` der Klasse `SWFShape` zieht eine Linie in der vorher gewählten Dicke und Farbe relativ von der aktuellen Position zu einer neuen Position. Die Koordinaten der neuen Position ergeben sich aus den Koordinaten der alten Position zuzüglich der Parameterwerte der Methode.
- Diese Vorgehensweise hat den Vorteil, die Koordinaten leichter berechnen zu können.

F.12.6 Geradlinige Bewegung

Animation

Bisher wurden nur statische Flash-Anwendungen gezeigt. Jetzt soll das Ganze in Bewegung geraten. Im folgenden Beispiel wird Text wie in einer Laufschrift animiert. Dazu wird die Position des Textes entlang einer geraden Linie verändert. Auf die gleiche Art und Weise können natürlich auch andere Objekte geradlinig bewegt werden.

Der Programmcode:

```
<?php
  ming_useswfversion(5);
  $movie = new SWFMovie();
  $movie->setDimension(200, 150);
  $movie->setBackground(127, 127, 127);
  $movie->setRate(12);

  $font = new SWFFont("_sans");

  $text = new SWFTextField();
  $text->setFont($font);
  $text->setHeight(30);
  $text->addString("Hallo");
  $disp = $movie->add($text);

  for($x=50; $x<=100; $x=$x+2)
  {
   $disp->moveTo($x,50);
   $movie->nextFrame();
```

```
  }

  $movie->save("test.swf");
?>
```

Listing F.107 Datei ufg56.php

Zur Erläuterung:

- Der Text wird wie vorher mit Hilfe von Objekten der Klasse `SWFFont` und `SWFTextField` erzeugt. Anschließend wird wiederum mit der Methode `add()` der Klasse `SWFMovie` das Text-Objekt dem Movie-Objekt hinzugefügt und gleichzeitig ein Objekt der Klasse `SWFDisplayItem` zur Positionierung bereitgestellt.
- Dieses Objekt bekommt innerhalb einer Schleife mit Hilfe der Methode `moveTo()` der Klasse `SWFDisplayItem` nacheinander die Positionswerte `50,50` über `52,50` und `54,50` bis `100,50`.
- Die Methode `nextFrame()` der Klasse `SWFMovie` blendet das nächste Bild der Flash-Anwendung ein. Da diese Anweisung in der gleichen Schleife steht, hat das dargestellte Objekt in jedem Bild eine andere Position. Dadurch entsteht die geradlinige Bewegung. **nextFrame()**
- Nach Ablauf der Schleife ist das Programm beendet. Bei einer Flash-Anwendung bedeutet dies, dass es wieder von vorne beginnt: Der Text steht an Position `50,50`. Die Bewegung ist also endlos.
- Die Geschwindigkeit des Bildwechsels wurde weiter oben über die Methode `setRate()` der Klasse `SWFMovie` eingestellt. Bisher hatte dies keine Auswirkung, da jedes Bild so aussah wie das vorhergehende Bild. **setRate()**

F.12.7 Kreisförmige Bewegung

Objekte können auch kreisförmig bewegt werden. Im folgenden Beispiel wird dies mit einem gefüllten Rechteck durchgeführt, das aus einem Linienzug erstellt wurde. Dabei ist der Startpunkt für die erste Linie wichtig.

Zunächst betrachten wir zwei Momentaufnahmen. In der ersten Aufnahme befindet sich das Rechteck an der Ausgangsposition für die Drehung. Die linke obere Ecke befindet sich im Zentrum der Flash-Anwendung:

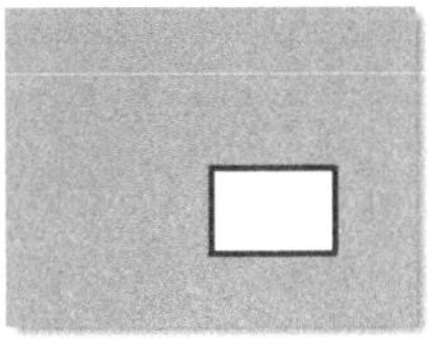

Abbildung F.135 Ausgangsposition für die Drehung

In der zweiten Aufnahme hat sich das Rechteck um ca. 45 Grad gedreht. Die linke obere Ecke befindet sich nach wie vor im Zentrum der Flash-Anwendung, denn um diese Ecke dreht sich das Rechteck:

Abbildung F.136 Nach kurzer Zeit

Der Programmcode:

```
<?php
  ming_useswfversion(5);
  $movie = new SWFMovie();
  $movie->setDimension(200, 150);
  $movie->setBackground(127, 127, 127);
  $movie->setRate(12);

  $shape = new SWFShape();
  $shape->setLine(3,0,0,255);
  $shape->setLeftFill(255,255,255);

  $shape->movePenTo(0,0);
  $shape->drawLine(60,0);
  $shape->drawLine(0,40);
  $shape->drawLine(-60,0);
  $shape->drawLine(0,-40);
  $disp = $movie->add($shape);

  $disp->moveTo(100,75);
  for($w=0; $w<360; $w+=5)
  {
   $disp->rotateTo($w);
   $movie->nextFrame();
  }

  $movie->save("test.swf");
?>
```

Listing F.108 Datei ufg57.php

Zur Erläuterung:

- Das Rechteck wird wie vorher mit Hilfe eines Objekts der Klasse SWFShape erzeugt.
- Der erste Aufruf der Methode movePenTo() der Klasse SWFShape setzt den Startpunkt für die erste Linie auf die Koordinaten 0,0. Die linke obere Ecke des Rechtecks liegt in der linken oberen Ecke der Flash-Anwendung. Sie stellt den Drehpunkt dar.
- Anschließend wird das Objekt ins Zentrum des Bildes an die Position 100,75 verschoben. Jetzt liegt der Drehpunkt dort.
- Die Methode rotateTo() der Klasse SWFDisplayItem wird in einer Schleife mehrmals angewandt. Diese Methode dreht ein Objekt auf den angegebenen Winkel. Da die Schleife in 5er-Schritten von 0 bis 360 läuft, wird das Objekt nacheinander auf die Winkel 5 Grad, 10 Grad, 15 Grad usw. bis 360 Grad gedreht, so dass ein vollständiger Kreis durchlaufen wird. **rotateTo()**
- Da wiederum der Aufruf der Methode nextFrame() der Klasse SWFMovie in der gleichen Schleife steht, hat das dargestellte Objekt in jedem Bild eine andere Position. Dadurch entsteht die kreisförmige Bewegung.
- Nach Ablauf der Schleife wird wiederum mit 0 Grad begonnen. Die Bewegung ist also endlos.

Falls in diesem Programm der erste Aufruf der Methode movePenTo() den Startpunkt für die erste Linie auf die Koordinaten -30,-20 setzt, sieht die Animation anders aus. Jetzt liegt das Zentrum des Rechtecks in der linken oberen Ecke der Flash-Anwendung. Es stellt den Drehpunkt dar.

Es folgen wiederum zwei Momentaufnahmen. In der ersten Aufnahme befindet sich das Rechteck an der Startposition. Das Zentrum des Rechtecks liegt im Zentrum der Flash-Anwendung:

Abbildung F.137 Ausgangsposition für die Drehung

In der zweiten Aufnahme hat sich das Rechteck um ca. 45 Grad gedreht. Das Zentrum des Rechtecks liegt im Zentrum der Flash-Anwendung, denn um dieses Zentrum dreht sich das Rechteck:

Abbildung F.138 Kurze Zeit später

F.12.8 Skalierung

Das gleiche Rechteck soll nun dynamisch seine Größe ändern. Dazu kann die Methode `scaleTo()` der Klasse `SWFDisplayItem` verwendet werden. Im folgenden Programm erscheint das Rechteck zunächst sehr klein im Zentrum der Flash-Anwendung. Es vergrößert sich, bis es fast die gesamte Anwendung ausfüllt. Anschließend verkleinert es sich wieder, bis es fast verschwindet. Der Vorgang wird endlos wiederholt.

Es folgt nur der Teil des Programmcodes, der sich gegenüber der kreisförmigen Bewegung um das Zentrum geändert hat. Der erste Aufruf der Methode `movePenTo()` setzt den Startpunkt für die erste Linie auf die Koordinaten `-30,-20`. Das Zentrum des Rechtecks wurde mit der Methode `moveTo()` auf das Zentrum der Flash-Anwendung verschoben:

```
...
for($s=0.1; $s<=2.5; $s+=0.1)
{
 $disp->scaleTo($s,$s);
 $movie->nextFrame();
}

for($s=2.5; $s>=0.1; $s-=0.1)
{
 $disp->scaleTo($s,$s);
 $movie->nextFrame();
}
...
```

Listing F.109 Datei ufg58.php (Ausschnitt)

Zur Erläuterung:

scaleTo()

- Die Methode `scaleTo()` der Klasse `SWFDisplayItem` wird in einer Schleife mehrmals angewandt. Diese Methode multipliziert die Breite bzw. Höhe eines Objekts mit dem angegebenen Parameterwert.
- In der ersten Schleife steigt der Skalierungsfaktor schrittweise von `0.1` auf `2.5`. Das Rechteck mit der erzeugten Größe von 60 mal 40 Pixel

wird also zunächst in der Größe 6 (= 60 * 0.1) mal 4 (= 40 * 0.1) Pixel abgebildet, dann in 12 mal 8 Pixel usw. bis zur Maximalgröße von 150 mal 100 Pixel.

- Der Vorgang wird in der zweiten Schleife wieder rückgängig gemacht, da der Skalierungsfaktor schrittweise von `2.5` auf `0.1` sinkt.
- Die Methode `nextFrame()` der Klasse `SWFMovie` wird in beiden Schleifen angewandt, daher wird das Rechteck in jedem Bild in der neuen Größe dargestellt. Nach Ablauf beider Schleifen wird wiederum von vorne begonnen.

Ergänzung: Der Faktor kann natürlich für die beiden Dimensionen unterschiedlich gewählt werden. Falls er in einer Dimension zu 1 gewählt wird, dann verändert das Objekt seine Größe nur in der anderen Dimension.

F.12.9 Verzerrung

Objekte können auch verzerrt werden. Dazu werden die Methoden `skewXTo()` und `skewYTo()` der Klasse `SWFDisplayItem` verwendet. Im folgenden Programm bewegt sich die Verzerrung des bereits mehrfach eingesetzten Rechtecks zwischen den Werten –45 Grad und 45 Grad. Zur besseren Vorstellung folgen drei Momentaufnahmen.

In der ersten Aufnahme liegt der Verzerrungsfaktor für beide Methoden bei `-1`, also ist die obere Kante des Rechtecks um 45 Grad gegen den Uhrzeigersinn gedreht:

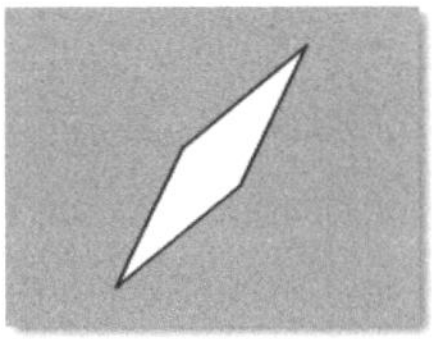

Abbildung F.139 Verzerrung –1

In der nächsten Aufnahme befindet sich das Rechteck »auf dem Rückweg«. Die obere Kante des Rechtecks ist nur noch um wenige Grad gegen den Uhrzeigersinn gedreht:

Abbildung F.140 Verzerrung nahe 0

Die letzte Aufnahme zeigt das Rechteck am gegenüberliegenden Endpunkt der Veränderung. Die obere Kante des Rechtecks ist um 45 Grad mit dem Uhrzeigersinn gedreht:

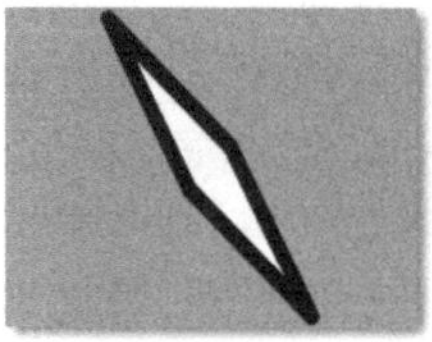

Abbildung F.141 Verzerrung +1

Es folgt nur der Teil des Programmcodes, der sich gegenüber der kreisförmigen Bewegung um das Zentrum geändert hat. Der erste Aufruf der Methode `movePenTo()` setzt den Startpunkt für die erste Linie auf die Koordinaten `-30,-20`. Das Zentrum des Rechtecks wurde mit der Methode `moveTo()` auf das Zentrum der Flash-Anwendung verschoben:

```
...
for($s=-1; $s<1; $s+=0.1)
{
  $disp->skewXTo($s);
  $disp->skewYTo($s);
  $movie->nextFrame();
}

for($s=1; $s>=-1; $s-=0.1)
{
  $disp->skewXTo($s);
  $disp->skewYTo($s);
  $movie->nextFrame();
}
...
```

Listing F.110 Datei ufg59.php (Ausschnitt)

Zur Erläuterung:

skewXTo(), skewYTo()

- Die Methoden `skewXTo()` und `skewYTo()` der Klasse `SWFDisplayItem` werden in einer Schleife mehrmals angewandt. Diese Methode verzerrt mit dem Parameterwert ein Objekt in die entsprechende Richtung.
- In der ersten Schleife steigt dieser Verzerrungswert schrittweise von `-1` auf `+1`. Bei `-1` ist die obere Kante des Rechtecks um 45 Grad gegen den Uhrzeigersinn gedreht. Bei einem Wert kleiner als `-1` würde sie noch weiter in die Senkrechte gedreht, im Extremfall bis zur Unkenntlichkeit des Rechtecks. Bei einem Verzerrungswert von 0 wird das Rechteck in

seiner ursprünglichen Form abgebildet, also unverzerrt. Bei +1 ist die obere Kante des Rechtecks um 45 Grad mit dem Uhrzeigersinn gedreht.

- Der Vorgang wird in der zweiten Schleife wieder rückgängig gemacht, da der Skalierungsfaktor schrittweise von +1 auf -1 sinkt.
- Die Methode `nextFrame()` der Klasse `SWFMovie` wird in beiden Schleifen angewandt, daher wird das Rechteck in jedem Bild neu dargestellt. Nach Ablauf beider Schleifen wird wiederum von vorn begonnen.

F.12.10 Bild aus Datei laden

Ein Bild im JPG-Format kann mit Hilfe eines Objekts der Klasse `SWFBitmap` in eine Flash-Anwendung eingebunden werden. Zunächst die Darstellung:

Abbildung F.142 Bild in Flash-Anwendung

Der Programmcode:

```
<?php
  ming_useswfversion(5);
  $movie = new SWFMovie();
  $movie->setDimension(200, 150);
  $movie->setBackground(127, 127, 127);
  $movie->setRate(12);

  $disp = $movie->add
        (new SWFBitmap(fopen("paradies.jpg","rb")));
  $disp->moveTo(20,15);
  $disp->scaleTo(0.2,0.2);

  $movie->save("test.swf");
?>
```

Listing F.111 Datei ufg60.php

Zur Erläuterung:

- Die entscheidende Anweisung ist ein wenig kompliziert. Die JPG-Datei wird mit der Funktion `fopen()` zum binären Lesen geöffnet (Modus `rb`). Der Rückgabewert dieser Funktion ist ein Dateizeiger. Dieser Dateizeiger wird genutzt, um ein neues Objekt der Klasse `SWFBitmap` zu fopen()

erzeugen und gleichzeitig die Daten der JPG-Datei in dieses Bitmap-Objekt zu importieren.

SWFBitmap

- Die Methode `add()` der Klasse `SWFMovie` fügt dem Movie-Objekt das Bitmap-Objekt hinzu. Gleichzeitig wird als Rückgabewert ein Objekt der Klasse `SWFDisplayItem` geliefert.
- Das Display-Objekt wird an die Position `20,15` verschoben und auf 20% der Originalgröße verkleinert (= Faktor `0.2`).

F.12.11 Bilder ein-, aus- und überblenden

Ein Bild muss nicht direkt vollständig dargestellt werden, es kann eingeblendet, ausgeblendet oder mit einem anderen Bild überblendet werden. Dazu wird die Methode `multColor()` der Klasse `SWFDisplayItem` genutzt.

Betrachten wir zunächst ein Beispiel, in dem das Bild ein- und ausgeblendet wird. Es folgt nur der letzte Teil des Programmcodes. Das Bild ist bereits geladen, platziert und skaliert.

```
  ...
  for($k=1; $k<=24; $k++)
  {
    $disp->multColor(1,1,1,$k/24);
    $movie->nextFrame();
  }

  for($k=24; $k>=1; $k--)
  {
    $disp->multColor(1,1,1,$k/24);
    $movie->nextFrame();
  }

  $movie->save("test.swf");
?>
```

Listing F.112 Datei ufg61.php (Ausschnitt)

Zur Erläuterung:

multColor()

- Die Methode `multColor()` der Klasse `SWFDisplayItem` benötigt vier Parameter: die Werte für den Rot-, Grün- und Blau-Anteil, die jeweils zwischen 0 und 1 liegen, und den Wert für den so genannten Alpha-Kanal, der ebenfalls zwischen 0 und 1 liegt. Mit den ersten drei Werten kann das Verhältnis der Farben im Bild zueinander verändert werden. Mit dem Alpha-Kanal kann das Ein- und Ausblenden gesteuert werden.

- Die Methode wird innerhalb einer Schleife aufgerufen, die 24-mal durchlaufen wird. Der Wert für den Alpha-Kanal wächst in dieser Schleife gleichmäßig von fast 0 bis 1. Dies bedeutet, dass das Bild zunächst nur schwach sichtbar ist und dann immer stärker sichtbar wird, bis zur normalen Darstellung. Der ganze Vorgang dauert 2 Sekunden, denn die Rate ist 12 Bilder pro Sekunde.
- Die Methode `nextFrame()` der Klasse `SWFMovie` wird in beiden Schleifen angewandt, daher kommt es zu einer permanent veränderten Darstellung. Nach Ablauf beider Schleifen wird wiederum von vorn begonnen.

Es folgt ein Beispiel, in dem insgesamt vier Bilder nacheinander erscheinen. Ein Bild wird durch Überblenden vom nächsten Bild abgelöst. Die folgende Momentaufnahme zeigt den Übergang zwischen zwei Bildern (Sonnenfinsternis und Welle):

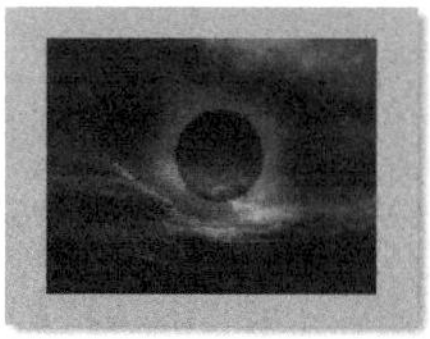

Abbildung F.143 Bildübergang

Der Programmcode:

```
<?php
  ming_useswfversion(5);
  $movie = new SWFMovie();
  $movie->setDimension(200, 150);
  $movie->setBackground(127, 127, 127);
  $movie->setRate(12);

  $img = array("paradies.jpg", "sofi.jpg",
               "welle.jpg", "winter.jpg");

  for($i=0; $i<4; $i++)
  {
    $disp = $movie->add
          (new SWFBitmap(fopen($img[$i],"rb")));
    $disp->moveTo(20,15);
    $disp->scaleTo(0.2,0.2);

    for($k=0; $k<36; $k++)
    {
      $disp->multColor(1,1,1,$k/36);
```

```
      $movie->nextFrame();
    }
  }

  $movie->save("test.swf");
?>
```

Listing F.113 Datei ufg62.php

Zur Erläuterung:

- Zunächst werden die Namen von vier gleich großen Bildern in einem Array gespeichert.
- Es folgen zwei geschachtelte Schleifen. In der äußeren Schleife werden nacheinander die vier Bilder geladen, platziert und skaliert. In der inneren Schleife wird das jeweils aktuelle Bild in 36 Schritten langsam eingeblendet. Diese Vorgehensweise führt zum Übergang der vier Bilder.

F.12.12 Aktion auslösen

Bisher konnte der Benutzer noch nicht in den Ablauf eingreifen. Dies wird ihm erst durch Buttons und Aktionen ermöglicht, die im folgenden Programm erzeugt werden. Es wird ein Button dargestellt, bei dessen Betätigung eine andere Internetseite aufgerufen wird.

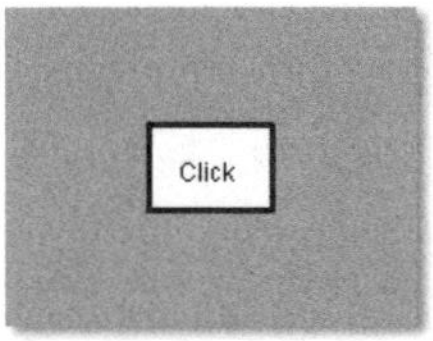

Abbildung F.144 Click-Button

Der Programmcode:

```
<?php
  ming_useswfversion(5);
  $movie = new SWFMovie();
  $movie->setDimension(200, 150);
  $movie->setBackground(127, 127, 127);
  $movie->setRate(12);

  $shape = new SWFShape();
  $shape->setLine(3,0,0,255);
  $shape->setLeftFill(255,255,255);
  $shape->movePenTo(0,0);
```

```
    $shape->drawLine(60,0);
    $shape->drawLine(0,40);
    $shape->drawLine(-60,0);
    $shape->drawLine(0,-40);

    $button = new SWFButton();
    $button->addShape($shape,
             SWFBUTTON_HIT | SWFBUTTON_UP |
             SWFBUTTON_DOWN | SWFBUTTON_OVER);

    $action = new SWFAction
            ("getURL('ufg52.php','_self');");
    $button->addAction($action, SWFBUTTON_HIT);

    $disp_button = $movie->add($button);
    $disp_button->moveTo(70,55);

    $font = new SWFFont("_sans");
    $text = new SWFTextField();
    $text->setFont($font);
    $text->addString("Click");

    $disp_text = $movie->add($text);
    $disp_text->moveTo(85,70);

    $movie->save("test.swf");
?>
```

Listing F.114 Datei ufg63.php

Zur Erläuterung:

- Es wird zunächst ein weißes Rechteck mit blauer Umrandung erzeugt.
- Mit dem Ausdruck `new SWFButton()` wird ein neues Objekt der Klasse `SWFButton` erzeugt. Dies sind Objekte, mit denen Aktionen ausgelöst werden können. Es wird ein Zeiger auf ein Button-Objekt zurückgeliefert, der zum weiteren Bearbeiten dient. Der Button hat noch keine Form. **new SWFButton()**
- Die Methode `addShape()` der Klasse `SWFButton` dient dazu, dem Button eine Form zu geben. Sie benötigt zwei Parameter: den Zeiger auf das Shape-Objekt für die Form und eine Konstante bzw. eine Liste von Konstanten. Diese Konstanten bezeichnen die möglichen Aktionen, die mit diesem Button durchgeführt werden können. Die Elemente der Liste werden über ein bitweises Oder miteinander verknüpft. Es gibt die vier **addShape()**

Aktionen hit (Drücken und Loslassen), up (Loslassen), down (Drücken) und over (Bewegen über).

new SWFAction()

- Mit dem Ausdruck new SWFAction() wird ein neues Objekt der Klasse SWFAction erzeugt. Dies sind Objekte für kleine Programmstücke. Es wird ein Zeiger auf ein Action-Objekt zurückgeliefert, der zum weiteren Bearbeiten dient.

addAction()

- Die Methode addAction() der Klasse SWFButton ordnet einer Aktion des Buttons ein kleines Programmstück zu. Sie benötigt zwei Parameter: den Zeiger auf das Action-Objekt und das Programmstück als Zeichenkette.

getURL()

- Im vorliegenden Fall wird in dem Programmstück die Funktion getURL() aufgerufen, die zum Wechsel der Internetseite dient. Diese Funktion benötigt zwei Parameter: die URL und das Zielfenster. Die Bezeichnungen der Zielfenster sind aus HTML bekannt. Mit _self wird das aktuelle Browserfenster bezeichnet.

F.13 Fehler

Bei der Entwicklung von Programmen werden normalerweise immer wieder Fehler gemacht. Während der Entwicklungszeit ist es wichtig, diese Fehler frühzeitig zu erkennen, aus Ihnen zu lernen, sie zur Verbesserung des Programms zu nutzen und zu beseitigen. Zur Ausführungszeit auf einem Produktionssystem wiederum sollten evtl. verbliebene Fehler nicht mehr angezeigt werden. Solche Anzeigen bieten einem Betrachter Informationen, durch die er Angriffe auf das System ausführen könnte.

F.13.1 Anzeige von Fehlern

Ein PHP-Programm mit einigen Fehlern:

```
<?php
  echo $a;
  echo 1/0;
  f();
  echo 1/0;
?>
```

Listing F.115 Datei ufg70.php

Die Ausgabe sieht, je nach Einstellung, in etwa wie folgt aus:

```
Notice: Undefined variable: a in
...ufg70.php on line 2
```

```
Warning: Division by zero in
...ufg70.php on line 3
Fatal error: Unknown function: f() in
...ufg70.php on line 4
```

Zur Erläuterung:

- Bei Fehleranzeigen wird unterschieden zwischen:
  - Hinweisen auf einen leichten Fehler (`Notice`), der evtl. zu einem größeren Fehlern führen könnte — Notice
  - Warnungen vor einem mittelschweren Fehler (`Warning`) — Warning
  - schweren Fehlern (`Fatal Error`), die zum Abbruch des Programms führen — Fatal Error
- Auf die Ausgabe der Variablen `$a`, die noch keinen Wert hat, wird mit einem Hinweis (`Notice`) hingewiesen. Dies wird bei einer Standard-Installation unterdrückt. Bei einer Entwicklungsumgebung sollte man das ändern (siehe den folgenden Abschnitt).
- Auf die Division durch 0 wird mit einer Warnung (`Warning`) reagiert.
- Der Aufruf einer unbekannten Funktion führt zu einer Fehleranzeige (`Fatal Error`) und einem unmittelbaren Abbruch des Programms. Daher wird die zweite Division durch 0 nicht mehr durchgeführt.
- Warnungen und Fehler beinhalten den Namen der Datei inklusive des Pfades und die Nummer der Zeile. Hier kann ein potenzieller Angreifer bereits Rückschlüsse auf das verwendete System ziehen. Bei einer Produktionsumgebung sollte man das ändern (siehe den folgenden Abschnitt). — Angriff

F.13.2 Konfiguration der Anzeige von Fehlern

Eine Möglichkeit, die Anzeige von Fehlern zu steuern, bieten die Parameter in der Konfigurationsdatei `php.ini`. Diese Datei findet sich bei einer XAMPP-Installation im Unterverzeichnis `apache/bin`. Sie beinhaltet u.a. die folgenden Parameter (mit Beispielwerten): — php.ini

```
error_reporting  =  E_ALL & ~E_NOTICE
display_errors = On
log_errors = Off
error_log = "C:\xampp\apache\logs\phperror.log"
```

Zur Erläuterung:

- Der Parameter `error_reporting` filtert die anzuzeigenden Fehler. Bei den Werten handelt es sich um Konstanten bzw. Kombinationen von — error_reporting

Konstanten, die mit den Bit-Operatoren `&` bzw. ~ verbunden werden. Die wichtigsten sind:

Konstante	Zahlenwert	Bedeutung
E_ERROR	1	Anzeige schwerer Fehler
E_WARNING	2	Anzeige mittelschwerer Fehler
E_NOTICE	8	Anzeige von Hinweisen
E_ALL	2047	Alles anzeigen
E_ALL & ~E_NOTICE	2039	Alles anzeigen, außer Hinweisen

display_errors

- Mit dem Parameter `display_errors` wird entschieden, ob Fehler überhaupt auf dem Bildschirm ausgegeben werden. Mögliche Werte sind `On` und `Off`.

log_errors

- Der Parameter `log_errors` entscheidet darüber, ob Fehler in einer Log-Datei (mit Datum und Uhrzeit) gespeichert werden. Auch hier sind die möglichen Werte `On` und `Off`.

error_log

- Mit Hilfe des Parameters `error_log` wird festgelegt, in welcher Datei (inklusive Pfad) auf dem Webserver Fehler gespeichert werden, falls `log_errors` auf `On` steht.

Die folgende Tabelle enthält die empfohlenen Einstellungen für ein Entwicklungssystem und ein Produktivsystem:

Parameter	Entwicklung	Produktion
error_reporting	E_ALL	E_ALL
display_errors	On	Off
log_errors	Off	On
error_log	(beliebig)	»C:\xampp\apache\logs\phperror.log«

ini_get()

Falls Sie feststellen möchten, welche aktuellen Einstellungen gelten, dann hilft das folgende Programm, das sich der Funktion `ini_get()` bedient.

```
<?php
  echo "error_reporting: " .
       ini_get("error_reporting");
  echo "<br>display_errors: " .
       ini_get("display_errors");
  echo "<br>log_errors: " . ini_get("log_errors");
  echo "<br>error_log: " . ini_get("error_log");
?>
```

Listing F.116 Datei ufg71.php

Die Ausgabe sieht, je nach Einstellung, in etwa wie folgt aus:

```
error_reporting: 2047
display_errors:
log_errors: 1
error_log: C:\xampp\apache\logs\phperror.log
```

Zur Erläuterung:

- Der Parameter `error_reporting` steht auf `E_ALL`, daher wird der Wert 2047 ausgegeben. Für die Einstellung `E_ALL & ~E_NOTICE` würde 2039 ausgegeben.
- Der Parameter `display_errors` steht auf `Off`, daher wird nichts ausgegeben.
- Der Parameter `log_errors` steht auf `On`, daher wird eine 1 ausgegeben.
- Bei `error_log` steht der Name der Log-Datei inklusive Pfad.

Falls Sie keine Möglichkeit haben, die Datei `php.ini` zu verändern, dann können die Parameter auch über die Funktion `ini_set()` verändert werden. Dies gilt allerdings nur für das aktuelle Programm. Ein Beispiel: ini_set()

```
<?php
  ini_set("error_reporting", 2047);
  ini_set("display_errors",0);
  ini_set("log_errors",1);
  ini_set("error_log", "log.txt");
  f();
?>
```

Listing F.117 Datei ufg72.php

Zur Erläuterung:

- Die Parameter sind gesetzt, wie für ein Produktionssystem empfohlen. Der Aufruf der unbekannten Funktion `f()` führt nur zu einem Eintrag in der Log-Datei `log.txt` im gleichen Verzeichnis.
- Die entsprechenden Anweisungen können natürlich auch in eine `include`-Datei ausgelagert werden. Damit hat man auf dem Entwicklungssystem und dem Produktionssystem jeweils die passende Fehleranzeige zur Verfügung.

F.13.3 Error-Handler

Mit der im vorherigen Abschnitt empfohlenen Einstellung werden Fehler in einem Produktionssystem nur noch in der Log-Datei gespeichert. Error-Handler bieten darüber hinaus die Möglichkeit, bei leichten bis mittelschweren Fehlern (`Notice`, `Warning`) Informationen über den Fehler zu sammeln.

Fehlerinfo per Mail

Diese Informationen können für den Benutzer ausgegeben werden. Man kann ihn dann um eine Benachrichtigung bitten. Eine weitere Möglichkeit wäre es, bei einem Fehler automatisch eine Mail zu generieren und abzusenden. Dies wird im folgenden Beispiel gezeigt:

```
<?php
  function eh($typ, $meldung, $datei, $zeile)
  {
    $empf =        "newuser@localhost";
    $sender =      "fehler@test.de";
    $betreff =     "Fehler Typ: $typ";
    $nachricht =   "Datum: ".date("d.m.Y",time())."\n";
    $nachricht .= "Zeit: ".date("H:i:s",time())."\n";
    $nachricht .= "Fehler Typ: $typ\n";
    $nachricht .= "Meldung: $meldung\n";
    $nachricht .= "Datei: $datei\n";
    $nachricht .= "Zeile: $zeile\n";

    mail($empf, $betreff, $nachricht, "From:$sender");
  }
  set_error_handler("eh");

  ini_set("display_errors", 0);
  echo $a;
  $b = 1/0;
  f();
  echo "Ende";
?>
```

Listing F.118 Datei ufg73.php

Die Ausführung dieses Programms führt zu zwei Mails. Die Anzeige sieht im E-Mail-Client des Empfängers so aus:

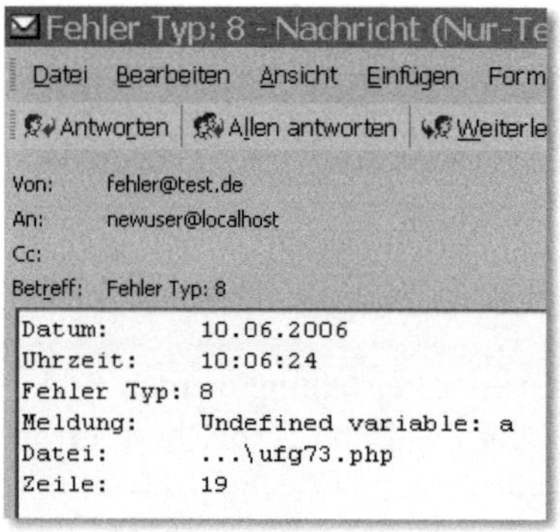

Abbildung F.145 Fehlermeldung: undefinierte Variable

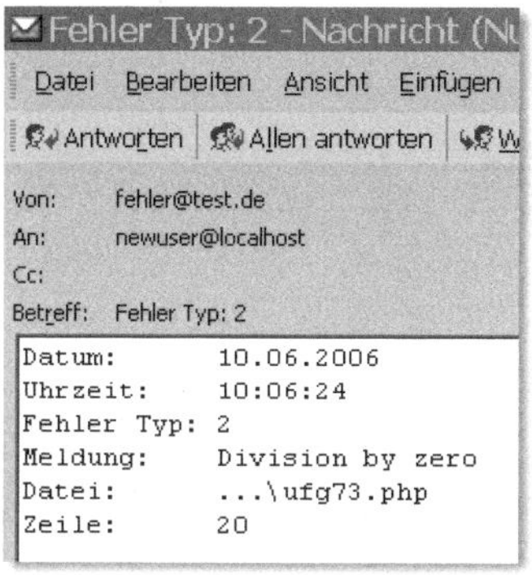

Abbildung F.146 Fehlermeldung: Division durch 0

Zur Erläuterung:

- Der Aufruf der Funktion `set_error_handler()` leitet das Behandeln von leichten bis mittelschweren Fehlern in eine Funktion um. Hier ist dies die Funktion `eh()`. Der (frei wählbare) Name der Funktion muss als Parameter angegeben werden. **set_error_handler()**
- Die Funktion `eh()` bekommt bei einem Fehler automatisch die folgenden Parameter geliefert: Typ, Meldung, Datei und Zeile. Diese werden hier zusammen mit Datum und Uhrzeit als Parameter für die Funktion `mail()` zusammengestellt und versendet. Weitere Informationen zur Funktion `mail()` sind im Abschnitt F.15, *Mail*, zu finden.
- Die Anzeige der Fehler wird in diesem Programm mit Hilfe der Funktion `ini_set()` unterdrückt
- Es folgen insgesamt drei Fehler. Die ersten beiden Fehler führen zum Aufruf des Error-Handlers und damit zu einer Mail. Der letzte, schwere Fehler führt zum Abbruch des Programms.

F.13.4 Exception-Handling

try, throw, catch

Exception-Handling bietet die Möglichkeit, bestimmte Fehler abzufangen. Dabei wird der Code-Bereich, in dem ein Fehler auftreten kann, in einen so genannten `try`-Block eingeschlossen. Es wird »versucht«, den Code auszuführen. Falls ein definierter Fehler auftritt, so wird ein Objekt der betreffenden Ausnahme-Klasse durch die Anweisung `throw` erzeugt. Anschließend wird statt des restlichen Codes in dem Bereich der Code in einem extra `catch`-Block ausgeführt, der Fehler wird somit »abgefangen«. Dies soll am Beispiel eines Programms erläutert werden, zu dem es zwei Versionen gibt.

Version 1 ohne Ausnahmebehandlung

```
<?php
  /* Dateizugriff */
  $fp = fopen("test.txt","r");
  $zeile = fgets($fp,50);
  echo "$zeile<p>";
  fclose($fp);

  /* Mathematik */
  $x = 24;
  for($y=4; $y>-5; $y--)
  {
     $z = $x / $y;
     echo "$x / $y = $z<br>";
  }
?>
```

Listing F.119 Datei ufg74.php

Zur Erläuterung:

Datei existiert nicht

- Zunächst wird eine Datei geöffnet, eine Zeile aus der Datei gelesen und die Datei geschlossen. Falls die Datei nicht existiert, tritt ein Fehler beim Lesen auf. Es sollte dann nicht mehr mit der Datei gearbeitet werden.

Division durch 0

- Anschließend wird die Zahl 24 nacheinander durch die Zahlen 4, 3, 2, 1, 0, –1, –2, –3, –4 geteilt. Bei der Division tritt ein Fehler auf, wenn durch 0 geteilt wird.

Die Ausgabe sieht in etwa wie folgt aus:

```
Warning: fopen(test.txt) [function.fopen]: failed to open
stream: No such file or directory in ...\ufg74.php on line 4
Warning: fgets(): supplied argument is not a valid stream
resource in ...\ufg74.php on line 5
Warning: fclose(): supplied argument is not a valid stream
resource in ...\ufg74.php on line 7
24 / 4 = 6
24 / 3 = 8
24 / 2 = 12
24 / 1 = 24
Warning: Division by zero in ...\ufg74.php on line 14
24 / 0 =
24 / -1 = -24
24 / -2 = -12
24 / -3 = -8
24 / -4 = -6
```

Version 2 mit Ausnahmebehandlung

Fehlerklasse

Zum Abfangen dieser Fehler werden für eine zweite Programmversion zwei Fehlerklassen definiert, die vom Programm über `try-throw-catch` angesprochen werden können. Diese Fehlerklassen werden von der allgemeinen Fehlerklasse `Exception` abgeleitet. Sie können zum Beispiel in einer `include`-Datei notiert werden:

```
<?php
/* Datei-Zugriff */
class DateiFehler extends Exception
{
   private $ausnahme;
   public function __construct($a)
   {
      $this->ausnahme = $a;
   }
   public function ausgabe()
   {
      echo "Datei-Fehler: $this->ausnahme<br>";
   }
}

/* Mathematik */
class MathFehler extends Exception
{
   private $ausnahme;
   public function __construct($a)
   {
      $this->ausnahme = $a;
   }
   public function ausgabe()
   {
      echo "Math. Fehler: $this->ausnahme<br>";
   }
}
?>
```

Listing F.120 Datei ufg75.inc.php

Beim Erzeugen eines Objekts der Klasse `DateiFehler` (oder `MathFehler`) wird die Objektvariable `$ausnahme` mit dem Wert des Konstruktor-Parameters `$a` belegt. Dabei handelt es sich um den Text der Fehlermeldung. Diese wird in der Ausgabe-Methode ausgegeben.

Diese Fehler-Klassen werden von folgendem Programm genutzt:

```
<?php
  include("ufg75.inc.php");

  /* Dateizugriff */
  try
  {
     $fp = fopen("test.txt","r");
     if(!$fp)
        throw new DateiFehler("Datei nicht vorhanden");
     $zeile = fgets($fp,50);
     echo "$zeile<p>";
     fclose($fp);
  }
  catch (DateiFehler $ausnahme)
  {
     $ausnahme->ausgabe();
  }

  /* Mathematik */
  $x = 24;
  for($y=4; $y>-5; $y--)
  {
     try
     {
        if($y==0)
           throw new MathFehler("Division durch 0");
        $z = $x / $y;
        echo "$x / $y = $z<br>";
     }
     catch (MathFehler $ausnahme)
     {
        $ausnahme->ausgabe();
     }
  }
?>
```

Listing F.121 Datei ufg75.php

Zur Erläuterung:

DateiFehler

- Der gesamte Dateizugriff wird in einen `try`-Block eingeschlossen. Falls die Datei nicht existiert, gibt die Funktion `fopen()` den Wert `false` zurück. In diesem Fall wird die `throw`-Anweisung aufgerufen, die ein neues Objekt der Klasse `DateiFehler` erzeugt und als Parameter die Fehlermeldung übergibt. Das Programm fährt mit dem `catch`-Block fort, in dem die Ausgabe-Methode aufgerufen wird, die für die Ausgabe der Fehlermeldung sorgt. Der Rest des `try`-Blocks wird nicht mehr bearbeitet.

- Innerhalb der Schleife werden die Division und die Ausgabe des Ergebnisses in einen `try`-Block eingeschlossen. Falls der Nenner 0 ist, wird die `throw`-Anweisung aufgerufen, die ein neues Objekt der Klasse `MathFehler` erzeugt und als Parameter die Fehlermeldung übergibt. Das Programm fährt mit dem `catch`-Block fort, in dem die Ausgabe-Methode aufgerufen wird, die für die Ausgabe der Fehlermeldung sorgt. Der Rest des `try`-Blocks wird nicht mehr bearbeitet. Das Programm fährt mit dem nächsten Schleifendurchlauf fort.

MathFehler

Die Ausgabe sieht so aus:

```
Warning: fopen(test.txt) [function.fopen]: failed to open
stream: No such file or directory in ...\ufg75.php on line 7
Datei-Fehler: Datei nicht vorhanden
24 / 4 = 6
24 / 3 = 8
24 / 2 = 12
24 / 1 = 24
Math. Fehler: Division durch 0
24 / -1 = -24
24 / -2 = -12
24 / -3 = -8
24 / -4 = -6
```

F.14 Sicherheit

Webserver im Internet sind häufig Angriffen ausgesetzt. Es gibt eine Reihe von Möglichkeiten, diese Angriffe abzuwehren. Eines muss allerdings klar sein: Es gibt keine völlige Sicherheit. Man sollte versuchen, den Grad an Sicherheit zu erhöhen und gleichzeitig das System noch benutzbar zu lassen.

Dies gilt für kleine Systeme genauso wie für große. Viele Angriffe sind automatisiert und unterscheiden nicht nach Systemgröße.

Untersuchungen zeigen, dass ein beachtlicher Anteil der Sicherheitslücken durch schlechte Programmierung entsteht. Neben den Administratoren, Providern und sonstigen Personen bzw. Institutionen, die den Zugang zu einem Webserver ermöglichen, ist also auch der PHP-Programmierer gefordert, seinen Anteil zur Erhöhung der Sicherheit beizutragen.

In diesem Abschnitt werden bewusst keine Angriffstechniken beschrieben, sondern nur Maßnahmen zur Verbesserung der Sicherheit genannt.

F.14.1 Programmpakete

Es gibt eine Reihe von Programmpaketen, die dem PHP-Programmierer einen Teil seiner Arbeit abnehmen können. Bei diesen Paketen sollte man sich darüber im Klaren sein, dass ihr hoher Verbreitungsgrad auch dazu führen kann, dass ihre Sicherheitslücken ebenfalls verbreitet sind. Es sollte darauf geachtet werden, dass die Pakete weiterhin vom Hersteller gepflegt werden und dass auch an der Beseitigung der Sicherheitslücken gearbeitet wird.

F.14.2 Sichtbare Daten

Daten, die nur der Programmierer benötigt, die aber für den Benutzer nicht wichtig sind, sollten nicht sichtbar gemacht werden. Alle sichtbaren Daten ergeben Informationen, die zu Angriffen genutzt werden können. Im Einzelnen bedeutet dies:

- Daten, die von einem PHP-Programm gesendet werden, sollten möglichst nicht (mit den Zeichen `&` und `?`) an die URL angehängt werden (`$_GET[...]`). Sie erscheinen anschließend lesbar in der Adresszeile des Browsers.
- Daten sollten nicht mit Hilfe von Formularelementen des Typs `hidden` von einem PHP-Programm zum Nächsten übertragen werden. Sie sind in der Quellcode-Ansicht des Browsers lesbar.
- Zur Datenübermittlung sollten Sessions verwendet werden (siehe den nächsten Abschnitt).
- Hinweise, Warnungen und Fehlermeldungen sollten auf einem Produktionssystem nicht ausgegeben werden. Einzelheiten dazu finden Sie in Abschnitt F.13, *Fehler*.

F.14.3 Sessions

Bei der Übermittlung von Daten zwischen PHP-Programmen bieten Sessions eine recht hohe Sicherheit. Aber auch hier gibt es Verbesserungsmöglichkeiten:

- Informationen über die Session werden in einem Cookie auf dem Client-PC festgehalten. Die Lebensdauer der Cookies kann mit Hilfe der Funktion `session_set_cookie_params()` beeinflusst werden, so dass diese nur eine begrenzte Zeit auf dem PC verbleiben.
- Der Benutzer entfernt sich während einer Session vom Arbeitsplatz und hinterlässt seinen PC unbeaufsichtigt. Abhilfe: Den Startzeitpunkt einer Session in einer Datenbank auf dem Server festhalten und die Gültigkeit

einer Session nach Ablauf einer maximal erlaubten Zeit automatisch beenden.

- Die Funktion `session_regenerate_id()` erzeugt eine neue Session mit einer neuen ID, dabei werden alle Daten der alten Session übernommen. So ist es einem Angreifer nicht mehr möglich, mit einer ihm bekannt gewordenen Session-ID oder einer von außen vorgegebenen Session-ID an weitere Daten zu kommen.
- Mit Hilfe der Funktion `session_cache_limiter()` kann das Speichern von Seiten, die auch Sessiondaten beinhalten, im Cache des Client-PCs oder auf einem Proxy vermieden werden.

F.14.4 Variablen

Der Zugriff, das Hinzufügen oder das Auslesen von Variablen der PHP-Programme sollte nicht ermöglicht werden können. Daher sollte Folgendes beachtet werden:

- Falls die Möglichkeit besteht, sollte der Schalter `globals` in der Datei `php.ini` auf `off` gestellt werden. Die Inhalte von Formularelementen können dann im empfangenden PHP-Programm nur noch über das Array `$_POST[...]` verarbeitet werden.
- Variablen sollten vor ihrer Nutzung initialisiert werden und nach Ende ihrer Nutzung mit der Funktion `unset()` wieder gelöscht werden.
- Der Gültigkeitsbereich von Variablen kann klein gehalten werden, wenn ein Programm stark modularisiert, d.h. in Funktionen zerlegt wird.

F.14.5 Eingaben prüfen

Formulare bieten viele Angriffsmöglichkeiten, da es hier notwendig ist, Daten vom Client zum Server zu übertragen. Abhilfe kann Folgendes bieten:

- Die Eingaben sollten vor der Weiterverarbeitung auf Typ und Plausibilität geprüft werden. Entsprechen sie dem erwarteten Datentyp? Liegen sie im erlaubten Wertebereich? Handelt es sich um eine der vorgegebenen Möglichkeiten?
- Eingaben sollten mit Hilfe der Funktion `htmlspecialchars()` vor der weiteren Verarbeitung umgewandelt werden, so dass kein schädlicher HTML-Code oder JavaScript-Code eingebettet werden kann. Die Funktion wandelt z.B. die Zeichen < und > oder Anführungszeichen in die entsprechenden HTML-Entities um (`<`, `>`, `"` usw.).

- Es sollte geprüft werden, woher die Daten kommen. Handelt es sich um die erwartete Quelle?
- Bei den übermittelten Werten sollte es sich nicht um Funktionsnamen oder Dateinamen handeln, die anschließend direkt aufgerufen oder anderweitig bearbeitet werden. Dies spart zwar Code, setzt aber die Sicherheit herab.
- Falls die Eingaben benötigt werden, um anschließend eine Datenbankabfrage zu generieren, so sollte mit der Funktion `mysql_real_escape_string()` gearbeitet werden. Diese setzt u.a. jedes Hochkomma in der Eingabe um in ein Backslash-Hochkomma. Dadurch wird das Einbetten von zusätzlichem, eventuell schädlichem SQL-Code verhindert.

F.14.6 Passwörter

Häufig kann der Zugang zu bestimmten Seiten nur mit einem Passwort erreicht werden. Die Sicherheit kann hier durch folgende Maßnahmen erhöht werden:

- Passwörter sollten eine bestimmte Mindestlänge haben. Sie sollten sowohl kleine Zeichen als auch große Zeichen als auch Ziffern, ggf. auch bestimmte Sonderzeichen beinhalten.
- Diese Regeln sollten in beiden möglichen Fällen beachtet werden: falls der Benutzer sein Passwort selbst wählen kann oder falls der Betreiber des Webservers ein per PHP-Programm generiertes Passwort vorgibt.
- Die Speicherung des Passworts in einer Datenbank sollte in verschlüsselter Form erfolgen, z.B. mit Hilfe der Funktion `md5()`. Beim Vergleich wird dann die verschlüsselte Eingabe mit dem verschlüsselt gespeicherten Passwort verglichen.

F.15 Mail

automatisierte E-Mail

Bei vielen Websites besteht die Notwendigkeit, automatisierte E-Mails zu versenden. Diese dienen z.B. als Bestellbestätigungen, Statusinformationen, Registrierungen, Rechnungen u.v.m. In diesem Abschnitt werden zwei Möglichkeiten zum Mailversand vorgestellt: die PHP-Funktion `mail()` und ein frei verfügbares Produkt namens *HTML Mime Mail*.

F.15.1 Lokale Testumgebung

Mercury Mail

Die eigenen, per PHP erzeugten E-Mails können entweder über den lokalen Mail-Server oder von einem Server im Internet versandt werden. Bei der in diesem Buch empfohlenen XAMPP-Installation für Windows ist der Mail-Server `Mercury Mail` enthalten. Für die Tests muss er zunächst im Xampp Control Panel gestartet werden.

newuser@localhost

Es sind bereits drei Adressen eingerichtet: `admin@localhost`, `postmaster@localhost` und `newuser@localhost`. Falls eine Mail z.B. an `newuser@localhost` gesendet wird, dann liegt diese im entsprechenden Postfach. Dies ist das Verzeichnis `MercuryMail/MAIL/newuser` im Verzeichnis der XAMPP-Installation.

E-Mail-Konto

Die Mail kann dort schon einmal mit einem Text-Editor kontrolliert werden. Besser ist es allerdings, ein E-Mail-Konto (Typ: POP3) unter dem eigenen E-Mail-Client einzurichten. Der unter XAMPP bereits eingerichtete Kontoname des Posteingangsservers lautet `newuser`, das Kennwort `wampp`, die Serveradressen sind jeweils `127.0.0.1`. Nun ist der E-Mail-Client in der Lage, die Mail aus dem Postfach des lokalen Mail-Servers `Mercury Mail` abzuholen und wie gewohnt darzustellen.

SMTP-Konfiguration

Sollte ein Problem mit der Einstellung bestehen, dann kann es nützlich sein, die SMTP-Konfiguration für PHP in der Datei `php.ini` zu kontrollieren. Im folgenden Programm wird die Funktion `ini_get()` zur Ausgabe der wichtigen Werte aufgerufen:

```
<?php
  echo "SMTP-Server: " . ini_get("SMTP") . "<br>";
  echo "Port: " . ini_get("smtp_port");
?>
```

Listing F.122 Datei ufg80.php

Die Ausgabe sieht bei der Standard-Installation von XAMPP wie folgt aus:

Abbildung F.147 Lokaler Mailserver

F.15.2 Erste Mail mit mail()

mail()

Die PHP-Funktion mail() benötigt fünf Parameter: Empfänger, Betreff, Nachricht, eine Sammlung von zusätzlichen Mail-Headern und eine Sammlung von zusätzlichen Parametern. Die beiden letzten Parameter sind optional. Zunächst eine einfache Mail:

```
<?php
  mail("newuser@localhost",
       "Das ist der Betreff",
       "Hallo,\ndas ist die Nachricht.\nBis dann",
       "From:absender@test.de");
?>
```

Listing F.123 Datei ufg81.php

Das Ergebnis sieht in einem E-Mail-Client so aus:

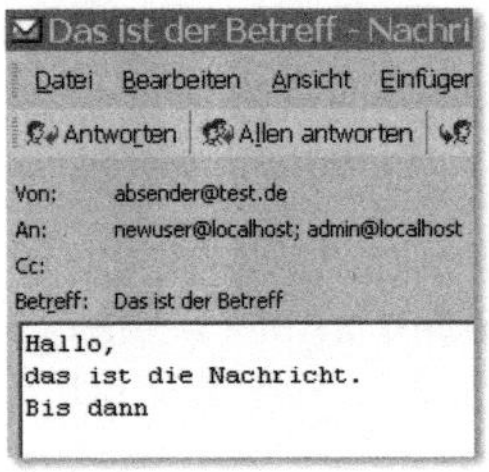

Abbildung F.148 Eine erste Mail

Zur Erläuterung:

- Beim Empfänger ist die bereits besprochene Adresse auf dem lokalen Mail-Server angegeben.
- Zeilenumbrüche in der Nachricht können mit \n erzeugt werden. Zeilenumbrüche im Empfänger und im Betreff sind zu vermeiden.
- Mail-Header: Zusätzliche Mail-Header werden in der Form <Header-Typ>:<Header-Inhalt> notiert. Der Header-Typ From ist für den Absender.

Header-Typ From

Die Mail kann von vielen Mail-Servern im Internet auch ohne den Header-Typ From versandt werden. Dies ist allerdings nicht zu empfehlen, da in diesem Fall automatisch ein eigener Absendername wie z.B. www verwendet wird. Dies sieht beim Empfänger nicht sehr ansprechend aus.

F.15.3 HTML-Mail mit mail()

Weitere Möglichkeiten sollen mit der folgenden Mail gezeigt werden. Diese besteht aus einer Nachricht im HTML-Format. Auch wenn dies nicht immer gern gesehen wird, sind die meisten E-Mail-Clients in der Lage, eine solche Nachricht darzustellen. Zusätzlich werden sichtbare Kopien der Mail an zwei Empfänger versandt und die Antwort-Adresse verändert:

```
<?php
  mail("newuser@localhost",
       "Das ist der Betreff",
       "<html><body><table border><tr>" .
       "<td>Hallo</td></tr></table></body></html>",
       "From:absender@test.de\r\n" .
       "Cc:postmaster@localhost, admin@localhost\r\n" .
       "Reply-To:service@test.de\r\n" .
       "Content-type: text/html");
?>
```

Listing F.124 Datei ufg82.php

Das Ergebnis im E-Mail-Client:

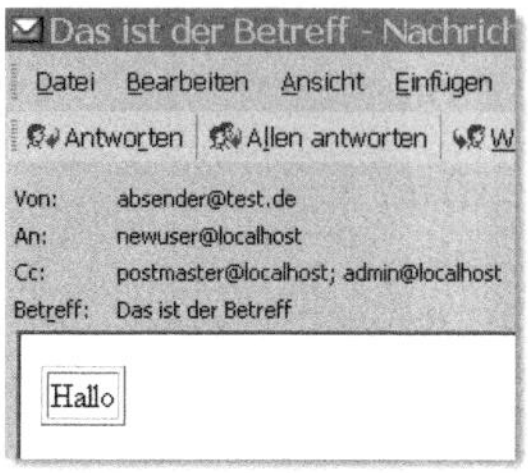

Abbildung F.149 HTML-Mail mit Cc

Falls man diese Mail direkt über die Antwort-Funktion des E-Mail-Clients beantwortet, sieht das zunächst wie folgt aus:

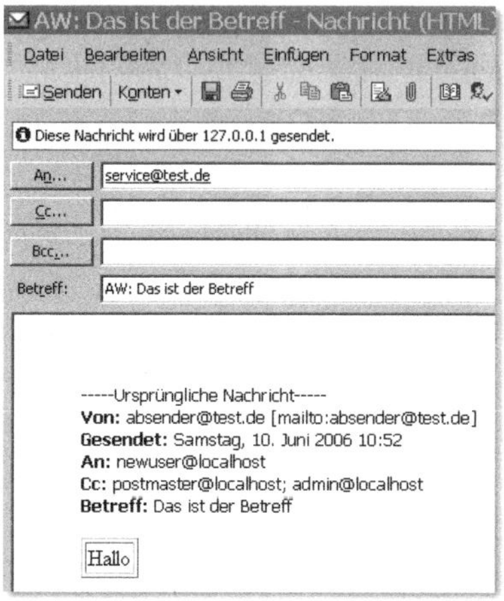

Abbildung F.150 Antwort an eine andere Adresse

Zur Erläuterung:

Content-type text/html

- Im dritten Parameter wird ein komplettes HTML-Dokument inklusive Nachricht notiert. Außerdem muss im vierten Parameter der Header-Typ `Content-type` mit dem Inhalt `text/html` angegeben werden. Falls man dies unterlässt, wird der Original-HTML-Code in der Mail ausgegeben.

mehrere Mail-Header

- Im vierten Parameter werden einige zusätzliche Mail-Header notiert. Diese werden durch die Zeichen `\r\n` voneinander getrennt.

Cc, Bcc

- Der Header-Typ `Cc` dient zur Angabe des sichtbaren Kopie-Empfängers. Es gibt natürlich auch den Header-Typ `Bcc` zur Angabe des unsichtbaren Empfängers einer Kopie. Sollten mehrere Empfänger eingetragen werden, so werden diese einfach durch Komma voneinander getrennt. Dies gilt auch im Header-Inhalt für `Cc` und `Bcc`.

Reply-To

- Normalerweise geht die Antwort einer Mail an den Absender zurück. Falls dies nicht gewünscht ist, kann der Header-Typ `Reply-To` mit einer anderen Adresse als Header-Inhalt angegeben werden. Diese wird dann von der Antwort-Funktion des E-Mail-Clients genutzt.

F.15.4 Erste Mail mit HTML Mime Mail

phpguru.org

HTML Mime Mail ist ein Produkt von Richard Heyes (`http://www.phpguru.org`), das unter der BSD-Lizenz genutzt werden kann. Es ist objektorientiert programmiert und bietet viele Möglichkeiten zum komfortablen Mail-Versand.

Installation

Die Datei `htmlMimeMail<Version>.zip` sollte in ein Verzeichnis entpackt werden, das per `include()` bzw. `require()` erreicht werden kann. Für die vorliegenden Beispiele ist dies das Unterverzeichnis `hmm`. Betrachten wir zunächst ein einfaches Programm, das die gleiche Mail erzeugt wie im ersten Beispiel in diesem Abschnitt:

```
<?php
    require_once("hmm/htmlMimeMail.php");
    $mail = new htmlMimeMail();
    $mail->setFrom("absender@test.de");
    $mail->setSubject("Das ist der Betreff");
    $mail->setText
         ("Hallo,\ndas ist die Nachricht.\nBis dann");
    $empf = array("newuser@localhost");
    $mail->send($empf);
?>
```

Listing F.125 Datei ufg83.php

Zur Erläuterung:

- Die Datei `htmlMimeMail.php` beinhaltet die Klasse `htmlMimeMail` und wird einmalig in das Programm eingebunden. **Klasse htmlMimeMail**
- Es wird ein neues Objekt der Klasse `htmlMimeMail()` erzeugt. Rückgabewert ist ein Zeiger zum weiteren Bearbeiten des Objekts.
- Die Methoden `setFrom()`, `setSubject()` und `setText()` setzen Absender, Betreff und Nachricht der Mail. Parameter ist jeweils eine Zeichenkette. **setFrom(), setSubject(), setText()**
- Die Methode `send()` sendet die Mail an alle Empfänger, die im Parameter-Array angegeben sind. Falls weitere Empfänger gewünscht sind, muss dieses Array entsprechend vergrößert werden. **send()**

F.15.5 HTML-Mail mit HTML Mime Mail

Es folgt eine HTML-Mail. Eine Kopie wird an zwei weitere Empfänger versandt:

```
<?php
  require_once("hmm/htmlMimeMail.php");
  $mail = new htmlMimeMail();

  $mail->setFrom("absender@test.de");
  $mail->setCc("postmaster@localhost,
              admin@localhost");
  // $mail->setReturnPath("service@test.de");
  $mail->setSubject("Das ist der Betreff");

  $html = "<html><body><table border><tr>" .
          "<td>Hallo</td></tr></table></body></html>";
  $mail->setHTML($html);

  $mail->send(array("newuser@localhost"));
?>
```

Listing F.126 Datei ufg84.php

Zur Erläuterung:

- Die Methode `setCc()` setzt einen oder mehrere sichtbare Kopie-Empfänger. Falls es mehrere gibt, dann werden sie in eine Zeichenkette gesetzt, jeweils durch ein Komma getrennt. Die Methode `setBcc()` zum Setzen der unsichtbaren Kopie-Empfänger arbeitet genauso. **setCc(), setBcc**
- Die Methode `setReturnPath()` soll den Empfänger der Antwort setzen, falls dies nicht der Mail-Absender sein soll. Allerdings funktioniert **setReturnPath()**

dies in der für dieses Buch vorliegenden Version noch nicht zufriedenstellend.

setHTML()
- Es wird die Methode `setHTML()` statt der Methode `setText()` eingesetzt. Der Parameter dieser Methode ist eine Zeichenkette mit HTML-Code. Der Content-Type muss nicht mehr gesetzt werden.

F.15.6 HTML-Mail mit Bild

Zum Versenden von HTML-Dateien mit Bildern muss der Aufruf der Methode `setHTML()` etwas umfangreicher sein. Der Pfad zu dem Verzeichnis, in dem das Bild gespeichert ist, muss mit angegeben werden. Eine Beispiel-Mail mit Bild könnte im E-Mail-Client des Empfängers so aussehen:

Abbildung F.151 HTML-Mail mit Bild

Der Programmcode:

```
<?php
  require_once("hmm/htmlMimeMail.php");
  $mail = new htmlMimeMail();
  $mail->setFrom("absender@test.de");
  $mail->setSubject("Mail mit Bild");

  $html = "<html><body>" .
          "<img src='vogel.jpg'></body></html>";
  $mail->setHTML($html, "", dirname(__FILE__) . "/");

  $mail->send(array("newuser@localhost"));
?>
```

Listing F.127 Datei ufg85.php

Zur Erläuterung:

- Der HTML-Code wird zur besseren Übersichtlichkeit in einer Variablen gespeichert. Er beinhaltet die `img`-Markierung zum Einbinden eines Bildes im gleichen Verzeichnis.
- Die Methode `setHTML()` wird diesmal mit drei Parametern aufgerufen. Im ersten Parameter steht nach wie vor der HTML-Code. Der zweite Parameter wird hier nicht benötigt und kann eine leere Zeichenkette beinhalten. **setHTML()**
- Im dritten Parameter wird der Pfad zu dem Verzeichnis angegeben, in dem das Bild gespeichert ist. Da es sich um das aktuelle Verzeichnis handelt, kann der Verzeichnisname mit der Funktion `dirname()` und der Konstanten `__FILE__` ermittelt werden. **dirname(), __FILE__**

F.15.7 Mail mit Anlage

Einer Mail können bekanntlich beliebige Dateien als Anlage mitgegeben werden. Im folgenden Beispiel wurden der Mail zwei Bild-Dateien angehängt. Das Ergebnis sieht im E-Mail-Client des Empfängers so aus:

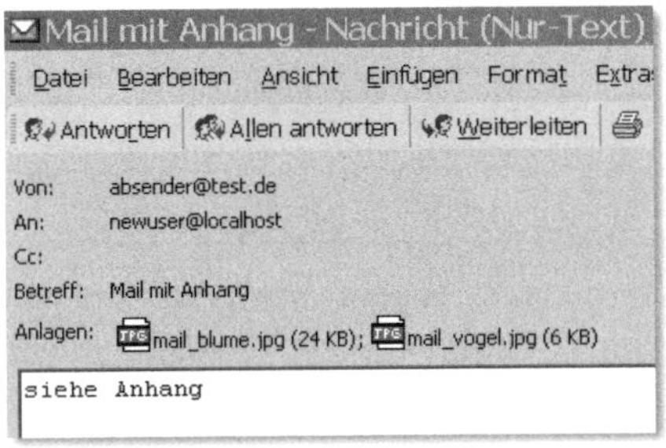

Abbildung F.152 Mail mit Anhang

Der Programmcode:

```
<?php
  require_once("hmm/htmlMimeMail.php");
  $mail = new htmlMimeMail();
  $mail->setFrom("absender@test.de");
  $mail->setSubject("Mail mit Anhang");
  $mail->setText("siehe Anhang");

  $inhalt = $mail->getFile("blume.jpg");
  $mail->addAttachment($inhalt, "mail_blume.jpg");

  $inhalt = $mail->getFile("vogel.jpg");
  $mail->addAttachment($inhalt, "mail_vogel.jpg");
```

```
  $mail->send(array("newuser@localhost"));
?>
```

Listing F.128 Datei ufg86.php

Zur Erläuterung:

- Dies ist eine Text-Mail, daher wurde die Methode `setText()` zum Hinzufügen des Textes benutzt.
- getFile() Die Methode `getFile()` dient zum binären Einlesen einer Datei. Rückgabewert sind die gesammelten Datei-Informationen.
- addAttachment() Die Methode `addAttachment()` fügt der Liste der Anlagen ein weiteres Element hinzu. Sie benötigt zwei Parameter: die gesammelten Datei-Informationen und einen frei wählbaren Namen für die zu versendende Datei (mit der richtigen Endung). Unter diesem Dateinamen erscheint die Datei in der Liste der Anlagen der E-Mail beim Empfänger. Dies kann auch der Name der Original-Datei sein.

F.15.8 Mail mit unmittelbar erzeugter Anlage

Im vorherigen Abschnitt wurde eine vorhandene, bereits gespeicherte Datei als Anlage eingebunden. Es ist aber auch möglich, eine Anlage per PHP-Programm zu erzeugen und ohne Speicherung der Mail direkt zu übergeben.

Im folgenden Beispiel wird ein PDF-Objekt erzeugt. Dieses Objekt wird der Mail als Anlage übergeben. Beim Empfänger liegt sie dann als separate PDF-Datei vor. Das Ergebnis sieht im E-Mail-Client des Empfängers wie folgt aus:

Abbildung F.153 Mail mit unmittelbar erzeugter Anlage

Der Programmcode:

```
<?php
  require_once("hmm/htmlMimeMail.php");
  $mail = new htmlMimeMail();
  $mail->setFrom("absender@test.de");
  $mail->setSubject("Datei");
  $mail->setText("siehe Anhang");

  require("fpdf/fpdf.php");
  $pdf = new FPDF();
  $pdf->SetFont("Helvetica", "B", 24);
  $pdf->AddPage();
  $pdf->Write(20, "Hallo Welt");

  $mail->addAttachment($pdf->Output("","S"),
                       "hallo.pdf");

  $mail->send(array("newuser@localhost"));
?>
```

Listing F.129 Datei ufg87.php

Zur Erläuterung:

- Das PDF-Objekt wird auf die gleiche Art und Weise erzeugt wie in Abschnitt F.11, *PDF-Dateien*, erläutert. Die Methode `Output()` der Klasse `FPDF` dient zur Ausgabe der gesammelten Informationen des PDF-Objekts. Falls als zweiter Parameter »S« angegeben wird, dann wird das PDF-Objekt als Zeichenkette ausgegeben. **FPDF->Output()**
- Diese Zeichenkette eignet sich wiederum als erster Parameter der Methode `addAttachment()`. Als zweiter Parameter der Methode `addAttachment()` wird ein frei wählbarer Name angegeben (mit der richtigen Endung). Unter diesem Dateinamen erscheint die Datei in der Liste der Anlagen der E-Mail beim Empfänger. **addAttachment()**

In diesem Kapitel werden zwei typische Anwendungsprojekte beschrieben: ein Chat und ein Forum. Besonderer Wert wird auf das Zusammenspiel von PHP, JavaScript und CSS gelegt.

G Projekte

G.1 Projekt Chat

Es soll eine Anwendung geschrieben werden, mit deren Hilfe ein einfacher Chat in eine Website integriert werden kann. Dazu gibt es natürlich im Internet einige vorgefertigte Lösungen. Hier kommt es aber auf die Entwicklung mit den vorhandenen Mitteln und auf das Verständnis des Zusammenspiels der einzelnen Komponenten an.

Die Chat-Anwendung wird in zwei Versionen angeboten:

- Eine Version »Textdatei«, die auf Websites ohne Datenbankanbindung eingesetzt werden kann. Die zugehörigen Programmdateien befinden sich im Unterverzeichnis `chat_text`. **Textdatei**
- Eine Version »Datenbank«, die für Websites mit MySQL-Datenbank-Anbindung dient. Die zugehörigen Programmdateien befinden sich im Unterverzeichnis `chat_db`. **Datenbank**

Außerdem werden mögliche, individuelle Erweiterungen angesprochen, die eine Standard-Anwendung nicht bieten kann.

G.1.1 Frame-Aufbau

Beide Versionen haben den gleichen Frame-Aufbau. Sie unterscheiden sich nur in der Form der Datenabspeicherung. In der Version »Textdatei« werden die bisherigen Chat-Beiträge bei der Darstellung aufsteigend sortiert. In der Version »Datenbank« wird die Darstellung in absteigender Form ohne Mühe ermöglicht, so dass der neueste Beitrag oben steht.

In Abbildung G.1 auf der nächsten Seite sehen Sie zunächst eine Gesamtdarstellung, in der Version »Textdatei«.

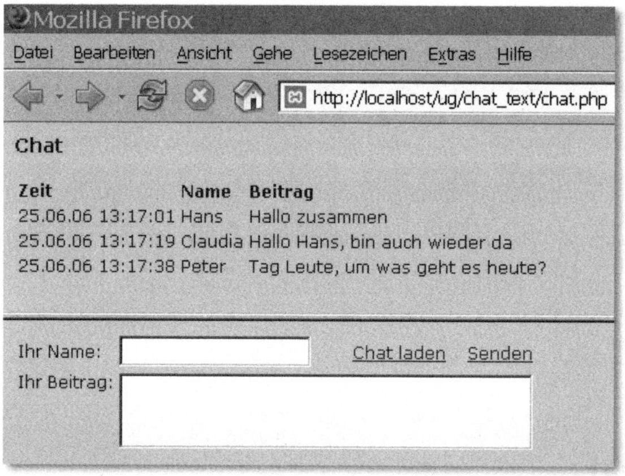

Abbildung G.1 Ausgabe Gesamt

Frame-Steuerdatei

Es wird eine Aufteilung in Frames vorgenommen. Dazu dient die Frame-Steuerdatei:

```
<html>
<frameset rows="2*,*">
   <frame src="chat_aus.php" name="ausgabe">
   <frame src="chat_ein.php" name="eingabe">
</frameset>
</html>
```

Listing G.1 Datei chat.php

Zur Erläuterung:

- Die Aufteilung der beiden Frame-Zeilen im Verhältnis 2:1 wurde nur für diese Darstellung gewählt. Sie sollte eher 5:1 betragen.
- Im oberen Frame werden die bisherigen Beiträge ausgegeben, das Programm steht in `chat_aus.php`, und der Frame hat den Namen `ausgabe`.
- Im unteren Frame können neue Beiträge eingegeben werden, das Programm steht in `chat_ein.php`, und der Frame hat den Namen `eingabe`.

G.1.2 CSS-Formatierung

Beide Dateien binden die folgende CSS-Datei zur einheitlichen Formatierung ein:

```
body,td    {font-family: Verdana; font-size: 9pt;
            background-color:#d0dce0; color:#00008b}
a:link     {font-family: Verdana; font-size: 9pt;
            color: #0000ff}
```

```
a:visited {font-family: Verdana; font-size: 9pt;
           color: #0000ff}
a:hover   {font-family: Verdana; font-size: 9pt;
           color: #ff0000}
```

Listing G.2 Datei chat.css

zentrale Formatierung

Zur Erläuterung:

- Es wird für das gesamte Dokument und für die Tabellenzellen die Schriftart Verdana, Größe 9 Punkt, Farbe mittelblau gewählt. Der Hintergrund ist hellblau.
- Ein Link wird in der gleichen Formatierung dargestellt, allerdings mit Unterstreichung. Wenn der Benutzer mit der Maus über den Link fährt, wird dieser rot eingefärbt.

G.1.3 Ausgabe, Version »Textdatei«

Inhalte lesen und ausgeben

Die bisherigen Beiträge werden im oberen Frame durch das folgende Programm aus der Textdatei gelesen und auf dem Bildschirm ausgegeben:

```
<html>
<head>
<link rel="stylesheet" type="text/css" href="chat.css">
</head>
<body>
<h3>Chat</h3>
<?php
/* Datei mit chat-Daten auslesen */
$fp = @fopen("chatdata.txt","r");
if($fp)
{
   echo "<table>";
   echo "<tr><td><b>Zeit</b></td>";
   echo "<td><b>Name</b></td>";
   echo "<td><b>Beitrag</b></td></tr>";

   /* alle Zeilen lesen und ausgeben */
   while(!feof($fp))
   {
      $tabzeile = fgets($fp,200);
      echo "$tabzeile";
   }
   echo "</table>";
   fclose($fp);
}
```

```
?>
</body>
</html>
```

Listing G.3 Datei chat_aus.php, Version Textdatei

Zur Erläuterung:

- Zunächst wird die CSS-Formatierungsdatei eingebunden.
- Im PHP-Teil wird die Datei mit den Beiträgen (`chatdata.txt`) zum Lesen geöffnet.
- Falls dies erfolgreich war, so wird eine dreispaltige Tabelle begonnen mit den Überschriften `Zeit`, `Name` und `Beitrag`.
- Alle Zeilen der Textdatei werden mit Hilfe der `while`-Schleife gelesen. Jede Zeile beinhaltet die Formatierungen für die HTML-Tabelle, und sie wird vollständig ausgegeben.

G.1.4 Darstellung der Textdatei

Struktur

Die Textdatei hat folgenden Aufbau:

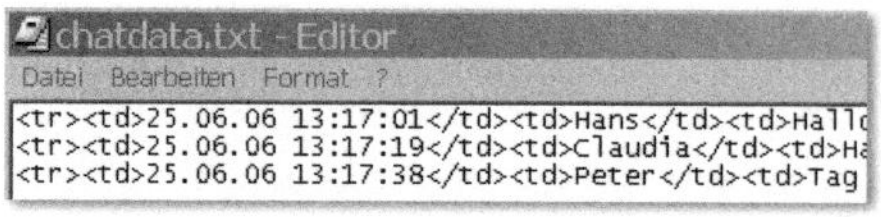

Abbildung G.2 Textdatei

Jede Zeile ist bereits eine vollständige HTML-Tabellenzeile.

G.1.5 Ausgabe, Version Datenbank

Die bisherigen Beiträge werden im oberen Frame durch das folgende Programm aus der Datenbank gelesen und auf dem Bildschirm ausgegeben:

```
<html>
<head>
<link rel="stylesheet" type="text/css" href="chat.css">
</head>
<body>
<h3>Chat</h3>
<?php
/* Datei mit chat-Daten auslesen */
mysql_connect("","root");
mysql_select_db("chat");
$res = mysql_query("select * from daten order by zeit desc");
```

```
if(mysql_num_rows($res)>0)
{
   echo "<table>";
   echo "<tr><td><b>Zeit</b></td>";
   echo "<td><b>Name</b></td>";
   echo "<td><b>Beitrag</b></td></tr>";

   while($dsatz = mysql_fetch_assoc($res))
   {
      $z = $dsatz["zeit"];
      $zs = substr($z,8,2) . "." . substr($z,5,2)
            . "." . substr($z,0,4) . " " . substr($z,11);
      echo "<tr>";
      echo "<td>$zs</td>";
      echo "<td>" . $dsatz["nick"] . "</td>";
      echo "<td>" . $dsatz["beitrag"] . "</td>";
      echo "</tr>";
   }
   echo "</table>";
}
?>
</body>
</html>
```

Listing G.4 Datei chat_aus.php, Version Datenbank

Datenbank lesen und ausgeben

Zur Erläuterung:

- Zunächst wird die CSS-Formatierungsdatei eingebunden.
- Im PHP-Teil werden aus der Datenbank `chat` alle Datensätze aus der Tabelle `daten` geholt. Diese sind nach dem Feld `zeit` absteigend sortiert, so dass der neueste Beitrag der erste Beitrag ist.
- Falls Datensätze vorhanden sind, so wird eine dreispaltige Tabelle begonnen mit den Überschriften `Zeit`, `Name` und `Beitrag`.
- Alle Datensätze werden mit Hilfe der `while`-Schleife und der Funktion `mysql_fetch_assoc()` im assoziativen Feld `$dsatz` gespeichert.
- Der automatisch erstellte MySQL-Timestamp im Datenfeld `zeit` wird zerlegt, damit er formatiert ausgegeben werden kann.
- Die drei Angaben jedes Datensatzes werden als HTML-Tabellenzeile ausgegeben.

G.1.6 Darstellung der Datenbanktabellen

Die Tabelle `chat` hat folgende Struktur:

Struktur

Server: localhost ▸ Datenbank: chat ▸ Tabelle: daten

Anzeigen | Struktur | SQL | Suche | Einfügen | Exp

	Feld	Typ	Kollation	Attribute
☐	zeit	timestamp		ON UPDATE CURRENT_TIMESTAMP
☐	nick	varchar(15)	latin1_general_ci	
☐	beitrag	varchar(255)	latin1_general_ci	

Abbildung G.3 Tabellenstruktur Chat

Einige Beispieldaten:

Daten

zeit	nick	beitrag
2006-06-25 13:17:01	Hans	Hallo zusammen
2006-06-25 13:17:19	Claudia	Hallo Hans, bin auch wieder da
2006-06-25 13:17:38	Peter	Tag Leute, um was geht es heute?

Abbildung G.4 Daten Chat

G.1.7 Eingabe, Head

Die Datei `chat_ein.php` mit dem Programm zur Eingabe eines neuen Beitrags ist etwas umfangreicher, daher wird sie nachfolgend in drei Teilen dargestellt:

- Teil 1: Head mit CSS und JavaScript-Funktionen. Dieser ist für beide Versionen gleich.
- Teil 2: PHP-Abschnitt zum Speichern eines neuen Beitrags. Dieser unterscheidet sich und wird daher in zwei Versionen erläutert.
- Teil 3: Formular zum Eingeben eines neuen Beitrags. Dieses ist für beide Versionen gleich.

Es folgt Teil 1, also der Head mit CSS und JavaScript-Funktionen:

```
<html>
<head>
<link rel="stylesheet" type="text/css" href="chat.css">
<script type="text/javascript">

/* Beitrag senden, falls Name und Beitrag vorhanden */
function send()
{
   if(document.f.nick.value != "" &&
      document.f.beitrag.value != "")
```

```
      document.f.submit();
}

/* Chat-Anzeige aktualisieren */
function reload()
{
   parent.ausgabe.location.href = "chat_aus.php";
}
</script>
</head>
```

Listing G.5 Datei chat_ein.php, Teil 1

Zur Erläuterung:

- Zunächst wird die CSS-Formatierungsdatei eingebunden.
- Im JavaScript-Teil wird mit Hilfe der Funktion `send()` überprüft, ob der Benutzer seinen (Nick-)Namen und einen Beitrag in den beiden Formularfeldern eingetragen hat. Falls ja, wird das Formular abgesendet.
- Die Funktion `reload()` dient zum neuen Laden des oberen Frames, also der Ausgabeseite. Dies geschieht sowohl »automatisch« nach dem Eintragen des neuen Beitrags als auch bei Betätigung des Links »Chat laden«, ohne Eingabe eines neuen Beitrags.

JavaScript-Prüfung

Hinweis: Der JavaScript-Verweis auf ein Dokument wird über das Objekt `location`, Eigenschaft `href` realisiert. Dieser Eigenschaft wird ein Wert zugewiesen. In diesem Falle handelt es sich um das gleiche Dokument, das bereits angezeigt wird, es wird also nur neu geladen. Da das Dokument in einem anderen Frame geladen werden soll, muss dieser Frame über das festgelegte Wort `parent`, gefolgt vom Namen des Frames (`ausgabe`), angesprochen werden. Dieser Name wurde in der Frame-Steuerdatei festgelegt.

[+]

G.1.8 Eingabe, PHP zum Speichern, Version »Textdatei«

Es folgt Teil 2, der PHP-Abschnitt zum Speichern eines neuen Beitrags in einer Textdatei:

Datei-Speicherung

```
<body>
<?php
/* Anhängen des neuen Textes, falls vorhanden */
if(isset($_POST["beitrag"]))
{
   $fp = fopen("chatdata.txt","a");
   if($fp)
   {
      $jetzt = date("d.m.y H:i:s");
```

```
        $tabzeile =  "<tr><td>$jetzt</td>";
        $tabzeile .= "<td>" . $_POST["nick"] . "</td>";
        $tabzeile .= "<td>" . $_POST["beitrag"]
                  . "</td></tr>\n";
        fputs($fp,$tabzeile);
    }
    fclose($fp);

    /* Chat-Anzeige aktualisieren */
    echo "<script type='text/javascript'>";
    echo "reload();</script>";
}
?>
```

Listing G.6 Datei chat_ein.php, Teil 2, Version »Textdatei«

Zur Erläuterung:

- Falls es keinen Beitrag gibt, wird in diesem Teil nichts ausgeführt. Dies ist beim ersten Aufruf der Seite der Fall.
- Die Datei mit den Beiträgen (chatdata.txt) wird zum Anhängen geöffnet. Aktuelles Datum und aktuelle Uhrzeit werden ermittelt und zusammen mit dem (Nick-)Namen des Benutzers und seinem Beitrag in die Datei geschrieben.
- Diese drei Angaben werden in eine HTML-Tabellenzeile eingebettet, so dass die betreffende Zeile beim späteren Lesevorgang unmittelbar ausgegeben werden kann (siehe oben). Damit der Entwickler die Inhalte der Textdatei besser kontrollieren kann, wird am Ende ein Zeilenumbruch (\n) angefügt.
- Nach dem Schreibvorgang wird der Ausgabe-Frame durch die eigene JavaScript-Funktion reload() neu geladen, damit der neu eingegebene Beitrag unmittelbar zu sehen ist.

G.1.9 Eingabe, PHP zum Speichern, Version »Datenbank«

Datenbank-Speicherung

Es folgt Teil 2, der PHP-Abschnitt zum Speichern eines neuen Beitrags in einer Datenbank:

```
<body>
<?php
/* Anhängen des neuen Textes, falls vorhanden */
if(isset($_POST["beitrag"]))
{
    mysql_connect("","root");
    mysql_select_db("chat");
```

```
    mysql_query("insert daten (nick, beitrag) values ('"
     . $_POST["nick"] . "', '" . $_POST["beitrag"] . "')");

    /* Chat-Anzeige aktualisieren */
    echo "<script type='text/javascript'>";
    echo "reload();</script>";
}
?>
```

Listing G.7 Datei chat_ein.php, Teil 2, Version »Datenbank«

Zur Erläuterung:

- Falls es keinen Beitrag gibt, wird in diesem Teil nichts ausgeführt. Dies ist beim ersten Aufruf der Seite der Fall.
- Mit Hilfe der SQL-Anweisung `insert` werden der (Nick-)Name des Benutzers und sein Beitrag in die Tabelle `daten` der Datenbank `chat` geschrieben. Diese Tabelle beinhaltet ein drittes Feld vom Typ `Timestamp`. In diesem Feld werden bei Erzeugung des Datensatzes von MySQL automatisch das aktuelle Datum und die aktuelle Uhrzeit eingetragen.

insert into ... values

- Nach dem Schreibvorgang wird der Ausgabe-Frame durch die eigene JavaScript-Funktion `reload()` neu geladen, damit der neu eingegebene Beitrag unmittelbar zu sehen ist.

G.1.10 Eingabe, Formular

Es folgt Teil 3, das Eingabeformular:

```
<form name="f" action="chat_ein.php" method="post">
<table>
   <tr>
      <td>Ihr Name:</td>
      <td><input name="nick"
         <?php
           if(isset($_POST["nick"]))
              echo "value='" . $_POST["nick"] . "'";
         ?>
         size="20"></td>
      <td align="center">
         <a href="javascript:reload();">Chat laden</a>
      </td>
      <td align="right">
         <a href="javascript:send();">Senden</a>
      </td>
   </tr>
```

```
    <tr>
      <td valign="top">Ihr Beitrag:</td>
      <td colspan="3">
        <textarea cols="50" rows="2"
                  name="beitrag"></textarea>
      </td>
    </tr>
</table>
</form>
</body>
</html>
```

Listing G.8 Datei chat_ein.php, Teil 3

Zur Erläuterung:

- Das Eingabeformular hat einen Namen (f), dieser wird für JavaScript benötigt. Es ruft die gleiche Datei wieder auf. Nach dem Absenden steht das Eingabefenster also wieder zur Verfügung.
- Die Formular-Elemente sind in einer kleinen Tabelle eingebettet.
- In der oberen Tabellenzeile steht zunächst das Eingabefeld für den (Nick-)Namen. Der Benutzer muss seinen Namen nur einmal eintragen. Nach dem Absenden sorgt PHP dafür, dass der gleiche Name wieder übernommen wird (`value='$nick'`).
- Es folgt der Hyperlink für `Chat laden` (ohne Beitrag), der die eigene JavaScript-Funktion `reload()` aufruft.
- **Beitrag senden** Anschließend folgt der Hyperlink für das `Senden` eines Beitrags, der die eigene JavaScript-Funktion `send()` aufruft.
- In der unteren Tabellenzeile nimmt eine Textarea der Größe 50 mal 2 die neuen Beiträge auf. Diese Werte wurden nur für die oben angegebene Abbildung gewählt. Sinnvoller wäre zum Beispiel 90 mal 3.

G.1.11 Mögliche Erweiterungen

Der Benutzer, der an einem Chat teilnehmen möchte, gelangt zunächst zu einer Login-Seite. Hier meldet er sich mit seinem (Nick-)Namen und Passwort an und wählt aus, an welcher Chat-Gruppe er teilnehmen möchte.

Ideen Alle anwesenden Teilnehmer jeder Chat-Gruppe werden angezeigt, so dass man sich schon einen Überblick darüber verschaffen kann, wie gut die jeweilige Chat-Gruppe besucht ist und ob eventuell Bekannte dabei sind.

Ein neu hinzukommender Benutzer, der noch kein Passwort hat, wird auf eine Seite zur Neuanmeldung verwiesen. Hier trägt er seine persönlichen Daten ein, soweit sie für die Chat-Anmeldung relevant sind.

Es gibt eine Administrationsseite für einen Moderator. Dieser kann

- alle Chat-Beiträge sehen,
- eigene Beiträge und Hinweise senden,
- Beiträge, die die gesetzten Regeln verletzen, gegebenenfalls löschen,
- Benutzer temporär oder permanent ausschließen und
- Neuanmeldungen bearbeiten und die neuen Benutzer benachrichtigen.

Ausgehend von der Version »Datenbank« wird eine zusätzliche Tabelle für die Benutzer benötigt. Hier werden gespeichert: persönliche Daten, Nickname, Passwort, Anwesenheitsvermerk (anwesend, wenn ja in welchem Chat), Benutzerstatus (neu, normal, gesperrt).

Die Tabelle `daten` wird um ein Feld `Gruppe` erweitert. Bei der Ausgabe werden mit der SQL-Anweisung nur die Beiträge aus der betreffenden Gruppe ausgewählt.

G.2 Projekt Forum

Es soll ein individuelles Forum für eine geschlossene Benutzergruppe geschaffen werden.

Fachinformatiker

Zunächst eine kurze Erläuterung zu der Benutzergruppe: Die Umschulung zum Fachinformatiker, Fachrichtung Anwendungsentwicklung, umfasst 14 Monate Unterricht, sechs Monate Praktikum und zwei Monate Prüfungsvorbereitung und Prüfung vor der Industrie- und Handelskammer. Während des Praktikums soll den 50 Umschulungsteilnehmern aus insgesamt zwei Kursen die Möglichkeit geboten werden, übers Internet Erfahrungen auszutauschen und sich gegenseitig Tipps und Hilfestellungen zu geben. Die Teilnehmer haben Praktikantenstellen bei unterschiedlichen Firmen aus dem IT-Bereich beziehungsweise in IT-Abteilungen branchenfremder Firmen sowie in öffentlichen Einrichtungen (zum Beispiel Universität, Stadtverwaltung usw.). Diese befinden sich größtenteils im Kammergebiet, einige sind auch über das gesamte Bundesgebiet verteilt.

Passwort

Der Zugang zum Forum ist über eine Internetseite möglich, bei der nur das individuelle Passwort eingegeben werden muss. Die Eingabe eines Benutzernamens oder die Möglichkeit zur Neuanmeldung ist nicht notwendig, da alle Teilnehmer bereits namentlich bekannt sind und das Forum nur für einen begrenzten Zeitraum genutzt wird. Die Teilnehmer erfahren die

Adresse und ihr individuelles Passwort als Antwort auf eine Mail, die sie von ihrem Praktikumsplatz aus an den Administrator der Website gesendet haben.

Datenbank

Die Namen, Passwörter und Beiträge der Teilnehmer werden in zwei Tabellen einer Datenbank gespeichert. Es handelt sich um die Datenbank `forum` und die Tabellen `eintrag` und `teilnehmer`. Der Aufbau der Tabellen wird im Zusammenhang mit dem Aufbau des zugehörigen Programm-Elements erläutert. Das gesamte Programm einschließlich der Anmeldeseite ist in einer Datei codiert. Dies vereinfacht viele Vorgänge.

G.2.1 Darstellung, Anmeldung

Nach Aufruf des Forums erscheint zunächst der Anmeldebildschirm:

Anmeldung

Abbildung G.5 Forum, Anmeldebildschirm

G.2.2 Darstellung, Hauptbildschirm

Nach Eingabe eines falschen Passwortes oder ohne Passwort gelangt der Benutzer ohne Kommentar wieder auf diesen Anmeldebildschirm. Nach Eingabe seines persönlichen Passworts gelangt der Teilnehmer zum Forum (Ausschnitt):

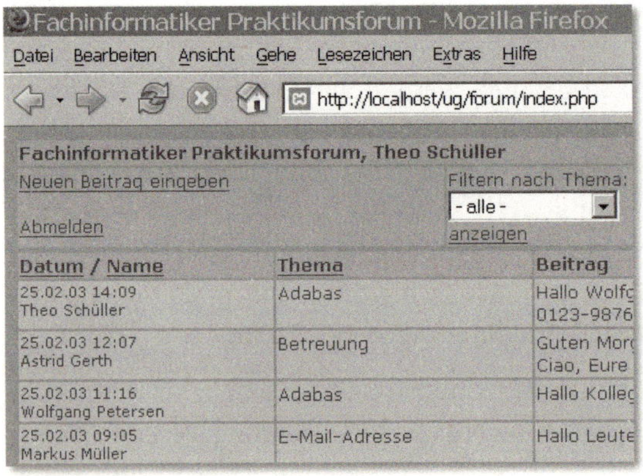

Abbildung G.6 Forum, nach der Anmeldung

Zur Erläuterung:

- In der Titelzeile und als Überschrift erscheint der Name des Forums. In der Überschrift wird zusätzlich der Name des angemeldeten Teilnehmers angezeigt (hier: `Markus Müller`), der nach Eingabe des Passwortes eindeutig zugeordnet werden kann. **Forum, Inhalt**
- In den nächsten beiden Zeilen können verschiedene Hyperlinks angeklickt werden:
- Der Link **Neuen Beitrag eingeben** führt zum unteren Ende der Seite. Hier können Thema und Beitrag eingegeben und abgesendet werden (siehe den nächsten Abschnitt).
- Der Link **Abmelden** führt wieder zum Anmeldebildschirm (siehe oben).
- Die Beiträge des Forums können gefiltert angezeigt werden. Die Benutzer können selbst das Thema ihres Beitrags wählen.
- Falls ein Benutzer nur die Beiträge zu einem bestimmten Thema sehen möchte, so kann er das gewünschte Thema aus dem Menü `Filtern nach Thema` auswählen. Diese Liste beinhaltet immer automatisch alle verschiedenen Themen des Forums in alphabetischer Reihenfolge. Das Forum kann somit auf einfache Weise in einzelne Foren »zerlegt« werden. **Themenfilter**
- Diese Funktionalität setzt natürlich eine gewisse Benutzerdisziplin bei der Eingabe der Themen voraus, die man in einer geschlossenen, namentlich bekannten Benutzergruppe erwarten kann. Zusätzlich kann ein Moderator regelmäßig die Liste der Themen »vereinheitlichen«, um die Filterung zu erleichtern.
- Falls ein Benutzer nur die Beiträge eines bestimmten Kollegen sehen möchte (da hat doch letztens der ... etwas Interessantes geschrieben), so kann der gewünschte Name aus dem Menü `Filtern nach Name` ausgewählt werden. Diese Liste beinhaltet immer automatisch alle verschiedenen Benutzer des Forums, die bereits mindestens einen Beitrag gesendet haben, in alphabetischer Reihenfolge. **Namensfilter**
- Das Textfeld `Filtern nach Wort` bietet eine Volltext-Suchfunktion. Nach Eingabe eines Begriffs werden nur noch die Beiträge angezeigt, die dieses Wort beinhalten. Dies kann als Ergänzung zum `Filtern nach Thema` angesehen werden. Ein Beitrag kann nicht immer nur einem Thema eindeutig zugeordnet werden. **Wort-Filter**
- Der Hyperlink `Datum` sortiert die Beiträge nach dem Datum; der neueste Beitrag steht oben. Dies ist die Standard-Sortierung nach der Anmeldung. Sie wird nur benötigt, falls vorher eine der beiden anderen Sortierungen genutzt wurde. **Sortierung**

- Die beiden Hyperlinks `Name` und `Thema` bieten eine alphabetische Sortierung der Beiträge nach Benutzernamen beziehungsweise Thema des Beitrags.
- Es folgen die einzelnen Beiträge gemäß der aktuellen Sortierung. Dabei werden Datum, Uhrzeit und Name des beitragenden Teilnehmers automatisch ermittelt. Er muss nur Thema und Beitrag hinzufügen.

Eine Einschränkung: Die Filter-, Such- und Sortierfunktionen können nur einzeln genutzt werden. Sie sind nicht additiv, das heißt, es ist nicht möglich, nur die Beiträge eines Teilnehmers anzuzeigen und diese gleichzeitig nach Thema zu sortieren. Hier wurde im Sinne des »Extreme Programming« der schnellen Lösung der Vorzug vor der komplexen Lösung gegeben. Die erweiterte Funktionalität könnte hinzugefügt werden, falls sich diese Notwendigkeit ergibt.

G.2.3 Darstellung, neuer Beitrag

Der Link `Neuen Beitrag eingeben` führt zum unteren Ende der Seite. Hier können Thema und Beitrag eingegeben und abgesendet werden:

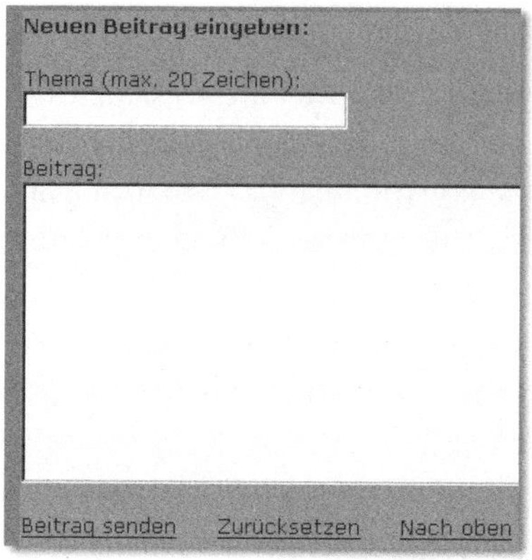

Abbildung G.7 Eingabe eines neuen Beitrags

Binary Large Object

Die Bezeichnung des Themas sollte nicht länger als `20` Zeichen sein. Die Länge des Beitrags ist nicht begrenzt, da (nach einem kurzen Versuch mit maximal 255 Zeichen) der MySQL-Datentyp `BLOB` (Binary Large Object) zur Speicherung gewählt wurde. Mit Hilfe dieses Datentyps können Beiträge »unbegrenzter« Länge gespeichert werden.

Unter der Textarea für den Beitrag finden sich Hyperlinks zum `Absenden` und `Zurücksetzen` des Formulars beziehungsweise zum Rücksprung `Nach oben`, zum Kopf der Seite.

Neuer Beitrag

Nach dem Absenden eines neuen Beitrags wird die Seite neu geladen. Es ist kein Filter aktiv, die Beiträge sind nach Datum fallend sortiert, der soeben abgesendete Beitrag erscheint oben. Die Liste des Menüs `Filtern nach Thema` ist bereits unmittelbar ergänzt worden, falls es sich um einen Beitrag zu einem neuen Thema handelte. Die Liste des Menüs `Filtern nach Name` ist ebenfalls bereits unmittelbar ergänzt worden, falls es sich um den ersten Beitrag des angemeldeten Teilnehmers zum Forum handelte.

G.2.4 Datenbank, Tabelle der Teilnehmer

Teilnehmerstruktur

Nachfolgend zunächst die Struktur der Datenbanktabelle für die Teilnehmer:

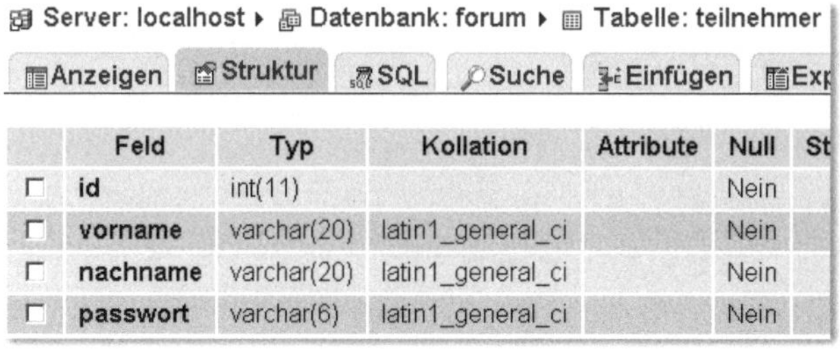
Server: localhost ▸ Datenbank: forum ▸ Tabelle: teilnehmer

Anzeigen | Struktur | SQL | Suche | Einfügen | Exp

	Feld	Typ	Kollation	Attribute	Null	St
☐	id	int(11)			Nein	
☐	vorname	varchar(20)	latin1_general_ci		Nein	
☐	nachname	varchar(20)	latin1_general_ci		Nein	
☐	passwort	varchar(6)	latin1_general_ci		Nein	

Abbildung G.8 Tabellenstruktur für die Teilnehmer

Zu jedem Teilnehmer werden ID, Vorname, Nachname und Passwort gespeichert. Nachfolgend einige Beispieleinträge:

id	vorname	nachname	passwort
1	Markus	Müller	krt956
2	Theo	Schüller	pth620
3	Wolfgang	Petersen	ikr652
4	Astrid	Gerth	hkw649

Abbildung G.9 Daten der Teilnehmer

G.2.5 Datenbank, Tabelle der Beiträge

Beitragsstruktur

Die Beiträge werden in der Tabelle `eintrag` gespeichert. Abbildung G.10 auf der nächsten Seite zeigt ihren Aufbau.

Server: localhost ▸ Datenbank: forum ▸ Tabelle: eintrag

Anzeigen | Struktur | SQL | Suche | Einfügen

	Feld	Typ	Kollation	Attribute
☐	id	int(11)		
☐	zeit	timestamp		ON UPDATE CURRENT_TIMEST
☐	name	varchar(40)	latin1_general_ci	
☐	thema	varchar(20)	latin1_general_ci	
☐	beitrag	blob		BINARY

Abbildung G.10 Tabellenstruktur für Einträge

Neben der eindeutigen ID werden Datum/Uhrzeit, Name des Teilnehmers, Thema und Text des Beitrags gespeichert. Wie bereits erwähnt, wurde für den Beitrag der MySQL-Datentyp `BLOB` (Binary Large Object) zur Speicherung gewählt, so dass auch sehr lange Beiträge gespeichert werden können. Einige Beispieleinträge (Ausschnitt):

zeit	name	thema	beitrag
2-25 09:05:08	Markus Müller	E-Mail-Adresse	[BLOB - 70 B
2-25 11:16:14	Wolfgang Petersen	Adabas	[BLOB - 54 B
2-25 12:07:49	Astrid Gerth	Betreuung	[BLOB - 149 E
2-25 14:09:04	Theo Schüller	Adabas	[BLOB - 147 E

Abbildung G.11 Dateneintrag

config.inc.php Das Programm PHPMyAdmin lässt in der Standard-Einstellung das Anzeigen beziehungsweise Editieren eines Feldes vom Typ `BLOB` nicht zu. Falls man als Entwickler dieses Sicherheits-Feature umgehen möchte, kann man in der Datei `config.inc.php` im PHPMyAdmin-Installationsverzeichnis folgende Änderungen vornehmen:

```
$cfg['ShowBlob'] = TRUE;
$cfg['ProtectBinary'] = FALSE;
```

Damit wird es erlaubt, sich `BLOB`-Einträge anzusehen (`ShowBlob`) und alle Einträge von Binärtypen auch zu verändern (`ProtectBinary`).

Einige Beispieleinträge, nachdem diese Änderungen vorgenommen wurden:

zeit	name	thema	
8-12 06:36:36	Markus Müller	E-Mail-Adresse	Hallo Leute, hier meine E-I
2-25 11:16:14	Wolfgang Petersen	Adabas	Hallo Kollegen, ich suche l
2-25 12:07:49	Astrid Gerth	Betreuung	Guten Morgen, hier im Bet
2-25 14:09:04	Theo Schüller	Adabas	Hallo Wolfgang, im Nachbi

Abbildung G.12 Nach Änderung in config.inc.php

Mit Hilfe des `T` (oben links) können die Einträge, die zunächst nur teilweise angezeigt werden, auch vollständig dargestellt werden. Ein einzelner Eintrag wird ebenfalls vollständig änderbar angezeigt.

G.2.6 Passwort-Vergabe

Wie bereits geschildert, ist der Zugang nur über ein individuelles Passwort möglich. Die Teilnehmer erfahren die Adresse und ihr individuelles Passwort als Antwort auf eine Mail, die sie von ihrem Praktikumsplatz aus gesendet haben.

Passwort-Ermittlung

Dazu ist es vorher notwendig, für jeden der 50 Teilnehmer ein eigenes, eindeutiges Passwort zu erzeugen. Das Passwort besteht immer aus drei Kleinbuchstaben und drei Ziffern. Dadurch ergeben sich circa 17,5 Millionen verschiedene Kombinationen. Das Passwort ist fest, es kann nicht vom Teilnehmer geändert werden. Dies erscheint zunächst als Nachteil, aber:

- Durch eine zufällige Auswahl werden schwer erratbare Passwörter festgelegt.
- Es wird vermieden, dass die Teilnehmer eigene, eventuell zu einfache Passwörter auswählen.
- Der Aufwand bei der Anmeldung ist geringer.

Das Programm zur Erzeugung der 50 verschiedenen Passwörter setzt auf der bereits dargestellten Tabelle `teilnehmer` auf. In dieser Tabelle sind bereits 50 Datensätze vorhanden, bei denen Vorname und Nachname eingetragen sind.

Das Programm:

```
<html>
<body>
<?php
/* Zufallsgenerator initialisieren */
mt_srand((double)microtime()*1000000);

/* 50 zufällige Kombinationen erzeugen */
for($i=1; $i<=50; $i++)
{
   /* Keine Kombination doppelt erzeugen */
   do
   {
      $vorhanden = 0;
      $pw[$i] = "";

      /* Die Kombination besteht
                 aus 3 kleinen Buchstaben */
      for ($k=1; $k<=3; $k++)
         $pw[$i] .= chr(mt_rand()%26+97);

      /* ... und drei Ziffern */
```

```
      for ($k=1; $k<=3; $k++)
         $pw[$i] .= chr(mt_rand()%10+48);

      /* Mit allen bisherigen
               Kombinationen vergleichen */
      for($m=1; $m<$i; $m++)
      {
         if($pw[$m] == $pw[$i])
         {
            $vorhanden=1;
            break;
         }
      }
   }
   while($vorhanden==1);
   echo $pw[$i] . "<br>";
}

/* Kombinationen in die Datenbank schreiben  */
mysql_connect("","root");
mysql_select_db("forum");

$num = 0;
for($i=1; $i<=50; $i++)
{
   mysql_query("update teilnehmer set passwort
         = '" . $pw[$i] . "' where id = " . $i);
   $num += mysql_affected_rows();
}
echo "$num Datensätze geändert";
?>
</body>
</html>
```

Listing G.9 Datei pw.php

Zur Erläuterung:

- Zunächst wird der Zufallsgenerator initialisiert.
- Es wird eine `for`-Schleife 50-mal durchlaufen, für jeden Datensatz einmal.
- Für ein Passwort wird eine Kombination aus drei kleinen Buchstaben und drei Ziffern ermittelt und in einem numerisch indizierten Feld gespeichert.
- Dazu wird für die Buchstaben eine ganze Zahl zwischen `0` und `25` erzeugt. Das Ergebnis wird um 97 verschoben, so dass eine ganze Zahl

zwischen 97 und 122 zur Verfügung steht. Das Zeichen mit dem betreffenden ASCII-Code wird dem Passwort hinzugefügt.

- Die Erzeugung der drei Ziffern verläuft analog. Die Ziffern liegen im Code-Bereich zwischen 48 und 57.
- Anschließend wird das neue Passwort mit den bisher ermittelten Passwörtern in dem Feld verglichen. Falls es bereits vorhanden ist, wird die `do-while`-Schleife, in der die gesamte Ermittlung eines Passworts eingebettet ist, noch einmal durchlaufen. Dies wird so oft wiederholt, bis ein neues Passwort gefunden wurde.
- Zur Kontrolle wird das Passwort auf dem Bildschirm ausgegeben.
- In einer weiteren `for`-Schleife werden die Datensätze der Tabelle in der Datenbank mit den Elementen des Feldes aktualisiert.
- Zur Kontrolle wird die Anzahl der vorgenommenen Änderungen mit Hilfe der Funktion `mysql_affected_rows()` in der Tabelle festgehalten und am Ende ausgegeben.

Hinweis: Das Programm sollte nach einem Lauf auskommentiert oder umbenannt werden, damit die Passwörter nicht versehentlich durch neue Zufallswerte überschrieben werden können. [+]

G.2.7 Forum, CSS

CSS-Formatierung

Die Darstellung des Forum-Programms wird aufgrund der Größe unterteilt. Die Datei-Inhalte werden der Reihe nach abgebildet und erläutert. Hier zunächst die Beschreibung der CSS-Formatierung:

```
<html>
<head>
<title>Fachinformatiker Praktikumsforum</title>
<style type="text/css">
   body      {font-family:Verdana; font-size:10pt;
              color:#a52a2a; background-color:#b3b3b3}
   td        {font-family:Verdana; font-size:10pt;
              color:#a52a2a; background-color:#d3d3d3;
              vertical-align:top}
   td.ub     {background-color:#c3c3c3}
   td.kl     {font-size:8pt}
   a:link    {color:#a52a2a}
   a:visited {color:#a52a2a}
   a:hover   {color:#a52a2a; background-color:#d3d3d3}
</style>
```

Listing G.10 Datei index.php, CSS

Zur Erläuterung:

- Für das Dokument wird die Schriftart Verdana in 10 Punkt, dunkelrot, eingestellt. Der Hintergrund ist dunkelgrau.
- In einer Standard-Tabellenzelle wird die gleiche Schrift-Formatierung gewählt. Sie hat allerdings einen hellgrauen Hintergrund. Dadurch wird die Aufteilung der Seite vor dem Dokument-Hintergrund stärker hervorgehoben. Auf diese Weise hat die CSS-Formatierung nicht nur einen optischen, sondern auch einen funktionellen Charakter.
- Beiträge gehen meist über mehrere Zeilen innerhalb einer Zelle. Die Informationen zu Datum, Uhrzeit, Name und Thema dienen durch die vertikale Ausrichtung (oberer Rand) als optische »Einordnung« der gesamten Tabellenzeile.
- Tabellenzellen der Klasse `ub` werden bei Überschriften eingesetzt. Diese Zellen haben einen mittelgrauen Hintergrund. Der Eigenschaftswert hellgrau wird hier überlagert. Die restlichen Eigenschaften einer Standard-Tabellenzelle bleiben erhalten.
- Tabellenzellen der Klasse `kl` werden für die Angaben Datum, Uhrzeit und Name eingesetzt. Diese Zellen haben eine etwas kleinere Schriftart. Der Eigenschaftswert 10 Punkt wird hier durch den Wert 8 Punkt überlagert. Die restlichen Eigenschaften einer Standard-Tabellenzelle bleiben erhalten.
- Hyperlinks haben die gleiche Schriftfarbe wie normale Texte. Nur wenn man mit der Maus über sie fährt, bekommen sie zusätzlich einen hellgrauen Hintergrund.

G.2.8 Forum, JavaScript-Funktion

Es folgt die JavaScript-Funktion `send()`, mit deren Hilfe die gewünschte Aktion beziehungsweise der Darstellungsstatus eingestellt wird:

```
<script type="text/javascript">
function send(p)
{
   if (p==1)
   {
      if (document.tb.thema.value == ""
         || document.tb.beitrag.value == "")
         alert("Bitte Thema und Beitrag eintragen!");
      else
      {
         document.tb.aufruf.value = "beitrag";
         document.tb.submit();
      }
```

```
    }
    else if (p==2)
    {
        document.tb.aufruf.value = "sdatum";
        document.tb.submit();
    }
    else if (p==3)
    {
        document.tb.aufruf.value = "sname";
        document.tb.submit();
    }
    else if (p==4)
    {
        document.tb.aufruf.value = "sthema";
        document.tb.submit();
    }
    else if (p==5)
    {
        document.tb.aufruf.value = "filter_t";
        document.tb.submit();
    }
    else if (p==6)
    {
        document.tb.aufruf.value = "filter_n";
        document.tb.submit();
    }
    else if (p==7)
    {
        document.tb.aufruf.value = "filter_w";
        document.tb.submit();
    }
}
</script>
</head>
```

Listing G.11 Datei index.php, JavaScript-Funktion

Zur Erläuterung:

Die Funktion `send()` wird von vielen verschiedenen Hyperlinks aufgerufen. Der dabei übermittelte Parameter `p` legt die Art der Aktion fest:

unterschiedlicher Seitenaufruf

1. `p=1`: Es handelt sich um das Absenden eines neuen Beitrags. Falls eines der beiden Elemente für das Thema beziehungsweise den Beitrag leer ist, so wird darauf aufmerksam gemacht und nicht gesendet. Anderenfalls wird dem versteckten Element `aufruf` zur Auswertung im empfangenden Programmteil der Wert `beitrag` zugewiesen. Anschließend wird gesendet.

2. p=2: Die Tabelle soll nach dem Datum fallend sortiert werden. Das versteckte Element aufruf bekommt den Wert sdatum.
3. p=3: Die Tabelle soll nach dem Namen sortiert werden. Das versteckte Element bekommt den Wert sname.
4. p=4: Die Tabelle soll nach dem Thema sortiert werden. Das versteckte Element bekommt den Wert sthema.
5. p=5: Die Tabelle soll nach dem ausgewõhlten Thema gefiltert angezeigt werden. Das versteckte Element bekommt den Wert filter_t.
6. p=6: Die Tabelle soll nach dem ausgewõhlten Namen gefiltert angezeigt werden. Das versteckte Element bekommt den Wert filter_n.
7. p=7: Die Tabelle soll nach dem eingetragenen Wort gefiltert angezeigt werden. Das versteckte Element bekommt den Wert filter_w.

Nach Durchführung einer der Aktionen 2 bis 7 wird ebenfalls das Formular abgesendet.

G.2.9 Forum, Anmeldung

Der erste Teil des Hauptdokuments dient zur Aufnahme der Datenbankverbindung und der Darstellung des Anmeldebildschirms:

```
<body>
<?php

/* Datenbank-Verbindung */
mysql_connect("","root");
mysql_select_db("forum");

/* Keine Parameter gesendet: Zur Anmeldung */
if(!isset($_POST["aufruf"]) || !isset($_POST["pw"]))
{
   echo "<form name='anm' action='index.php'";
   echo " method='post'>";
   echo "Passwort:<br>";
   echo "<input type='password' name='pw'>";
   echo "<input type='hidden' name='aufruf'";
   echo " value='login'><br>";
   echo "<a href='javascript:document.anm.submit();'>";
   echo "Anmelden</a>";
   echo "</form></body></html>";
   exit;
}
```

Listing G.12 Datei index.php, Anmeldung

Anmeldung

Zur Erläuterung:

- Es wird die Datenbank `forum` ausgewählt.
- Falls kein Passwort übermittelt oder keine Aktion aufgerufen wurde, so wird unmittelbar die Anmeldeseite generiert.
- Diese besteht aus dem Formular mit dem Namen `anm`. Das Formular beinhaltet das versteckte Element `aufruf`, dem der Wert `login` zugewiesen wird, und ein Passwort-Element.
- Der Hyperlink dient zum Absenden des Formulars.
- Weitere Elemente beinhaltet die Anmeldeseite nicht, daher kann das Dokument beendet werden.

G.2.10 Forum, Zugangsprüfung und Überschrift

Dieser Teil des Hauptdokuments dient zur Zugangsprüfung und leitet die Überschrift ein:

```
/* Prüfung auf gültiges Passwort */
$sqlab = "select * from teilnehmer";
$sqlab .= " where passwort like '" . $_POST["pw"] . "'";
$res = mysql_query($sqlab);
$num = mysql_num_rows($res);

if($num==0)
{
   echo "<script type='text/javascript'>";
   echo "location.href='index.php'</script>";
   echo "</body></html>";
   exit;
}

/* Formular beginnt nach erfolgreicher Anmeldung */
echo "<form name='tb' action='index.php'";
echo " method='post'>";
echo "<input type='hidden' name='pw' value='"
     . $_POST["pw"] . "'>";
echo "<input type='hidden' name='aufruf'>";

/* Kopfzeile mit Teilnehmer-Name */
$vn = mysql_result($res,0,"vorname");
$nn = mysql_result($res,0,"nachname");
$name = "$vn $nn";

echo "<table width='100 %'>";
echo "<tr><td colspan='4' class='ub'>";
```

```
echo "<a name='oben'><b>";
echo "Fachinformatiker Praktikumsforum, $name";
echo "</b></a></td></tr>";

echo "<tr>";
echo "<td width='25 %' class='ub'><a href='#neu'>";
echo "Neuen Beitrag eingeben</a><br> <br>";
echo "<a href='index.php'>Abmelden</a></td>";
```

Listing G.13 Datei index.php, Zugangsprüfung und Überschrift

Zugangsprüfung

Zur Erläuterung:

- Mit Hilfe einer `select`-Anweisung wird ermittelt, ob das Passwort in der Tabelle existiert. Falls kein passender Datensatz gefunden wurde, ruft das Dokument sich selbst auf. Da dabei keine Parameter übermittelt werden, gelangt man so zur Anmeldeseite zurück.
- Falls dagegen die Anmeldung erfolgreich war, wird das Haupt-Formular mit dem Namen `tb` begonnen. Das erste versteckte Element (`pw`) übermittelt das Passwort zum nächsten Aufruf weiter. Das zweite versteckte Element (`aufruf`) dient zur Übermittlung der gewünschten Aktion (Sortieren, Filtern, Eintragen, ...) mit der JavaScript-Funktion (siehe oben).
- Der Name des Teilnehmers wird aus dem Datensatz ermittelt, in dem das Passwort gefunden wurde.
- Es folgt die Überschrift, in der auch der Name des Teilnehmers erscheint.
- Anschließend folgt der Hyperlink zum Ankerpunkt `#neu` im unteren Teil des Dokuments (`Neuen Beitrag eingeben`).

G.2.11 Forum, neuen Beitrag speichern

Ein neuer Beitrag wird als Erstes gespeichert, so dass das restliche Dokument ihn mit einbeziehen kann:

```
/* Neuen Beitrag in Datenbank schreiben */
if($_POST["aufruf"] == "beitrag")
{
   $sqlab = "insert eintrag (name, thema, beitrag) ";
   $sqlab .= "values ('$name', '" . $_POST["thema"];
   $sqlab .= "', '" . $_POST["beitrag"] . "')";
   mysql_query($sqlab);
}
```

Listing G.14 Datei index.php, Neuen Beitrag speichern

Zur Erläuterung:

neuen Beitrag speichern

- Falls ein Beitrag gesendet wurde, so hat `$aufruf` den Wert `beitrag`.
- Es wird die Systemzeit formatiert ermittelt.
- Der neue Beitrag kann eingetragen werden, mit der Systemzeit, dem vollen Namen des Teilnehmers, Thema und Beitrag.

G.2.12 Forum, Filterung auswählen

Es wird erläutert, wie die Elemente zur Filterauswahl dargestellt werden:

```
/* Thema als Auswahlfilter */
$sqlab = "select thema from eintrag";
$sqlab .= " group by thema";
$res = mysql_query($sqlab);
$num = mysql_num_rows($res);
echo "<td width='25 %' class='ub'>";
echo "Filtern nach Thema:<br>";
echo "<select name='filter_t'>";
echo "<option>- alle -</option>";

for($i=0; $i<$num; $i++)
{
   $optt = mysql_result($res, $i, "thema");
   echo "<option>$optt</option>";
}

echo "</select><br>";
echo "<a href='javascript:send(5);'>";
echo "anzeigen</a></td></td>";

/* Name als Auswahlfilter */
$sqlab = "select name from eintrag";
$sqlab .= " group by name";
$res = mysql_query($sqlab);
$num = mysql_num_rows($res);
echo "<td width='25 %' class='ub'>";
echo "Filtern nach Name:<br>";
echo "<select name='filter_n'>";
echo "<option>- alle -</option>";
for($i=0; $i<$num; $i++)
{
   $optn = mysql_result($res, $i, "name");
   echo "<option>$optn</option>";
}
echo "</select><br>";
echo "<a href='javascript:send(6);'>";
```

```
echo "anzeigen</a></td></td>";

/* Wort im Beitrag als Auswahlfilter */
echo "<td width='25 %' class='ub'>";
echo "Filtern nach Wort:<br>";
echo "<input name='filter_w'><br>";
echo "<a href='javascript:send(7);'>";
echo "anzeigen</a></td>";
echo "</tr>";

echo "</table>";
```

Listing G.15 Datei index.php, Filterung auswählen

Zur Erläuterung:

group by

- Mit Hilfe einer `select`-Anweisung werden alle Themen, die bereits eingegeben wurden, gesammelt. Die `group`-Klausel sorgt dabei für eine Gruppierung. Dadurch wird jedes Thema im Abfrage-Ergebnis nur einmal aufgeführt.
- Mit den Daten des Abfrage-Ergebnisses wird das HTML-Select-Menü `filter_t` gefüllt. Als erste Option der Optionsliste wird `-alle-` eingetragen. Falls kein anderes Listen-Element ausgewählt wurde, werden alle Beiträge angezeigt. Die Filterung wird dadurch aufgehoben.
- Unterhalb des HTML-Select-Menüs wird der zugehörige Hyperlink `anzeigen` dargestellt. Bei Betätigung wird die JavaScript-Funktion `send()` mit dem Parameter 5 aufgerufen. Dadurch wird dem versteckten Element `aufruf` der Wert `filter_t` zugewiesen, so dass beim anschließenden Neuanzeigen der Tabelle dieser Filter genutzt wird.
- Auf die gleiche Art und Weise wird das zweite HTML-Select-Menü `filter_n` mit den verschiedenen Namen der Teilnehmer, die bereits etwas eingegeben haben, gefüllt. Die Funktion `send()` wird mit dem Parameter 6 aufgerufen, `aufruf` bekommt dadurch den Wert `filter_n`.
- Für das gesuchte Wort steht das Eingabe-Element `filter_w` bereit. Unterhalb wird wiederum der zugehörige Hyperlink `anzeigen` dargestellt. Die Funktion `send()` wird mit dem Parameter 7 aufgerufen, `aufruf` bekommt dadurch den Wert `filter_w`.

G.2.13 Forum, Sortierung durchführen

sortieren

Die Beiträge werden nach dem gewünschten Kriterium sortiert:

```
/* Alle Beiträge darstellen, sortiert */
/* nach Zeit (fallend)                */
```

```
if($_POST["aufruf"] == "sdatum"
   || $_POST["aufruf"] == "beitrag"
   || $_POST["aufruf"] == "login")
{
   $sqlab = "select * from eintrag";
   $sqlab .= " order by zeit desc";
   $res = mysql_query($sqlab);
   $num = mysql_num_rows($res);
}

/* Alle Beiträge darstellen, sortiert      */
/* nach Name (steigend) und Zeit (fallend) */
else if($_POST["aufruf"] == "sname")
{
   $sqlab = "select * from eintrag";
   $sqlab .= " order by name asc, zeit desc";
   $res = mysql_query($sqlab);
   $num = mysql_num_rows($res);
}

/* Alle Beiträge darstellen, sortiert       */
/* nach Thema (steigend) und Zeit (fallend) */
else if($_POST["aufruf"] == "sthema")
{
   $sqlab = "select * from eintrag";
   $sqlab .= " order by thema asc, zeit desc";
   $res = mysql_query($sqlab);
   $num = mysql_num_rows($res);
}
```

Listing G.16 Datei index.php, Sortierung durchführen

Zur Erläuterung:

Es folgen drei verschiedene Sortierungen:

- Falls die Sortierung nach Datum gewünscht oder ein neuer Beitrag eingegeben wurde oder ein Teilnehmer sich angemeldet hat, wird die Standard-Sortierung durchgeführt: neuester Beitrag oben.
- Falls nach Name sortiert werden soll, gilt als zweiter Sortierschlüssel das Datum (fallend).
- Das Gleiche gilt für die Sortierung nach Thema: zweiter Sortierschlüssel ist das Datum (fallend).

G.2.14 Forum, Filterung durchführen

filtern

Die Beiträge werden nach dem gewünschten Kriterium gefiltert:

```
/* Nur Beiträge zum ausgewählten Thema       */
/* darstellen, sortiert nach Zeit (fallend) */
else if($_POST["aufruf"] == "filter_t")
{
   if ($_POST["filter_t"] == "- alle -")
   {
      $sqlab = "select * from eintrag";
      $sqlab .= " order by zeit desc";
      $res = mysql_query($sqlab);
   }
   else
   {
      $sqlab = "select * from eintrag where";
      $sqlab .= " thema like '" . $_POST["filter_t"] . "'";
      $sqlab .= " order by zeit desc";
      $res = mysql_query($sqlab);
   }
   $num = mysql_num_rows($res);
}

/* Nur Beiträge zum ausgewählten Namen       */
/* darstellen, sortiert nach Zeit (fallend) */
else if($_POST["aufruf"] == "filter_n")
{
   if ($_POST["filter_n"] == "- alle -")
   {
      $sqlab = "select * from eintrag";
      $sqlab .= " order by zeit desc";
      $res = mysql_query($sqlab);
   }
   else
   {
      $sqlab = "select * from eintrag where";
      $sqlab .= " name like '" . $_POST["filter_n"] . "'";
      $sqlab .= " order by zeit desc";
      $res = mysql_query($sqlab);
   }
   $num = mysql_num_rows($res);
}

/* Nur Beiträge mit ausgewähltem Wort aus */
/* Beitrag, sortiert nach Zeit (fallend)  */
else if($_POST["aufruf"] == "filter_w")
{
```

```
    if ($_POST["filter_w"] == "")
    {
       $sqlab = "select * from eintrag";
       $sqlab .= " order by zeit desc";
       $res = mysql_query($sqlab);
    }
    else
    {
       $sqlab = "select * from eintrag where";
       $sqlab .= " beitrag like '%"
             . $_POST["filter_w"] . "%'";
       $sqlab .= " order by zeit desc";
       $res = mysql_query($sqlab);
    }
    $num = mysql_num_rows($res);
}

?>
```

Listing G.17 Datei index.php, Filterung durchführen

Zur Erläuterung:

Es folgen drei verschiedene Filterungen:

- Falls nach dem Thema gefiltert werden soll, so wird zunächst untersucht, ob die erste Option (alle) ausgewählt wurde. In diesem Fall wird die Filterung aufgehoben, und es werden alle Beiträge angezeigt. Andernfalls gilt der Wert des HTML-Select-Menüs `filter_t` als Wert für die `where`-Klausel.
- Das Gleiche gilt für die Filterung nach Namen, mit dem Wert des HTML-Select-Menüs `filter_n` als Wert für die `where`-Klausel.
- Falls mit einem eingegebenen Wort gefiltert werden soll, so wird zunächst untersucht, ob eventuell kein Zeichen eingegeben wurde. In diesem Fall wird die Filterung aufgehoben, und es werden alle Beiträge angezeigt. Ansonsten gilt der Wert des Eingabe-Elements `filter_w`, umrahmt von zwei Prozentzeichen, als Wert für die `where`-Klausel. Die Prozentzeichen sind die Platzhalter für »beliebige Zeichen«. Es ist also nicht wichtig, an welcher Stelle das gesuchte Wort im Beitrag steht.

G.2.15 Forum, Sortierung auswählen

Die Darstellung der Hyperlinks, die der Benutzer zur gewünschten Sortierung auswählen kann:

```
<table width="100%">
<tr>
   <td width="15%" class="ub">
      <a href="javascript:send(2);"><b>Datum</a> /
      <a href="javascript:send(3);">Name</b></a>
   </td>
   <td width="15%" class="ub">
      <a href="javascript:send(4);"><b>Thema</b></a>
   </td>
   <td width="70%" class="ub">
      <b>Beitrag</b>
   </td>
</tr>
```

Listing G.18 Datei index.php, Sortierung auswählen

Zur Erläuterung:

- Die drei Hyperlinks zur Auswahl der Sortierung rufen die Funktion `send()` auf, mit den Parametern 2 (= Sortierung nach Datum, `aufruf=sdatum`), 3 (= Sortierung nach Name, `aufruf=sname`) beziehungsweise 4 (= Sortierung nach Thema, `aufruf=sthema`).

G.2.16 Forum, Beiträge darstellen

Darstellung

Die eigentliche Tabelle der Beiträge, gegebenenfalls sortiert beziehungsweise gefiltert:

```
<?php
for($i=0; $i<$num; $i++)
{
   $tabz = mysql_result($res, $i, "zeit");
   $ausz = substr($tabz,8,2) . "."
         . substr($tabz,5,2) . "."
         . substr($tabz,2,2) . " "
         . substr($tabz,11,5);
   $tabn = mysql_result($res, $i, "name");
   $tabt = mysql_result($res, $i, "thema");
   $tabb = mysql_result($res, $i, "beitrag");
   echo "<tr><td class='kl'>$ausz<br>$tabn</td>";
   echo "<td>$tabt</td><td>$tabb</td></tr>";
}
echo "</table>";
?>
```

Listing G.19 Datei index.php, Beiträge darstellen

Zur Erläuterung:

- Unabhängig davon, welcher Vorgang (Sortierung, Filterung, Anmeldung, ...) stattgefunden hat, steht ein Abfrage-Ergebnis bereit. Die verschiedenen Inhalte der Felder werden aus den Datensätzen extrahiert. Der MySQL-Timestamp wird formatiert. Alle Daten werden ausgegeben.

G.2.17 Forum, neuen Beitrag eingeben

Das Eingabeformular für einen neuen Beitrag:

```
<table width="100%">
<tr>
<td width="100%" class="ub"><a name="neu">
   <b>Neuen Beitrag eingeben:</b></a>
   <br> <br>
Thema (max. 20 Zeichen):<br>
<input name="thema" size="30" maxlength="20">
<br> <br>Beitrag:<br>
<textarea name="beitrag" rows="10"
   cols="70"></textarea><br> <br>
<a href="javascript:send(1);">
   Beitrag senden</a>    
<a href="javascript:document.tb.reset();">
   Zurücksetzen</a>    
<a href="#oben">Nach oben</a><br> <br>
</td>
</tr>
</table>
</form>
</body>
</html>
```

Listing G.20 Datei index.php, neuen Beitrag eingeben

Zur Erläuterung:

- Es wird ein einzeiliges Textfeld für das Thema und eine Textarea für den Beitrag dargestellt. Weitere Daten werden nicht benötigt. Der Timestamp wird in der Datenbank erzeugt. Der Name des Teilnehmers ist nach der Anmeldung bekannt.
- Der Hyperlink `Beitrag senden` ruft die Funktion `send()` mit dem Parameter 1 auf (`aufruf=beitrag`).

Die Sprache HTML bildet die Grundlage zur Programmierung mit PHP. In diesem Kapitel wird eine Kurzeinführung zur Wiederholung angeboten.

H HTML

H.1 HTML für PHP

In diesem Abschnitt werden die Bestandteile von HTML, die zum Bearbeiten der PHP-Programme notwendig sind, dargestellt. Dies sind: Dokumentaufbau, Formulare und Tabellen. Eine ausführliche HTML-Anleitung findet sich in Form einer PDF-Datei auf der CD zum Buch.

Mit Hilfe von HTML (Hypertext Markup Language) werden Dokumente im Internet dargestellt. Innerhalb der Dokumente sind Zeichen, Wörter und ganze Bereiche durch HTML-Befehle markiert. Ein Webbrowser formatiert den Text gemäß den Markierungen und stellt ihn auf dem Bildschirm dar.

Einzelne Bereiche des Dokuments können als Hypertext markiert werden. Dadurch wird es möglich, diese Bereiche mit anderen Bereichen oder anderen Dokumenten zu verknüpfen. Diese Verknüpfungen werden Hyperlinks oder einfach Links genannt. Hypertext

Zum Erlernen der Programmiersprache PHP, zum Ausprobieren der Beispiele und zum Lösen der Übungsaufgaben muss man nur wenige Grundlagen von HTML beherrschen, die in diesem Abschnitt vermittelt werden. Man benötigt zum Testen einen Texteditor und einen Webbrowser.

Zum Erzeugen von ansprechenden Websites, also mehreren miteinander verknüpften Seiten mit Bildern, formatierten Tabellen und Frames, sind allerdings genauere Kenntnisse notwendig.

H.1.1 Die erste Seite

Betrachten wir ein erstes Beispiel:

Abbildung H.1 Erste Internetseite

Nachfolgend der HTML-Programmcode:

```
<html>
<head>
<title> Meine erste Internetseite </title>
</head>
<body>
Das ist der Text meiner ersten Internetseite
</body>
</html>
```

Listing H.1 Datei uh01.htm

Container

Innerhalb einer HTML-Seite befinden sich Text und Markierungen, die in spitzen Klammern eingebunden sind (< und >). Viele dieser Markierungen sind so genannte »Container«, das heißt, es gibt jeweils eine Anfangsmarkierung und eine Endmarkierung. Bei der Endmarkierung wird ein zusätzlicher Forward-Slash (Schrägstrich /) eingefügt.

html, head, body

Innerhalb des Containers `<html>` befindet sich das gesamte Dokument. Es besteht aus den Containern `<head>` und `<body>`. Im Container `<head>` können sich Angaben über das Dokument befinden wie zum Beispiel der Titel innerhalb des Containers `<title>`. Im Container `<body>` steht der eigentliche Inhalt des Dokuments.

HTML-Markierungen können groß- oder kleingeschrieben werden, die Auswirkungen sind die gleichen. Sie können zur Abgrenzung des Dokumentrumpfes also auch `<BODY>` und `</BODY>` schreiben. Sowohl im vorliegenden Buch als auch innerhalb von beliebigen Internetseiten finden sich beide Schreibweisen.

Übung UH01

[»]
Editor

Geben Sie das angegebene Beispiel mit Hilfe eines Texteditors ein. Achten Sie dabei besonders auf das korrekte Setzen der spitzen Klammern und Schrägstriche. Ein geeigneter Editor kann zum Beispiel Notepad unter MS

Windows oder KEdit unter Linux mit der KDE-Oberfläche sein. Speichern Sie es unter dem Dateinamen `uh01.htm` in einem Verzeichnis Ihrer Wahl ab. Starten Sie einen Webbrowser, laden Sie die Datei, und überprüfen Sie die korrekte Darstellung von Titelzeile und Dokumentinhalt.

Adresse in Screenshots

localhost

Die Adresse des Webservers ist `http://127.0.0.1` beziehungsweise `http://localhost`. Die Funktionsweise aller Dateien, sowohl der HTML-Dateien als auch der PHP-Dateien, wurde über den Webserver kontrolliert, obwohl dies bei reinen HTML-Dateien nicht notwendig wäre. Daher lautet die Adresse im Screenshot für das erste Beispielprogramm `http://127.0.0.1/KapH/uh01.htm`.

H.1.2 Formulare

Daten senden

Eine besondere Stärke von PHP ist die einfache Auswertung von Formularinhalten. Durch eine solche Auswertung wird die Informationsübermittlung vom Betrachter der Website zum Webserver ermöglicht. Dem Betrachter wird zunächst ein Formular vorgelegt, in dem er eigene Einträge vornehmen kann beziehungsweise unter vorgefertigten Einträgen auswählen kann. Er füllt das Formular aus, sendet es ab und bekommt eine Antwort vom Webserver.

Ein Beispiel für eine HTML-Datei mit einem Eingabeformular:

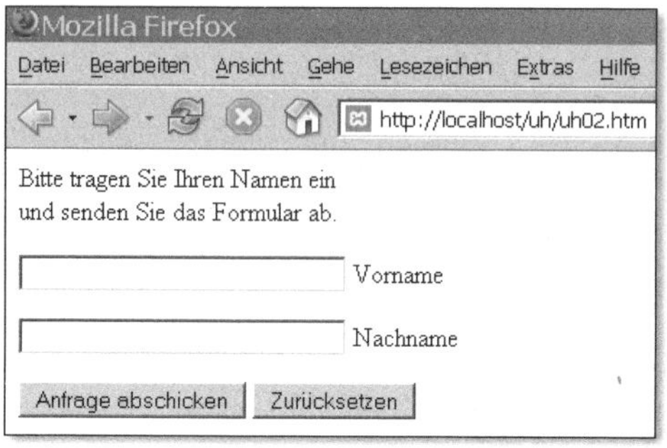

Abbildung H.2 Formular

Der HTML-Programmcode:

```
<html>
<body>
Bitte tragen Sie Ihren Namen ein<br> und senden Sie das
Formular ab.<p>
<form>
```

```
    <input size="30"> Vorname <p>
    <input size="30"> Nachname <p>
    <input type="submit">
    <input type="reset">
</form>
</body>
</html>
```

Listing H.2 Datei uh02.htm

In diesem Formular kann der Betrachter zwei Eintragungen vornehmen und das Formular absenden. Der Webserver wird allerdings noch nicht antworten, da es dort kein passendes Server-Programm gibt. Zumindest kann man aber schon den Aufbau eines Formulars erkennen. Falls der Betrachter den Anfangszustand des Formulars wiederherstellen möchte, zum Beispiel weil er Fehleingaben gemacht hat, kann er die Schaltfläche `Zurücksetzen` betätigen.

submit, reset

Innerhalb des `<body>`-Containers befindet sich ein `<form>`-Container mit den Formular-Elementen. Dabei handelt es sich um zwei Eingabefelder für Text mit der Größe `30` (`<input size="30">`), eine Schaltfläche zum Absenden (`<input type="submit">`) und eine Schaltfläche zum Zurücksetzen (`<input type="reset">`) des Formulars.

Bei der Markierung `<input>` werden erstmalig Attribute und Werte verwendet. Eine Markierung kann mehrere Attribute (das heißt Eigenschaften) haben. Hier sind dies `type` beziehungsweise `size`. Diese Eigenschaften haben Werte. Hier sind dies der Wert `30` für die Größe (`size`) des Eingabefelds und der Wert `submit` beziehungsweise `reset` für den Typ (`type`) des Eingabefelds. Ein Wert wird dem zugehörigen Attribut immer per Gleichheitszeichen zugewiesen.

Die Markierung `<p>` dient zur Erzeugung eines Absatzumbruchs, hat also hier nur optische Bedeutung. Statt `<p>` hätte man auch die Markierung `<br>` verwenden können, denn damit wird ein Zeilenumbruch erzeugt. Beim Zeilenumbruch entsteht kein Abstand zur Vorgängerzeile, wie dies bei `<p>` der Fall ist.

Übung UH02

[»] Geben Sie das angegebene Beispiel mit Hilfe eines Texteditors ein, und speichern Sie es unter dem Dateinamen `uh02.htm` ab. Betrachten Sie das Dokument anschließend mit Hilfe eines beliebigen Webbrowsers.

Übung UH03

[«]

Erweitern Sie das Beispiel dahingehend, dass eine ganze Adresse eingegeben werden kann (Datei `uh03.htm`). Es soll zusätzlich vier weitere, gleich große Eingabefelder für die Angaben zu Straße, Hausnummer, Postleitzahl und Ort innerhalb des Formulars geben. Die Seite soll folgendes Aussehen haben:

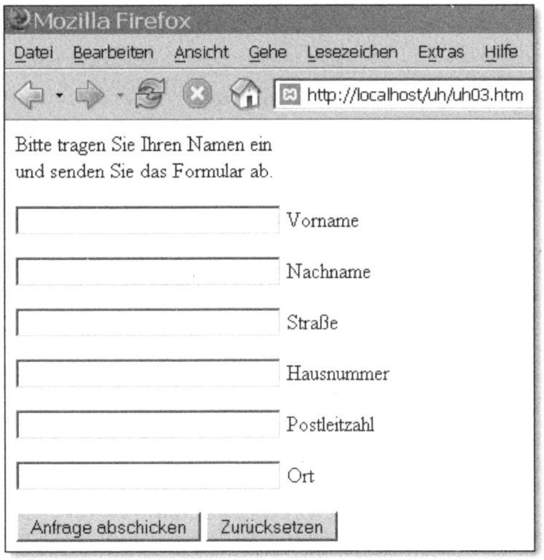

Abbildung H.3 Ergebnis der Übung UH03

H.1.3 Tabellen

table, tr, td

Tabellen dienen zur übersichtlichen Darstellung größerer Datenmengen und zur mehrspaltigen Ausgabe in Dokumenten. Sie eignen sich besonders zur Ausgabe von Datenbankinhalten. Eine Tabelle besteht aus mehreren Containern. Die gesamte Tabelle steht im Container `<table>`, eine Zeile einer Tabelle steht im Container `<tr>`, und eine Zelle innerhalb einer Zeile steht im Container `<td>`. Ein Beispiel:

```
<html>
<body>
<table border>
    <tr>
        <td>Berlin</td>
        <td>Paris</td>
        <td>Brüssel</td>
    </tr>
    <tr>
        <td>Deutschland</td>
        <td>Frankreich</td>
```

```
        <td>Belgien</td>
    </tr>
</table>
</body>
</html>
```

Listing H.3 Datei uh04.htm

Diese Tabelle besitzt einen Rahmen (Attribut `border` innerhalb des Containers `<table>`), zwei Zeilen (Container `<tr>`), drei Zellen pro Zeile (Container `<td>`) und hat folgendes Aussehen:

Abbildung H.4 Tabelle

Übung UH04

[»] Geben Sie das angegebene Beispiel mit Hilfe eines Texteditors ein, und speichern Sie es unter dem Dateinamen `uh04.htm` ab. Betrachten Sie das Dokument anschließend mit Hilfe eines beliebigen Webbrowsers.

Übung UH05

[»] Verändern Sie das Beispiel. Fügen Sie noch eine weitere Stadt/Land-Kombination hinzu, und drehen Sie die Tabelle (Datei `uh05.htm`). Die Tabelle soll wie folgt aussehen:

Abbildung H.5 Ergebnis der Übung UH05

H.1.4 Hyperlinks

Hyperlinks dienen der Verbindung zwischen HTML-Dokumenten. Der Betrachter muss nur einen Hyperlink mit der Maus anklicken, und schon gelangt er zu einer anderen Seite.

Ein Hyperlink befindet sich innerhalb des Containers <a> und </a>. Der Wert des Attributs href gibt das Ziel des Hyperlinks an, auch **Verweisziel** genannt.

<a href = ... > ... </a>

Nehmen wir zunächst einmal vereinfachend an, dass sich alle beteiligten Dateien innerhalb des gleichen Verzeichnisses befinden. Durch Anklicken des Hyperlinks im folgenden Beispiel gelangt der Betrachter zur ersten Beispielseite dieses Abschnitts.

```
<html>
<body>
Zur <a href="uh01.htm">ersten</a> Datei<p>
Klicken Sie mit der Maus auf das unterstrichene Wort<p>
</body>
</html>
```

Listing H.4 Datei uh06.htm

Anmerkung: Bilder können auch als Hyperlinks dienen (siehe Abschnitt H.2.13 auf der CD). PHP-Programme können auch Ziele von Hyperlinks sein (siehe Abschnitt C.4.6, *Daten an Hyperlinkziel anhängen*).

Übung UH06

[«]

Erweitern Sie das oben angegebene Beispiel. Fügen Sie vier weitere Hyperlinks hinzu, die zu den restlichen Dateien dieses Abschnitts führen (uh02.htm bis uh05.htm). Die Seite soll wie folgt aussehen:

Abbildung H.6 Ergebnis der Übung UH06

In diesem Anhang finden sich Empfehlungen zur Installation der notwendigen Software.

I Anhang

I.1 Installation

Auf der CD zum Buch findet sich das fertig vorkonfigurierte, frei verfügbare Paket XAMPP Version 1.5.2 für Windows. Es kann einfach unter **C:\Programme** installiert werden und beinhaltet (bis auf einen Editor) alle notwendigen Bestandteile, die der angehende PHP-Programmierer benötigt. Dies sind u.a.:

- der Webserver Apache,Version 2.2.0
- PHP selbst, Version 5.1.2
- der Datenbank-Server MySQL, Version 5.0.20
- die Benutzeroberfläche PHPMyAdmin für MySQL, Version 2.8.0.3

Der Apache Webserver und der MySQL-Datenbank-Server müssen vor der Benutzung über das XAMPP Control Panel gestartet werden, falls sie nicht bereits bei der Installation als Dienst eingerichtet werden. Die Adresse der XAMPP-Hauptseite lautet nach der Installation **http://localhost**. Die eigenen PHP-Programme müssen im Unterverzeichnis **htdocs** der XAMPP-Installation oder darunter gespeichert werden.

PHPMyAdmin wird auch von den meisten Website-Providern zur Verwaltung der MySQL-Datenbanken angeboten und kann zudem für den Transfer der eigenen Datenbanken ins Internet genutzt werden.

Ebenfalls auf der CD enthalten ist der frei verfügbare Editor Weaverslave, Version 4 beta 3.9.18.1. Er zeichnet sich u.a. durch das umschaltbare Syntax-Highlighting für die verschiedenen Sprachen, wie z.B. HTML, PHP oder JavaScript aus.

Das FTP-Programm WS FTP LE ist eine der Möglichkeiten, die eigenen PHP-Programme ins Internet zu transferieren. Die Installation dieses Programms wird im nächsten Abschnitt beschrieben.

I.1.1 FTP-Programm WS_FTP LE

Nach dem Aufruf der Datei `ws_ftple.exe` kann den Installationsschritten gefolgt werden. Einige Fragen zum Nutzertyp sind zu beantworten. Der erste, eigentliche Konfigurationsschritt erfolgt mit der Frage, aus welchem lokalen Verzeichnis man bevorzugt hochladen möchte. Dieses Verzeichnis wird bei einer späteren Verbindung zum FTP-Server auf der linken Seite eingeblendet.

Nach erfolgter Installation ruft man das Programm auf und könnte nun unmittelbar eine Verbindung zum FTP-Server der Herstellerfirma Ipswitch aufnehmen.

FTP-Server, User-ID, Passwort

Zum Anlegen einer Verbindung zum eigenen FTP-Server wird der Button `New` betätigt. Man trägt einen beliebigen Profile-Namen für diese Verbindung ein. Anschließend werden der Name des FTP-Servers, die User-ID und das Passwort eingetragen. Diese Daten werden vom Provider zur Verfügung gestellt. Es ist ratsam, die Checkbox »Save Password« zu markieren.

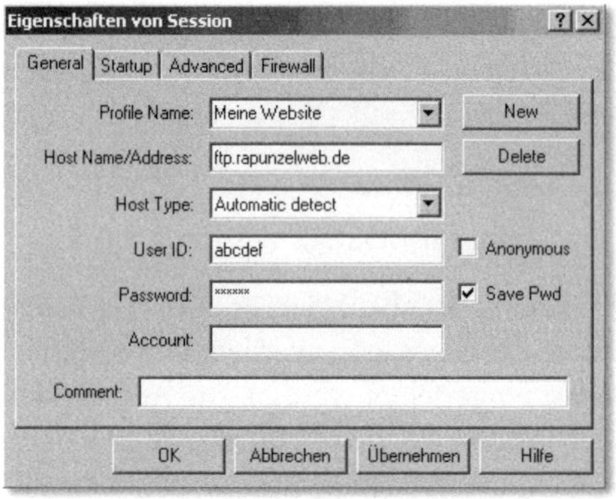

Abbildung I.1 Daten der eigenen Verbindung

Mit dem Button **OK** werden die Verbindungsdaten gespeichert, und es wird unmittelbar versucht, eine Verbindung aufzubauen. Nach erfolgreicher Verbindung ist auf der linken Seite das lokale Verzeichnis zu sehen (Local System, wie bereits erwähnt) und auf der rechten Seite das Verzeichnis auf dem FTP-Server (Remote Site). Die weitere Bedienung kann Abschnitt C.6, *PHP-Programme publizieren*, entnommen werden.

Index

B

C

D

E

F

J

K

L

M

N

O

T

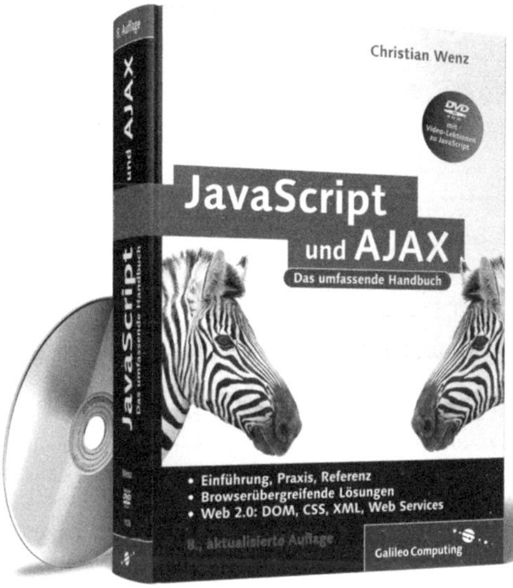
Christian Wenz
JavaScript
und AJAX
Das umfassende Handbuch
• Einführung, Praxis, Referenz
• Browserübergreifende Lösungen
• Web 2.0: DOM, CSS, XML, Web Services
Galileo Computing